León Trotski

León Trotski

Textos escogidos

Selección, introducción y epílogo
de Fernando Rojas

New York • Oakland • London

Derechos © 2015 Ocean Press y Ocean Sur

Todos los derechos reservados. Ninguna parte de esta publicación puede ser reproducida, conservada en un sistema reproductor o transmitirse en cualquier forma o por cualquier medio electrónico, mecánico, fotocopia, grabación o cualquier otro, sin previa autorización del editor.

Seven Stories Press/Ocean Sur
140 Watts Street
New York, NY 10013
www.sevenstories.com

ISBN: 978-1-921438-89-9

Índice

Nota a la edición	1
Sobre el compilador	2
Introducción *Fernando Rojas*	3
Cronología	17
Resultados y perspectivas	23
1. Las particularidades del desarrollo histórico	23
2. Ciudad y capital	30
3. 1789-1848-1905	36
4. Revolución y proletariado	45
5. El proletariado en el poder y el campesinado	51
6. El régimen proletario	55
7. Las condiciones previas del socialismo	61
8. El Gobierno obrero en Rusia y el socialismo	77
9. Europa y la revolución	82
Apéndice. Prefacio (1919)	90
Tres concepciones de la Revolución Rusa	97
Los bolcheviques y Lenin	117
Tesis sobre la industria	144
1. El rol general de la industria en la estructura socialista	144
2. El activo y el pasivo en el primer período de la Nueva Política Económica	147

3. Los problemas y los métodos de la actividad industrial planificada	148
4. Los *trusts*, su papel y la necesaria reorganización	152
5. La industria y el comercio	154
6. La fábrica	155
7. El cálculo, el balance y el control	156
8. Los salarios	157
9. Las finanzas, el crédito y los aranceles	158
10. El capital extranjero	160
11. Los gerentes de planta, su posición y sus problemas; la educación de una nueva generación de técnicos y de gerentes	160
12. Las instituciones del partido y las instituciones económicas	162
13. La industria gráfica	164
Discurso en el XIII Congreso del Partido	165
Peligro de burocratización	166
El problema generacional	170
Fracciones y agrupaciones	172
Cuestiones del plan	174
Acerca de los errores	179
Discurso a la XV Conferencia	183
¿Y ahora? (Fragmento)	219
Introducción	219
I. La socialdemocracia	224
II. Democracia y fascismo	230
III. El ultimatismo burocrático	238
IV. Los zigzags de los estalinistas en la cuestión del frente único	246
VIII. Por el frente único a los sóviets como órgano supremo del frente único	256
X. El centrismo «en general» y el centrismo en la burocracia estalinista	262
XI. La contradicción entre los éxitos económicos de la URSS y la burocratización del régimen	271
XII. Los brandlerianos (KPDO) y la burocracia estalinista	278
XIII. La estrategia de las huelgas	287
XIV. El control obrero y la colaboración con la URSS	296
XV. La situación, ¿es desesperada?	304
Conclusiones	311

El desarrollo económico y los zigzags de la dirección,
el «comunismo de guerra», la «Nueva Política Económica» (NEP)
y la orientación hacia el campesinado acomodado ... 315
    Viraje brusco: «el plan quinquenal en 4 años»
        y la colectivización completa ... 323

El socialismo y el Estado ... 333
    El régimen de transición ... 333
    Programa y realidad ... 336
    El doble carácter del Estado soviético ... 338
    Gendarme e indigencia socializada ... 341
    «La victoria completa del socialismo»
        y «la consolidación de la dictadura» ... 344

El aumento de la desigualdad y de los antagonismos sociales ... 348
    Miseria, lujo, especulación ... 348
    La diferenciación del proletariado ... 354
    Contradicciones sociales de la aldea colectivizada ... 358
    Fisonomía social de los medios dirigentes ... 362

¿Qué es la URSS? ... 369
    Relaciones sociales ... 369
    ¿Capitalismo de Estado? ... 377
    ¿Es la burocracia una clase dirigente? ... 379
    El problema del carácter social de la URSS
        aún no está resuelto por la historia ... 382

La URSS en guerra (Fragmento) ... 385
    El pacto germano-soviético y el carácter de la URSS ... 385
    ¿Se trata de un cáncer o de un nuevo órgano? ... 386
    La temprana degeneración de la burocracia ... 387
    Las condiciones para la omnipotencia y caída de la burocracia ... 387
    ¿Y qué pasará si no tiene lugar la revolución socialista? ... 388
    La guerra actual y el destino de la sociedad moderna ... 389
    La teoría del «colectivismo burocrático» ... 390
    El proletariado y sus dirigentes ... 392
    Las dictaduras totalitarias, consecuencia de una crisis aguda,
        y no de regímenes estables ... 394
    La orientación hacia la revolución mundial
        y la regeneración de la URSS ... 395
    La política exterior es la continuación de la política interna ... 396
    La defensa de la URSS y la lucha de clases ... 397

La cuestión de los territorios ocupados	398
Conclusiones	401
Una y otra vez sobre la naturaleza de la URSS	**403**
Psicoanálisis y marxismo	403
«Un Estado obrero contrarrevolucionario»	404
¿Imperialismo?	405
¿Agentes del imperialismo?	406
El mal menor	407
«Misioneros armados»	407
Insurrección en dos frentes	408
«Defensa incondicional de la URSS»	409
La norma fundamental	410
«¿Revisión del marxismo?»	410
Balance de los acontecimientos en Finlandia	**413**
No podían prever…	413
Las pequeñas naciones en la guerra imperialista	414
Georgia y Finlandia	416
«¿Dónde está la guerra civil?»	417
La defensa de la Unión Soviética	419
No rindamos al enemigo posiciones ya conquistadas	420
Testamento	**422**
27 de febrero de 1940	422
3 de marzo de 1940	423
El triunfo de Stalin. A manera de epílogo	**425**
Fernando Rojas	
Notas	**432**
Bibliografía general	**444**
Personas mencionadas	**446**
Índice temático	**455**
Índice de nombres	**459**

Nota a la edición

La presente selección no puede proponerse abarcar la obra escrita, extensa y formidable, de León Trotski. Es apenas un intento de darla a conocer desde una perspectiva que no pretende juicios de valor y establece una intencionalidad temática de lo que resultaría más pertinente al lector menos informado sobre los aportes de este gran revolucionario y teórico marxista.

La selección se ha realizado siguiendo el orden cronológico de los temas tratados por León Trotski y no del momento en que los textos fueron publicados originalmente. Para ella sirvieron de base las ediciones de la obra de Trotski: *La revolución traicionada*, Pathfinder Press, Estados Unidos, 1992; *En defensa del marxismo*, Pathfinder Press, Estados Unidos, 2000; *Historia de la Revolución Rusa*, vol. I, Juan Pablos Editor, México, 1986; «El XIII Congreso del Partido Comunista Ruso (b)», informe estenográfico, mayo de 1924, Moscú, 1963; *Resultados y perspectivas / Tres concepciones de la Revolución Rusa*, El Yunque Editora, Argentina, 1973; *Alemania, la revolución y el fascismo*, vol. I, apéndice de Ernest Mandel, en *Obras de León Trotski*, t. 16, Juan Pablos Editor, México, 1973. Se incluyen dos textos del antologador, uno inédito y el otro publicado anteriormente en la revista cultural cubana *El Caimán Barbudo*. Ambos contienen referencias a la obra de Trotski, pero son sobre todo valoraciones acerca de la historia de Rusia y de la URSS. El antologador ha preferido este tipo de aproximación para ubicar a los lectores en el contexto. Con toda intención no se han incluido textos de filosofía, crítica de arte y literatura. El antologador y los editores han concebido esta entrega como un recorrido por el ideario político de Trotski.

Los editores

Sobre el compilador

FERNANDO ROJAS (1962) estudió Historia en la antigua URSS. Ha escrito textos de análisis político y crítica de arte en varias publicaciones cubanas, y un ensayo suyo sobre el pensamiento de Víctor Raúl Haya de la Torre fue premiado y editado en Lima, Perú. Es autor de la serie «Evocaciones», dedicada a la historia de la URSS, publicada en la revista cubana *El Caimán Barbudo*. Actualmente es viceministro del Ministerio de Cultura de Cuba.

Introducción

A Alejandro II, el zar que abolió la servidumbre en 1861, los rusos le llamaban «el libertador». A Alejandro III, quien sucediera en 1881 al anterior, víctima de la organización revolucionaria terrorista «la voluntad del pueblo», le decían «el pacificador».[1] Nicolás II, que ascendió al trono en 1896, no pudo ostentar ningún mote. Reinaba poco más de un lustro cuando declaró una guerra a Japón que costó a los rusos miles de muertos y la humillación nacional más grande desde la guerra de Crimea.[2]

Devastado por la contienda y sumido en una crisis que el fin de la servidumbre no había podido resolver, el país se agitaba, sacudido por las luchas obreras que conducía el mejor organizado de los partidos socialdemócratas de la época, a pesar de su escisión en dos tendencias: menchevique y bolchevique.

La escasez, la subida de precios y un crudísimo invierno justificaron la procesión pacífica de miles de habitantes de San Petersburgo el 9 (22) de enero de 1905. Iban a pedirle mejoras al padrecito zar. La historiografía soviética afirmó siempre que un provocador era el responsable de haber movilizado a la población de la capital rusa en circunstancias de altísima tensión social y política. Con independencia del crédito que merezca esta aseveración, la inconformidad iba a desatarse de cualquier modo.

El zar ordenó disparar sobre la manifestación.

Sucedió lo inevitable: la crisis nacional estalló en una revolución. En menos de un año los obreros organizaron los sóviets, los principales dirigentes del partido regresaron al país, surgieron las milicias armadas y se produjo la insurrección en Moscú. El movimiento evolucionó desde la agitación general a las manifestaciones obreras aisladas con determinado nivel de organización, de ahí a la huelga general y de esta a la insurrección moscovita de diciembre de 1905. En apretado cuadro pudo apreciarse el desarrollo político de los obreros y sus líderes, y también sus debilidades organizativas. Una adecuada expresión del panorama político en el campo revolucionario fue la elección de León Trotski, cuya posición pretendía ser equidistante de las dos fracciones socialistas principales, como presidente del sóviet de San Petersburgo.

La guerra campesina y la lucha de los pueblos oprimidos por el zarismo necesitaron seis meses más para abarcar el inmenso país y los obreros no pudieron sincronizar sus acciones con el movimiento rural.

La sangre de los obreros de Moscú, las promesas del zar y la reforma económica del ministro Stolipin consumieron a la revolución ya en los primeros meses de 1907.

El «ensayo general de la Revolución de Octubre» dejó a los rusos la extraordinaria experiencia del sóviet como organización de poder, reveló la crisis definitiva del régimen zarista, expresó las contradicciones del capitalismo en Rusia en su compleja interconexión con antiquísimas reminiscencias feudales y aproximó temporalmente a las dos fracciones socialdemócratas, que en el propio 1905 celebraron su congreso de unificación. No debe escapar al lector este último hecho cuando indague en la polémica de Lenin con los mencheviques. En 1905 —y hasta 1912— las fracciones del POSDR se consideraban integrantes de un único partido.

En el año 1905, la fuente del cambio era una gigantesca crisis nacional en todos los órdenes de la vida social. Ninguna clase, grupo o estamento podía continuar soportando el estado de cosas. La gran masa de la población quería vivir de otra manera, supuesta en las mentalidades grupales como mejor. No importaba el planteamiento estratégico o táctico de las fracciones políticas más que el elemental deseo colectivo de una transformación radical, que se imaginaba tan colosal como ambigua.

La hegemonía proletaria, además de una necesidad estratégica, fue una evidencia. Ninguna clase fue más consecuente.

Doce años de la más oscura reacción no pudieron evitar la bancarrota definitiva del zarismo.

1905 en el marxismo

Para la fecha de la Revolución Rusa un importante sector de la socialdemocracia internacional había abjurado de la idea misma de la revolución. En Rusia los mencheviques concebían el movimiento, en el mejor de los casos, solo como una revolución burguesa. Ni ellos ni los más audaces de sus correligionarios en Europa otorgaban a Rusia la posibilidad de hacer alguna vez, o por lo menos en un período histórico breve, una revolución socialista. Los bolcheviques se oponían a este último extremo, pero coincidían en la idea de que la revolución que se iniciaba era esencialmente antifeudal. Bolcheviques y mencheviques concordaban en la idea de una revolución nacional que fortalecería las relaciones de producción capitalistas.

Lenin aportó en ese momento una idea capital para todo el desarrollo posterior del marxismo. Como ya se había esbozado en 1848 y, sobre todo, como se demostró en los procesos históricos que desembocaron en la formación de los Estados nacionales en Alemania e Italia, las burguesías nacionales no estaban ya dispuestas no solo a encabezar, sino ni siquiera a participar apenas en las transformaciones antifeudales. La contradictoria coexistencia de rasgos feudales y capitalistas en el entramado socioeconómico de Rusia y Europa oriental, desde fines del siglo XIX, echaba a las burguesías en brazos de las más reaccionarias monarquías, por temor a la consecuente escalada de las revoluciones hacia transformaciones de corte socialista. De esta tendencia verificada y verificable surgieron la teoría de la *revolución permanente* de Trotski y la prefiguración leninista de la posibilidad de la revolución mundial desde el llamado «tercer mundo», que cristalizara definitivamente como postulado teórico en 1923.

La aparente equidistancia de Trotski de bolcheviques y mencheviques significa aproximarse a los primeros en cuanto al hecho de producir y aun encabezar la revolución misma, y a los segundos —lo cual a los ojos de este autor resulta decisivo— en cuanto a la imposibilidad absoluta de la revolución socialista en los marcos nacionales.

En cuanto a la *revolución permanente* casi es suficiente distinguir entre las dos aproximaciones de Marx al término que Trotski utilizara indistintamente, sin que ello implique tacharlo de manipulador: sencillamente, este último abordó el asunto en circunstancias reales y teóricas mucho menos «puras» que las que Marx analizó. Se trataba, por un lado, de la idea del triunfo de la revolución al mismo tiempo en los países «más avanzados» de la Europa Occidental y, por otro, de la idea del tránsito de la revolución por fases sucesivas hasta el comunismo, sin otra interrupción que no fuera la sucesión inmediata de clases, grupos sociales o partidos en el poder político nacional. En 1905 Trotski se refería esencialmente a esta segunda versión de la *revolución permanente*, restringiéndola a su visión táctica del desarrollo de la Revolución Rusa y subrayando su inevitable integración con la revolución en Europa.

Toda vez que Rusia no podía por sí sola ni hacer la revolución burguesa —porque la burguesía no la quería—, ni la socialista, el proletariado tendría que tomar el poder de inmediato, resolver las tareas pendientes de la burguesía, y solo se mantendría en el poder con el concurso de la revolución proletaria en Occidente.

En cualquier caso, el creativo apego del presidente del primer sóviet de Petrogrado —que lo fue también del que tomó el poder en 1917— a la ortodoxia marxista hacía su posición mucho más comprensible y menos contradictoria en las mentes de los ideólogos contemporáneos[3] que la más sutil, compleja y —en la distancia— audaz posición de Lenin, que parecía insostenible a los ojos de la mayoría de los marxistas de la época, empezando por Trotski, con independencia de que se situaran a la izquierda o a la derecha del canon socialdemócrata (menchevique, si se trata de Rusia) imperante.

En la polémica, Lenin carga las tintas sobre los mencheviques y, en tanto Trotski pertenecía anteriormente a esa corriente, Lenin asume como hecho incontrovertible la militancia de este en la posición de aquellos. Solo menciona dos veces y de pasada a su antiguo discípulo, próximo oponente y futuro correligionario. La posición de Trotski era, en efecto, muy minoritaria dentro del partido. El mantenerse, por lo menos en apariencia, fuera del debate de las dos grandes fracciones fue probablemente lo que dio a Trotski más amplio predicamento entre sectores de masas del proletariado de San Petersburgo. El asunto era mucho más complicado, salpicado del carácter muy polémico de las argumentaciones y no desprovisto de ciertas dosis de escolástica,[4] las que resultaron letales para el Partido bolchevique, a largo plazo, en la dinámica de sus discusiones internas.

Al convertirse en el líder de la fracción bolchevique, Lenin no albergaba la menor duda acerca de la concomitancia decisiva de dos magnitudes sociológicas aparentemente —a los ojos de la escolástica «tradición» marxista—[5] muy contradictorias: la transformación anticapitalista de la Rusia zarista, o la lucha contra el capitalismo ruso, si se prefiere, transcurriría de la mano de una revolución campesina antifeudal, y ambos serían dos procesos en uno. Este autor pone particular énfasis en el término anticapitalista, pues es esta la clave de la ambigüedad (según Trotski) de la fórmula táctica leninista de 1905.[6]

Polemizando, quizás sin saberlo, con la versión trotskista de la *revolución permanente*,[7] Lenin distingue el Gobierno revolucionario que propone de la «conquista del poder», entendiendo esta última como la conquista del poder por el proletariado para establecer su dictadura y el consecuente tránsito al socialismo.

Es importante llamar la atención sobre el hecho de que tanto Trotski como Lenin, a diferencia del grueso de los líderes mencheviques, eran insurreccionales ya en 1905. En la discusión, sin duda, Trotski resulta mucho más cautivo de la escolástica, si bien más comprensible a la luz pública,[8] al embrollarse discutiendo con Lenin sobre el objetivo final. Este último ya ha dejado claro que el objetivo final no está en la discusión, sino que sencillamente aún no está a la orden del día. No es difícil aventurar que la tan cacareada y manipulada *revolución permanente* es hija de estas divergencias.

Y sin embargo, Lenin insiste en el carácter proletario, en determinado sentido, de la Revolución:

> La peculiaridad de la Revolución Rusa estriba precisamente en que, por su contenido social, fue una revolución *democrático-burguesa,* mientras que, por sus medios de lucha, fue una revolución *proletaria*. Fue democrático-burguesa, puesto que el objetivo inmediato que se proponía, y que podía alcanzar directamente con sus propias fuerzas, era la república democrática, la jornada de ocho horas y la confiscación de los inmensos latifundios de la nobleza: medidas todas ellas que la revolución burguesa de Francia llevó casi plenamente a cabo en 1792 y 1793.[9]

El año 1917 pareció demostrar que la diferencia táctica entre Lenin y Trotski significaba muy poco. A la larga Trotski demostró que tampoco suponía que en Rusia estuvieran maduras las condiciones para el socialismo, no ya en 1905, sino ni siquiera en 1925. Sin embargo, Trotski, como Stalin[10] años más tarde desde el extremo opuesto, propendía a plantearse el problema desde visiones teóricas generalizadoras y metas a alcanzar, más que desde el análisis concreto de la situación rusa, que era el fuerte de Lenin. Este último, por tanto, atacó duramente a los mencheviques, no tanto por las diferencias tácticas como por sus consecuencias estratégicas —sobre todo por la actitud ante la burguesía— tendientes a hacer prácticamente nula en cualquier perspectiva, una revolución socialista. Lo dominante en el menchevismo de 1905, más que la traición abierta —lo que sucedió en 1914 con la mayor parte de la fracción—, es la inconsecuencia.

Hay un aspecto más sutil en la crítica antimenchevique, que se pierde en los avatares de lo psicológico y en los misterios de las mentalidades colectivas, específicamente dentro de las vanguardias políticas: en 1789 el común de los franceses, políticamente activos o no, identificaba la crisis nacional con la crisis del modelo; en la Rusia de 1905 ya no era tan así. En la misma medida en que la burguesía se desplazó, por su temor a las masas, de una posición antifeudal militante a una posición de connivencia con sectores de la oligarquía, determinados segmentos de los que ostentaban la representación popular retrocedieron igualmente hacia la connivencia con la burguesía.

El asunto adquiría mayor importancia en tanto el despertar de la actividad política de la gran masa de la población tenía lugar al calor de una revolución que, desde sus bases, trascendía las meras transformaciones antifeudales. Hoy se nos escapa con frecuencia que buena parte de las tan cacareadas libertades burguesas se conquistó por las masas luchando contra la burguesía. El sufragio universal es el mejor ejemplo. Engels vio en él, al final de su vida, una excelente arma de lucha por el poder en manos del proletariado. La Revolución de 1905 se produce varias décadas antes de que los centros ideológicos del capitalismo comenzaran a manipular esas ideas en su provecho, aunque nunca las hubieran llevado consecuentemente a la práctica.

Había que convencer de la necesidad de hacer una revolución realista, comprensible y beneficiosa, garantizando a cualquier plazo el tránsito al socialismo.

Un abarcador resumen de las diferencias dentro de la socialdemocracia rusa es ofrecido por Trotski mucho después:

En resumen. El populismo, como el eslavofilismo, provenía de ilusiones de que el curso de desarrollo de Rusia habría de ser algo único, fuera del capitalismo y de la república burguesa. El marxismo de Plejánov se concentró en probar la identidad de principios del curso histórico de Rusia con el de Occidente. El programa que se derivó de eso no tuvo en cuenta las peculiaridades verdaderamente reales y nada místicas de la estructura social y el desarrollo revolucionario de Rusia.

La idea menchevique de la Revolución, despojada de sus episódicas estratificaciones y desviaciones individuales, equivalía a lo siguiente: la victoria de la revolución burguesa en Rusia solo era posible bajo la dirección de la burguesía liberal y debe dar a esta el poder. Después, el régimen democrático elevaría al proletariado ruso, con éxito mucho mayor que hasta entonces, al nivel de sus hermanos mayores occidentales, por el camino de la lucha hacia el socialismo.

La perspectiva de Lenin puede expresarse brevemente por las siguientes palabras: La atrasada burguesía rusa es incapaz de realizar su propia revolución. La victoria completa de la revolución por medio de la «dictadura democrática del proletariado y los campesinos», desterraría del país el medievalismo, imprimiría al capitalismo ruso el ritmo del americano, fortalecería el proletariado en la ciudad y en el campo, y haría posible efectivamente la lucha por el socialismo. En cambio, el triunfo de la Revolución Rusa daría enorme impulso a la revolución socialista en el Oeste, y esta no solo protegería a Rusia contra los riesgos de la restauración, sino que permitiría al proletariado ruso ir a la conquista del poder en un período histórico relativamente breve.

La perspectiva de la *revolución permanente* puede resumirse así: la victoria completa de la revolución democrática en Rusia solo se concibe en forma de dictadura del proletariado, secundado por los campesinos. La dictadura del proletariado, que inevitablemente pondría sobre la mesa no solo tareas democráticas, sino también socialistas, daría al mismo tiempo un impulso vigoroso a la revolución socialista internacional. Solo la victoria del proletariado de Occidente podría proteger a Rusia de la restauración burguesa, dándole la seguridad de completar la implantación del socialismo.[11]

Sin embargo, el esbozo de la posibilidad de una revolución socialista en Rusia y, aun más, en el mundo subdesarrollado, tendrían que aportar una corrección al esquema de Marx que trascendería, con mucho, la recuperación, recreación y superación de lo mejor de la herencia revolucionaria burguesa, de la que los bolcheviques se enorgullecían, y del marxismo conocido. Sucedió que la globalización y el progreso científico-técnico que Marx concibió imposibles en la sociedad capitalista que le tocó vivir, continuaron su paso indetenible de la mano del capitalismo, expresando de manera cada vez más contradictoria el carácter social de la producción y ya no solo el carácter individual de la apropiación, sino de cualquier tipo de consumo, incluida la apropiación de la cultura.

1905, 1917… y 2008

Lenin no se planteó nunca la historia en términos de teleología. Era demasiado revolucionariamente irreverente para eso. La continuidad de 1905 en 1917 está tajantemente definida, pero las diferencias eran sustanciales. La expresión de Trotski de que en 1917 «los bolcheviques se desbolchevizaron»,[12] que fue su explicación de la alianza con Lenin en vísperas del movimiento de octubre, se interpretaba en las discusiones de los años veinte desde un escolasticismo irreparable, contrastante con el altísimo nivel intelectual del bolchevismo en tiempos de Lenin. La idea de Trotski era que los bolcheviques habían defendido siempre la sucesión de etapas en la revolución, contra la *revolución permanente* y el argumento principal a su favor eran las tesis de 1905. En 1917, siguiendo el testimonio de Trotski, los bolcheviques renunciaron a su postura anterior y se encontraron con la posición de este último.[13] Los sucesivos adversarios de Trotski[14] en la década del veinte argumentaban que eso no era cierto, que la «dictadura revolucionaria de los obreros y los campesinos» contenía en su germen todo lo necesario para el tránsito a la revolución socialista, que Lenin enfatizó en la hegemonía proletaria en la revolución democrática —lo que es cierto, pero no es el punto—, que el partido conduciría sucesivamente a la clase obrera en todas las etapas[15] de la revolución, etcétera.

En realidad y según consta en las fuentes primarias, sencillamente habían cambiado las condiciones: «Señalaremos de pasada que esos dos defectos [se refiere a los "defectos" de las condiciones de la revolución en 1905, F.R.] serán eliminados indefectiblemente, aunque tal vez más despacio de lo que nosotros deseáramos, no solo por el desarrollo general del capitalismo, sino también por la guerra actual [...]».[16]

Aparte de la eliminación de los defectos, sucedió que en febrero de 1917 la burguesía, contra todos los pronósticos anteriores de Lenin y Trotski,[17] sí tomó el poder, ciertamente en singular convivencia con el poder de los sóviets.

Lo que la Revolución de 1905 no logró aportar al desarrollo de un capitalismo avanzado sería suplido con creces, por el inevitable desarrollo del propio capitalismo ruso y, sobre todo, por la guerra mundial. Esta conclusión tiene particular importancia en lo que se refiere a la educación de la clase obrera rusa y de su partido.

Lamentablemente, ese singular aspecto de la herencia de Lenin ha permanecido en el olvido. Múltiples y contradictorias tendrían que ser las consecuencias de tal planteamiento. El espacio solo permite algunos apuntes.

Para empezar, sería muy sugerente una lectura hacia atrás del tercer tomo de *El capital*, una aproximación contemporánea a las esencias de la reproducción ampliada, contenida exhaustivamente en muchos estudios, poco conocidos y censurados por la maquinaria ideológica del capitalismo, acerca del injusto orden económico mundial de nuestros días.

Marx y Engels analizaron la reproducción ampliada tomando en cuenta las relaciones de intercambio entre los centros del capitalismo. Las colonias se veían como una prolongación de las metrópolis, en una perspectiva que no se diferenciaba mucho de una relación de intercambio precapitalista. Por ello, el análisis de la dominación económica y de la formación de la plusvalía prácticamente se circunscribía a la relación entre los patronos y los obreros. Estos últimos, al emanciparse, emanciparían al resto de la población oprimida incluyendo a los habitantes de la periferia del capitalismo.

Los bolcheviques se quedaron solos con su revolución en un país devastado. Estaban obligados a crear las premisas materiales del socialismo que, según Marx y Engels, debieron madurar en el capitalismo, y ya no podían contar con la solidaridad del proletariado europeo triunfante como contrapeso a la insuficiencia del capitalismo ruso. Más que la ley del valor,[18] es esta circunstancia, imprevisible para Marx, la que rige, ineluctablemente, el proceso de construcción del socialismo históricamente conocido. En ella hay que buscar los fundamentos de los audaces planteamientos acerca de las «tareas inmediatas del poder soviético», la NEP, el plan cooperativo y hasta la teoría de Bujarin sobre la «construcción del socialismo a paso de tortuga, tirando de nuestra gran carreta campesina».[19]

La guerra y la reacción habían demostrado con creces que no se vencería al capitalismo mediante el sufragio universal, que la socialdemocracia internacional, en el mejor de los casos, no podía aceptar el aserto anterior y en el otro extremo, sencillamente comenzaba ya a representar a los sectores medios beneficiados por la opresión colonial y de las capas más pobres de las sociedades de los países capitalistas desarrollados. La explotación de los inmigrantes en todo el mundo capitalista desarrollado contemporáneo es una singular expresión de ese fenómeno.

En la misma medida en que no era posible plantearse que la sola maduración de las condiciones del socialismo en el marco del capitalismo avanzado desembocara en la revolución que lo barriera, tampoco podía contarse ya con que la premisa de la democracia burguesa fuera suficiente para la construcción del orden político socialista. Después de destacar en *El Estado y la revolución* la cuestión de principio del derribo de la maquinaria estatal burguesa, pone en los sóviets la atención que no había fijado en 1905, insistiendo sobre todo, además de las elecciones, en las cuestiones de la dirección colectiva, la participación y la revocación. Eran estas últimas las que distinguirían definitivamente la nueva maquinaria estatal de la anterior, las que prefiguraban desde su fundación la inevitable desaparición de cualquier maquinaria, condición indispensable al nuevo Estado que parecía iba a durar un tanto más de lo previsto.

La convivencia más o menos larga del país socialista aislado con las grandes potencias capitalistas imponía la necesidad de una geopolítica de Estado a la Rusia soviética. No era este el ideal de Marx y Engels. Lenin pretendió resolver la contradicción haciendo públicas todas las políticas y ampliando a todo cauce la discusión ideológica.

En poco tiempo los sóviets se burocratizaron y la geopolítica impuso limitaciones al ejercicio democrático. Más que eso, el país soviético tuvo que dirimir el conflicto inevitable con el capitalismo por medio de las armas.

Lenin se respondió a sí mismo planteando el imperativo de una revolución cultural. Hacía mucho tiempo había manifestado la necesidad del cambio cultural, pero lo veía inmerso en la lógica del desarrollo del capitalismo, primero, y después, como algo concomitante a la revolución mundial. Tanta fue su insistencia que no han faltado quienes lo acusen de europeísta o eurocentrista, cuando en realidad no hacía más que ser fiel al espíritu de los tiempos, lo que es bastante pedir para un revolucionario. En este asunto y en el de la democracia vuelve a aparecer el problema de la identificación o la comprensión, al menos, de algunos valores de la burguesía,[20] asunto que la división geopolítica y el estalinismo militante convirtieron en tabú. Por lo pronto, se trataba de producir en la Rusia atrasada una revolución cultural que no solo ni mucho menos igualara a la sociedad soviética con sus vecinos capitalistas, sino que los superara y planteara el problema del cambio cultural, desde una perspectiva completamente nueva, que amalgamara la tradición popular, asimilara lo mejor de la cultura universal y propusiera un modo de vida, una percepción ideológica y un arte nuevos, todo eso a un tiempo.

La combinación entre la lucha contra la burocracia, el plan cooperativo y el cambio cultural, debería conducir a una sociedad suficientemente próspera e igualitaria, con espacios de participación colectiva relativamente libres de la presión estatal, que funcionaran como un nuevo tipo de sociedad civil, encabezada por el partido, pero ejerciendo presión sobre su aparato. La vida espiritual sería —y tendría que ser— rica, amplia y diversa, medio de realización ciudadana y de enfrentamiento a cualquier forma de opresión, propia o ajena. En ese escenario, el primer Estado socialista podría intentar liderar una revolución de los pueblos oprimidos.

En definitiva, una vez vencidas las oposiciones bolcheviques de los años veinte, lo dominante en la política y la ideología soviéticas fue la preservación del poder del Estado y una mejoría temporal de las condiciones de vida del ciudadano común, ciertamente en términos de igualdad nunca vistos en la historia humana. Pero no pudieron crearse las condiciones materiales, culturales y políticas del socialismo que Marx vislumbró.

La socialización de la cultura y su extraordinaria, inagotable y definitiva concomitancia con el progreso científico quedaron en manos de la burguesía mundial, la que, consciente de que tenía que enfrentar una alternativa formidable, puso su baza en la pugna, iniciando la tradición burguesa —pronto cumplirá cien años— de políticas de Estado, eficaz arma ideológica contra el socialismo. El mundo de fines del siglo XX pudo contemplar, como la expresión más acabada de la dominación de muchos por unos pocos, el control del imperialismo sobre la difusión de la cultura. Tal contemplación es posible — dramática prueba de la monstruosidad del dominio— solo después de un arduo esclarecimiento.

El orden posterior a la Segunda Guerra Mundial se definió mucho más por las necesidades geopolíticas que por los intereses de los pueblos, aun cuando estos últimos fueron preservados en la medida en que no contradecían las condiciones que Stalin consideró imprescindibles para la supervivencia del Estado soviético deformado, que a pesar de todo seguía siendo una alternativa al sistema capitalista. El titánico esfuerzo de los hombres y mujeres soviéticos no alcanzó al medio siglo después de su supuesto cénit. Menos de dos décadas después, las angustias de Lenin aparecen con toda su crudeza: chinos y vietnamitas prueban la «economía socialista de mercado», tras el olvidado Bujarin, los incorregibles yugoslavos y el brillante pragmático Deng Xiao Ping, sin poder librarse de la amenaza de una restauración capitalista, tan espontánea y natural que no pueda ser evitada.

Una lectura cuidadosa de la herencia póstuma de Lenin indica a este autor que la imposibilidad de liberar a los ciudadanos de la coerción estatal y las obligaciones geopolíticas inevitables del país socialista aislado, además de la prioritaria construcción de los fundamentos materiales de un socialismo todavía lejano, condujeron a Lenin a esbozar, junto a la revolución tercermundista, una peculiar —e inédita en el marxismo— versión de la sociedad civil, el Estado y la relación entre ambos. Se trata de que, conservando en manos del Estado los pilares de la economía y los servicios (la energía, el transporte, la industria pesada y la cultura), las esencias de la dictadura proletaria y de sus órganos de poder; la sociedad civil, asentada materialmente —sobre todo— en la producción cooperativa[21] y en condiciones de la más amplia democracia proletaria y la más abierta discusión ideológica, asumiera cada vez más funciones propias en la construcción del socialismo. La desburocratización del partido y la presencia en sus órganos de dirección a todos los niveles de obreros de filas, la oposición a la fundación de la URSS y la reforma del control, sustituyendo su esencia burocrática por un verdadero control popular, deben aquilatarse en el contexto de esta visión. El partido es percibido como líder de la sociedad civil, junto al Estado, pero sobre todo frente a él. No es ocioso apuntar que tal práctica permeó toda la actividad de Lenin en el período más fecundo de su labor como jefe del Gobierno bolchevique.

La dominación cultural del capitalismo contemporáneo otorga a la revolución tercermundista una dimensión más trascendente: al luchar por el socialismo, nuestros pueblos luchan también por la cultura, por la liberación espiritual del género humano.

Las esperanzas parecen volverse hacia los procesos que, sin mucho apego a las elucubraciones marxistas y leninistas, enfilan su rumbo, sencillamente, a transformar un orden que puede significar el fin de la civilización. Es tan atroz el capitalismo que después de derrotar al socialismo soviético y su extensa saga «en nombre de la libertad», parece encaminarse a hacer perecer al género humano.

Lenin lo previó casi todo, salvo la propensión de sus sucesores al crimen de lesa humanidad. Los procesos en ciernes le dan razón hasta la profundidad de los pasados cien años. Ello no resta méritos a los que han intentado, contra los crímenes de Stalin y las aventuras ultraizquierdistas, buscar caminos alternativos hacia el poder del pueblo, ni a los que han pretendido derivar de las culturas nacionales la solución a los problemas propios, como él mismo hizo, amén de desarrollar, heréticamente, lo mejor del marxismo. Pero nadie se ha hecho, como Lenin, las mismas preguntas sobre las perspectivas de la felicidad de pueblos enteros, desde la cúspide del poder del Estado más extenso, uno de los más poblados, más pobres y más pioneros que conoce la historia del género humano.

Hace poco leí que el cuerpo momificado de Lenin podría albergar células susceptibles de producir un clon. Presto a la noticia el poquísimo crédito que inspira el sensacionalismo de la prensa burguesa. No puedo evitar, sin embargo, sonreír ante la perspectiva de que nos encuentre discutiendo los mismos problemas que le atormentaron al morir. Por lo pronto, intente el lector indagar sobre esos problemas en la visión de la Revolución de 1905.

Fernando Rojas
La Habana, 5 de agosto de 2008.

Cronología

1879 Nace el 26 de octubre en la ciudad de Yanovska, distrito de Elisabethgrado, Ucrania, Lev Davídovich Bronstein, quien será conocido mundialmente como León Trotski.
1897 Colabora en la fundación de la Unión Obrera del Sur de Rusia.
1898 Es arrestado por primera vez a causa de su actividad clandestina.
1899 Es deportado a Siberia.
1900 Contrae matrimonio en prisión con Alexandra Sokolovskaya.
1902 Huye de la deportación sirviéndose de un pasaporte falso. Adopta el seudónimo de León Trotski. Se encuentra con Lenin por primera vez en Londres.
1903 Comienza a colaborar en *Iskra*, periódico de los revolucionarios rusos en el exilio. Participa en Bruselas en el Segundo Congreso del Partido Obrero Socialdemócrata Ruso, que va a dar origen a la división histórica entre bolcheviques y mencheviques. Colabora con el grupo dirigente menchevique y escribe para *Iskra* controlada por los mencheviques.
1904 Publica «Nuestras tareas políticas». Rompe con los mencheviques por estar en desacuerdo con la alianza con los liberales.
1905 Vuelve a entrar en Rusia y participa activamente en la revolución. Desarrolla un papel de primer plano en el sóviet de Petrogrado, que pasa a dirigir tras el arresto del presidente Khrustalex-Nossar. Publica con Parvus y Mortov el periódico *Nachalo*. Es arrestado y encarcelado en la fortaleza de Pedro y Pablo, de Petrogrado.

1906   Es condenado a la pérdida de derechos civiles y a la deportación de por vida. Escribe *Balances y perspectivas*, obra en la que expone de forma sistemática la teoría de la revolución permanente.

1907   Comienza la segunda deportación a Siberia. Escapa por segunda vez de la deportación y, después de una breve estancia en Finlandia, llega a Londres, donde participa en el Congreso del Partido Obrero Socialdemócrata Ruso. Tras una breve visita a Berlín, se establece en Viena, donde residirá hasta la víspera de la Primera Guerra Mundial en 1914.

1908   Comienza a publicar en *Pravda* en colaboración con A. Joffe. (A partir de 1912, *Pravda* será una publicación bolchevique).

1912   Después de la escisión definitiva entre bolcheviques y mencheviques, hace una tentativa que va a resultar estéril, la de reunir en una conferencia a todas las tendencias socialdemócratas (el denominado «Bloque de Agosto»). Es enviado a los Balcanes como corresponsal de guerra del periódico *Kievskaya Misl*.

1913   Encuentra por primera vez a Stalin en Viena.

1914   Para evitar ser enviado a los campos de concentración austriacos, dado el estado de guerra, se refugia en Suiza, donde escribe *La guerra y la Internacional*. En noviembre se traslada a Francia, donde actúa como corresponsal del mismo periódico que lo había enviado a los Balcanes. Inicia la colaboración en *Golos*, periódico dirigido por Mártov.

1915   Comienza sus colaboraciones en el diario *Nasche Slovo*, sobre el que ejercerá una influencia cada vez más determinante. Rompe con Parvus y con las concepciones que habían inspirado el «Bloque de Agosto» en 1912. En septiembre participa en la famosa reunión de socialistas internacionales contrarios a la Segunda Guerra Mundial que tiene lugar en Zimmerwald, Suiza.

1916   Expulsado de Francia, se refugia en España, donde es arrestado. Embarca entonces para Estados Unidos.

1917   En enero llega a Estados Unidos. Reside en Nueva York. Después de la Revolución de febrero obtiene del Gobierno provisional la autorización para entrar en Rusia. Durante el viaje de regreso a Europa es arrestado por las autoridades británicas en Halifax, Canadá, e internado en un campo de prisioneros de guerra alemanes. Liberado el 29 de abril, vuelve a entrar en Rusia el 17 de mayo. En el mismo momento de su regreso a Petrogrado, y a propuesta de los bolcheviques, es incluido en el Comité Ejecutivo del sóviet de la ciudad. Dirige un grupo de revolucionarios que no pertenecen ni al partido bolchevique ni al menchevique (denominado el grupo de los «interdistritales»). Adopta una línea similar en todos los aspectos a la de Lenin. En el mes de junio participa en el Primer Congreso Panruso de los sóviets. Es arrestado después de las jornadas de julio y puesto en libertad varias semanas más tarde. En septiembre es elegido presidente del sóviet de Petrogrado, después de que los bolcheviques han conquistado la mayoría. Durante la detención es elegido miembro del Comité Central del Partido Bolchevique: el grupo de los «interdistritales» se había fundido de hecho con el partido de Lenin (julio). Asume la dirección del Comité Militar Revolucionario. Desempeña un papel decisivo en la preparación y la dirección de la Revolución de Octubre. Es Comisario del Pueblo de Asuntos Exteriores en el primer Gobierno revolucionario. Dirige la delegación soviética en las negociaciones de Brest-Litovsk.

1918 En el momento en que concluyen las negociaciones de Brest, presenta su dimisión del cargo de Comisario del Pueblo para los Asuntos Exteriores. Es designado Comisario del Pueblo para la Guerra. Comienza la construcción del Ejército Rojo. Es el jefe del ejército revolucionario durante la guerra civil.

1919 En marzo participa en el Congreso de fundación de la Internacional Comunista, redactando el proyecto de manifiesto final.

1920 Se declara contrario a la ofensiva contra Polonia preconizada por Lenin, pero queda en minoría. En el ínterin participa en el Segundo Congreso de la Internacional Comunista, para el cual redacta las tesis sobre la situación mundial. Apoya los famosos veintiún puntos, que representan las condiciones de adhesión a la Internacional. Dirige la movilización de las fuerzas del Partido en la batalla decisiva contra el ejército de Wrangel, cuya derrota señala el epílogo de la guerra civil. Propone al Comité Central una orientación de la política económica que será con posterioridad sustancialmente adoptada con la propuesta de Lenin de la NEP. Dirige la acción que pone término a la insurrección de Kronstadt.

1921   Tiene divergencias con Lenin en la polémica sobre los sindicatos. Se asocia a la posición de Lenin sobre la prohibición de las fracciones organizadas en el seno del partido. Participa en el Tercer Congreso de la Internacional Comunista, para el cual redacta las tesis sobre la situación mundial. Dirige junto a Lenin la batalla por el frente único.

1922   Escribe *Literatura y revolución*. Participa en el Cuarto Congreso de la Internacional Comunista.

1923   En una serie de artículos, recogidos en «El Nuevo Curso», inicia la batalla contra la involución burocrática del partido. Critica la actitud del Partido Comunista y de la Internacional durante la crisis alemana.

1924   Publica *Lenin y las lecciones de Octubre*. Es atacado por la *troika* Stalin-Zinóviev-Kámenev, que ha librado con éxito la primera batalla por la sucesión. El ataque se desarrolla también a escala internacional, siendo un episodio de la lucha de tendencias el que se desarrolla en el Quinto Congreso de la Internacional Comunista, que tiene lugar en los meses de junio y julio.

1925   En enero es destituido de sus funciones como Comisario del Pueblo para la Guerra y de presidente del Consejo Superior de Guerra. Es nombrado presidente de la Oficina Científica y Técnica de la Industria y director de la Oficina para el Desarrollo Electrónico. La oposición de 1923 lleva a cabo un repliegue, cesando toda actividad efectiva.

1926   Se constituye la nueva oposición, que se basa en una alianza entre la oposición trotskista y la oposición dirigida por Zinóviev y Kámenev.

1927   Critica la postura que el Comintern impone a los comunistas chinos durante la Segunda Revolución China (1925-1927). En septiembre es expulsado del Comité Ejecutivo de la Internacional Comunista. En noviembre es expulsado del Comité Central del Partido Comunista ruso. Contribuye a la elaboración de la plataforma de la oposición. El 14 de noviembre es expulsado del Partido, junto a Zinóviev.

1928   Tras la renuncia de la lucha por parte de Zinóviev y de sus seguidores, continúa dirigiendo la batalla de la oposición de izquierda. Es deportado a Alma-Atá, centro administrativo de Kazajastán. Redacta la crítica al proyecto de programa para el VI Congreso de la Internacional Comunista. El congreso confirma la medida de expulsión tomada por el Partido Comunista ruso. Escribe *La revolución permanente*, que será completada al año siguiente.

1929 Es expulsado de la Unión Soviética y deportado a Turquía. Inicia su estancia en Prinkipo. En julio publica el primer número del *Boletín de la oposición*.

1930 Comienza a publicar una serie de artículos sobre acontecimientos españoles y alemanes.

1931 Publica el primer volumen de la *Historia de la Revolución Rusa*.

1932 Es privado de la ciudadanía soviética. Lleva a cabo un viaje a Dinamarca, donde habla a los estudiantes de Copenhague sobre la Revolución Rusa.

1933 Se suicida su hija Zina, lo que lo afecta profundamente. Tras la llegada de Hitler al poder, y a causa de la posición adoptada en el período anterior por el Partido Comunista alemán y la Internacional Comunista, llega a la conclusión de que es necesario construir nuevos partidos comunistas y una nueva Internacional. En julio, junto a su segunda mujer, Natalia, deja Turquía y se establece en Francia. En octubre declara que solo una revolución podría asegurar el restablecimiento de una democracia proletaria en la URSS.

1934 Comienza la redacción de su libro *¿Dónde va Francia?*

1935 Deja Francia para trasladarse a Noruega. Comienza la batalla por demostrar la falsedad de los procesos organizados por Stalin. Escribe *La revolución traicionada*.

1936 Es obligado a abandonar Noruega y a dirigirse a México.

1937 Se establece en México. Su hijo Sergio es arrestado en la URSS, morirá en un campo de concentración. Prepara el testimonio para la Comisión Dewey, que declara a Trotski y a su hijo inocentes de los crímenes que les atribuyen los juicios estalinistas. Escribe *Su moral y la nuestra*. Prepara los documentos para la conferencia fundacional de la IV Internacional, que se desarrolla en París en el mes de septiembre. El texto más importante redactado ahora es el «Programa de Transición».

1939 Escribe *En defensa del marxismo*.

1940 En mayo, la policía estalinista, con la colaboración directa del pintor mexicano David Alfaro Siqueiros, lleva a cabo una tentativa fallida de asesinar a Trotski en su casa de Coyoacán. Prepara un documento para una conferencia extraordinaria de la IV Internacional (mayo). El 20 de agosto es golpeado por un agente de la GPU. Muere al día siguiente.

Resultados y perspectivas*

1. Las particularidades del desarrollo histórico

Comparando el desarrollo social de Rusia con el de otros Estados europeos —resumiendo sus rasgos comunes y poniendo de relieve las diferencias entre su historia y la historia rusa— estamos en condiciones de decir que la característica esencial del desarrollo social ruso es su primitivismo y su lentitud.

No queremos ocuparnos aquí de las causas naturales de este primitivismo, pero el hecho en sí nos parece indudable: la sociedad rusa nació sobre una base económica más simple y más pobre.

El marxismo enseña que el desarrollo de las fuerzas productivas constituye la base del proceso sociohistórico. La formación de corporaciones y clases económicas solamente es posible cuando este desarrollo ha alcanzado un punto determinado. Es necesario, para la diversificación de capas y clases, que viene a su vez determinada por el desarrollo de la división del trabajo y la formación de funciones sociales especializadas, que la parte de la población que está ocupada directamente en la producción material produzca, por encima de su propio consumo, un plusproducto, un excedente: y solamente por apropiarse enajenadamente de este excedente pueden nacer y estructurarse las clases no productivas. La división del trabajo dentro de las mismas clases productivas únicamente es imaginable a partir de un cierto nivel de desarrollo en la agricultura, en el cual queda garantizado el abastecimiento de la población no

---

* Escrito en 1906. Publicado por vez primera en idioma ruso en 1907 y reeditado por Trotski para su publicación en 1915 y en 1919. (*N. del E.*). (Se distinguirán con *N. del E.* o *N. de la Red.* las notas pertenecientes a la actual edición o a la que sirve de base, respectivamente. Las que aparecen sin identificación son del autor).

campesina con artículos agrícolas. Estas condiciones previas para el desarrollo social ya han sido formuladas exactamente por Adam Smith.

De ello resulta —aunque el período de Novgorod en nuestra historia coincide con los comienzos de la Edad Media europea— que el lento desarrollo económico, debido a condiciones histórico-naturales (situación geográfica desfavorable, población escasa), obstaculizó el proceso de la formación de clases, dándole un carácter más primitivo.

Es muy difícil decir qué dirección habría tomado la historia de la sociedad rusa si hubiera transcurrido aisladamente y si hubiese sido influenciada solo por sus tendencias internas propias. Basta mencionar que ese no ha sido el caso. La sociedad rusa que se formaba sobre una determinada base económica interior estaba siempre bajo el influjo, e incluso bajo la presión del medio sociohistórico exterior.

En el proceso del enfrentamiento de esta ya formada organización socioestatal con las otras vecinas jugaron un papel decisivo, del lado de una el primitivismo de las circunstancias económicas y, del de las otras, su nivel de desarrollo relativamente alto.

El Estado ruso que se había formado sobre una base económica primitiva, entró en relación y llegó a tener conflictos con organizaciones estatales que se habían desarrollado sobre una base económica más alta y más estable. Aquí se planteaban entonces dos posibilidades: o bien el Estado ruso se hundiría en esta lucha, como se había hundido la Horda de Oro en la lucha con el Estado de Moscú, o bien el Estado ruso tendría que adelantarse, en su desarrollo, a la evolución propia de las condiciones económicas y gastar muchas más energías vitales de las que hubiesen sido necesarias en el caso de un desarrollo aislado. Para la primera alternativa la economía rusa *no era lo bastante* primitiva. El Estado no se deshizo, sino que empezó a desenvolverse merced a un supremo esfuerzo de sus fuerzas económicas.

Lo esencial no es, por lo tanto, que Rusia estuviera rodeada de enemigos. Esto solo no es suficiente. En principio eso vale para cualquier Estado europeo excepto quizás para Inglaterra; pero con la diferencia de que, en su lucha por la existencia, estos Estados se apoyaban en una base económica más o menos homogénea y, por esto mismo, el desarrollo de su estabilidad no estaba expuesta a una presión *exterior* tan fuerte.

La lucha contra los tártaros nogaicos y los de Crimea exigía el máximo de esfuerzo; pero desde luego no exigía más que la lucha secular de Francia contra Inglaterra. No fueron los tártaros los que obligaron a la vieja Rusia a introducir las armas de fuego y los regimientos permanentes de la guardia imperial; no fueron los tártaros los que la obligaron más tarde a crear la caballería y la infantería. Fue la presión por parte de Lituania, Polonia y Suecia.

Como consecuencia de esta presión ejercida desde Europa occidental, el Estado devoró una parte excesivamente grande de la plusvalía, o lo que es lo mismo, vivía a expensas de las clases privilegiadas que se acababan de formar, retardando así su —de todos modos— lento desarrollo. Pero esto no es todo. El Estado se lanzó sobre el «producto necesario» del campesino, le privó de sus medios de existencia, obligándole, con ello, a abandonar la tierra en la que acababa de establecerse y, de esta manera, obstaculizó el crecimiento de la población, frenó el desarrollo de las fuerzas productivas. Así es que, en la medida en la cual el Estado devoró una parte desproporcionada de la plusvalía, obstaculizó la diversificación, ya bastante lenta, de las capas sociales; y en la misma medida en que quitó una parte considerable del producto *necesario* destruyó él mismo las primitivas bases de producción, que eran su apoyo.

Pero, sobre todo, para apropiarse de una parte del producto social, necesario para seguir existiendo y funcionando, el Estado *necesitaba* una organización *jerárquico-clasista*. Así, mientras minaba las bases económicas de su crecimiento, pretendía, al mismo tiempo, forzar su desarrollo mediante medidas estatales autoritarias e intentaba —como cualquier otro Estado— guiar a su gusto el proceso de formación de las capas sociales. En ello un historiador de la civilización rusa, Miliúkov,[1] ve un contraste directo con la historia de Occidente. Sin embargo, no hay aquí en verdad ningún contraste.

La monarquía clasista de la Edad Media, que más tarde evolucionó hacia un absolutismo burocrático, representaba una forma de Estado en la cual estaban arraigados determinados intereses y relaciones sociales. Pero esta forma de Estado, una vez formada y establecida, engendró intereses propios (dinásticos, cortesanos, burocráticos...) que entraron en conflicto no solamente con los intereses de las capas bajas sino incluso con los de las capas altas. Las clases dominantes, que formaban un «muro de separación» socialmente imprescindible entre las masas de la población y la organización estatal, presionaron sobre esta última y convirtieron sus propios intereses en el contenido de su praxis estatal. Pero la autoridad pública defendió, al mismo tiempo, su propio punto de vista, también frente a los intereses de las clases altas. Como tal poder independiente, ella desarrolló una política de oposición contra las aspiraciones de aquellas e intentó subordinarlas. La historia efectiva de las relaciones entre Estado y clases transcurrió en el sentido de una resultante que estaba determinada por esta constelación de fuerzas. Un proceso, similar en su esencia, tuvo lugar también en la vieja Rusia.

El Estado intentaba aprovecharse de los grupos económicos en desarrollo y subordinarlos a sus intereses financieros y militares específicos. Los nacientes grupos económicos dominantes intentaron servirse del Estado para asegurarse sus privilegios en forma de privilegios de clase. En este juego de fuerzas sociales, el poder del Estado tuvo una importancia mucho más grande que en la historia de la Europa occidental.

Este intercambio de ayudas mutuas entre el Estado y los grupos sociales superiores, que se expresa en la distribución, de mutuo acuerdo, de derechos y obligaciones, de cargas y privilegios, se realiza a expensas del pueblo trabajador.

En Rusia, el intercambio era menos ventajoso para la aristocracia y el clero que en las monarquías clasistas medievales de Europa occidental. Eso es indiscutible. Y, sin embargo, decir que en Rusia la autoridad pública hubiese creado, de por sí, las clases, por su propio interés, mientras que en el Occidente, en la misma época, las clases crearon el Estado, es una increíble exageración, una absoluta falta de perspectiva (Miliúkov).

No se pueden crear clases por un procedimiento, por un mero expediente jurídico estatal. Antes de que este o aquel grupo social pueda, con ayuda de la autoridad pública, devenir una clase privilegiada, tiene de manera previa que haberse formado económicamente, y, por añadidura, con todas sus prerrogativas sociales. No se pueden fabricar clases según una jerarquía preconcebida o según el modelo de la Legión de Honor. La autoridad pública únicamente puede depositar todo el peso de su ayuda para favorecer este proceso económico elemental, del cual se derivan más tarde las formaciones económicas superiores. Como hemos mostrado, el Estado ruso gastó relativamente muchas fuerzas y obstaculizó el proceso de cristalización social, pese a que él mismo lo necesitaba. Es por tanto natural que, por su parte, intentara forzar, bajo la influencia y la presión del mundo occidental socialmente más configurado (una presión que fue proporcionada mediante la organización militar estatal), la diversificación social sobre una base económica primitiva. Además, como la necesidad de acelerar este proceso había surgido de la debilidad del desarrollo socioeconómico, es natural que el Estado, en sus esfuerzos previstos, aspirara a aprovechar su preponderancia de poder para dirigir, según su propio criterio, precisamente este desarrollo de las clases altas. Pero cuando el Estado quiso obtener éxitos mayores en este sentido tropezó, ante todo, con su propia debilidad, con el carácter primitivo de su propia organización; y este estaba, como ya sabemos, determinado por el primitivismo de la estructura social.

Así fue impulsado el Estado ruso, construido sobre la base de la economía rusa, por la presión amistosa y, más aún, por la presión rival de las organizaciones estatales vecinas que se habían formado sobre una base económica más desarrollada. A partir de un momento determinado —en especial desde finales del siglo XVII— el Estado aspiró a acelerar artificialmente con un esfuerzo supremo, el desarrollo económico natural. Nuevos ramos de oficios, máquinas e industrias, producción en gran escala y capital parecen, por decirlo así, servir como injertos en el tronco económico natural. El capitalismo aparece como un hijo del Estado. Desde este punto de vista también se podría decir que toda la ciencia rusa es un producto artificial de los esfuerzos estatales, puesta artificialmente sobre el tronco natural de la ignorancia nacional.[2]

El pensamiento ruso se desarrolló, como la economía rusa, bajo la presión directa del pensamiento y de la economía —más avanzados— de Occidente. Como a consecuencia del carácter económico natural de la economía, es decir, como a consecuencia del comercio exterior, muy poco desarrollado, las relaciones con los otros países tenían un carácter principalmente estatal, la influencia que Rusia debía sentir de estos países, antes de poder adoptar la forma de competencia económica directa, se manifestó más bien como una lucha encarnizada por la existencia estatal misma. La economía occidental influenció sobre la rusa por mediación del Estado. Para poder sobrevivir mejor en medio de Estados enemigos y mejor armados, Rusia estaba obligada a introducir fábricas, escuelas de navegación, libros instructivos sobre la construcción de instalaciones de fortificación, etcétera. Pero si el movimiento general de la economía interior no se hubiera dirigido en este sentido, si la evolución de esta economía no hubiese creado una necesidad de aplicación y generalización de los conocimientos, entonces todos los esfuerzos del Estado hubieran sido infructuosos: la economía nacional, que evolucionaba de una manera normal de la forma de economía natural a la forma de economía dinero-mercancía, solamente reaccionó a las medidas del Gobierno que se correspondían con esta evolución, y solamente en la medida en que estaban de acuerdo con ella. La historia de la fábrica rusa, del sistema monetario ruso y del crédito estatal es una prueba contundente de esta interpretación de los hechos que acabamos de exponer.

«La mayoría de las ramas industriales (metal, azúcar, petróleo, aguardiente e incluso tejidos de fibra) —escribe el profesor Mendeléyev— nacieron directamente bajo la acción de medidas gubernamentales, a veces también con ayuda de altas subvenciones pero, sobre todo, porque el Gobierno pretendía, por lo visto, en todas las épocas, una política proteccionista consciente, llegando, durante el reinado del zar Alejandro, a escribirla abiertamente sobre su bandera... El Gobierno supremo que se atenía, para Rusia, con plena conciencia, a los principios del proteccionismo, se había adelantado a todas nuestras clases instruidas en conjunto».[3] El sabio panegirista del proteccionismo industrial olvida añadir que la política gubernamental no estaba dictada en base a una preocupación por el desarrollo de las fuerzas productivas sino en base a consideraciones puramente fiscales y, en parte, técnico-militares. Por este motivo, la política de aranceles protectores estaba en contradicción no solamente con los intereses fundamentales del desarrollo industrial, sino también con los intereses privados de grupos de empresas individuales. Así, los fabricantes de algodón declararon abiertamente que «los aranceles de algodón tan altos no son mantenidos para la promoción del cultivo de algodón sino solamente a causa de intereses fiscales». Así como el Gobierno al «crear» las clases había puesto los ojos sobre todos los tributos para el Estado, también al «establecer» la industria dirigía su preocupación principal hacia las necesidades del fisco. Pero, indudablemente, la autocracia, al trasplantar la producción industrial en suelo ruso, jugaba un papel importante.

En la época en la que la sociedad burguesa en desarrollo empezó a sentir la necesidad de las instituciones políticas de Occidente, la autocracia estaba equipada con un poder material semejante al de los países europeos. Se apoyaba en un aparato burocrático centralizado que era completamente insuficiente en orden al control de situaciones nuevas pero que, en cambio, era capaz de poner en movimiento grandes energías de carácter represivo sistemático. Las inmensas distancias del país habían sido superadas mediante el telégrafo, permitiendo que las iniciativas de la administración se realizaran con seguridad, con relativa unidad y con rapidez (en el caso de medidas represivas); los ferrocarriles hacían posible desplazar en poco tiempo tropas militares de un extremo al otro del país. Los gobiernos prerrevolucionarios de Europa apenas conocían ferrocarriles y telégrafos. El ejército que estaba a la disposición del absolutismo era realmente gigantesco y, si bien en los primeros ensayos, la guerra ruso-japonesa se había mostrado inútil, era suficientemente bueno para el control del interior. No ya el Gobierno de la vieja Francia, sino ni siquiera el Gobierno de 1848 habían reconocido nada que pudiera igualarse al actual ejército ruso.

El Gobierno, al mismo tiempo que con ayuda del aparato fiscal militar explotaba el país al máximo, aumentaba su presupuesto anual hasta la suma gigantesca de 2 000 millones de rublos. Apoyado en el ejército y en el presupuesto, el Gobierno autocrático convirtió la bolsa europea de valores en su tesoro privado y al contribuyente ruso en un tributario desesperado de esta bolsa.

Así el Gobierno ruso se presentaba al mundo, en los años ochenta y noventa del siglo XIX, como una inmensa organización impositiva y bursátil con una significación burocrático-militar y con un poder inconmovible.

El poder financiero y militar del absolutismo agobiaba e impresionaba no solamente a la burguesía europea, sino también al liberalismo ruso, quitándole cualquier atisbo de esperanza en la posibilidad de una disputa abierta con el absolutismo. Parecía como si el poder militar y financiero del absolutismo excluyera cualquier posibilidad de una Revolución Rusa.

En realidad ocurrió todo lo contrario.

Cuanto más centralizado es un Estado y cuanto más desgajado está de la sociedad, tanto más pronto se convierte en una organización autónoma que está por encima de la sociedad. Cuanto más grandes son las fuerzas militares y financieras de tal organización, tanto más largamente y con más éxito puede luchar por su supervivencia. El Estado centralizador, con su presupuesto de 2 000 millones, con sus 8 000 millones de deuda y con millones de hombres sobre las armas, podía todavía mantenerse aun después de haber dejado de corresponder a las necesidades elementales del desarrollo social; necesidades, no solo referentes a la administración interna, sino inclusive las necesidades relativas a la seguridad militar, para cuya garantía había sido, originariamente, creado.

Cuanto más duradera era esta situación, tanto más se desarrollaba la contradicción entre las exigencias del progreso económico y cultural y la política gubernamental, la cual multiplicaba, su propia desidia «en millones de veces». Al haber dejado atrás la época de las grandes reformas del tipo de soluciones de recambio —que no solamente no podían eliminar esta contradicción sino que, por el contrario, la ponían al descubierto claramente por primera vez— al Gobierno se le hizo objetivamente cada vez más difícil, y sociológicamente cada vez menos posible, el emprender por sí mismo la marcha hacia el parlamentarismo. La única salida a esta contradicción que en la mencionada situación se le ofrecía a la sociedad, consistía en acumular el suficiente vapor revolucionario en la marmita del absolutismo para poder hacerla volar.

Así, el poder administrativo, militar y financiero del absolutismo, el mismo que le había proporcionado la posibilidad de sostenerse en plena contradicción con el desarrollo social, no solamente no excluía la posibilidad de una revolución —como pensaba el liberalismo— sino, por el contrario, hacía que la revolución fuera la única salida; además, la revolución tendría un carácter tanto más radical cuanto más profundo se hiciera el abismo entre el poder del absolutismo y la nación.

El marxismo ruso puede, con toda razón, estar orgulloso de haber sido el único en señalar el sentido de esta evolución y de haber predicho sus formas generales,[4] en una época en la que el liberalismo se nutría de un «practicismo» utópico y en que el movimiento revolucionario de los populistas vivía de fantasmagorías y de la creencia en milagros.

Todo este transcurso de la evolución social hacía la revolución inevitable. ¿Pero cuáles eran las fuerzas de esta revolución?

2. Ciudad y capital

El desarrollo de las ciudades en Rusia es un producto de la historia más reciente —más exactamente, un producto de las últimas décadas—. Hacia finales de la regencia de Pedro I, en el primer cuarto del siglo XVIII, la población urbana era de un poco más de 328 000 personas, aproximadamente el 3% de la población del país. Hacia finales del mismo siglo era de 1 301 000, aproximadamente el

4,1% de la población total. En 1812 había aumentado la población de las ciudades a 1 653 000, es decir el 4,4%. A mediados del siglo XIX contaban las ciudades todavía con solo 3 482 000 personas, el 7,8%. En el último censo (1879) se contabilizó finalmente una cifra de población urbana de 16 289 000, lo que hace aproximadamente el 13% de la población total.[5]

Si concebimos la ciudad no solo como unidad administrativa, sino como formación económico-social, entonces tenemos que admitir que las meras cifras mencionadas no reflejan realmente el desarrollo de las ciudades: la práctica estatal administrativa adjudicaba a determinadas ciudades innumerables privilegios con la misma arbitrariedad con que privaba a otras de los mismos y sin que en ello mediasen las más mínimas consideraciones de orden técnico-científico. Estas cifras manifiestan, sin embargo, tanto la falta de importancia de las ciudades en la Rusia anterior a las reformas como su crecimiento febril durante las últimas décadas. El crecimiento de la población urbana entre los años 1885 y 1887 era, según los cálculos de Mijailovski, del 33,8%, es decir, más del doble del crecimiento de la población rusa en general (15,25%) y casi el triple del aumento de la población rural (12,7%). El incremento rápido de la población urbana (no agrícola) se expresa aun más claramente si añadimos los pueblos y las ciudades pequeñas con algo de industria.

Pero las modernas ciudades rusas no difieren de las viejas solamente por su número de habitantes, sino también por su carácter social: son el centro de la industria y del comercio. La mayoría de nuestras viejas ciudades apenas desempeñaba un destacado papel económico; eran puntos administrativo-militares o fortalezas, su población estaba obligada al servicio militar y, asimismo, era mantenida por el fisco. La ciudad era generalmente un centro administrativo, militar y recaudador de impuestos.

Cuando la población no sujeta al servicio se establecía en el término municipal de la ciudad o en sus alrededores para encontrar protección contra sus enemigos, este hecho no impedía en absoluto el que continuara ocupándose en la agricultura. Incluso Moscú, la ciudad más grande de la vieja Rusia, era —según las explicaciones de Miliúkov— únicamente «una residencia del zar, en la cual una parte considerable de sus habitantes estaba vinculada, de una manera o de otra, a la corte, sea como séquito, sea como guardia de palacio, sea como servidumbre. De más de 16 000 hogares que se habían contado en el censo de Moscú de 1701, solo 7 000 (44%) eran traficantes y artesanos; e incluso estos vivían cerca de la corte y trabajaban para sus necesidades. Los restantes 9 000 hogares estaban formados por el clero (mil quinientos) y la clase dominante». La ciudad rusa, al igual que las ciudades que caracterizaron al despotismo asiático y a diferencia de las ciudades artesanales y comerciales de la Edad Media, realizaba pues una actividad puramente de *consumo*. Por la misma época en que la moderna ciudad occidental defendía con más o menos éxito la política de impedir que los artesanos se estableciesen en los pueblos, la ciudad rusa desconocía todavía por completo este fenómeno. Pero, ¿dónde existía en Rusia una industria transformadora, un oficio?: en los pueblos, en la agricultura. A causa del intenso pillaje por parte del Estado, el bajo nivel económico no dejaba ningún margen a la acumulación de riquezas ni a la división del trabajo social. El verano, mucho más corto, en comparación con el occidental, traía consigo una inactividad invernal más larga. Todo esto dio lugar a que la industria transformadora no se separase de la agricultura ni se concentrase en las ciudades, sino que continuara como ocupación accesoria en el campo. Cuando en la segunda mitad del siglo XIX comenzó el desarrollo de la industria capitalista en gran escala, no encontró ninguna industria urbana sobre la cual asentarse, sino principalmente el oficio aldeano *kustar*.[6] El millón y medio de obreros fabriles que hay, como máximo, en Rusia —escribe Miliúkov— tiene enfrente de sí a no menos de cuatro millones de campesinos que están ocupados en sus aldeas en la industria transformadora, sin dejar por esto la agricultura. Precisamente esta clase, de la cual [...] surgió la fábrica europea, no participó en modo alguno [...] en la construcción de la industria rusa.

El crecimiento posterior de la población y de su productividad proporcionó una base natural para la división del trabajo social y, desde luego, también para el oficio urbano. Pero a causa de la presión económica de los países avanzados, la gran industria capitalista se apoderó en seguida de esta base, de forma que no hubo tiempo suficiente para que el oficio urbano floreciese.

Los cuatro millones de artesanos *kustar* eran justamente los que, en Europa, habían formado el núcleo de la población urbana entrando a formar parte de los gremios como maestros y oficiales, y que luego, progresivamente, fueron cada vez más quedando fuera de los gremios hasta independizarse de ellos por completo. Era precisamente esta capa de artesanos la que, durante la gran revolución, constituía la parte principal de la población de los barrios más revolucionarios de París. Ya este mero hecho —la insignificancia de la industria urbana— había de tener consecuencias incalculables para nuestra revolución.[7]

La característica económica esencial de la ciudad contemporánea es la transformación de las materias primas, de las cuales abastece el campo; por este motivo son decisivas para la ciudad las condiciones de transporte. Solo la introducción del ferrocarril podía ensanchar de tal manera el campo de abastecimiento de la ciudad hasta el punto de hacer posible la aglomeración de centenares de miles de personas; la necesidad de una tal aglomeración resultó de la gran industria fabril. El núcleo de población de una ciudad moderna, por lo menos de una ciudad de importancia económica y política, es la clase de los obreros asalariados, claramente diferenciada. Justamente esta clase, que en la época de la gran Revolución Francesa era todavía sustancialmente desconocida, debía desempeñar en nuestra revolución el papel decisivo.

El sistema industrial fabril no solamente coloca al proletariado en la primera línea del frente sino que también empuja hacia la retaguardia a la democracia burguesa, quien en revoluciones anteriores había encontrado un apoyo en la pequeña burguesía urbana: artesanos, pequeños comerciantes, etcétera. Y otra razón del papel político desproporcionadamente grande del proletariado ruso la constituye el hecho de que una parte considerable del capital ruso sea inmigrado. Esto ha conducido —según Kautsky— a que el proletariado haya aumentado en número, fuerza e influencia de una manera que no guardaba la más mínima proporción con el crecimiento del liberalismo burgués.

Ya explicamos cómo en Rusia el capitalismo no se desarrolló a partir del oficio artesanal. Cuando el capitalismo llegó a la conquista de Rusia traía consigo como auxiliar a la civilización económico-europea; su competidor era el artesano *kustar* desamparado o el industrial urbano arruinado; y poseía en cambio a su favor, como reserva de fuerza de trabajo, al campesinado semiempobrecido. El absolutismo, por su parte, favoreció bajo diversos aspectos la subyugación capitalista del país.

Primero convirtió al campesino ruso en tributario de la bolsa mundial de valores. La falta, en el campo, del capital exigido continuamente por la ciudad, preparaba el terreno para las condiciones usurarias de los empréstitos extranjeros. Desde la regencia de Catalina II hasta el ministerio Witte-Durnovo[8] trabajaron banqueros de Amsterdam, Londres, París, Berlín con miras a la transformación de la autocracia en un gigantesco objeto de especulación en bolsa. Una parte considerable de los llamados empréstitos interiores, que fueron realizados por instituciones nacionales de crédito, no se diferenció en nada de los empréstitos extranjeros, ya que de hecho fue adquirida por capitalistas extranjeros. El absolutismo, mientras proletarizaba y pauperizaba al campesinado mediante altos impuestos, convertía los millones de la bolsa europea en soldados, en cruceros acorazados, en cárceles de incomunicación y en ferrocarriles. La mayor parte de estos gastos era absolutamente improductiva desde el punto de vista económico. Una parte inmensa del producto nacional fue pagada al extranjero en forma de intereses y enriquecía y fortalecía la aristocracia financiera de Europa. La burguesía financiera europea, cuya influencia política ha ido creciendo continuamente durante las últimas décadas en los países de Gobierno parlamentario haciendo retroceder la influencia de los capitalistas industriales y comerciales, ha convertido realmente al Gobierno zarista en su vasallo. Ahora bien, esta burguesía no quería ni podía llegar a ser una parte de la oposición burguesa dentro de Rusia y efectivamente no lo fue. En lo que se refiere a sus simpatías y antipatías se guiaba por el principio que ya habían formulado los banqueros Hoppe y Cía., en el año 1789, relativo a las condiciones del empréstito para el zar Pablo: «Los intereses han de pagarse sin *consideración de las circunstancias políticas*». La bolsa europea estaba incluso directamente interesada en el mantenimiento del absolutismo: ningún otro Gobierno podía garantizarle tales intereses de usura. Pero los empréstitos estatales no eran el único camino mediante el cual se importaban capitales europeos en Rusia. El mismo dinero que devoró una gran parte del presupuesto nacional ruso volvió a Rusia como capital comercial e industrial, atraído por sus riquezas naturales intactas y, sobre todo, por su mercado de trabajo no organizado y desacostumbrado a la resistencia. El período más reciente de nuestro incremento industrial de 1893 a 1889 fue al mismo tiempo un período de inmigración acentuada del capital europeo. Este capital, pues, que quedaba, ahora como antes, en su mayor parte en manos europeas y que dominaba la escena política en los parlamentos de Francia o Bélgica, movilizó en cambio, sobre la tierra rusa, a la clase obrera.

El capital europeo lanzó sus principales ramas de la producción y medios de comunicación sobre este país económicamente atrasado y lo esclavizó, saltando una serie de fases técnicas y económicas intermedias, que, en cambio, en su patria no podía menos de recorrer progresivamente. Pero cuantos menos obstáculos encontraba en el camino hacia su predominio *económico* tanto menos importante se configuró su papel *político*.

La burguesía europea se desarrolló a partir del Tercer Estado de la Edad Media. Levantó la bandera de protesta contra el pillaje y la violencia por parte del Primer y del Segundo Estados, levantándola en nombre de los intereses del pueblo, al cual ella misma deseaba explotar. Durante la transformación de la monarquía clasista medieval en absolutismo burocrático, esta se apoyó en la población urbana en su lucha contra las pretensiones del clero y de la aristocracia. La burguesía se aprovechó de esto para su propia promoción política. Así se desarrollaban, simultáneamente, el absolutismo burocrático y la clase capitalista; y cuanto chocaron en 1789 se mostró que la burguesía gozaba del respaldo de la nación entera.

El absolutismo se desarrolló bajo la presión directa de los Estados occidentales. Se apoderó de los métodos de administración y dominación mucho antes de que la burguesía capitalista consiguiese desarrollarse al nivel de la economía nacional. El absolutismo disponía ya de un inmenso ejército permanente, de un aparato burocrático y fiscal centralizado y emitía deuda no amortizable con destino a los banqueros europeos, en una época en que las ciudades rusas desempeñaban todavía un papel económico completamente subordinado.

El capital se internó desde el Occidente, beneficiándose de la ayuda directa por parte del absolutismo, y convirtió en poco tiempo una serie de viejas ciudades arcaicas en centros industriales y comerciales, e inclusive creó tales ciudades comerciales e industriales en lugares antes inhabilitados por completo. Este capital a menudo se presentó de repente en la forma de grandes e impersonales sociedades anónimas. En la década de la prosperidad industrial de 1893 a 1902, el capital nominal de las sociedades anónimas se incrementó en 2 000 millones de rublos, mientras que de 1854 a 1892 había aumentado solo en 900 millones de rublos. El proletariado se vio repentinamente concentrado en grandes aglomeraciones, existiendo tan solo entre el absolutismo y él una burguesía capitalista numéricamente débil, aislada del «pueblo», medio extranjera de origen, sin tradiciones históricas y animadas únicamente por la codicia.

3. 1789-1848-1905

La historia no se repite. Por mucho que se quiera comparar la Revolución Rusa con la gran Revolución Francesa, no por eso se convierte la primera en una simple repetición de la segunda. El siglo XIX no ha transcurrido en vano.

Ya el año 1848 presenta una gran diferencia respecto al año 1789. En comparación con la falta de brío. Por un lado llegaron demasiado pronto; por otro, demasiado tarde. El gigantesco esfuerzo que necesita la sociedad burguesa para arreglar cuentas radicalmente con los señores del pasado, solo puede ser conseguido, *bien* mediante la poderosa *unidad de la nación entera* que se subleva contra el despotismo feudal, *bien* mediante una evolución acelerada *de la lucha de clases* dentro de esta nación en vías de emancipación.

El primer caso se dio entre 1789 y 1793; toda la energía nacional que se había ido acumulando en la tremenda resistencia contra el viejo orden, se volcó por completo en la lucha contra la reacción. En el segundo caso, que hasta ahora no se ha dado en la historia y que consideramos solamente como una posibilidad, se produce, dentro de la nación burguesa, el grado de energía necesario para conseguir la victoria sobre las fuerzas oscuras del pasado, mediante una «discutible» lucha de clases. Los ásperos conflictos internos que consumen gran parte de sus energías y privan a la burguesía de la posibilidad de desempeñar el papel principal, empujan a su antagonista hacia adelante, le dan en un mes la experiencia de décadas, lo colocan en el frente más avanzado y le entregan las riendas tendidas, ocasión que él aprovecha para, decididamente y sin vacilaciones, dar a los acontecimientos un ímpetu poderoso.

O una nación que se contrae toda ella como un león preparándose para el salto; o una nación que se ha dividido definitivamente durante el proceso de la lucha para dejar en libertad de movimientos a su mejor parte en orden a la realización de la tarea para la cual el todo entero ya no tiene fuerzas suficientes. Estos son dos tipos opuestos que, desde luego, se pueden contraponer en su forma pura solo teóricamente.

Lo peor es, como en tantos otros casos, un término medio; en este término medio se encontró el año 1848.

En el período heroico de la historia francesa vemos delante de nosotros una burguesía ilustrada y activa que aún no había descubierto sus propias contradicciones. La historia le había confiado la tarea del mando, en la lucha por el nuevo orden, no solo en contra de las instituciones anticuadas de Francia sino también en contra de las fuerzas reaccionarias de toda Europa. Como consecuencia, la burguesía en todas sus diversas fracciones se siente conductora de la nación, comprende a las masas en la lucha, les transmite consignas y les señala la táctica de la lucha. La democracia unificó la nación bajo una ideología política. El pueblo —pequeños burgueses, campesinos y obreros— elegían burgueses como diputados y las tareas encargadas a ellos por las masas, estaban escritas en el lenguaje de una burguesía que era consciente de su papel mesiánico. Aunque también durante la revolución misma se destacan claramente antagonismos de clase, el ímpetu, una vez conseguido, de la lucha revolucionaria elimina política y consecuentemente los elementos burocráticos de la burguesía. Ninguna capa social es relevada, sin haber transmitido antes su energía a las que le suceden. Así, la nación como un todo continúa la lucha por sus objetivos con medios cada vez más potentes y decididos. Cuando la crema de la burguesía adinerada se separa del núcleo del movimiento nacional puesto en marcha y se alía con Luis XVI, se vuelven las reivindicaciones de la nación, que a la sazón están ya dirigidas *contra* esta burguesía, hacia el sufragio universal, y hacia la república como formas lógicas e inevitables de la democracia.

La gran Revolución Francesa es, en efecto, una revolución nacional. Incluso más: aquí se manifiesta en su forma clásica la lucha mundial del orden social burgués por el dominio, el poder y la victoria indivisa dentro del marco nacional.

Jacobinismo es hoy una injuria en boca de los sabelotodos liberales. El odio burgués contra la revolución, contra las masas, contra la violencia y contra la historia que se hace en la calle, se ha concentrado en un grito de indignación y de angustia: ¡Jacobinismo! Nosotros, el ejército mundial del comunismo, históricamente hemos ya arreglado cuentas hace tiempo con el jacobinismo. Todo el movimiento proletario internacional de la actualidad ha nacido y se ha fortalecido en disputa con las tradiciones del jacobinismo.

Lo hemos sometido a una crítica teórica, hemos mostrado su estrechez, hemos desenmascarado su contradicción social, su utopismo, su fraseología y hemos roto con sus tradiciones que, durante décadas, pasaban por herencia sagrada de la revolución.

Pero defendemos el jacobinismo contra los ataques, las calumnias y los ultrajes insípidos de que le hace objeto el liberalismo flemático y exangüe. La burguesía ha traicionado ignominiosamente todas las tradiciones de su juventud histórica, sus mercenarios actuales profanan las tumbas de sus antepasados y calumnian los vestigios de sus ideales. El proletariado defiende el honor del pasado revolucionario de la burguesía. El proletariado que, en la práctica, ha roto radicalmente con las tradiciones revolucionarias de la burguesía, las protege como herencia de grandes pasiones, de heroísmo e iniciativa y su corazón late lleno de simpatía hacia los hechos y las palabras de la Convención jacobina.

¿Qué es lo que dio al liberalismo su fuerza atractiva que no fuesen las tradiciones de la gran Revolución Francesa? ¿En qué otro período se elevó la democracia burguesa a tal altura, encendió una llama tal en el corazón del pueblo como lo logró la democracia jacobina, *sans-culotte* y terrorista de Robespierre en el año 1793?

¿No era el jacobinismo el que posibilitaba y posibilita todavía al radicalismo burgués francés de los diversos matices mantener en proscripción hasta hoy en día a una inmensa parte del pueblo, incluso del proletariado —y eso en una época en que el radicalismo burgués en Austria y Alemania nutría su breve historia de actos inútiles y ridículos?

¿No es la fuerza atractiva del jacobinismo, su ideología política abstracta, su culto por la República Sagrada y sus declaraciones solemnes, de lo que se nutren todavía hoy los radicales y radical-socialistas franceses como Clemenceau, Millerand, Briand, Bourgeois y todos esos políticos, más incapaces todavía de conservar las esencias de la sociedad burguesa que los *junkers* de Guillermo II, estúpidos por la gracia de Dios; *junkers* a los cuales envidian tan desesperadamente las democracias burguesas de otros países mientras, simultáneamente, denigran la razón y la fuente de su posición política privilegiada —el jacobinismo heroico— con calumnias? Incluso después de haber defraudado muchas esperanzas, siguió el jacobinismo viviendo como tradición en la conciencia del pueblo; el proletariado habló aun durante mucho tiempo de su futuro en el lenguaje del pasado. En el año 1840, casi medio siglo después del Gobierno del «partido de la Montaña», ocho años antes de los días de junio de 1848, Heine visitó varios talleres en el suburbio Saint-Marceau, y pudo ver lo que leían los obreros, «la parte más fuerte de la clase baja». «Allí encontré —así informó a un periódico alemán— varias ediciones nuevas de los discursos del viejo Robespierre, también de los panfletos de Marat por entregas, la *Historia de la Revolución* de Cabet, *La libélula venenosa* de Cormenin, *Babeuf y la conspiración de los Iguales* de Buonarotti —todos ellos, escritos que olían como a sangre... Como fruto de esta siembra —profetizó el poeta— amenaza prorrumpir, más tarde o más temprano, desde la tierra francesa la república».[9]

En el año 1848, la burguesía era ya incapaz de jugar un papel comparable. No era lo suficientemente dispuesta ni audaz como para asumir la responsabilidad de la eliminación revolucionaria del orden social que se oponía a su dominación. Entretanto, hemos podido llegar a conocer el porqué. Su tarea consistía más bien —de eso se daba ella cuenta claramente— en incluir en el viejo sistema garantías que eran necesarias, no para su dominación política, sino simplemente para un reparto del poder con las fuerzas del pasado. La burguesía había extraído algunas lecciones de las experiencias de la burguesía francesa: estaba corrompida por su traición y amedrentada por sus fracasos. No solamente se guardaba muy bien de empujar a las masas al asalto contra el viejo orden, sino que buscaba un apoyo en el viejo orden con tal de rechazar a las masas que la empujaban hacia delante.

La burguesía francesa supo hacer grande su revolución. Su conciencia era al mismo tiempo la conciencia de la sociedad entera y nada podía convertirse en institución duradera sin haber sido reconocido antes por esta conciencia como un objetivo suyo, como una tarea suya de carácter político. A menudo adoptó una actitud teatral para esconder ante sí misma la estrechez de su propio mundo burgués; pero seguía adelante sin embargo.

La burguesía alemana, en cambio, desde el principio, en vez de «hacer» la revolución, se separaba de ella. Su conciencia se rebeló contra las condiciones objetivas de su propia dominación. No se podía llegar a la revolución con su concurso, sino contra ella. En su pensamiento, las instituciones democráticas se presentaban no como un objetivo de su lucha, sino como el peligro para su bienestar.

En el año 1848 se necesitaba una clase que hubiese sido capaz de tomar en sus manos los acontecimientos, prescindiendo de la burguesía e incluso en contradicción con ella, una clase que hubiera estado dispuesta no solo a empujar a la burguesía hacia adelante con toda su fuerza, sino también a quitar de en medio, en el momento decisivo, su cadáver político.

Ni la pequeña burguesía ni el campesinado eran capaces de hacerlo.

La *pequeña burguesía* urbana era no solo hostil al ayer, sino también al mañana. Estaba todavía encamisada en las circunstancias medievales —pero se veía ya impotente para mantenerse frente a la industria «libre»—, todavía configuraba los rasgos de las ciudades —pero ya cedía su influencia en favor de la gran burguesía y de la mediana—, ahogada en sus prejuicios, aturdida por el alboroto de los acontecimientos, explotada y explotando ella misma, ávida y desesperada en su codicia, la pequeña burguesía atrasada no podía ponerse a la cabeza de los acontecimientos mundiales.

Al *campesinado* le faltaba, en una medida aun mayor, una iniciativa política independiente. Desde hacía siglos avasallado, empobrecido y furioso, siendo siempre la encrucijada tanto de la vieja explotación como de la nueva, el campesinado representaba, en un momento determinado, una fuente rica en caótica fuerza revolucionaria. Pero desunido, dispersado, rechazado de las ciudades, los centros nerviosos de la política y de la cultura, apático, limitado en su horizonte a lo que lo rodeaba de inmediato e indiferente frente a todo pensamiento urbano, el campesinado no podía tomar importancia como fuerza dirigente. A partir del momento en que lo liberaban de la carga de las obligaciones feudales, el campesinado volvía a su inmovilidad y pagaba a la ciudad, que había luchado por sus derechos, con extrema ingratitud: los campesinos liberados se convertían en fanáticos del «orden».

La *intelligentsia*[10] *democrática*, sin un poder de clase, se arrastraba pronto, como una especie de retaguardia política, a remolque de su hermana mayor, la burguesía liberal; luego, en momentos críticos, se separaba de ella para únicamente dar pruebas de su propia impotencia. Se enredaba en contradicciones insolubles y llevaba consigo esta confusión por todas partes.

El *proletariado* era demasiado débil, se encontraba sin organización, sin experiencia y sin conocimientos. El desarrollo capitalista había progresado lo suficiente como para hacer necesaria la abolición de las viejas condiciones feudales, pero no tan suficiente como para permitir destacarse a la clase obrera —el producto de las nuevas condiciones de producción— como una fuerza política decisiva. El antagonismo entre el proletariado y la burguesía se había desarrollado demasiado en el marco nacional de Alemania como para que aún le fuera posible a la burguesía figurar intrépidamente con el papel de protagonista nacional; pero no se había desarrollado tanto como para que el proletariado pudiese hacerse cargo él mismo de este papel. Aunque los roces internos de la revolución preparaban al proletariado para la independencia política, también ellos debilitaban, al mismo tiempo, la energía y la unidad de acción, hacían despilfarrar infructuosamente las fuerzas y obligaban a la revolución, después de los primeros éxitos, a marcar el paso sin moverse del sitio para emprender luego la retirada bajo los golpes de la reacción.

Austria ha sido un ejemplo especialmente claro y trágico de esta inexperiencia y del error que supone no llevar las condiciones políticas a sus últimas consecuencias durante un período revolucionario.

El proletariado de Viena mostró en 1848 un heroísmo asombroso y una energía inagotable. Una y otra vez se metía de lleno en la lucha empujado por un ronco instinto de clase, sin tener una idea general sobre los objetivos de la misma, saltaba de una consigna a la otra. La dirección del proletariado pasó —asombrosamente— al *estudiantado*, el único grupo *democrático* activo que tenía, gracias a su actividad, una gran influencia sobre las masas y, en consecuencia, también sobre los acontecimientos. Los estudiantes podían, sin duda, luchar valientemente en las barricadas y fraternizar honrosamente con los obreros, pero eran incapaces de señalar la dirección de la revolución, posibilidad que la «dictadura» de la calle había colocado entre sus manos.

El proletariado, desunido, sin experiencia política y sin dirección política independiente, seguía a los estudiantes. En cada momento crítico los obreros ofrecían firmemente a los «señores que trabajan con la cabeza» la ayuda de los «que trabajan con las manos». Una vez convocaron los estudiantes a los obreros, otra vez les cerraron el camino al centro de la ciudad. Otras veces, en virtud de la autoridad política de que se revestía la «legión académica», les prohibían plantear reivindicaciones propias independientes. He aquí la forma clásica de la benévola dictadura revolucionaria *sobre* el proletariado.

La consecuencia de todo ello fueron los acontecimientos siguientes. Cuando el 26 de mayo todos los obreros vieneses siguieron el llamamiento de los estudiantes y se pusieron en acción para impedir que desarmaran a la «legión académica», cuando la población de la capital levantaba barricadas por todas partes, cuando se demostró asombrosamente potente y se apoderó de toda la ciudad, cuando la Viena armada tenía a Austria como respaldo, cuando la monarquía, que se dio a la fuga, había perdido todo significado, cuando, a causa de la presión popular, también las últimas tropas fueron mandadas a retirarse de la capital, cuando el poder gubernamental de Austria era un objeto sin dueño, entonces, no hubo ninguna fuerza política para hacerse con el timón.

La *burguesía liberal*, conscientemente, no quería encargarse de un poder que había sido tomado de una manera tan rapaz; soñaba únicamente con el regreso del emperador, que se había retirado de la huérfana Viena al Tirol.

Los *obreros* eran suficientemente valientes para destrozar a la reacción, pero no lo bastante organizados y conscientes como para tomar posesión de la herencia de la misma. Existía un movimiento obrero potente, pero no había todavía verdadera lucha de clases desarrollada en la que el proletariado hubiese podido precisar sus fines políticos. El proletariado, incapaz de tomar el timón por sí mismo, tampoco podía inducir a la democracia burguesa a que realizara este gran acto histórico, ya que la burguesía —como ya tantas otras veces— se escondía en el momento decisivo. Para obligar a este cobarde a cumplir con su deberes, el proletariado hubiera necesitado, en todo caso, de la misma fuerza y madurez que para la organización de un propio Gobierno obrero provisional.

En resumidas cuentas, una situación que un contemporáneo caracterizó muy acertadamente con las palabras siguientes: «En efecto, en Viena se ha edificado la república pero desgraciadamente nadie se ha dado cuenta de ello [...]». La república, de la que nadie se había enterado, desapareció por mucho tiempo y dejó el camino libre a los Habsburgo... Una ocasión, una vez que se ha desaprovechado no vuelve por segunda vez.

De las experiencias de las revoluciones húngara y alemana, Lassalle sacó la conclusión de que, de allí en adelante, la revolución solamente se podía apoyar en la lucha de clases del proletariado.

Lassalle escribe a Marx en su carta del 24 de octubre de 1849:

> Hungría tuvo la oportunidad, más que ningún otro país de culminar felizmente la lucha. Entre otras causas porque allí los partidos todavía no

habían llegado a una separación y a un aislamiento tan radicales, al fuerte contraste que se da en Europa occidental; y porque allí la revolución aún estaba cubierta bajo la forma de una lucha nacional por la independencia. A pesar de eso, Hungría sucumbió y precisamente debido a la traición del partido *nacional*.

Por lo tanto —continúa Lassalle en relación con la historia de Alemania durante los años 1848 y 1849— esto me ha servido de lección definitiva en el sentido de considerar que en Europa ya no puede terminar bien ningún combate que no sea de antemano una pronunciada lucha *puramente socialista*; que ya no podrá terminar bien ninguna lucha que implique las cuestiones sociales solo como un elemento oscuro, como un fondo, presentándose por fuera bajo la forma de una insurrección nacional o de un republicanismo burgués.[11]

No vamos a detenernos en la crítica de estas decisivas conclusiones finales. En todo caso, son indudablemente correctas en el sentido de que ya a mediados del siglo XIX, no se podía resolver la tarea nacional de la emancipación por la presión homogénea y unánime de la nación entera. Solo la táctica independiente del proletariado, el cual sacase las fuerzas para luchar de su situación de clase y solamente de ella, podía garantizar la victoria de la revolución.

La clase obrera rusa del año 1906 no se parece en absoluto a la clase obrera de Viena de 1848. Y la mejor prueba de ello es la experiencia de los sóviets de diputados obreros. Aquí no se trata de organizaciones de conspiradores minuciosamente preparadas, que en un momento de exaltación se hacen con el poder sobre la masa del proletariado. No, aquí se trata de órganos creados metódicamente por esta misma masa en orden a la coordinación de su lucha revolucionaria. Y estos sóviets, elegidos por las masas y responsables ante ellas, estas organizaciones incondicionalmente democráticas, practican una política de clase enormemente decisiva en el sentido del socialismo revolucionario.

Las particularidades sociales de la Revolución Rusa aparecen especialmente claras en la cuestión de la entrega de armas al pueblo. Una milicia (guardia nacional) fue la primera consigna y la primera adquisición de todas las revoluciones —1789 y 1848— en París, en todos los estados de Italia, en Viena y en Berlín. En el año 1848, la guardia nacional (es decir, la entrega de armas a los propietarios y a los «intelectuales») fue una consigna de toda la oposición burguesa, incluso de la más moderada, pero su objetivo no era únicamente el de proteger las libertades ganadas o meramente «concedidas» contra los intentos de subversión desde arriba, sino también la de preservar la propiedad burguesa de los abusos del proletariado. La demanda de una milicia era, por tanto, una clara exigencia clasista de la burguesía. «Los italianos sabían muy bien —comentó un historiador inglés liberal a propósito del acuerdo italiano— que el armamento de la milicia civil haría imposible una subsistencia del despotismo. Además era una garantía para las clases poseedoras contra una posible anarquía y contra cualquier clase de agitación popular».[12] Y la reacción dominante, que en los centros importantes no disponía del poder militar suficiente para poder combatir la «anarquía», es decir, las masas revolucionarias, armaba a la burguesía. El absolutismo permitió, por momentos, a los burgueses oprimir y pacificar a los obreros, para luego él desarmar y pacificar a los burgueses mismos.

En Rusia, la reivindicación de las milicias no tiene ni el más mínimo apoyo de los partidos burgueses. En el fondo los liberales no pueden menos de comprender su importancia: en este sentido, el absolutismo les ha servido claramente de lección. Pero también se dan cuenta de que es absolutamente imposible componer una milicia sino contra el proletariado. Los obreros rusos se parecen poco a los obreros de 1848 que llenaron de piedras sus bolsillos y enarbolaban garrotes, mientras que los traficantes, los estudiantes y los abogados llevaban al hombro mosquetes reales y ceñían espadas.

Armar la revolución significa en Rusia, antes que nada, armar a los obreros. Como los liberales lo sabían y lo temían, preferían desistir de crear las milicias. Sin combates, pues, abandonaron estas posiciones al absolutismo igual que el burgués Thiers abandonó París y Francia a Bismarck con el único objeto de no tener que armar a los obreros.

En la colección de artículos *El Estado constitucional*, el manifiesto de la coalición liberal-demócrata, Dzvelegov dice con mucha razón, al discutir la posibilidad de un golpe de Estado, que «la sociedad misma tiene que demostrar, en el momento decisivo, su disposición a sublevarse para proteger su Constitución». Pero como de ahí resulta por sí mismo la exigencia de armar al pueblo, el filósofo liberal cree «necesario añadir» que para la defensa contra los golpes de Estado «no es necesario en absoluto que todo el mundo tenga preparadas las armas.[13] Lo único necesario es que la sociedad misma está dispuesta a resistir. Sigue siendo desconocido por qué camino debe hacerlo. Si algo resulta claro de estas evasivas es que, en el corazón de nuestros demócratas, el miedo a la soldadesca de la autocracia ha sido vencido por el miedo al proletariado en armas.

Así la tarea de armar a la revolución recae con todo su peso sobre el proletariado. Y la milicia civil, la reivindicación clasista de la burguesía de 1848, se presenta en Rusia desde el principio como una exigencia de armar al pueblo y sobre todo al proletariado. Con esta cuestión se pone al descubierto todo el destino de la Revolución Rusa.

4. Revolución y proletariado

La revolución es una prueba de fuerza abierta entre las fuerzas sociales en lucha por el poder.

El Estado no tiene fin en sí mismo. Es simplemente un instrumento de trabajo en las manos de la fuerza social dominante. Como cualquier instrumento, tiene sus mecanismos motrices, de transmisión y de ejecución. La fuerza motriz es el interés de clase, cuyo mecanismo consiste en la agitación, la prensa, la propaganda de iglesia, de escuela, de partido; la manifestación callejera, la petición y la sublevación. El mecanismo de transmisión es la organización legislativa de los intereses de casta, dinastía, capa o clase, bajo el signo de la voluntad divina (absolutismo) o nacional (parlamentarismo). El mecanismo ejecutor finalmente es la administración, con la policía, los tribunales, las cárceles y el ejército.

El Estado no tiene fin en sí mismo sino que es el más perfecto medio de organización, desorganización y reorganización de las relaciones sociales. Según en qué manos se encuentre, puede ser la palanca para una revolución profunda o el instrumento de una paralización organizada.

Cualquier partido político que merezca ese nombre trabaja para conquistar el poder gubernamental, a fin de poner el Estado al servicio de la clase cuyos intereses representa. La socialdemocracia, como partido del proletariado, aspira naturalmente a la dominación política de la clase obrera.

El proletariado crece y se fortalece con el crecimiento del capitalismo. En este sentido, el desarrollo del capitalismo es equivalente al desarrollo del proletariado hacia la dictadura. Pero el día y la hora en que el poder ha de pasar a manos de la clase obrera no dependen *directamente* de la situación de las fuerzas productivas, sino de las condiciones de la lucha de clases, de la situación internacional y, finalmente, de una serie de elementos subjetivos: tradición, iniciativa, disposición para el combate...

Es posible que el proletariado de un país económicamente atrasado llegue antes al poder que en un país capitalista evolucionado. En 1871, se hizo cargo conscientemente de la dirección de los asuntos públicos en el París pequeñoburgués, aunque solo por un período de dos meses, pero ni por una sola hora tomó el poder en los grandes centros capitalistas de Inglaterra o de los Estados Unidos. La idea de que la dictadura proletaria depende en algún modo automáticamente de las fuerzas y medios técnicos de un país, es un prejuicio de un materialismo «económico» simplificado hasta el extremo. Tal concepto no tiene nada en común con el marxismo. En nuestra opinión la Revolución Rusa creará las condiciones bajo las cuales el poder puede pasar a manos del proletariado (y, en el caso de una victoria de la revolución, así tiene *que ser*) antes de que los políticos del liberalismo burgués tengan la oportunidad de hacer un despliegue completo de su genio político.

En el periódico americano *The Tribune* escribió Marx,[14] resumiendo los resultados de la revolución y de la contrarrevolución de 1848-1849:

> La clase obrera alemana está, en comparación con la inglesa o la francesa, igual de atrasada en su evolución sociopolítica que la burguesía alemana en comparación con la burguesía de esos otros países. *De tal amo, tal siervo.* El desarrollo de las condiciones necesarias para la existencia de un proletariado numeroso, fuerte, concentrado e inteligente va mano a mano con el desarrollo de las condiciones necesarias a la existencia de una burguesía numerosa, acomodada, concentrada y poderosa. El movimiento obrero mismo nunca es independiente, nunca comprende exclusivamente un carácter político hasta que todas las diferentes partes de la burguesía, sobre todo su parte más progresista, los grandes propietarios de fábricas, no han conquistado el poder político transformando el Estado según sus necesidades. Entonces ha llegado el momento en que el conflicto inevitable entre los señores de las fábricas y los obreros asalariados se aproxima amenazante y ya no puede ser aplazado por más tiempo.[15]

El lector conoce probablemente esta cita ya que, en los últimos tiempos, los marxistas librescos han abusado de ella frecuentemente. La han puesto de relieve como argumento irrefutable contra la idea del Gobierno obrero en Rusia. «De tal amo, tal siervo». Si la burguesía rusa no es lo suficientemente fuerte como para encargarse de la autoridad pública, entonces menos aún se puede hablar de una democracia obrera, es decir del dominio político del proletariado.

El marxismo es sobre todo un método de análisis —no del análisis de textos, sino del de las relaciones sociales. ¿Es justo, en Rusia, que la debilidad del liberalismo capitalista signifique a todo trance la debilidad del movimiento obrero? ¿Es justo, en Rusia, que un movimiento proletario independiente no sea posible antes de que la burguesía haya conquistado la autoridad pública? Basta con plantear estas preguntas para reconocer el desesperado formalismo de pensamiento contenido en el intento de convertir un comentario histórico relativo de Marx en un teorema secular.

El desarrollo de la industria fabril en Rusia tuvo, en los períodos de prosperidad industrial, un carácter «americano»; pero las dimensiones efectivas de nuestra industria capitalista parecen enanas en comparación con la industria de los estados americanos. Cinco millones de personas —el 16,6% de la población trabajadora— están ocupadas en la industria transformadora de Rusia; el número correspondiente en los Estados Unidos es de seis millones —el 22,2%—. Estas cifras expresan todavía poco comparativamente; sin embargo, dan una idea clara si tenemos presente que la población rusa es casi el doble de la americana. Pero a fin de poder figurarse las auténticas dimensiones de la industria en estos dos países, hay que señalar que en América en el año 1900, los talleres, fábricas y grandes empresas artesanas vendían mercancías por un valor de 25 000 millones de rublos, mientras que Rusia, en la misma época, producía en sus fábricas y empresas mercancías por un valor de menos de 2 600 millones de rublos.[16]

El número de proletarios industriales, su grado de concentración, su nivel cultural y su importancia política dependen, sin duda, del grado de desarrollo de la industria capitalista. Pero esta dependencia no es directa; entre las fuerzas productivas de un país y las fuerzas políticas de sus clases se interponen, en cada momento, diferentes factores sociales y políticos de carácter nacional e internacional, que pueden llevar la configuración política correspondiente a unas condiciones económicas en una dirección inesperada, e incluso cambiarla por completo. Aunque las fuerzas productivas de la industria en los Estados Unidos son diez veces más grandes que las nuestras, el papel político del proletariado ruso, su influencia en la política internacional, en la política de nuestro país, y la posibilidad de tener influencia en la política internacional en un futuro próximo es incomparablemente mayor que el papel y la importancia del proletariado americano.

Kautsky, en su trabajo sobre el proletariado americano, recientemente editado, señala que no hay ninguna analogía directa o inmediata entre las fuerzas políticas del proletariado y la burguesía, por un lado, y el grado de desarrollo capitalista, por el otro.

> Son sobre todo dos Estados —dice— que se contraponen como dos extremos, y de los cuales cada uno contempla el efecto desproporcionadamente fuerte (es decir mayor de lo que corresponde al nivel de su desarrollo) que produce cada uno de estos dos elementos del modo de producción capitalista: *América la clase de los capitalistas, Rusia la de los proletarios*. En América, más que en ningún otro lugar, se puede hablar de la dictadura del capital. El proletariado en lucha, en cambio, no ha obtenido, por ningún concepto, la importancia que en Rusia; y esta importancia tendrá que aumentar, y lo hará, ya que este país tan solo acaba de comenzar a contemplar luchas de clases y de concederles, en cierto modo, un cierto margen de libertad para su libre desenvolvimiento.

Después de la mención de que Alemania puede estudiar, en cierta medida, su futuro en Rusia, Kautsky continúa:

> La verdad es que constituye un fenómeno peculiar el que sea precisamente el proletariado ruso quien deba indicarnos nuestro futuro, no en lo que toca a la organización del capital, sino en lo que toca a la rebelión de la clase obrera; pues Rusia es el Estado más atrasado entre los grandes Estados del mundo capitalista. Eso parece estar en contradicción con la concepción materialista de la historia, según la cual el desarrollo económico forma la base del político. Sin embargo está solamente en contradicción con aquella clase de concepción materialista de la historia que presentan

nuestros adversarios y críticos que entienden por ello un *patrón hecho* y no un *método de investigación*.[17]

Estas líneas hay que recomendarlas especialmente a la atención de aquellos marxistas nacionales que sustituyen el análisis independiente de las relaciones sociales por la interpretación de textos preseleccionados por ellos y aplicables a todos los casos de la vida. ¡Nadie compromete el marxismo tanto como estos marxistas nominales!

Por tanto, siguiendo a Kautsky, Rusia está caracterizada en el terreno económico por un nivel relativamente bajo del desarrollo capitalista, y en la esfera política por la falta de importancia de la burguesía capitalista y por el poder del proletariado revolucionario. Esto conduce a que la «lucha por los intereses de toda Rusia corresponda a la *única clase fuerte actualmente existente*, al proletariado industrial».

Como consecuencia de esto al proletariado industrial le corresponde una gran importancia política; por lo tanto, la lucha en Rusia por la liberación del pulpo asfixiante del absolutismo ha llegado a ser un *duelo entre este y la clase de obreros industriales*, un duelo en el cual el campesinado otorga un apoyo importante, pero sin que pueda desempeñar un papel dirigente.[18]

Todo esto, ¿no nos da derecho a concluir que el «siervo» ruso puede llegar al poder antes que su «amo»?

Hay dos clases de optimismo político. Uno puede sobreestimar sus fuerzas y las ventajas de una situación revolucionaria y proponerse tareas cuya realización no está permitida por las correlaciones de fuerzas dadas. Pero a la inversa, también uno puede reducir, *de una manera optimista,* sus objetivos revolucionarios señalándose un límite que inevitablemente sobrepasaremos en virtud de la lógica de la situación.

Se puede restringir el marco de todas las cuestiones relativas a la revolución afirmando que nuestra revolución es, en su finalidad objetiva y, por tanto, en sus resultados inevitables, una revolución burguesa; y se pueden cerrar los ojos ante el hecho de que la figura principal de esta revolución burguesa es el proletariado, que en el transcurso de la revolución es llevado al poder.

Alguien puede consolarse pensando que, dentro del marco de una revolución burguesa, la dominación política del proletariado será solo un episodio pasajero; y se puede también echar en olvido el hecho de que el proletariado, una vez en posesión del poder, no lo cederá de nuevo sin una resistencia desesperada, no lo soltará hasta que le sea arrebatado por las armas.

Hay quien puede consolarse con el hecho de que las condiciones sociales de Rusia todavía no están maduras para un orden económico socialista, sin considerar que el proletariado en el poder es empujado inevitablemente, por toda la lógica de su situación, a dirigir estatalmente la economía.

La definición sociológica general de lo que es una *revolución burguesa* no determina en absoluto las tareas político-tácticas, las contradicciones y los problemas que se presentan en el caso de una revolución burguesa *concreta*.

En el marco de la revolución burguesa de finales del siglo XVIII, cuya tarea objetiva era conseguir el dominio del capital, la dictadura de los *sans-culotte* resultaba posible. Esta dictadura no era un episodio meramente pasajero sino que configuraba todo el siglo siguiente; y ello pese al hecho de saber fracasado rápidamente a causa del reducido marco de la sociedad burguesa.

En la revolución de comienzos del siglo XX, pese a ser igualmente burguesa en virtud de sus tareas objetivas inmediatas, se bosquejó como perspectiva próxima la inevitabilidad o, por lo menos, la probabilidad del dominio político del proletariado. El propio proletariado se ocupará, con toda seguridad, de que este dominio no llegue a ser un «episodio» meramente pasajero tal como lo pretenden algunos filisteos realistas. Pero ahora podemos ya formular la pregunta: ¿Tiene que fracasar forzosamente la dictadura del proletariado entre los límites que determina la revolución burguesa o puede percibir, en las condiciones dadas de la *historia universal, la perspectiva de una victoria* después de haber reventado este marco limitado? Aquí nos urgen algunas cuestiones tácticas: ¿Debemos dirigir la acción conscientemente hacia un Gobierno obrero, en la medida en que el desarrollo revolucionario nos acerque a esta etapa, o bien tenemos que considerar, en dicho momento, el poder político como una desgracia que la revolución quiere cargar sobre los obreros, siendo preferible evitarla?

¿No tenemos que darnos por aludidos por las palabras del político «realista» Vollmar[19] sobre los comunistas de 1871 de que, en lugar de tomar el poder, les hubiese sido mejor echarse a dormir?

5. El proletariado en el poder y el campesinado

En el caso de una victoria decisiva de la revolución, el poder es traspasado a manos de la clase que ha desempeñado el papel dirigente en la lucha, en otras palabras: a las del proletariado en nuestro caso. Desde luego esto no excluye en lo más mínimo —y lo decimos ya aquí— que representantes revolucionarios de grupos sociales no proletarios entren en el Gobierno. Ellos pueden y deben hacerlo; una política sana inducirá al proletariado a permitir que participen en el poder los líderes influyentes de la pequeña burguesía, de la *intelligentsia* o del campesinado. Toda la cuestión radica en esto: *¿Quién da a la política gubernamental su contenido y quién constituye en el poder una mayoría homogénea?* Es muy diferente que representantes de capas democráticas del pueblo participen en un Gobierno de mayoría obrera, a que los representantes del proletariado colaboren, más o menos como rehenes honoríficos, con un Gobierno evidentemente democrático-burgués.

La política de la burguesía liberal capitalista es, a pesar de todas sus vacilaciones y repliegues, a pesar de toda su traición, bastante definida. La política del proletariado es definida y perfilada aun con mayor exactitud. Pero la política de la *intelligentsia*, a causa de su posición social intermedia y de su inconsistencia, la política del campesinado por su heterogeneidad social, por su posición intermedia y por su primitivismo; la política de la pequeña burguesía, a su vez como consecuencia de su falta de carácter, de su posición igualmente intermedia y de su carencia completa de tradiciones políticas, la política de estos tres grupos sociales es totalmente indefinida, informe, llena de variadas alternativas y, por tanto, llena de sorpresas.[20]

Basta imaginarse un Gobierno demócrata revolucionario sin representantes del proletariado para advertir de inmediato el absurdo que supone. La renuncia por parte de la socialdemocracia a participar en un Gobierno revolucionario haría imposible que un tal Gobierno fuese efectivamente revolucionario y sería, por tanto, una traición a la causa de la revolución. Pero la participación del proletariado en un Gobierno solo puede resultar objetivamente probable y permisible de principio cuando se trate de una participación *dirigente* y *dominante*. Naturalmente, puede llamarse a un tal Gobierno dictadura del proletariado y del campesinado, dictadura del proletariado, del campesinado y de la *intelligentsia* o finalmente, Gobierno de coalición entre la clase obrera y la pequeña burguesía. Pero la pregunta sigue planteada: ¿Quién predomina en el Gobierno y, por tanto, sobre la nación entera? Y si nos referimos a un Gobierno propiamente obrero entonces la respuesta es: la hegemonía la tendrá la clase obrera.

La Convención como órgano de la dictadura jacobina no se compuso solo de jacobinos; es más, los jacobinos se encontraron incluso en minoría. Pero la influencia de los *sans-culotte* fuera de la Convención y la necesidad de una política decidida para salvar al país pusieron el poder en las manos de los jacobinos. Y así, la Convención fue *formalmente* una representación nacional compuesta por jacobinos, girondinos y luego, al margen de ellos, un inmenso pantano, pero *de hecho* una dictadura de los jacobinos.

Cuando hablamos de un Gobierno obrero nos fijamos sobre todo en la posición dominante y dirigente de los representantes obreros.

El proletariado no puede consolidar su poder sin ampliar la base de la revolución.

Muchas capas de las masas trabajadoras, sobre todo en el campo, serán incluidas por vez primera en la revolución, y solo entonces, conocerán una organización política, cuando la vanguardia de la revolución, el proletariado urbano, haya subido al poder estatal. Entonces se efectuarán las tareas de agitación revolucionaria y de organización con ayuda de los medios estatales. El poder legislativo mismo se convierte finalmente en un instrumento poderoso de la toma de conciencia revolucionaria de las masas populares.

Con esto, el carácter de nuestras condiciones sociohistóricas que carga todo el peso de la revolución burguesa sobre los hombros del proletariado, causará al Gobierno obrero dificultades enormes; pero, simultáneamente, también le proporcionará, por lo menos en los primeros tiempos de su existencia, inestimables ventajas. Esto tendrá su efecto en las relaciones entre el proletariado y el campesinado.

En las revoluciones de 1789-1793 y de 1848, el poder pasó, en un principio, del absolutismo a los elementos moderados de la burguesía; estos liberaron a los campesinos (el *cómo* es otra cuestión) antes de que la democracia revolucionaria subiese al poder o se dispusiera a hacerlo. El campesinado liberado perdió todo interés en los actos de fuerza políticos de los «ciudadanos», es decir en la continuación posterior de la revolución, y se convirtió, como un pilar rígido, en el fundamento del «orden» entregando la revolución a la reacción cesarista o archiabsolutista.

Ahora, y por mucho tiempo ya, a la Revolución Rusa se le ha cerrado el camino de la edificación de cualquier orden burgués constitucional que pudiera solucionar aunque solo fuesen las tareas más simples de una democracia. En lo que se refiere a los burócratas reformistas del estilo Witte y Stolipin, todos sus esfuerzos «ilustrados» se vienen abajo, lo que se comprueba con el simple hecho de que ellos mismos se ven obligados a luchar por su propia existencia. El destino de los intereses revolucionarios más elementales del campesinado —incluso de la *clase entera campesina*— está, por consiguiente, entrelazado con el destino de toda la revolución, es decir con el destino del proletariado.

El proletariado, hallándose en el poder, se mostrará ante el campesinado como la clase liberadora.

La dominación del proletariado no traerá consigo solo las igualdades democráticas y la libre autogobernación, ni significará tan solo el traspaso de la carga impositiva sobre las clases poseedoras, la transformación del ejército permanente en milicias populares y la anulación de los tributos obligatorios de las iglesias, sino que significará también la legitimización de todos los cambios revolucionarios en las condiciones de propiedad del suelo (expropiación) realizados por los campesinos. El proletariado hará de estos cambios el punto de partida para otras medidas estatales en el dominio de la agricultura. En estas condiciones, en el primero y más difícil período de la revolución, el campesinado ruso no estará, en todo caso, menos interesado en la protección del régimen (la «democracia obrera») de lo que estuvo el campesinado francés en mantener el régimen militar de Napoleón Bonaparte que garantizaba con sus bayonetas a los nuevos propietarios de tierra de invulnerabilidad de su propiedad. Y esto significa que el congreso de diputados convocado bajo la dirección del proletariado, el cual se ha asegurado el apoyo del campesinado, no será otra cosa que un perfeccionamiento democrático de la dominación del proletariado.

¿Pero sería posible que el campesinado mismo apartase al proletariado y ocupase su sitio? No; eso es imposible. Toda la experiencia histórica se rebela contra esta suposición. La experiencia demuestra que el campesinado es completamente incapaz de desempeñar un papel político *independiente*.[21]

La historia del capitalismo es la historia de la subyugación del campo a la ciudad. El desarrollo industrial de las ciudades europeas hizo imposible, en su tiempo, la perduración de las condiciones feudales en el dominio de la producción agraria. Pero el campo no produjo él mismo ninguna clase que hubiese podido llevar a cabo la tarea revolucionaria de la abolición del feudalismo. La misma ciudad, que había subyugado la agricultura al capital, produjo al mismo tiempo fuerzas revolucionarias que tomaron cuerpo político con influencia sobre toda la nación y que propagaron al campo el proceso de revolución de las condiciones estatales y de propiedad. En el transcurso de la evolución progresiva, el campo cayó definitivamente bajo la subyugación económica del capital, y el campesinado bajo la subyugación política de los partidos capitalistas. Estos hacen resurgir de nuevo el feudalismo en la política parlamentaria, convirtiendo al campesinado en dominio político suyo, en una reserva para la obtención de votos. El moderno Estado burgués, con ayuda del fisco y del militarismo, precipita al campesinado en las fauces del capital usurero y lo convierte, con la ayuda de los popes a sueldo del Estado, de las escuelas estatales y de la degeneración de la vida cuartelera, en la víctima de su política usuraria.

La burguesía rusa cede todas las posiciones revolucionarias al proletariado. Tendrá que ceder también la hegemonía revolucionaria sobre el campesinado. En esta situación en la que el poder pasa al proletariado, al campesinado no le quedará otra solución que adherirse al régimen de democracia obrera, aunque en este caso, no manifieste mayor firmeza moral que manifestó anteriormente al adherirse al régimen de la burguesía. Pero mientras que cualquier partido burgués una vez conquistados los votos del campesinado, se aprovecha rápidamente de su poder para esquilmar al campesinado y defraudarle en todas sus esperanzas y promesas, abriendo el paso, cuando más, a otro partido capitalista, el proletariado, que se apoya en el campesinado, hará cuanto esté en su poder para elevar el nivel cultural en el campo y desarrollar la conciencia política del campesinado. De todo lo dicho resulta claramente cómo vemos nosotros la idea de la «dictadura del proletariado y del campesinado».

Lo decisivo no es si nosotros consideramos lícita en principio, el nosotros «queremos» o «no queremos» tal forma de cooperación política. Lo cierto es que, en todo caso, no la consideramos realizable, por lo menos en un sentido directo e inmediato.

En efecto, una coalición de este tipo supone o bien que uno de los partidos burgueses existentes conquiste el campesinado, o bien que este cree un partido poderoso independiente. Pero nos hemos esforzado en demostrar que ni lo uno ni lo otro es posible.

6. El régimen proletario

El proletariado únicamente puede subir al poder si se apoya en una sublevación nacional o en el entusiasmo general de la población. El proletariado entrará en el Gobierno como el representante revolucionario de la nación, como jefe reconocido de la lucha contra el absolutismo y la barbarie de la servidumbre. Pero, ya en el poder, el proletariado iniciará una nueva época —una época de legislación revolucionaria, de política decidida— y, en relación con esto, no puede estar seguro en modo alguno de seguir siendo reconocido como representante de la voluntad de la nación. Las primeras medidas del proletariado —la limpia de los establos de Augias del antiguo régimen y la expulsión de sus moradores— encontrarán el apoyo activo de la nación entera, pese a lo que digan los eunucos liberales sobre el enraizamiento de ciertos prejuicios en las masas populares.

La limpia política será completada por una reorganización democrática de todas las condiciones que configuran la sociedad y el Estado. El Gobierno obrero tendrá que intervenir decididamente, bajo la influencia de la presión directa y de las reivindicaciones inmediatas, en todas las relaciones y fenómenos sociales…

Su primera operación tendrá que consistir en expulsar del ejército y de la administración a todos aquellos que se han manchado con la sangre del pueblo y liquidar o disolver aquellas instituciones que más se hayan caracterizado en la criminal represión contra el pueblo; este trabajo tendrá que ser realizado ya en los primeros días de la revolución, es decir aun mucho antes de que sea posible introducir el nuevo sistema de funcionarios elegidos y responsables y proceder a la organización de una milicia popular. Pero esto solo no es suficiente. La democracia obrera se verá confrontada enseguida con la cuestión de la duración de la jornada de trabajo, con la cuestión agraria y con el problema del paro forzoso…

Un punto está claro: cada nuevo día se hará más profunda la política del proletariado en el poder y se hará cada vez más claro su *carácter de clase*. Pero al mismo tiempo también se verá cortado el vínculo revolucionario entre el proletariado y la nación, y la separación clasista del campesinado revestirá caracteres políticos; el antagonismo entre sus partes integrantes crecerá en la medida en que la política del Gobierno obrero sea consciente de su propio destino y se convierta, de una política democrática general, en una política de clase.

Si bien por un lado, la falta de tradiciones burguesas individualistas y de prejuicios antiproletarios en el campesinado y la *intelligentsia* ayudará al proletariado a mantenerse en el poder, no hay que olvidar, por otra parte, que esta ausencia de prejuicios no se deriva de una conciencia política sino de una barbarie política, de la desestructuración social, del primitivismo y del amorfismo. Todos estos elementos y características no pueden proporcionar una base segura para una política consecuente y activa del proletariado.

La abolición del sistema de servidumbre feudal encontrará el apoyo del campesinado entero, la clase más afectada por la servidumbre. Un impuesto progresivo sobre la renta tendrá el apoyo de la gran mayoría del campesinado; pero las medidas legislativas de protección del proletariado del campo no solo no serán recibidas con el beneplácito activo de la mayoría, sino que tropezarán con una resistencia activa de parte de una minoría.

El proletariado se verá obligado a llevar al campo la lucha de clases y a destruir de esta manera la comunidad de intereses que le une con el campesinado entero, comunidad indudablemente existente aunque dentro de límites relativamente estrechos. Desde el primer momento de su dominación, el proletariado tendrá que buscar su apoyo en la confrontación de las capas pobres y ricas del campesinado, del proletariado, del campo con la burguesía agrícola. Pero si, por un lado, la heterogeneidad del campesinado constituye una dificultad y limita la base de una política proletaria, por otro lado su insuficiente diferenciación de clase, hará también más difícil llevar al campesinado a una lucha de clases desarrollada en la cual pudiese apoyarse el proletariado urbano. El primitivismo del campesinado mostrará al proletariado su lado más hostil.

El enfriamiento del campesinado, su pasividad política y especialmente la resistencia activa de sus capas superiores, no podrá menos que tener influencia sobre una parte de la *intelligentsia* y sobre la pequeña burguesía urbana.

Por tanto, cuanto más decidida y definida sea la política del proletariado en el poder, tanto más estrecha se hará su base, tanto más se moverá el suelo bajo sus pies. Todo esto es sumamente probable e incluso inevitable. Dos rasgos esenciales de la política proletaria tropezarán con la resistencia de sus aliados: el *colectivismo* y el *internacionalismo*.

El carácter pequeñoburgués y el primitivismo del campesinado, la estrechez aldeana de su horizonte, su aislamiento de las cuestiones políticas internacionales y de sus interdependencias, serán un obstáculo serio para la estabilización de la política revolucionaria del proletariado que se encuentra en el poder.

Imaginarse que la socialdemocracia puede entrar en un Gobierno provisional, dirigido durante un período de reformas democrático-revolucionarias que también incluya sus reivindicaciones más radicales —apoyándose en el proletariado organizado— y que luego, después de haber cumplido con su programa democrático se mude del edificio que ella ha construido, dejando libre el camino a los partidos burgueses, entrando en la oposición e iniciando una época de política parlamentaria; imaginarse esto significa comprometer la idea de un Gobierno obrero. No porque fuera inadmisible «por principio» —tal actitud carece de sentido— sino porque sería completamente irreal, porque sería un utopismo de la peor especie, una clase de utopismo filisteo revolucionario, y lo sería por la razón siguiente.

La subdivisión de nuestro programa en uno mínimo y otro máximo es de una importancia fundamental con la condición de que el poder se encuentre en manos de la burguesía. Precisamente este hecho de que la burguesía esté en el poder excluye de nuestro programa mínimo todas las reivindicaciones que sean incompatibles con la propiedad privada de los medios de producción. Precisamente estas reivindicaciones son las que dan el contenido a la revolución socialista y su condición previa es la dictadura del proletariado.

Pero una vez que el poder se encuentre en manos del Gobierno revolucionario con una mayoría socialista, la diferencia entre el programa mínimo y el máximo pierde prácticamente toda importancia, tanto «de principio» como en la práctica. Un Gobierno proletario no puede, de ningún modo, actuar dentro de un marco tan limitado. Tomemos la reivindicación de la jornada laboral de ocho horas. Como es sabido, no se contradice en lo más mínimo con las condiciones capitalistas de producción y entra, por tanto, en el programa mínimo de la socialdemocracia. Pero imaginémonos el cuadro de su realización real durante un período revolucionario en el que todas las pasiones sociales están en tensión. La nueva ley chocaría, sin duda, con la resistencia organizada y obstinada de los capitalistas, por ejemplo en forma de *lockout* y cierre de fábricas y empresas. Centenares de miles de obreros serían puestos en la calle. ¿Qué tendría que hacer el Gobierno? Un Gobierno burgués, por muy radical que fuese, no permitiría que se llegase a este punto ya que se vería impotente con las fábricas y empresas cerradas. Tendría que hacer concesiones, la jornada de ocho horas no sería introducida, la indignación del proletariado sería reprimida...

Bajo la dominación política del proletariado, la introducción del día laborable de ocho horas tendría que conducir a consecuencias muy distintas. ¡El cierre de fábricas y empresas por los capitalistas naturalmente, no puede ser motivo para prolongar la jornada laboral por parte de un Gobierno que se quiere apoyar en el proletariado y no en el capital —como el liberalismo— y que no quiere desempeñar el papel de intermediario «imparcial» de la democracia burguesa! Para un Gobierno obrero solo hay una salida: la expropiación de las fábricas y empresas cerradas y la organización de su producción sobre la base de la gestión colectiva.

Naturalmente, puede argumentarse de la manera siguiente. Supongamos que el Gobierno obrero decreta, fiel a su programa, la jornada laboral de ocho horas; si el capital practica una resistencia que puede ser superada con los medios de un programa demócrata —puesto que supone la protección de la propiedad privada— entonces dimite la socialdemocracia y apela al proletariado. Esta solución sería tal desde el punto de vista del grupo de personas que componen el Gobierno, pero no lo sería desde el punto de vista del proletariado o desde el punto de vista del desarrollo de la reolución, ya que la situación después de retirarse la socialdemocracia sería la misma que anteriormente cuando se vio obligada a cargar con el poder. A la vista de la resistencia organizada del capital, la huida es una traición aun mayor a la revolución que la renuncia a tomar el poder, puesto que verdaderamente es mejor no entrar en el Gobierno que hacerlo con el único objeto de dar pruebas de debilidad y retirarse después.

Otro ejemplo. El proletariado en el poder no puede menos de tomar las medidas más enérgicas para resolver el problema del paro forzoso, pues va de suyo que los representantes obreros que entran en el Gobierno no pueden responder a las peticiones de los parados aludiendo simplemente al carácter burgués de la revolución.

Pero si el Estado se encarga aunque solo sea de asegurar la subsistencia de los parados (aquí no es importante saber en qué forma lo hace), esto significa un inmenso cambio inmediato en cuanto a la potencia económica del proletariado. Los capitalistas, cuya presión sobre el proletariado se ha basado siempre en el hecho de la existencia de un ejército de reserva, se sienten impotentes *económicamente*, mientras que, al mismo tiempo, el Gobierno revolucionario los condena a la impotencia *política*. Si el Estado se encarga de apoyar a los parados, al mismo tiempo se encarga, con ello, de asegurar la subsistencia de los huelguistas. Si no hace *esto,* socava inmediata e irrevocablemente su propia base de existencia.

A los fabricantes no les queda otro remedio que llegar al *lockout,* es decir al cierre de las fábricas. Está claro que los fabricantes pueden resistir durante mucho más tiempo al cese de la producción que los obreros y que, por lo tanto, para el Gobierno obrero solo hay una respuesta a un *lockout* en masa: la expropiación de las fábricas y —por lo menos en el caso de las más grandes— la organización de la producción sobre una base estatal o comunal.

En el terreno de la agricultura surgen problemas análogos, simplemente a causa del hecho de la expropiación del suelo. No se puede suponer, en modo alguno, que un Gobierno proletario divida las explotaciones de producción en gran escala después de su expropiación en parcelas individuales y las venda para su explotación a los pequeños productores; aquí el único camino posible es el de organizar la producción cooperativa bajo un control comunal o directamente bajo una gestión estatal; y esta es la vía hacia el socialismo.

Todo esto demuestra claramente que la socialdemocracia no puede entrar en un Gobierno revolucionario habiendo prometido al proletariado no *bajar* del programa mínimo, y habiendo prometido, al mismo tiempo, a la burguesía no *salirse* del programa mínimo. Tal compromiso simultáneo sería irrealizable. Si los representantes del proletariado entran en el Gobierno, no como rehenes sin poder sino como fuerza dirigente, entonces liquidarán el límite entre el programa mínimo y el máximo, es decir, *incluirán el colectivismo en el orden del día*. El punto en el que el proletariado, lanzado en esta dirección, será frenado dependerá de la correlación de fuerzas y, en menor medida, de las intenciones originarias del partido del proletariado.

Por eso no puede hablarse de alguna forma especial de dictadura proletaria en el marco de la revolución burguesa, y menos de una dictadura democrática del proletariado (o del proletariado y del campesinado). La clase obrera no puede garantizar el carácter democrático de su dictadura si al mismo tiempo se compromete a no pasarse de los límites de un estrecho programa democrático. Ilusiones cualesquiera sobre este punto serían funestas y comprometerían a la socialdemocracia desde el principio.

Cuando el partido del proletariado tome el poder, luchará por él hasta el final. Si un medio de esta lucha por el mantenimiento y la estabilización del poder será la agitación y organización, especialmente en el campo, otro medio lo será la política colectivista. El colectivismo no solo se hará necesario en virtud de la postura política del partido en el poder, sino que al mismo tiempo será también un medio para mantener esta postura con el apoyo del proletariado.

Cuando se formuló en la prensa socialista la idea de la *revolución ininterrumpida,* que entrelazaba la liquidación del absolutismo y del sistema de servidumbre civil con la revolución socialista mediante una serie de conflictos sociales en agudización paulatina, mediante el surgimiento de nuevas capas sociales de entre las masas y mediante los continuos ataques del proletariado a los privilegios económicos y políticos de las clases dominantes, entonces, nuestra prensa «progresista» levantó unánimemente aullidos de indignación. ¡Oh, ella había aguantado mucho, pero en cambio esto no lo podía aceptar! La revolución —gritó— no es un acontecer que pueda «decretarse legalmente». La aplicación de medidas extraordinarias solo sería admisible en circunstancias extraordinarias. Y el objeto del movimiento liberador no sería el de eternizar la revolución, sino el de dirigirla lo más rápidamente posible hacia las vías *legales,* etcétera, etcétera.

Los representantes más radicales de esa misma especie de democracia no se atreven a manifestarse en contra de la revolución a partir del punto de vista de los «progresos» constitucionales ya asegurados: tampoco para ellos representa este cretinismo parlamentario, antecedente del ascenso al parlamentarismo, ningún arma eficaz en la lucha contra la revolución proletaria. Ellos eligen otro camino: no se colocan sobre la base del derecho sino sobre la de hechos aparentes, sobre la base de las «posibilidades» históricas, sobre la del «realismo» político y finalmente... finalmente incluso sobre la base del «marxismo». ¿Por qué no? Ya Antonio, el devoto ciudadano de Venecia, decía muy acertadamente:

> *No olvides que el diablo, para sus fines,*
> *puede citar las Sagradas Escrituras.*[22]

Ellos consideran no solo fantástica la idea de un Gobierno obrero en Rusia, sino que incluso desechan la posibilidad de una revolución socialista en Europa en la próxima época histórica. Las «condiciones previas» necesarias todavía no existen. ¿Es cierto esto? Naturalmente no se trata de fijar la fecha de la revolución socialista, sino de apreciar bien sus perspectivas históricas reales.

7. Las condiciones previas del socialismo

El marxismo ha hecho del socialismo una ciencia. Esto no impide a ciertos «marxistas» hacer del marxismo una utopía.

Rozkov explica, en su argumentación contra el programa de socialización y cooperativismo, las «condiciones previas necesarias del futuro sistema social que han sido fijadas imperecederamente por Marx» como sigue:

> ¿Se da ya acaso —dice Rozkov— su condición previa material, objetiva? Esta condición previa supone un nivel de desarrollo técnico que reduzca a un mínimo el motivo del beneficio personal, la existencia [?] de iniciativa personal, de espíritu emprendedor y de riesgo de forma que coloque en el primer plano la producción colectiva. Tal nivel de la técnica está entrelazado íntimamente con el predominio casi ilimitado [!] de la gran industria en todo [!] los ramos económicos, pero ¿acaso se ha conseguido ya tal resultado? Falta también la condición previa subjetiva, psicológica, el crecimiento de la conciencia de clase del proletariado que, al fin y al cabo,

trae consigo la unión espiritual de la mayoría aplastante de las masas populares. Conocemos —sigue Rozkov— ya ahora ejemplos de asociaciones de producción, como las conocidas fábricas de vidrios francesas en Albi y otras asociaciones de producción agrícola en Francia... Las experiencias francesas mencionadas demuestran más claramente que cualquier otro ejemplo que, incluso en un país tan avanzado como Francia, las condiciones económicas no están suficientemente desarrolladas como para posibilitar un predominio de la cooperación: estas empresas son de un tamaño mediano, su nivel técnico no es más alto que el de las empresas capitalistas corrientes; *no marchan a la vanguardia del desarrollo industrial, no lo dirigen* sino que alcanzan solo un mediano nivel modesto. Solo cuando las experiencias de algunas asociaciones de producción muestren su papel dirigente en la vida económica, solo entonces, estaremos cerca de un nuevo sistema social, solo entonces podremos estar seguros de que existen las condiciones previas necesarias para su realización.[23]

Aun respetando las buenas intenciones de Rozkov, tenemos que confesar con tristeza que, incluso en la literatura burguesa, rara vez hemos encontrado una mayor confusión sobre las así llamadas condiciones previas del socialismo. Vale la pena intervenir en esta confusión, no por Rozkov sino por el problema en sí.

Rozkov explica que todavía no existe «el nivel de desarrollo técnico que reduzca a un mínimo el motivo del beneficio personal, la existencia [?] de iniciativa personal, del espíritu emprendedor y de riesgo que coloque en primer plano la producción colectiva». Es bastante difícil comprender el sentido de este párrafo. Por lo visto quiere decir Rozkov que, primero, la técnica moderna todavía no ha desplazado, en una medida suficiente, al trabajo humano vivo en la industria; que, segundo, el desplazamiento supone el *predominio* «casi» *ilimitado de grandes empresas en todas las ramas de la economía* y, con ello, la *proletarización* «casi» *ilimitada de la población entera de un país.*

Estas son las condiciones previas que se supone han sido «fijadas imperecederamente por Marx».

Intentamos imaginarnos el cuadro de las condiciones capitalistas que encontrará el socialismo según el método de Rozkov: «El predominio casi ilimitado de la gran industria en todos los ramos de la economía» significa en las condiciones del capitalismo, como hemos dicho, la proletarización de todos los productores pequeños y medianos en la agricultura y en la industria, es decir la transformación en proletariado de la población total. Pero el predominio ilimitado de la técnica mecánica en estas grandes empresas reduce a un mínimo la necesidad de trabajo vivo y convierte así a la mayoría preponderante de la población del país —ha de pensarse en el 90%— en un ejército de reserva que vive, a costa del Estado, alojado en un lugar a propósito. Suponemos el 90%; pero nada nos impide ser lógicos e imaginarnos una situación en la que toda la producción consiste en un único autómata perteneciendo a un único sindicato y necesitando como fuerza de trabajo viva solo un único orangután amaestrado. Ya se sabe que esa es la brillante y consecuente teoría de Tugan-Baranovski.[24] En estas condiciones, la «producción colectiva» no solo se colocará «en el primer plano» sino que dominará todo el campo; aun más, al mismo tiempo naturalmente también se organizará el *consumo colectivo*, pues es obvio que toda la nación, con excepción del restante 10%, vivirá a expensas públicas. Así vemos aparecer por detrás de Rozkov la cara sonriente y conocida del señor Tugan-Baranovski. Después empieza el socialismo: la población emerge de sus viviendas públicas y expropia al grupo de los expropiadores. Naturalmente, no son necesarias ni la revolución ni la dictadura del proletariado.

La segunda característica económica de la madurez de un país para el socialismo es, según Rozkov, la posibilidad del *predominio* de la producción cooperativa. Ni siquiera en Francia las fábricas de vidrio cooperativas de Albi rinden más que otras empresas capitalistas. Una producción socialista solo es posible si las cooperativas están como empresas *dirigentes, a la cabeza del desarrollo industrial*.

Todas estas consideraciones son retorcidas desde el principio hasta el fin. Las cooperativas no pueden llegar a la cabeza del desarrollo industrial, no porque el desarrollo económico todavía no haya progresado suficientemente, sino porque lo ha hecho *demasiado*. El desarrollo económico prepara, indudablemente, el terreno para la producción cooperativa, pero ¿para cuál?: para la cooperación *capitalista* sobre la base del trabajo asalariado; cualquier fábrica nos puede servir como muestra de tal cooperación capitalista. Con el desarrollo técnico aumenta también la importancia de esta cooperación. Pero, ¿cómo podría permitir la evolución del capitalismo que las empresas cooperativas lleguen a la cabeza de la industria? ¿En qué basa Rozkov sus esperanzas de que las cooperativas desplacen a los carteles y a los *trusts* y se coloquen a la cabeza del desarrollo industrial? Está claro que, en este caso, las cooperativas tendrían que expropiar automáticamente a todas las empresas capitalistas, después de lo cual solo quedaría reducir la jornada laboral hasta el punto en que todos los ciudadanos tuviesen trabajo, regulando el volumen de producción de las diferentes ramas para evitar las crisis. De esta forma estaría construido, en sus rasgos fundamentales, el socialismo. De nuevo aparece claro que no hay ninguna necesidad de la revolución o de la dictadura del proletariado.

La tercera condición previa es psicológica: haría falta «un crecimiento de la conciencia de clase del proletariado que, al fin y al cabo, trae consigo la unión espiritual de la mayoría aplastante de las masas populares». Por lo visto, ha de entenderse, en este caso, por unión espiritual la consciente solidaridad socialista y esto quiere decir que el general Rozkov considera la unión de la «mayoría aplastante de las masas populares» en las filas de la socialdemocracia como la condición previa psicológica del socialismo. Rozkov cree, por lo visto, que el capitalismo —empujando a los pequeños productores hacia las filas del ejército de reserva industrial— dará a la socialdemocracia la oportunidad de unir espiritualmente la *mayoría aplastante* (¿90%?) de las masas populares e ilustrarlas.

Realizar esto es igual de imposible, en el mundo de la barbarie capitalista, que el dominio de las cooperativas en el imperio de la competencia capitalista. Claro está que si fuera posible, la «mayoría aplastante de la nación unida en la conciencia y el espíritu, destituiría, de una manera natural y sin complicaciones a los pocos magnates capitalistas y organizaría un orden económico socialista sin revolución ni dictadura».

Aquí surge, sin embargo, involuntariamente la siguiente pregunta: Rozkov se considera un discípulo de Marx. Pero Marx, explicando las «condiciones previas imperecederas del socialismo» en su *Manifiesto comunista*, consideraba la revolución de 1848 como la antesala inmediata de la revolución socialista. Después de sesenta años, naturalmente, no hace falta ser muy sagaz para reconocer que Marx se ha equivocado, puesto que, como sabemos, el mundo capitalista existe todavía. ¿Pero cómo podía equivocarse *tanto*? ¿No había visto Marx que las grandes empresas todavía no dominaban en todos los ramos industriales? ¿Que las cooperativas de producción aún no estaban en la cabeza de las grandes empresas? ¿Que la mayoría aplastante del pueblo todavía no estaba unida sobre la base de las ideas del *Manifiesto comunista*? Si nosotros vemos que todo eso no existe ni siquiera hoy, ¿cómo podía no darse cuenta Marx que en el año 1848 no había nada semejante? ¡Realmente, el Marx de 1848 era, en punto a utopía, un niño de pecho en comparación con muchos actuales autómatas infalibles del marxismo!

Vemos por tanto que Rozkov, aun sin ser uno de los críticos de Marx, suprime totalmente, sin embargo, la revolución proletaria como condición previa necesaria del socialismo. Puesto que Rozkov ha expresado de manera consecuente las opiniones que son compartidas por un número considerable de marxistas de las dos corrientes de nuestro partido, es menester ocuparse de las principales bases metodológicas de sus equívocos.

De paso hay que mencionar que las divagaciones de Rozkov sobre el destino de las cooperativas son de su cosecha personal. Nosotros mismos nunca hemos encontrado un socialista que creyera en un irresistible progreso tan simple de la concentración de la producción y de la proletarización de las masas populares, creyendo, al mismo tiempo, en el papel dirigente de las cooperativas de producción antes de la revolución proletaria. Unir estas dos condiciones es mucho más difícil en el ámbito del desarrollo económico que meramente en la cabeza de uno mismo, aunque incluso esto último nos pareció siempre casi imposible.

Pero tratemos otras dos «condiciones previas» que son prejuicios más difundidos.

El desarrollo técnico, la concentración de la producción y la elevación de la conciencia de las masas son indudablemente condiciones previas del socialismo. Pero todos estos procesos tienen lugar simultáneamente; no solo se empujan e impulsan mutuamente, sino que también se demoran y *limitan* recíprocamente. Cada uno de estos procesos, que se realiza en un nivel superior, requiere un desarrollo determinado de otro proceso en un nivel más bajo. Pero el desarrollo completo de cada uno de ellos es imposible una vez que los otros se han desarrollado, a su vez separadamente, por completo.

El desarrollo técnico encuentra indudablemente su valor límite en un único mecanismo robot que extrajese materias primas del seno de la naturaleza y depositase los bienes de consumo terminados ante los pies de los hombres. Si la existencia del capitalismo no estuviese limitada por las relaciones de clase y la lucha revolucionaria resultante de ellas, entonces tendríamos que suponer que la técnica —cuando se hubiese acercado al ideal de un único mecanismo robot, en el marco del sistema capitalista— suprimiría también automáticamente el capitalismo.

La concentración de la producción, resultante de las leyes de la competencia, supone la tendencia interna a proletarizar a la población entera. Si aisláramos esta tendencia, tendríamos quizá un motivo para suponer que el capitalismo llevaría a cabo su obra; pero ello siempre que el proceso de proletarización no se viese interrumpido por un cambio revolucionario, el cual es inevitable —dada la correlación determinada de las fuerzas de clase— mucho antes de que el capitalismo haya convertido a la mayoría de la población en un ejército de reserva recluido en viviendas similares a cárceles.

Prosigamos. La elevación del nivel de conciencia tiene lugar, sin duda, continuamente gracias a la experiencia de la lucha diaria y a los esfuerzos conscientes de los partidos socialistas. Si analizamos este proceso por separado, podemos seguirlo hasta el punto en que la mayoría aplastante del pueblo esté comprendida en organizaciones sindicales y políticas y esté unida por sentimientos de solidaridad y por la unidad de objetivos. Si este proceso pudiese realmente progresar cuantitativamente sin cambiar cualitativamente, el socialismo podría ser realizado pacíficamente mediante un consciente acto unánime de los ciudadanos del siglo XXI o XXII.

Pero es consustancial a estos procesos, que representan las condiciones previas históricas para el socialismo, que no se lleven a cabo separados unos de otros sino que se obstaculicen mutuamente y que, cuando hayan alcanzado un punto determinado, definido por numerosas circunstancias pero lejos, en todo caso, de su valor límite matemático, se vean afectados por un cambio cualitativo y conduzcan, en su compleja combinación, a lo que nosotros entendemos por revolución socialista.

Quisiéramos empezar con el proceso mencionado en último lugar, el crecimiento del nivel de conciencia. Esto, como sabemos, no acontece en academias donde pudiera concentrarse artificialmente al proletariado durante 50, 100 o 500 años, sino en plena vida de la sociedad capitalista sobre la base de una lucha de clases incesante. La conciencia creciente del proletariado da una nueva forma a esta lucha de clases, le otorga un carácter más profundo y provoca una reacción correspondiente de la clase dominante. La lucha del proletariado contra la burguesía tiene su propia lógica, que se agudiza más y más y que desembocará en una solución del asunto mucho antes de que las grandes empresas dominen en todas las ramas económicas.

Está claro que un crecimiento de la conciencia política se apoya en el incremento numérico del proletariado, de donde la dictadura proletaria supone que la fuerza numérica del proletariado es suficientemente grande como para romper la resistencia de la contrarrevolución burguesa. Pero eso no significa en absoluto que la «mayoría aplastante» de la población tenga que componerse de proletarios y la «mayoría aplastante» del proletariado de socialistas conscientes. En todo caso, está claro que el ejército revolucionario consciente del proletariado tiene que ser más fuerte que el ejército contrarrevolucionario del capital; aquí, las capas intermedias inseguras e indiferentes de la población tienen que estar en una situación tal que permita que el régimen de la dictadura proletaria las arrastre al lado de la revolución y no hacia las filas de sus enemigos. La política del proletariado, naturalmente, tiene que contar conscientemente con esto.

Pero todo eso supone, por su parte, una hegemonía de la industria sobre la agricultura y una preponderancia de la ciudad sobre el campo.

Intentemos estudiar las condiciones previas del socialismo, empezando con las más generales para llegar después a las más complejas:

1. El socialismo no es solo una cuestión de repartición proporcionada sino también una cuestión de producción planificada. Una producción socialista, es decir producción cooperativa en gran escala, solo es posible cuando el desarrollo de las fuerzas productivas haya alcanzado un nivel en el que las grandes empresas trabajen más productivamente que las pequeñas. Cuanto más grande sea la preponderancia de la gran empresa sobre la pequeña, es decir cuanto más desarrollada esté la técnica, tanto mayores tienen que ser las ventajas económicas de la socialización de la producción, tanto más alto debe ser, por consecuencia, el nivel cultural de la población entera al realizarse la distribución proporcionada que se base en una producción planificada.

La primera condición previa objetiva del socialismo está dada desde hace mucho. Desde que la división del trabajo social condujo a la división del trabajo en la manufactura y, especialmente, desde que esta ha sido reemplazada por la producción mecánica de las fábricas, la gran empresa ha llegado a ser cada vez más lucrativa y esto quiere decir que también una socialización de la gran empresa hará cada vez más rica a la sociedad. Está claro que la transformación de las empresas artesanales en propiedad común de todos los artesanos no hubiese hecho más ricos a estos, mientras que al transformar las manufacturas en propiedad común de los obreros ocupados en ellas o al traspasar las fábricas a manos de los obreros asalariados, o mejor aun el traspaso de todos los medios de producción de la gran producción fabril a las manos de la población total, se elevaría indudablemente el nivel material de dicha población; y cuanto más alto sea el estado alcanzado por la gran producción, tanto más alto será también este nivel material.

En la literatura socialista se cita con frecuencia la petición de Bellers, miembro de la cámara baja inglesa,[25] quien presentó en el parlamento 100 años antes de la conspiración de Babeuf, exactamente en 1696, un proyecto de organización de sociedades cooperativas que pretendían satisfacer, autónomamente, todas sus necesidades. Según los cálculos del inglés, un colectivo de producción debía constar de 200 a 300 personas. No podemos ocuparnos aquí del examen de sus conclusiones finales, y tampoco tienen importancia para nosotros; importante es solamente el hecho de que una tal economía colectivista, incluso aunque emplease solo 100, 200, 300 o 500 personas, ofrecía ya ventajas de producción a finales del siglo XVII.

A comienzos del siglo XIX trazó Fourier su plan de asociaciones de producción y consumo, los falansterios, que debían constar de 2 000 a 3 000 personas cada uno. Los cálculos de Fourier no se distinguían precisamente por su exactitud; pero, en todo caso, el desarrollo del sistema manufacturero en aquella época hacía que le pareciesen más apropiados en una medida incomparablemente mayor los colectivos económicos, que en el caso del ejemplo arriba mencionado. Pero ahora está claro que tanto las asociaciones de John Bellers como los falansterios de Fourier están mucho más cerca de las libres comunas económicas con que sueñan los anarquistas, y cuyo utopismo no consiste generalmente en que sean «imposibles» o «contra la naturaleza» (las comunidades comunistas en América han demostrado que sí son posibles) sino en que cojean de 100 o 200 años de retraso respecto al progreso en el desarrollo económico.

La evolución de la división del trabajo social, por un lado, y de la producción mecánica, por el otro, han conducido a que el Estado sea, hoy en día, la única cooperativa que puede aprovechar en gran escala las ventajas de un modo de economía colectivista: dentro de las estrechas fronteras de algunos Estados particulares, no encajaría ya la producción socialista.

Atlanticus,[26] un socialista alemán que no era de la misma opinión que Marx, calculó a finales del siglo pasado las ventajas económicas de una economía socialista en el marco de Alemania. Atlanticus no se distingue en modo alguno por el vuelo de su imaginación, su razonamiento se mueve completamente dentro del marco de la rutina económica del capitalismo. Se apoya en competentes escritos de la agronomía y de la técnica actuales —y en eso radica no tanto su debilidad como su lado fuerte, puesto que le protege de un optimismo exagerado—. En fin, Atlanticus llega a la conclusión de que en el caso de una organización metódica de la economía socialista, aprovechando todos los medios técnicos disponibles a mediados de los años noventa del siglo XIX, se podrían duplicar o triplicar los ingresos de los obreros y reducir el horario de trabajo a la mitad del actual.

No debe suponerse, desde luego, que Atlanticus fue el primero en demostrar las ventajas económicas del socialismo: la productividad de trabajo infinitamente más alta en las grandes empresas, por un lado, y la necesidad de una planificación de producción, demostrada por las crisis económicas, por el otro, son mucho más elocuentes en favor de las ventajas económicas del socialismo que la contabilidad socialista de Atlanticus. Su mérito consiste únicamente en haber expresado esta ventaja en valores aproximados.

Lo dicho anteriormente justifica la conclusión final de que —si resultase cierto que el crecimiento continuo del poder técnico de los hombres hace el socialismo cada vez más ventajoso— están dadas, ya desde hace 100 o 200 años, las suficientes condiciones previas técnicas para la producción colectivista en tal o cual dimensión, y de que el socialismo *es técnicamente ventajoso* actualmente, no solo en un Estado individual sino en una medida extraordinariamente grande, también a escala internacional.

Pero las ventajas técnicas del socialismo, por sí solas, no son suficientes para realizarlo. Durante los siglos XVIII y XIX, las ventajas de la gran producción no se presentaron bajo una forma socialista; sino bajo la capitalista. No se realizaron los proyectos de Bellers ni de Fourier. ¿Por qué no? Porque en aquella época no había ninguna fuerza social dispuesta ni capaz de realizar ninguno de los dos.

2. Ahora pasamos, de la condición previa técnica de producción, a la *socioeconómica*, que es menos general pero nada compleja. Si se tratase no de una sociedad de clases antagonistas sino de una comunidad homogénea que elige conscientemente su sistema económico, ya bastarían ampliamente los cálculos de Atlanticus para empezar la construcción socialista. Atlanticus, socialista de una especie muy vulgar, opina justamente eso en su trabajo.

Tal teoría podría aplicarse actualmente, sin embargo, solo dentro de los límites de la economía privada de una persona o de una sociedad anónima. Siempre se puede partir del principio de que un proyecto de reforma económica (introducción de nuevas máquinas, de nuevas materias primas, de nuevos reglamento de trabajo y sistema de remuneración) es aceptado únicamente cuando este proyecto de reforma trae consigo ventajas comerciales indudables. Pero eso por sí solo no es suficiente, ya que aquí se trata de la economía de la sociedad entera. Aquí luchan intereses antagónicos; lo que para unos es ventajoso perjudica a otros. Y el egoísmo de una clase no solo actúa contra el egoísmo de otra sino también en contra de los intereses de la totalidad. Para la realización del socialismo es necesario, por consiguiente, que entre las clases antagónicas de la sociedad capitalista haya una fuerza social suficientemente interesada en razón de su situación objetiva en la realización del socialismo, y suficientemente poderosa para llevarla a cabo después de superar los intereses hostiles y la resistencia.

Uno de los méritos fundamentales del socialismo científico consiste en haber descubierto teóricamente tal fuerza social en el proletariado, y en haber mostrado que esta clase, creciendo forzosamente con el capitalismo, puede encontrar su salvación solo en el socialismo; que la situación total la empuja hacia el socialismo y que, finalmente, la doctrina del socialismo tendrá que hacerse necesaria para la ideología del proletariado en la sociedad capitalista.

Así puede fácilmente verse el gran paso atrás que significa Atlanticus en comparación con el marxismo cuando afirma que desde el momento en que se pueda demostrar que «por el traspaso de los medios de producción a manos del Estado no solo se consigue una prosperidad general sino que, además, podrá ser reducida la jornada de trabajo, resultará completamente accesorio el que se confirme o no se confirme la teoría de la concentración del capital o la de la desaparición de clases sociales intermedias [...]».

Una vez que sean demostradas las ventajas del socialismo —opina Atlanticus— es «inútil poner todas las esperanzas en el fetiche del desarrollo económico; en cambio, deberían emprenderse investigaciones extensas y llegar a una amplia y escrupulosa preparación del paso de la producción privada a la estatal o "colectiva"(!)».[27]

Cuando Atlanticus se vuelve contra las tácticas puramente oposicionistas de la socialdemocracia y recomienda «proceder» en seguida a los preparativos para la transformación socialista, olvida que la socialdemocracia carece todavía del poder necesario para ello y que Guillermo II, Bülow y la mayoría del Reichstag, a pesar de tener el poder en sus manos, no tienen ni la menor intención de introducir el socialismo. El proyecto socialista de Atlanticus convence a los Hohenzollern tan poco como los planes de Fourier convencieron a los Borbones de la Restauración; la única diferencia es que este último basaba su utopismo político en una fantasía apasionada en el terreno de las creaciones económicas mientras que Atlanticus se apoyaba, en su utopismo político no menos grande, en una contabilidad convincente y filisteo-sensata.

¿Cómo tiene que ser el nivel de diferenciación social para que esté dada la segunda condición previa? En otras palabras: ¿Hasta dónde necesita llegar la fuerza numérica absoluta y relativa del proletariado? ¿Debemos contar con la mitad, con los dos tercios o con los nueve décimos de la población?

Intentar determinar el marco puramente aritmético de esta segunda condición previa del socialismo sería una empresa desesperante. Aceptando no obstante este esquematismo, surgiría antes que nada la pregunta de a quién ha de contarse entre el proletariado: ¿debemos incluir en el cálculo a las amplias capas de semiproletarios y semicampesinos?, ¿debemos contabilizar el ejército de reserva de los proletarios urbanos quienes, por un lado, amalgaman con el proletariado parásito de mendigos y ladrones y, por el otro, pueblan las calles de las ciudades en calidad de comerciantes al por menor, desempeñando pues un papel parásito respecto de la economía total? Esta cuestión no es nada simple.

La importancia del proletariado se deriva principalmente de su papel en la gran producción. La burguesía se apoya, en su lucha por el dominio político, sobre su poder económico. Antes de conseguir hacerse con la autoridad pública, concentra en sus manos los medios de producción del país; esto determina también su peso específico social. El proletariado, en cambio, a pesar de todas las fantasmagorías cooperativas, estará apartado, hasta el momento de la revolución socialista, de los medios de producción. Su poder social resulta del hecho de que los medios de producción, encontrándose en manos de la burguesía, solo pueden ser puestos en movimiento por él, por el proletariado. Desde el punto de vista burgués, el proletariado es pues también uno de los medios de producción que, junto con los otros, forma un todo, un mecanismo unitario; pero el proletariado es la única parte no automática de este mecanismo y, pese a todos los esfuerzos, no puede ser reducido a estado de automatismo. Esta posición le da al proletariado la posibilidad de impedir, según su voluntad parcial o totalmente (huelga general o parcial), el funcionamiento de la economía social.

De ello resulta que la importancia del proletariado —en igualdad de circunstancias en cuanto a fuerza numérica— es tanto más grande cuando mayor es la masa de fuerzas productivas que pone en movimiento: el proletariado de una gran fábrica —en igualdad de circunstancias— tiene una importancia social mayor que un artesano, y un proletario urbano la tiene mayor que un proletario del campo. En otras palabras: el papel político del proletariado es tanto más importante cuanto más domina la gran producción sobre la pequeña, la industria sobre la agricultura y la ciudad sobre el campo.

Si analizamos la historia de Alemania o de Inglaterra, en el período en el que el proletariado de estos países formaba una parte de la población igual de grande que el proletariado de la Rusia actual, podemos observar que aquel no desempeñaba el papel que corresponde actualmente a la clase obrera rusa, ni podía tampoco hacerlo, dada su significación objetiva.

Lo mismo vale, como hemos visto, para las ciudades. Cuando la población urbana en Alemania era solo del 15% —como ahora en Rusia— las ciudades alemanas no desempeñaban un papel político y económico en la vida del equivalente al de las ciudades rusas de hoy en día. La concentración en las ciudades de grandes establecimientos industriales y comerciales, y la estrecha vinculación con las provincias mediante los ferrocarriles, confiere a nuestras ciudades una importancia mucho más grande de lo que les correspondería por su cifra de población; el crecimiento de su importancia supera con mucho su incremento de población, al tiempo que el crecimiento de población en las ciudades, por otra parte, es más grande que el aumento natural de la población total... En 1848, en Italia el número de artesanos —no solo de proletarios sino también de maestros— era aproximadamente el 15% de la población, es decir no menos que la proporción de artesanos y proletarios en la Rusia actual; pero el papel que desempeñaron fue incomparablemente inferior al del proletariado industrial de Rusia en la actualidad.

Todo esto demuestra claramente que el intento de predeterminar la proporción de la población total, que debe formar parte del proletariado en el momento de la conquista del poder político, es un trabajo infructuoso. En lugar de ello citaremos algunos datos aproximados para mostrar qué parte de la población forma actualmente el proletariado en los países avanzados.

En el año 1895 en Alemania correspondían, de la cifra total de población activa de 20,5 millones (no comprendidos el ejército, los funcionarios estatales y personas de ocupación indeterminada), 12,5 millones al proletariado (obreros asalariados en la agricultura, la industria y el comercio y domésticos); la auténtica cifra de obreros agrícolas e industriales era de 10,76 millones. En lo que se refiere a los restantes ocho millones, muchos son también, en principio, proletarios (obreros de la industria doméstica, miembros de la familia que trabajan, etcétera). En la agricultura, solo el número de obreros asalariados era de 5,75 millones. La población total agrícola era aproximadamente el 36% de la población total. Repetimos que estos números valen para el año 1895. En los últimos once años han ocurrido indudablemente unos cambios inmensos, yendo generalmente en una dirección: ha aumentado la cifra de población urbana en relación con la agrícola (en 1882, la población agrícola era el 42%), la cifra del proletariado total en relación con la población total y la cifra del proletariado industrial en relación con el proletariado del campo; finalmente corresponde hoy a cada obrero industrial más capital productivo que en 1895. Pero incluso las cifras mencionadas para 1895 muestran cómo el proletariado alemán representa ya desde hace mucho la fuerza dominante en la producción del país.

Bélgica, con su población de siete millones, es un país industrial puro. De 100 personas que tienen alguna ocupación, 41 trabajan en la industria (en sentido estricto), y solo 21 trabajan en la agricultura. De más de tres millones de asalariados, aproximadamente 1,8 millón —lo que hace aproximadamente el 60%— corresponden al proletariado. Estas cifras serían mucho más explicativas si añadiésemos al proletariado estrictamente diferenciado los elementos sociales que le son semejantes, a saber, los productores solo formalmente «independientes», que en realidad están esclavizados por el capital, los pequeños funcionarios, los soldados, etcétera.

Pero es Inglaterra quien ocupa el primer plano desde el punto de vista de la industrialización de la economía y de la proletarización de la población. En el año 1901, la cifra de los ocupados en la agricultura, la pesca y la silvicultura era de 2,3 millones, mientras que en la industria, en el comercio y el transporte estaban ocupadas 12,8 millones de personas.

De lo que resulta que en los países europeos más importantes la población urbana supera numéricamente a la del campo. Pero el predominio de la población urbana no se debe solo a la cantidad de potencia productiva que representa sino, en una medida más elevada, a su composición cualitativa personal. La ciudad atrae a los elementos más enérgicos, a los más capaces e inteligentes de la población rural. Es difícil demostrarlo estadísticamente, si bien una comparación de grupos de edades entre la población urbana y la del campo puede valer como prueba indirecta; este hecho tiene su propia significación. Así en el año 1896 se contaban en Alemania ocho millones de ocupados en la agricultura y ocho millones de ocupados en la industria. Pero si se divide la población en grupos de edades, entonces resulta que la agricultura tenía un millón de personas entre catorce y cuarenta años —los que están en plena posesión de sus energías físicas— menos que la industria. Eso muestra que son principalmente «los viejos y los niños» los que se quedan en el campo.

De todo ello podemos sacar la conclusión de que la revolución económica —el crecimiento de la industria, el crecimiento de las grandes empresas, el crecimiento de las ciudades, el crecimiento del proletariado en general y del proletariado industrial en particular— ha *preparado ya la escena* no solo para la *lucha* del proletariado por el poder político sino también para su *conquista*.

3. Ahora trataremos de la tercera condición previa del socialismo, la *dictadura del proletariado*.

La política es el terreno donde las condiciones objetivas previas se entremezclan con las subjetivas y donde ambas se interinfluencian. En condiciones técnicas y socioeconómicas determinadas, una clase se fija conscientemente el objetivo determinado de conquistar el poder, concentra sus fuerzas, calcula la fuerza de su adversario y decide en consecuencia.

Pero tampoco en este terreno el proletariado es absolutamente independiente; junto a elementos subjetivos —conciencia, disposición e iniciativa—, cuya evolución tiene también su propia lógica, el proletariado en su política se enfrenta con una serie de elementos objetivos: la política de las clases dominantes, las instituciones estatales existentes (el ejército, la enseñanza clasista, la Iglesia estatal), las relaciones internacionales, etcétera.

Primero trataremos el elemento subjetivo: la disposición del proletariado respecto de la transformación socialista.

Indudablemente no es suficiente que el nivel técnico haya hecho ventajosa una economía socialista desde el punto de vista de la productividad del trabajo colectivo; ni tampoco basta con que la diferenciación social, sobre la base de esta técnica, haya creado un proletariado que represente, por su significado numérico y económico, la clase más importante e interesada por razones objetivas en el socialismo. Por encima de todo esto, es necesario que esta clase sea *consciente* de su interés objetivo. Es menester que *comprenda* que para ella no hay otra salida que el socialismo; es necesario que se una en un ejército suficientemente fuerte como para conquistar en lucha abierta el poder político.

En las condiciones que se dan hoy en día sería absurdo negar esta afirmación. Solo los viejos blanquistas podían poner sus esperanzas en la iniciativa salvadora de las organizaciones conspiradoras que se habían formado sin contacto con las masas; o bien los anarquistas —sus antípodas—, que confían en un impulso espontáneo de las masas sin saber a dónde conducirá; la socialdemocracia entiende por conquista del poder *una acción consciente de la clase revolucionaria.*

Ahora bien, muchos ideólogos socialistas (ideólogos en el sentido negativo, o sea, los que lo revuelven todo) hablan de la preparación del proletariado para el socialismo en el sentido de su transformación moral. El proletariado y «la humanidad» en general necesitarían ante todo perder su vieja naturaleza egoísta; en la vida social deberían predominar los impulsos del altruismo, etcétera. Como estamos muy lejos de semejante estado y como la «naturaleza humana» solo ha de cambiar lentísimamente, el advenimiento del socialismo se ha alejado por algunos siglos. Tal concepto parece muy realista y evolucionista, etcétera, pero en realidad se basa en consideraciones moralistas triviales.

Es de suponer que la psicología socialista tiene que existir antes del socialismo; en otras palabras, que es posible inculcar a las masas una psicología socialista sobre la base de condiciones capitalistas. Aquí no se debe confundir el aspirar conscientemente al socialismo con la psicología socialista. Esta última supone la ausencia de motivos egoístas en la esfera de la vida económica, mientras que la aspiración y la lucha por el socialismo nacen de la psicología de clase del proletariado. Por muchos puntos de contacto que haya entre la psicología de clase del proletariado y la psicología socialista de una sociedad sin clases, un abismo profundo las separa.

La lucha común contra la explotación hace brotar en el alma obrera indicios preciosos de idealismo, de camaradería solidaria y de espíritu de sacrificio desinteresado pero, al mismo tiempo, la lucha por la existencia individual, el espectro de la miseria, la diferenciación dentro del mismo estamento obrero, la presión de las masas ignorantes desde abajo y la actividad corrupta de los partidos burgueses, impiden el despliegue completo de estos indicios preciosos.

Sin embargo, lo esencial del asunto es que el obrero medio —aun cuando pueda seguir siendo egoísta y pequeñoburgués, sin sobrepasar en su calidad «humana» a los representantes medios de las clases burguesas— se convence por la experiencia de la vida de que sus *deseos más simples y sus necesidades más naturales solo pueden satisfacerse sobre las ruinas del sistema capitalista*.

Los idealistas se imaginan a la futura generación que será digna del socialismo de la misma manera que los cristianos se imaginan a los miembros de las primeras comunidades cristianas.

Como quiera que haya sido la psicología de los primeros prosélitos del cristianismo —sabemos por la historia de los apóstoles que se daban casos de ocultación de propiedades privadas ante la comunidad— en todo caso, al extenderse, el cristianismo fracasó no ya respecto de la transformación del pensar del pueblo sino que, incluso, degenerando él mismo, haciéndose mercantilista y burocrático, evolucionó de la mutua enseñanza fraternal al papismo y de la orden mendicante al parasitismo monástico; en una palabra: no logró someter a las condiciones sociales del medio dentro del cual se desarrollaba, sino que fue sometido por aquel. Y esto no ocurrió como consecuencia de la torpeza o del egoísmo de los padres y maestros del cristianismo, sino como consecuencia de las leyes irrefutables de la dependencia de la psicología humana respecto de las condiciones del trabajo social y de la vida social. Y esta dependencia la mostraban incluso los propios padres y maestros del cristianismo en sus mismas personas.

Si el socialismo tan solo se hubiese propuesto crear una nueva naturaleza humana dentro del marco de la vieja sociedad, no sería más que una nueva edición de las utopías moralistas. El socialismo no se propone la tarea de desarrollar una psicología socialista como condición previa del socialismo, sino la de crear condiciones de vida socialistas como condición previa de una psicología socialista.

8. El Gobierno obrero en Rusia y el socialismo

Hemos demostrado anteriormente que las condiciones objetivas previas de una revolución socialista han sido ya creadas por el desarrollo económico de los países capitalistas avanzados. ¿Pero qué podemos decir a este respecto sobre Rusia? ¿Podemos esperar que el paso del poder a manos del proletariado ruso sea el comienzo de una adaptación de nuestra economía nacional a los principios socialistas?

Hace un año respondíamos a esta pregunta en un artículo que se vio sometido a un violento fuego cruzado procedente de las dos fracciones de nuestro partido. Dice Marx:[28]

> Los obreros parisienses no esperaban que su comuna obrase milagros. Tampoco hoy debemos esperar milagros políticos de la dictadura del proletariado. El poder político no es todopoderoso. Sería absurdo suponer que el proletariado, una vez llegado al poder, podrá, con ayuda de algunos decretos, reemplazar al capitalismo por el socialismo. Un sistema económico no es el producto de la actividad del Estado. El proletariado únicamente puede utilizar el poder político con toda su energía con el fin de facilitar y abreviar el camino de la evolución económica hacia el colectivismo.
>
> El proletariado comenzará con las reformas que figuran en el llamado programa mínimo y, partiendo de ahí, la lógica de su situación le obligará a pasar a la práctica colectivista.
>
> Será relativamente fácil la introducción de la jornada laboral de ocho horas y del impuesto progresivo sobre la renta, aunque tampoco en este caso el centro de gravedad radica en la promulgación de un «acta» sino en la organización de su realización práctica. La dificultad principal, sin embargo, será —¡he aquí el paso al colectivismo!— la organización de la producción

sobre la base de una gestión colectiva de las fábricas y las empresas que sean cerradas por sus propietarios como protesta contra este decreto.

También será una tarea relativamente fácil la de promulgar una ley sobre la abolición de los derechos sucesorios y la de realizar esta ley en la práctica; herencias en forma de dinero no perjudicarán grandemente al proletariado ni obstaculizarán su orden económico. Pero, en cambio, la apropiación de las herencias de tierras e industrias significará para el Estado obrero la organización de la economía sobre la base de la gestión colectiva.

Lo mismo vale, en una medida aun mayor, para la expropiación, poco importa que se efectúe con indemnización o sin ella. La expropiación con indemnización ofrece ventajas políticas pero entraña dificultades financieras, mientras que una expropiación sin indemnización implica ventajas financieras pero también inconvenientes políticos. Pero más grandes que estas o aquellas dificultades serán las que planteen los problemas económicos y de organización. Repetimos: el Gobierno del proletariado no es un Gobierno que pueda hacer milagros.

La socialización de la producción comienza con las industrias que presentan menos dificultades. La producción socializada, en su primera fase, aparecerá bajo la forma de unos pocos oasis entrelazados con las empresas privadas dentro del marco de las leyes de la circulación de mercancías. Cuanto más amplio sea el campo comprendido por la economía socializada, tanto más obvias serán sus ventajas, tanto más seguro se sentirá el nuevo régimen político y tanto más audaces serán las siguientes medidas económicas del proletariado. Al tomar estas medidas, no solamente se apoyará en las fuerzas productivas nacionales sino también en la técnica internacional, lo mismo que en su política revolucionaria no se apoya exclusivamente en las experiencias de las condiciones de clase nacionales sino también en toda la experiencia histórica del proletariado internacional.

La dominación política del proletariado es incompatible con su esclavización económica. Poco importa la bandera política bajo la cual el proletariado haya llegado al poder: estará obligado a proseguir una política socialista. Hay que considerar como la mayor utopía la idea de que el proletariado —después de haberse elevado, mediante la mecánica interna de la revolución burguesa, a las alturas de la dominación estatal— puede, ni siquiera aunque así lo desease, limitar su misión a la creación de condiciones republicano-democráticas para el dominio social de la burguesía. Incluso una pasajera dominación política del proletariado debilitará la resistencia del capital, el cual necesita siempre del apoyo del poder político, y otorgará unas dimensiones grandiosas a la lucha económica del proletariado. Los obreros no pueden dejar de pedir del poder revolucionario el apoyo para los huelguistas; y el Gobierno, apoyándose en los obreros, no puede negar esta ayuda. Pero esto significa ya paralizar la influencia del ejército de reserva del trabajo y es equivalente al dominio de los obreros, no solo en el terreno político sino también en el económico, y convierte la propiedad privada de los medios de producción en una ficción. Estas inevitables consecuencias socioeconómicas de la dictadura del proletariado surgirán muy pronto, mucho antes de que la democratización del orden político esté terminada. La barrera entre el programa «mínimo» y el «máximo» desaparece en cuanto el proletariado obtiene el poder.

El régimen proletario tiene que acometer ya desde el principio la solución de la cuestión agraria, con la cual está conectado el destino de grandes masas de la población rusa. El proletariado, al resolver este problema —como también todos los demás— se guiará por el anhelo más importante de su política económica, a saber, posesionarse de un ámbito lo más grande posible para la organización de la economía socialista. En la cuestión agraria, las formas y la marcha de esta política tienen que ser determinadas, de un lado, por los recursos materiales que estén a disposición del proletariado y, del otro lado, por la necesidad de tomar sus medidas de tal manera que los aliados potenciales no se sientan empujados hacia las filas de los contrarrevolucionarios.

La *cuestión agraria*, es decir la cuestión del destino de la agricultura y sus relaciones sociales, no se agota naturalmente con la *cuestión de la tierra*, es decir, la cuestión de las formas de propiedad de la tierra. La respuesta que se de al problema agrario predeterminará, quizá no la marcha del desarrollo de la agricultura, pero sí al menos la política agraria del proletariado; en otras palabras: el destino que el régimen proletario adjudique a la tierra estará estrechamente vinculado a la relación general del régimen proletario con el transcurso y las exigencias del desarrollo agrícola. Por este motivo la cuestión de la tierra ocupa el primer lugar.

Una de las soluciones a la cuestión de la tierra que los socialrevolucionarios han popularizado tan laudatoriamente, es la socialización del país entero; esta es una noción que, liberada de su maquillaje europeo, no significa otra cosa que el Reparto Negro.²⁹ El programa de la repartición igualitaria supone, pues, la expropiación de todas las tierras, no solo de las tierras privadas en general, no solo de las tierras privadas de campesinos sino incluso de las tierras comunales. Si consideramos esta expropiación como uno de los primeros pasos del nuevo régimen, todavía bajo la dominación absoluta de las condiciones del capitalismo mercantil, entonces vemos que las primeras «víctimas» de esta expropiación serían los campesinos o, por lo menos, ellos se sentirían como tales. Si tenemos en cuenta que el campesino pagó, durante décadas, las sumas de redención que debían convertirle en propietario de su tierra;³⁰ si tomamos en consideración que algunos campesinos acomodados han adquirido un inmenso terreno como propiedad privada indudablemente con grandes sacrificios, incluso en la generación actual, entonces podemos fácilmente imaginarnos cuán grande sería la resistencia contra el intento de declarar propiedad del Estado las tierras comunales y las pequeñas parcelas privadas. Si el nuevo régimen actuase de este modo, empezaría a enfrentarse contra enormes masas campesinas.

¿Para qué deberían pasar a ser propiedad del Estado las tierras comunales y las pequeñas propiedades privadas de tierra? Para ponerlas a disposición, de una u otra manera, de la explotación económica «igualitaria» por todos los campesinos, incluidas las capas actualmente carentes de tierras y los obreros agrícolas. El nuevo régimen, por lo tanto, no ganaría *económicamente* nada con la expropiación de las pequeñas propiedades y de las tierras comunales puesto que, después de la nueva repartición las tierras estatales o públicas pasarían al cultivo económico privado. Y *políticamente* cometería el nuevo régimen un grave error ya que pondría a las masas campesinas en oposición con el proletariado urbano como líder de la política revolucionaria.

La partición igualitaria supone además que estará prohibida por parte del legislador la ocupación de trabajo asalariado. La abolición del trabajo asalariado puede y tiene que ser una *consecuencia* de las reformas económicas, pero no puede ser llevada a cabo previamente mediante prohibiciones jurídicas. No basta con prohibir al agricultor capitalista que ocupe obreros asalariados; hay que buscar antes la posibilidad de asegurar la subsistencia al campesino carente de tierras y hay que hacerle posible una existencia racional desde el punto de vista de la economía total. Por lo demás, el programa de la explotación igualitaria del suelo que prohíbe el trabajo asalariado significa, por un lado, que se obliga a los que no tienen tierras a establecerse en minúsculas parcelas y, por otro lado, se obliga al Estado a equiparlos con el utillaje necesario para su producción socialmente irracional.

Se sobreentiende que la intervención del proletariado en la organización de la agricultura no puede comenzar por atar a algunos obreros dispersos a pedacitos dispersos de tierra, sino por explotar grandes terrenos sobre la base de una gestión estatal o comunal.

Solo cuando la producción socializada esté ya en pie, podrá impulsarse el proceso de socialización mediante la prohibición del trabajo asalariado. Esto hará imposible la existencia de la pequeña agricultura capitalista dejando, sin embargo, espacio suficiente a las empresas agrícolas que se autoabastecen parcial o enteramente; la expropiación de estas no encaja de ningún modo dentro de los planes del proletariado socialista.

El proletariado no puede, en ningún caso, elegir como pauta un programa de «repartición igualitaria» que, por una parte, suponga una expropiación sin finalidad, puramente formal, de los pequeños propietarios y, por otra parte, exija la completa automatización de las grandes fincas rurales en pequeños trozos. Esta política, desde el punto de vista económico claramente derrochadora, solamente podría partir de una reticencia utópico-reaccionaria y más que otra cosa debilitaría políticamente al partido revolucionario.

¿Pero hasta dónde puede llegar la política socialista de la clase obrera en las condiciones económicas de Rusia? Una cosa podemos decir con toda seguridad: que tropezará mucho antes con obstáculos políticos que con el atraso técnico del país. *La clase obrera rusa no podría mantenerse en el poder ni convertir su dominio temporal en una dictadura socialista permanente sin el apoyo estatal directo que le prestase el proletario europeo.* De esto no puede dudarse ni por un momento. Y por otro lado, tampoco puede dudarse de que una revolución socialista en Occidente nos permitiría convertir directamente el dominio temporal de la clase obrera en una dictadura socialista.

Kautsky escribió en el año 1904, cuando trataba sobre las perspectivas del desarrollo social y cuando analizaba la posibilidad de una revolución cercana en Rusia: «En Rusia, la revolución no podría conducir inmediatamente a un régimen socialista; para ello, las condiciones económicas del país no están, ni mucho menos, suficientemente maduras». Pero la Revolución

Rusa tiene que dar un fuerte empujón al movimiento proletario en el resto de Europa y, como consecuencia de la lucha renaciente, el proletariado podría obtener una posición dominante en Alemania.

> Tal acontecer —continúa Kautsky— tiene que tener influencia en toda Europa, pues debe conducir a la dominación política del proletariado en Europa occidental y dar al proletariado de Europa oriental la posibilidad de abreviar las etapas de su desarrollo e, imitando el ejemplo alemán, *construir artificialmente instituciones socialistas*. La sociedad como totalidad no puede saltar artificialmente ningún estado de su desarrollo; en cambio, a algunas de sus partes constitutivas les es posible acelerar su atrasado desarrollo, siguiendo el ejemplo de países más avanzados, y colocarse, gracias a ello, en un estadio más alto, ya que no están cargadas con un lastre de tradiciones como las que pesan sobre los viejos países [...].
>
> Esto puede ocurrir —sigue Kautsky—, pero con ello nos salimos, como ya hemos mencionado, del terreno de la *necesidad* y entramos en el de la *posibilidad*, por lo cual las cosas pueden desarrollarse de una manera completamente distinta.[31]

El teórico de la socialdemocracia alemana escribió estas líneas en una época en la cual era para él todavía incierto si la revolución habría de estallar primeramente en Rusia o en Occidente.

Más tarde, el proletariado ruso mostró una fuerza que tampoco los socialdemócratas rusos, ni siquiera en su tendencia más optimista, habían esperado en una medida tan extraordinaria. El transcurso de la Revolución Rusa estaba decidido en sus rasgos esenciales. Lo que fue o pareció hace dos o tres años una *posibilidad* ha llegado a ser *probabilidad* y todo denota que esta probabilidad está dispuesta a convertirse en *necesidad*.

9. Europa y la revolución

En junio de 1905 escribíamos:

> Desde el año 1848 ha pasado más de medio siglo. Medio siglo de continuas conquistas del capitalismo en todo el mundo. Medio siglo de mutua adaptación «orgánica» de las fuerzas de la reacción burguesa y la feudal.

¡Medio siglo, en cuyo transcurso la burguesía ha mostrado su demencial dominación y su disposición a luchar ciegamente para conservarla! Al igual que un mecánico a la búsqueda del *perpetuum mobile* obsesionado por su fantasía, tropieza cada vez con nuevos obstáculos y superpone un mecanismo tras otro con el fin de superarlos, de la misma manera la burguesía ha cambiado y modificado su aparato de dominación, evitando el conflicto «ilegal» con las fuerzas que le son hostiles. Pero al igual que nuestro mecánico tropieza finalmente con un último obstáculo insuperable, la ley de conservación de energía, también la burguesía tiene que tropezar con una última barrera inexorable: el antagonismo de clases que se descarga inevitablemente en el conflicto.

El capitalismo, al imponer a todos los países su modo de economía y de comercio, ha convertido al mundo entero en un único organismo económico y político. Así como el crédito moderno ha conectado a miles de empresarios a través de un lazo invisible, y permite al capital una movilidad sorprendente evitando muchas pequeñas bancarrotas privadas, pero acrecentando con ello, al mismo tiempo, las crisis económicas generales en unas dimensiones inauditas, así también todo el trabajo económico y político del capitalismo, su comercio internacional, su sistema de monstruosas deudas públicas y las agrupaciones políticas de naciones que incluyen a todas las fuerzas de la reacción en una especie de sociedad anónima internacional, no solo ha contrarrestado por un lado todas las crisis políticas individuales sino que también, por otro lado, ha preparado el terreno para una crisis social de dimensiones fabulosas. La burguesía, al haber camuflado todas las dificultades, al poner a un lado todas las cuestiones fundamentales de la política interior y exterior, ha aplazado su solución preparando con ello, al mismo tiempo, el camino para una liquidación radical de su dominio en una escala internacional. La burguesía se ha aferrado ávidamente a cualquier poder reaccionario sin preguntarse por su procedencia. El Papa y el Sultán no fueron los últimos de entre sus amigos. El no haber sellado lazos «amistosos» con el emperador de China tiene su razón de ser en el hecho de que este no representaba ninguna fuerza: para la burguesía era mucho más ventajoso saquear sus propiedades que tenerle a su servicio como inspector máximo y pagarle de su propio bolsillo. Por tanto, la burguesía internacional ha puesto la estabilidad inherente a su sistema estatal en una posición de dependencia profunda respecto a la inestabilidad que es inherente a los baluartes de la reacción preburguesa. Ello da, desde el principio, a los acontecimientos en curso de desarrollo, un carácter internacional y abre una gran perspectiva: la tarea de emancipación política que dirige la clase obrera rusa la eleva a ella misma a una altura hasta hoy desconocida en historia, coloca en sus manos fuerzas y medios colosales y la posibilidad por primera vez para comenzar con la destrucción a escala internacional del capitalismo, para lo cual la historia ha creado todas las condiciones objetivas previas.[32]

Si el proletariado ruso, habiendo conseguido temporalmente el poder, no traslada por propia iniciativa la revolución a Europa, entonces la reacción feudal burguesa europea lo *obligará* a hacerlo.

Naturalmente, sería absurdo determinar ahora de antemano los caminos por los cuales la Revolución Rusa se extenderá sobre la vieja Europa capitalista: estos caminos podrían aparecer más tarde completamente inviables. Traemos aquí, más para ilustrar la idea que en el sentido de una profecía, a Polonia como vínculo entre el Oriente revolucionario y el Occidente revolucionario. El triunfo de la revolución en Rusia significa forzosamente también la victoria de la revolución en Polonia. Es fácil imaginarse que un régimen revolucionario sobre los diez gobiernos polacos anexionados por Rusia tenga que desembocar en una sublevación de Galitzia y de Posen. A esto los gobiernos de los Hohenzollern y de los Habsburgo responderían con una concentración de fuerzas militares en la frontera polaca para luego cruzarla y destrozar al enemigo en su centro, en Varsovia. Está completamente claro que la Revolución Rusa no puede abandonar su vanguardia occidental en manos de los mercenarios austríaco-prusianos. La guerra contra los gobiernos de Guillermo II y de Francisco José representa, en estas condiciones, para el Gobierno revolucionario de Rusia una necesidad. ¿Qué posiciones adoptarían el proletariado alemán y el austríaco? Es obvio que no pueden mirar indiferentemente cómo llevan a cabo sus ejércitos nacionales una cruzada contrarrevolucionaria. La guerra de una Alemania feudal burguesa contra una Rusia revolucionaria significa absolutamente la revolución proletaria en Alemania. A quien esta afirmación le parezca demasiado categórica le recomendamos que se imagine otro acontecimiento histórico en cuyo caso la probabilidad de una prueba de fuerzas abierta entre los obreros y los reaccionarios alemanes sería más grande.

Cuando nuestro ministerio de octubre[33] proclamó inesperadamente la ley marcial en Polonia, se extendió el rumor muy plausible de que esto había ocurrido bajo la instigación de Berlín. En la víspera de la disolución de la Duma,[34] el periódico gubernamental informaba, en forma de amenaza, sobre negociaciones que habían tenido lugar entre los gobiernos de Berlín y de Viena con vistas a una intervención armada en los asuntos interiores de Rusia para acabar con la agitación. Ningún mentís ministerial pudo disipar el efecto turbador de esta noticia. Estaba claro que se preparaba, en las cortes de los tres Estados vecinos un sangriento tribunal contrarrevolucionario para castigar con mano de hierro. ¡Cómo si hubiese podido pasar de otra forma! ¿Podían observar pasivamente las monarquías semifeudales vecinas cómo las llamas de la revolución alumbraban en las fronteras de sus propiedades?

Aunque la Revolución Rusa todavía estaba lejos de su victoria, ya había tenido efecto, vía Polonia, sobre Galitzia.

> ¿Quién hubiera previsto hace un año —exclamó Daszinski— en mayo de este año, en la conferencia de la socialdemocracia polaca en Lernberg, lo que ocurre ahora en Galitzia? Henos aquí con un gran movimiento campesino que ha motivado asombro en toda Austria. Zbaraz elige a un socialdemócrata como vicemariscal del Consejo regional. Los campesinos editan un periódico socialista revolucionario y lo llaman *Bandera Roja*; grandes manifestaciones de masas en las cuales participan 30 000 campesinos; desfiles con banderas rojas y canciones revolucionarias, en los pueblos de Galitzia, anteriormente tan tranquilos y apáticos... ¿Qué pasará cuando el clamor de la nacionalización del suelo les llegue desde Rusia a estos campesinos depauperados?

Kautsky señaló, en sus discusiones con el socialista polaco Lusnia hace más de dos años, que Rusia no debería ser considerada por más tiempo como un tronco colocado sobre las piernas de Polonia ni que Polonia era la cabeza de la vanguardia oriental de la Europa revolucionaria que hubiese invadido las estepas de la barbarie moscovita. En el caso de la continuación y de la victoria de la Revolución Rusa —según lo dicho por Kautsky— «la cuestión polaca se hará de nuevo crítica pero no en el sentido de Lusnia; Polonia enseñará los dientes, no contra Rusia sino contra Austria y Alemania; y, si es que llega a servir a la causa de la revolución, su tarea no será la de defender la revolución contra Rusia sino la de traerla desde Rusia a Austria y Alemania». Ahora esta predicción está mucho más cerca de la realidad de lo que pudiera pensar el rojo Kautsky.

Pero una Polonia revolucionaria no es, de ningún modo, el único punto de salida posible para la revolución europea. Hemos señalado más arriba que ya desde hace décadas, la burguesía ha eludido sistemáticamente la solución de muchos problemas complejos y urgentes, no solo en política interior sino también en la exterior. Aunque los gobiernos burgueses han puesto sobre las armas enormes cantidades de hombres, les falta la fuerza para determinarse a solucionar con la espada las complicadas cuestiones de la política internacional. Solo un Gobierno apoyado por una nación cuyos intereses vitales están amenazados, o bien un Gobierno que ha perdido el suelo bajo sus pies y que se siente impulsado por el valor de la desesperación, puede mandar a morir a centenares de miles de hombres. En las actuales condiciones del desarrollo político y de la técnica militar, del sufragio universal y del servicio militar obligatorio, solo una confianza profunda por parte de la nación o un loco arrebato de cólera puede hacer que dos naciones entren en conflicto. En la guerra franco-prusiana de 1870 vemos, por un lado, a Bismarck, luchando por la prusianización, es decir, por la unificación de Alemania —una necesidad elemental que sentía todo alemán— y, por otro lado, al Gobierno de Napoleón III, insolente, impotente, despreciado por el pueblo, dispuesto a cualquier aventura que le proporcionase un plazo de otros doce meses de vida. En la guerra ruso-japonesa, los papeles estaban distribuidos de manera similar: por un lado el Gobierno del mikado luchando por el dominio del capital japonés sobre Asia oriental sin que pudiese oponérsele ningún proletariado revolucionario fuerte; por otro lado, un Gobierno autocrático y caduco que se esforzaba en compensar sus derrotas dentro con victorias en el extranjero.

En los viejos países capitalistas no hay necesidades «nacionales», es decir necesidades de la *sociedad burguesa entera*, de las cuales la burguesía pudiese sentirse defensora. Los gobiernos de Inglaterra, Francia, Alemania o Austria ya no son capaces de conducir guerras nacionales. Los intereses vitales de las masas populares, los intereses de las nacionalidades oprimidas o la bárbara política interior de un país vecino no inducen a ningún Gobierno burgués a entrar en una guerra que pudiese tener un carácter liberador y por tanto nacional. Por otro lado, los intereses de la codicia capitalista, que con tanta frecuencia impulsan, ora a este Gobierno, ora a aquel, a tintinear las espuelas y hacer ruido con los sables ante los ojos de todo el mundo, no pueden provocar el más mínimo eco en las masas populares. Por este motivo, la burguesía no puede o no quiere provocar o realizar guerras nacionales. Las últimas experiencias en el sur de África y luego en el este de Asia demostraron a dónde conducen, en las condiciones actuales, las guerras antinacionales. La grave derrota del conservadurismo imperialista en Inglaterra tiene como causa, y no la menos importante, la lección de la guerra de los bóers; la otra consecuencia, mucho más importante y más peligrosa para la burguesía inglesa, de la política imperialista, es la autonomía política del proletariado inglés que, una vez iniciada, avanzará con botas de siete leguas. Y no hace falta recordar las consecuencias de la guerra ruso-japonesa para el Gobierno de Petersburgo. Pero incluso prescindiendo de estas dos experiencias, los gobiernos europeos tienen cada vez más miedo de colocar al proletariado, desde que ha comenzado a ser independiente, ante el dilema: guerra o revolución. Precisamente este miedo a la sublevación proletaria incita a los partidos burgueses a acordar inmensas sumas para gastos militares y a declarar, al mismo tiempo, solemnes manifestaciones de paz; les incita a soñar con tribunales internacionales de arbitraje e incluso con la organización de los Estados Unidos de Europa. Es una declamación ridícula que no puede eliminar naturalmente ni el antagonismo entre los Estados ni los conflictos armados.

La paz armada que se produjo en Europa después de la guerra franco-prusiana se basaba en un sistema de equilibrio europeo, el cual no solo suponía la invulnerabilidad de Turquía, la división de Polonia, la conservación de Austria —este traje de «Arlequín» etnográfico— sino también la existencia del despotismo ruso en el papel de gendarme, armado hasta los dientes, de la reacción europea. La guerra ruso-japonesa asestó un duro golpe a este sistema, mantenido en pie artificialmente, en el que la autocracia tenía una posición de primer rango. Rusia salió, por una cierta época, del así llamado concierto de potencias. El equilibrio estaba destruido. Los éxitos japoneses inflamaron, por otra parte, los instintos conquistadores de la burguesía capitalista, y especialmente de la bolsa, de una gran importancia dentro de la política actual. La posibilidad de una guerra en suelo europeo ha crecido considerablemente. Por todas partes maduran conflictos y aunque hasta ahora hayan sido resueltos por medio de la diplomacia, ello no es ninguna garantía para el día de mañana. Mas una guerra europea significa inevitablemente la revolución europea.[35]

Ya durante la guerra ruso-japonesa, el Partido Socialista de Francia declaró que, en caso de una intervención del Gobierno francés en favor de la autocracia, llamaría al proletariado a tomar las medidas más decididas, incluso hasta llegar a la sublevación. En marzo de 1906, cuando se agudiza el conflicto franco-alemán a causa de Marruecos, el buró de la Internacional Socialista decidió, en el caso de un peligro bélico, «concretar las medidas de acción más apropiadas para todos los partidos socialistas internacionales y toda la clase obrera organizada a fin de evitar y detener la guerra». Cierto, aquello no pasó de ser una resolución y para comprobar su significación real sería necesaria una guerra. La burguesía tiene todas las razones para querer evitar tal experimento. Pero para desgracia suya, la lógica de las relaciones internacionales es más fuerte que la lógica de los diplomáticos.

La bancarrota del Estado ruso —sea provocada por el despilfarro de la burocracia o sea proclamada por un Gobierno revolucionario que no quiere responsabilizarse de los pecados del viejo régimen—, la bancarrota del Estado ruso, suscitará una tremenda conmoción en Francia. Los radicales, que actualmente tienen en sus manos el destino de Francia, han asumido, junto con el poder, todas las funciones protectoras, y entre ellas también el cuidado de los intereses del capital. Por esto hay serios motivos para suponer que la catástrofe financiera (consecuencia de la bancarrota del Estado ruso) se convierta directamente en una crisis política en Francia, que solo podría terminar con el traspaso del poder a manos del proletariado. De una u otra manera —bien a causa de una revolución en Polonia como consecuencia de una guerra europea, bien como resultado de la bancarrota del Estado ruso— trascenderá la revolución a los territorios de la vieja Europa capitalista.

Pero también sin la presión exterior de acontecimientos tales como la guerra o la bancarrota puede surgir, en un futuro próximo, la revolución en uno de los países europeos como consecuencia de la extrema agudización de la lucha de clases. No queremos hacer aquí ninguna suposición sobre cuál de los países europeos será el primero que marchará por el camino de la revolución; pero es indudable que los antagonismos de clase han alcanzado, en los últimos años, un alto grado de tensión en todos los países europeos.

El crecimiento colosal de la socialdemocracia alemana en el marco de una constitución semiabsolutista llevará al proletariado por necesidad imperiosa a un choque abierto contra la monarquía feudal burguesa. La cuestión de la resistencia mediante la huelga general contra un golpe de Estado ha llegado a ser desde el año pasado una de las cuestiones centrales en la vida política del proletariado alemán. En Francia, el paso del poder a los radicales libera decididamente las manos del proletariado que, en relación con el internacionalismo, estuvieron atadas durante mucho tiempo por la colaboración con los partidos burgueses; el proletariado socialista, que ha recibido las tradiciones inmortales de cuatro revoluciones, y la burguesía conservadora, que se esconde detrás de la máscara de un partido radical, están puestos cara a cara. En Inglaterra, donde durante un siglo entero, dos partidos burgueses se sentaban por turno en el columpio del parlamentarismo, empezó hace poco tiempo, por toda una serie de motivos, el proceso de separación política del proletariado. Mientras que en Alemania este proceso duraba cuatro décadas, la clase obrera británica, disponiendo de fuertes sindicatos y de gran experiencia en la lucha económica, puede alcanzar, en pocos saltos, al ejército del socialismo continental.

La influencia de la Revolución Rusa sobre el proletariado europeo es extraordinariamente grande. No solo destrozará al absolutismo de Petersburgo, la fuerza principal de la reacción europea, sino que creará también las condiciones previas, necesarias para la revolución, en la conciencia y en el ánimo del proletariado europeo.

La tarea del Partido Socialista era y es la de revolucionar la conciencia de la clase obrera en la misma medida en que el desarrollo del capitalismo ha revolucionado las condiciones sociales. Sin embargo, el trabajo de agitación y organización en las filas del proletariado está marcado por una inmovilidad interna. Los partidos socialistas europeos, especialmente el más grande entre ellos, el alemán, han desarrollado un conservadurismo propio, que es tanto más grande cuanto mayores son las masas abarcadas por el socialismo y cuanto más alto es el grado de organización y la disciplina de estas masas. Consecuentemente, la socialdemocracia, como organización, personificando la experiencia política del proletariado, puede llegar a ser, en un momento determinado, un obstáculo directo en el camino de la disputa abierta entre los obreros y la reacción burguesa.[36] En otras palabras: el conservadurismo propagandístico socialista de un partido proletario puede, en un momento dado, obstaculizar la lucha directa del proletariado por el poder. El peso inmenso de la revolución se manifiesta en el hecho de aniquilar la rutina de partido, destruir el conservadurismo y poner en el orden del día la cuestión de la prueba abierta de fuerzas entre el proletariado y la reacción capitalista. La lucha por el sufragio universal en Austria, Sajonia y Prusia se ha agudizado bajo la influencia directa de la huelga de octubre en Rusia. La revolución en el este contagiará al proletariado del oeste con un idealismo revolucionario, despertando en él el deseo de hablar en «ruso» con sus enemigos.

Si el proletariado ruso se encuentra en el poder, aunque no sea más que como consecuencia del éxito temporal de nuestra revolución burguesa, entonces contará frente a sí con la hostilidad organizada de la reacción internacional y con la disposición al apoyo del proletariado internacional. Abandonada a sus propias fuerzas, la clase obrera rusa sería destrozada inevitablemente por la contrarrevolución en el momento en que el campesinado se apartase de ella. No le quedará otra alternativa que entrelazar el destino de su dominación política, y por tanto el destino de toda la Revolución Rusa, con el destino de la revolución socialista en Europa.

Echará en la balanza de la lucha de clases del mundo capitalista entero el inmenso poder estatal político que le da la prosperidad temporal de la revolución burguesa rusa. Con el poder estatal en las manos, con la contrarrevolución a su espalda y la reacción europea ante tal, gritará a sus compañeros de todo el mundo, la consigna de lucha —y esta vez al último combate—: *¡Proletarios de todos los países, uníos!*

Apéndice. Prefacio (1919)

El carácter de la Revolución Rusa era la cuestión principal alrededor de la cual se agrupaban, según la respuesta que daban, las diversas corrientes de ideas y organizaciones políticas en el movimiento revolucionario ruso. En la propia socialdemocracia esta cuestión provocó, desde que a causa del transcurso de los acontecimientos comenzó a plantearse de una forma concreta, las divergencias de opiniones más grandes. Desde 1904, estas divergencias de opiniones se han expresado en dos corrientes básicas: el menchevismo y el bolchevismo. El punto de vista menchevique partía del principio de que nuestra revolución era *burguesa*, es decir que su consecuencia natural sería el paso del poder a la burguesía y la creación de las condiciones de un parlamento burgués. El punto de vista de los bolcheviques, en cambio, aun reconociendo la inevitabilidad del carácter burgués de la revolución venidera, planteaba la creación de una república democrática bajo la dictadura del proletariado y del campesinado.

El análisis social de los mencheviques se caracterizaba por una superficialidad extraordinaria y, en principio, iba a caer en analogías aproximativas —el típico método— de la pequeña burguesía «culta». Las advertencias de que las circunstancias del desarrollo del capitalismo ruso habían provocado grandes contrastes entre sus dos polos y habían condenado a la insignificancia a la democracia burguesa, no impedían a los mencheviques, como tampoco lo hicieron las experiencias de los siguientes acontecimientos, buscar incansablemente una democracia «auténtica», «verdadera», que tendría que ponerse a la cabeza de la «noción» e introducir condiciones parlamentarias, de ser posible democráticas, cara a un desarrollo capitalista. Los mencheviques intentaron siempre y en todas partes descubrir indicios de desarrollo de una democracia burguesa, y cuando no los encontraron se los imaginaron. Exageraban la importancia de cualquier declaración o discurso «democrático» y subestimaban, al mismo tiempo, la fuerza del proletariado y las perspectivas de su lucha. Los mencheviques se esforzaron tan fanáticamente en encontrar una democracia burguesa dirigente de forma que quedase asegurado el carácter burgués «legal» de la revolución, que ellos mismos se encargaron, con más o menos éxito, durante la revolución, cuando no apareció ninguna democracia burguesa dirigente, de cumplir con los deberes de aquella. Está completamente claro que una democracia pequeñoburguesa sin ideología socialista alguna, sin un estudio marxista de las relaciones de clase no podía actuar, en las condiciones de la Revolución Rusa, de otra forma que como actuaron los mencheviques como partido «dirigente» en la Revolución de febrero. La ausencia de una base social seria sobre la que apoyar una democracia burguesa se demostró en las personas de los mismos mencheviques: caducaron rápidamente y fueron barridos por la continuación de la lucha de clases, ya en el octavo mes de la revolución.

A la inversa, el bolchevismo no estaba contagiado en lo más mínimo por la creencia en el poder y en la fuerza de una democracia burguesa revolucionaria en Rusia. Desde el principio reconoció la significación decisiva de la clase obrera en la revolución venidera, pero su programa se limitaba, en la primera época, a los intereses de las grandes masas campesinas, sin la cual —y contra la cual— la revolución no hubiese podido ser llevada a cabo por el proletariado. De ahí el reconocimiento (interino) del carácter demócrata burgués de la revolución y de sus perspectivas, el autor no pertenecía, en aquel período, ni a la una ni a la otra corriente principal del movimiento obrero ruso. El punto de vista adoptado entonces por el autor puede ser formulado de una manera esquemática como sigue: Correspondientemente a sus tareas más próximas, la revolución comienza siendo burguesa, pero luego hace que se desplieguen rápidamente potentes antagonismos de clases y solo llega a la victoria si traspasa el poder a la única clase capaz de colocarse a la cabeza de las masas oprimidas: el proletariado. Una vez en el poder, el proletariado no quiere ni puede limitarse al marco de un programa demócrata burgués. Puede llevar a cabo la revolución solo si la Revolución Rusa se prolonga en una revolución del proletariado europeo. Entonces se superará el programa democrático burgués de la revolución, junto con su marco nacional y la dominación política temporal de la clase obrera rusa progresará hacia una dictadura socialista permanente. Pero si Europa no avanza, entonces la contrarrevolución burguesa no tolerará el Gobierno de las masas trabajadoras en Rusia y empujará hacia atrás al país —muy por detrás de la república democrática de obreros y campesinos—. El proletariado, pues, llegado al poder, no debe limitarse al marco de la democracia burguesa sino que tiene que desplegar la táctica de la *revolución permanente,* es decir anular los límites entre el programa mínimo y el máximo de la social democracia, pasar a reformas sociales cada vez más profundas y buscar un apoyo directo e inmediato en la revolución del oeste europeo. Esta posición debe ser desarrollada y fundada por este trabajo, reeditado ahora y habiendo sido escrito en 1904-1906.

El autor ha defendido, durante una década y media, el punto de vista de la *revolución permanente*, pero al evaluar las fracciones en lucha mutua dentro de la socialdemocracia cometió un error. Como entonces ambas partían de las perspectivas de una revolución *burguesa,* el autor creía que las divergencias de opiniones no eran tan profundas como para justificar una escisión. Al mismo tiempo esperaba que el transcurso posterior de los acontecimientos demostraría claramente a todos, por un lado, la falta de fuerzas y la impotencia de la democracia burguesa rusa, y por otro lado, el hecho de que al proletariado le sería objetivamente imposible mantenerse en el poder dentro del marco de un programa democrático; y que, en suma, ello haría desaparecer el terreno de las divergencias de opinión entre las fracciones.

Sin pertenecer a ninguna de las dos fracciones durante la emigración, el autor subestimaba el hecho cardinal de que en las divergencias de opiniones entre los bolcheviques y los mencheviques figuraban, de hecho, un grupo de revolucionarios inflexibles por un lado, y por el otro una agrupación de elementos cada vez más disgregados por el oportunismo y la falta de principios. Cuando estalló la revolución en 1917, el partido bolchevique representaba una organización centralizada fuerte, que había absorbido a los mejores elementos entre los obreros progresistas y de la *intelligentsia* revolucionaria y que se orientaban, en su táctica, de completo acuerdo con la situación internacional y con las relaciones de clase en Rusia —después de una breve lucha interior— hacia una dictadura socialista de la clase obrera. La fracción menchevique, en cambio, había madurado en aquella época, justo lo suficiente para realizar —como ya hemos mencionado— las tareas de una democracia burguesa.

Al editar de nuevo su trabajo, el autor desea no solo explicar aquellos fundamentos teóricos de base que desde los comienzos del año 1917, le permitían a él y a otros camaradas que estuvieron durante una serie de años fuera del partido bolchevique, a entrelazar su propio destino con el del partido (esta declaración personal no sería un motivo suficiente para una reedición del libro), sino también recordar aquel análisis histórico-social de las fuerzas motrices de la Revolución Rusa, según el cual la conquista del poder político por la clase obrera podía y tenía que considerarse como tarea de la Revolución Rusa —y esto mucho antes de que la dictadura del proletariado llegase a ser un hecho consumado—. El hecho de que ahora podamos editar sin modificaciones un trabajo escrito en 1906 y formulado aún en rasgos básicos ya en 1904, es una muestra convincente de que la teoría marxista no está del lado del apoyo menchevique a una democracia burguesa, sino del lado del partido que de hecho realiza actualmente la dictadura de la clase obrera.

La instancia última de la teoría sigue siendo la experiencia. El hecho de que los acontecimientos en los cuales participamos ahora y las formas de esta participación estuviesen ya previstos en sus rasgos básicos hace una década y media, es una prueba irrefutable de que la teoría marxista ha sido aplicada correctamente por nosotros.

En el apéndice reproducimos el artículo «La lucha por el poder» que apareció en el periódico parisiense *Nashe Slovo* [*Nuestra Palabra*][37] del 17 de octubre de 1916. El artículo tiene una función polémica: en él se parte de la crítica de la «carta» programática del líder del menchevismo «a los camaradas de Rusia», y se llega a la conclusión de que, en la década posterior a la Revolución de 1905, el desarrollo de las relaciones de clases minaba más aún las aspiraciones mencheviques por una democracia burguesa, habiendo unido, por el contrario, más estrechamente el destino de la Revolución Rusa con la cuestión de la dictadura de la clase obrera. ¡Hay que ser testarudo para hablar, todavía, después de una lucha ideológica de años, del «aventurismo» de la Revolución de Octubre!

Cuando se habla de la relación de los mencheviques con la revolución, no se puede evitar el mencionar la degeneración menchevique de Kautsky, que expresa ahora en la «teoría» de los Mártov, Dan y Cereteli su propia decadencia teórica y política. Después de octubre de 1917 oímos decir a Kautsky que la conquista del poder político mediante la clase obrera, también sería la tarea histórica del Partido Socialdemócrata pero que —dado que el Partido Comunista ruso no ha llegado al poder entrando por la puerta ni a la hora prevista en el horario de Kautsky— se debería dejar la república soviética a la corrección de Kerenski, Cereteli y Chernov. Esta crítica pedante reaccionaria de Kautsky, debe haber sorprendido aun más a los camaradas que han vivido con plena conciencia el período de la primera Revolución Rusa y que han leído el artículo de Kautsky de 1905-1906. Entonces comprendió y reconoció Kautsky (seguramente no sin la influencia bienhechora de Rosa Luxemburgo) que la Revolución Rusa no podría terminar en una república democrática burguesa, sino que tendría que conducir, dado el nivel alcanzado por la lucha de clases dentro del país y la situación internacional del capitalismo, a la dictadura de la clase obrera. Kautsky hablaba entonces directamente de un Gobierno obrero con mayoría socialdemócrata. No se le ocurría hacer depender el transcurso real de la lucha de clases de combinaciones superficiales y temporalmente limitadas de la democracia política. Kautsky comprendía entonces que una revolución comienza primeramente con el despertar de masas de millones de campesinos y pequeñoburgueses, y ni siquiera de un golpe, sino lentamente, capa por capa; que, en el momento en que la lucha entre el proletariado y la burguesía capitalista se acerca a su momento decisivo, se encuentran todavía amplias masas campesinas a un nivel primitivo de desarrollo político, dando sus votos a los partidos políticos de las capas intermedias, que precisamente reflejan únicamente el atraso y los prejuicios del campesinado. Kautsky comprendió entonces que el proletariado, una vez que ha llegado a la conquista del poder por la lógica de la revolución, no puede aplazar sus funciones arbitrariamente por un tiempo indefinido, ya que con esta renuncia dejaría el campo libre a la contrarrevolución. Kautsky comprendió entonces que el proletariado, al tener el poder revolucionario en sus manos, no hará el destino de la revolución dependiente del estado de ánimo pasajero de las masas menos conscientes y despiertas, sino que, al contrario, convertirá toda la autoridad pública que se concentra en sus manos en un aparato de ilustración y organización de estas masas campesinas más atrasadas e ignorantes. Kautsky comprendió que llamar a la Revolución Rusa una revolución burguesa, y limitar sus tareas consecuentemente, significa no comprender nada de lo que pasa en el mundo. Reconoció correctamente, junto con los marxistas revolucionarios de Rusia y Polonia, que si el proletariado ruso conseguía el poder antes que el europeo, debería aprovechar su posición de clase dominante no para apoyar poderosamente sus posiciones a la burguesía, sino para apoyar poderosamente la revolución proletaria en Europa y en todo el mundo. Todas estas perspectivas internacionales, penetradas por el espíritu de la doctrina marxista, no se hacían dependientes, ni para Kautsky ni para nosotros, de cómo y por quién votaría el campesinado en noviembre y diciembre de 1917 en las elecciones de la así llamada Asamblea Constituyente.

Ahora, cuando las perspectivas trazadas hace quince años han llegado a ser realidad, Kautsky niega a la Revolución Rusa el acta de reconocimiento con la argumentación de que no ha sido librada en la comisaría política de la democracia burguesa. ¡Qué hecho más asombroso! ¡Qué increíble envilecimiento del marxismo! Puede decirse con todo derecho que la decadencia de la II Internacional ha encontrado una expresión aun más horrible en este juicio filisteo sobre la Revolución Rusa de uno de sus más grandes teóricos, a causa del acuerdo respecto de los créditos de guerra del 4 de agosto.

Kautsky desarrolló y defendió durante décadas las ideas de la revolución social. Ahora, cuando ha estallado, se aparta lleno de espanto. Se resiste al poder soviético en Rusia y adopta una postura hostil contra el movimiento del proletariado comunista en Alemania. Kautsky se parece desconcertantemente a un maestrillo de escuela miserable que describe, año tras año, en las cuatro paredes de su clase enmohecida, a sus alumnos la primavera y luego, cuando por fin al final de su actividad pedagógica sale una vez a ver la naturaleza en primavera, no reconoce la primavera, se enfada (lo que pueda enfadarse un maestrillo de escuela) e intenta demostrar que la primavera no es ninguna primavera sino solo un gran desorden de la naturaleza, puesto que atenta contra las leyes de las ciencias naturales. ¡Qué bien está que los obreros no se fíen de este pedante, equipado de tan alta autoridad, sino que se fíen de la voz de la primavera! Nosotros, los discípulos de Marx, seguimos convencidos, junto con los obreros alemanes, de que la primavera de la revolución ha empezado en completo acuerdo con las leyes de la naturaleza social y, al mismo tiempo, con la teoría marxista; ya que el marxismo no es el puntero de un maestrillo de escuela que está por encima de la historia, sino el análisis social de las vías y formas del proceso histórico tal como se realiza en realidad.

No he modificado los textos de los dos trabajos impresos —de 1906 y 1915—. Originariamente quería completarlos con notas que acercasen la representación al momento actual. Pero al leer el texto he abandonado este proyecto. Si hubiese querido entrar en detalles hubiese duplicado con las notas el tamaño del libro, para lo cual, en la actualidad me falta el tiempo; además, para el lector semejante «libro de dos pisos» hubiera sido incómodo. Pero creo que lo principal es que el razonamiento se aproxima, en sus rasgos esenciales, a la situación actual y el lector que se somete a la molestia de estudiar este libro con más atención completará, sin esforzarse, la representación con los hechos necesarios de la experiencia de la revolución actual.

León Trotski
12 de marzo de 1919, Kremlin.

Fuente: L. Trotski: *Resultados y perspectivas / Tres concepciones de la Revolución Rusa*, El Yunque Editora, Argentina, 1973.

Tres concepciones de la Revolución Rusa*

La Revolución de 1905 vino a ser, no solo el «ensayo general» de la de 1917, sino también el laboratorio en que se planearon todas las agrupaciones fundamentales de la vida política rusa y se proyectaron todas las tendencias y matices dentro del marxismo ruso. En la médula de las discusiones y divergencias estaba, no hay que decirlo, la cuestión relativa a la índole histórica de la Revolución Rusa y su futuro desenvolvimiento. Aquel conflicto de conceptos y pronósticos, no tiene influencia directa sobre la biografía de Stalin, que no participó virtualmente en él. Los pocos artículos de propaganda que escribió sobre este tema carecen en absoluto de interés teórico. Docenas de bolcheviques que manejaban la pluma popularizaron las mismas ideas y lo hicieron muchísimo mejor. Toda exposición de conceptos revolucionarios del bolchevismo tiene por naturaleza sitio adecuado en una biografía de Lenin. Pero las teorías tienen su propio destino. Aunque durante el período de la primera revolución, y también más tarde, hasta 1923, cuando las doctrinas revolucionarias estaban en pleno desarrollo y aplicación, Stalin no tenía posición independiente alguna, en 1924 se produjo un súbito cambio que dio principio a una época de reacción burocrática y de revisión de antiguos valores. La película de la revolución invirtió su marcha. Las viejas doctrinas fueron sometidas a nueva tasación o interpretación. Así, de un modo algo inesperado a primera vista, la atención se concentró en el concepto de «*revolución permanente*» como primera fuente de todas las falacias del «trotskismo». Durante muchos años, a partir de entonces, la crítica de tal concepto

---

* Fechado por el autor en 1939. (*N. del E.*).

constituyó el contenido principal de todos los escritos teóricos —*sit venio verbo*— de Stalin y sus colaboradores. Como quiera que en el plano teórico no hay partícula de «estalinismo» que no haya surgido de la crítica de la *revolución permanente* tal como se formuló en 1905, es justo dedicar precisamente en este libro, siquiera sea como apéndice, un lugar a la exposición de esa teoría, distinta de las teorías de los mencheviques y de los bolcheviques.

El desarrollo de Rusia es notable, en primer lugar, por su retraso. Pero el retraso histórico no significa seguir simplemente las huellas de los países avanzados a una distancia de 100 o 200 años. Más bien da lugar a una formación social «combinada» de muy distinto modo, y en la que los adelantos más recientes de la técnica capitalista y de su estructura están integrados en las relaciones sociales de la barbarie feudal y prefeudal, transformándolas y dominándolas, y moldeando una singular reacción de clases. Igual sucede con las ideas. Precisamente por su retraso histórico, Rusia resultó ser el único país europeo en que el marxismo como doctrina y la socialdemocracia como partido, disfrutaron de un poderoso desarrollo aun antes de la revolución burguesa; y es natural, porque el problema de la relación entre la lucha por la democracia y la lucha por el socialismo se sometió en Rusia al más profundo examen teórico.

Los demócratas idealistas (en su mayoría, los populistas) se negaron supersticiosamente a reconocer la revolución en marcha como revolución burguesa. La llamaban «democrática», intentando disimular bajo este rótulo político neutro (no solo ante los demás, sino también ante ellos mismos) su contenido social. Pero Plejánov, el fundador del marxismo ruso, en su lucha contra el populismo, mostró ya en los años ochenta del pasado siglo que Rusia no tenía por qué pararse a elegir determinada ruta de progreso; que, como las naciones «profanas», tendría que pasar por el purgatorio del capitalismo; y que, a lo largo de esta misma ruta conquistaría la libertad política, que era indispensable al proletariado en su continuada lucha por el socialismo. Plejánov no solo segregó la revolución burguesa, como tarea inmediata de la revolución socialista, que a su vez relegó a un impreciso futuro, sino que previó diversas combinaciones de fuerzas para una y otra. El proletariado conseguiría libertad política conjuntamente con la burguesía liberal; seguidamente, al cabo de muchas décadas, alcanzado ya un nivel mucho más alto de desarrollo capitalista, el proletariado emprendería la revolución socialista en abierto conflicto con la burguesía.

«El intelectual ruso [...]» —escribía Lenin hacia fines de 1904—, «se figura siempre que reconocer nuestra revolución como burguesa significa quitarle color, humillarla, vulgarizarla [...] La lucha por la libertad política y la república democrática en la sociedad burguesa, es para el proletariado simplemente una de las etapas necesarias en la lucha por la revolución social». «Los marxistas están firmemente convencidos» —escribía en 1905—, «del carácter burgués de la Revolución Rusa. ¿Qué quiere decir esto? Quiere decir que esas transformaciones democráticas [...] que se hicieron indispensables para Rusia, no solo no significan en sí mismas la socava del capitalismo, de la dominación de la burguesía, sino que, por el contrario, serán las primeras que desbrocen efectivamente el terreno para un amplio y rápido desarrollo, más europeo que asiático, del capitalismo; serán las primeras que hagan posible el dominio de la burguesía como clase [...]». «No podemos saltar del marco democrático-burgués de la Revolución Rusa» —insistía— «pero sí podemos ensanchar considerablemente este marco», esto es, crear dentro de la sociedad burguesa condiciones más favorables para la pugna ulterior del proletariado. Hasta aquí, Lenin seguía los pasos a Plejánov. El carácter burgués de la revolución era la confluencia de los atajos de ambas fracciones de la socialdemocracia rusa.

En tales circunstancias, es natural que en sus propagandas no se haya arriesgado Koba[1] a ir más allá de aquellas fórmulas populares que constituían la herencia común de bolcheviques y mencheviques. «La Asamblea Constituyente, elegida a base del sufragio universal, igual, directo y secreto» —escribía en enero de 1905—, «es nuestro objetivo del momento. Solo esa Asamblea nos dará una república democrática, tan necesaria para nosotros en nuestra lucha por el socialismo». La república burguesa como palenque de una prolongada contienda de clases por el objetivo socialista; tal era la perspectiva. En 1907, esto es, después de infinitas discusiones en la prensa extranjera y en la de San Petersburgo, y tras haber contrastado los pronósticos teóricos con la experiencia de la primera revolución, escribía Stalin: «Que nuestra revolución es burguesa, que ha de terminar con la abolición de la servidumbre y no del orden capitalista, que solo puede ser coronada por una república democrática, en eso coinciden al parecer todos en nuestro Partido». Stalin no se refería a cómo empezaría la revolución, sino a cómo terminaría, limitándola de antemano, y en forma bastante categórica, «a una mera república democrática». En vano buscaríamos en sus escritos de entonces la menor insinuación respecto a la perspectiva de la revolución socialista vinculada a la insurrección democrática. De este modo había de perdurar su posición hasta los mismos prolegómenos de la Revolución de febrero de 1917, hasta la llegada de Lenin a Petrogrado.

Para Plejánov, Axelrod y los líderes del menchevismo en general, caracterizar de burguesa la revolución tenía, ante todo, el valor político de evitar que se agraviase prematuramente a la burguesía con el rojo del socialismo, «espantándola» así al campo de la reacción. «Las relaciones sociales en Rusia solo han madurado para una revolución burguesa», decía Axelrod, el táctico más notable del menchevismo, en el Congreso de Unificación. «Mientras persista este general desafuero político, no debemos mencionar siquiera la lucha directa del proletario contra otras clases por el poder político [...] Combate ahora por las condiciones del desarrollo burgués. Condiciones históricas objetivas obligan a nuestro proletariado a una inevitable colaboración con la burguesía en la batalla contra nuestro común enemigo». El contenido de la Revolución Rusa se confinaba así de antemano a cambios que fuesen compatibles con los intereses y opiniones de la burguesía liberal.

Este fue el punto de arranque de la divergencia fundamental entre los dos bandos. El bolchevismo se negó rotundamente a reconocer que la burguesía rusa fuese capaz de consumar su propia revolución. Con fuerza y consistencia infinitamente mayor que Plejánov, Lenin presentó la cuestión agraria como problema central de la revolución democrática en Rusia: «El punto crucial de la Revolución Rusa es la cuestión agraria (de la tierra). Tenemos que acostumbrarnos a considerar la derrota o el triunfo de la revolución [...] sobre la base de contar con la disposición de las masas en su lucha por la tierra». En coincidencia con Plejánov, Lenin tenía al campesinado por una clase pequeñoburguesa, y el programa de la tierra para el campesino como el programa del progresismo burgués. «La nacionalización es una medida burguesa», insistía en el Congreso de Unificación. «Dará ímpetu al desenvolvimiento del capitalismo al intensificar la lucha de clases, al reforzar la movilización de la tierra y la inversión de capitales en la agricultura, al reducir los precios del grano». A despecho del reconocido carácter burgués de la revolución agraria, la burguesía rusa era, sin embargo, hostil a la expropiación de la tierra de los hacendados burgueses, y, precisamente por eso, se esforzaba en buscar un pacto con la monarquía a base de una constitución a estilo prusiano. A la idea plejanovista de unión entre el proletariado y la burguesía liberal, Lenin oponía la idea de unión entre el proletariado y los campesinos. Proclamaba que la tarea de la colaboración revolucionaria de estas dos clases era el establecimiento de una «dictadura democrática» como único medio de limpiar radicalmente a Rusia de sus residuos feudales, crear una clase libre de agricultores y abrir la ruta al desarrollo del capitalismo, más bien según el patrón americano que el de Prusia.

«La victoria de la revolución» —escribía— «puede lograrse solamente por la dictadura, pues realizar las transformaciones inmediata e incondicionalmente necesarias para el proletariado y los campesinos, ha de provocar la desesperada resistencia de los terratenientes, de la gran burguesía y del zarismo. Sin dictadura sería imposible romper esa resistencia, sería imposible derrotar las tentativas contrarrevolucionarias. Esa dictadura habría de ser, naturalmente, no socialista, sino democrática. No estaría en condiciones (sin toda una serie de etapas intermedias de desarrollo revolucionario) de echar abajo los cimientos del capitalismo. A lo sumo podría instaurar una redistribución radical de la propiedad de la tierra en beneficio del campesinado, efectuar una consistente y completa democratización, por supuesto, con una república; desarraigar todas las características asiáticas de opresión en la vida de la fábrica y de la aldea; sentar las primicias de importantes mejoras en la situación de los trabajadores; elevar su nivel de vida; y, finalmente, aunque no por último sea lo menos importante, propagar la conflagración revolucionaria a Europa».

La concepción de Lenin representa un enorme paso adelante, partiendo, como lo hacía, de la revolución agraria más bien que de reformas constitucionales como tarea central de la revolución, e indicando la única combinación realista de fuerzas sociales que podría llevarla a efecto. El punto débil del criterio de Lenin era su noción intrínsecamente contradictoria de «la dictadura democrática del proletariado y los campesinos». El mismo Lenin recalcaba las limitaciones básicas de aquella «dictadura» al llamarla abiertamente burguesa. Quería así dar a entender que, para mantener la unidad en el campesinado, los proletarios se verían obligados a prescindir de plantear inmediatamente la tarea socialista durante la próxima revolución. Pero aquello hubiera significado renunciar el proletariado a su propia dictadura. Por consiguiente, la dictadura era, en esencia, del campesinado, aunque en ella participaran los obreros. En ciertas ocasiones, así precisamente hablaba Lenin: por ejemplo, en el Congreso de Estocolmo, al replicar a Plejánov, que se había rebelado contra la «utopía» de tomar el poder: «¿de qué programa estamos hablando? De un programa agrario. ¿Quién se supone que tomará el poder en ese programa? Los campesinos revolucionarios. ¿Es que confunde Lenin el Gobierno del proletariado con el de los campesinos?». No, dice, refiriéndose a sí mismo: Lenin diferenciaba marcadamente entre el Gobierno socialista del proletariado y el Gobierno democraticoburgués de los campesinos. «¿Y cómo es posible una triunfante revolución campesina», exclamaba también, «sin que el campesinado revolucionario se incaute del poder?». En aquella formulación polémica exponía Lenin bien claramente la vulnerabilidad de su posición.

El campesinado estaba disperso por la superficie de un país inmenso, con ciudades como puntos de contacto. Por sí solo, el campesinado no era capaz siquiera de exponer sus propios intereses, porque en cada región los concebían de distinto modo. El contacto económico entre las provincias se hallaba establecido por el mercado y los ferrocarriles; pero tanto el mercado como los ferrocarriles estaban en manos de la ciudad. Al tratar de trasponer los límites de los pueblos y mancomunar sus intereses, el campesinado tenía que sucumbir por necesidad a la dependencia política de la ciudad. Tampoco era homogéneo el campesinado en sus relaciones sociales; su capa de *kulaks* trataba, naturalmente, de incitarle a unirse con la burguesía de las ciudades, mientras que las capas inferiores de los pueblos tiraban en dirección a los obreros de la industria ciudadana. En tales circunstancias, el campesinado como unidad era manifiestamente incapaz de asumir las riendas del Gobierno.

Cierto es que en la antigua China las revoluciones elevaban al poder al campesinado, o más bien, a los jefes militares de las insurrecciones campesinas. Aquello daba lugar cada vez a una nueva distribución de la tierra y al establecimiento de una dinastía «campesina», después de la cual la historia reanudaba su marcha: nueva concentración de tierras, nueva aristocracia, nuevo agio, nuevos levantamientos. Mientras la revolución conservaba su carácter puramente campesino, la sociedad no emergía de estas desesperadas rotaciones. Tal era la base de la historia antigua del Asia, incluyendo a Rusia. En Europa, comenzando con la aparición de la Edad Media, cada insurrección campesina triunfante no elevaba al poder a un Gobierno campesino, sino a un partido burgués de izquierda. Más concretamente, un alzamiento campesino solo triunfaba en tanto se conseguía establecer la posición del sector revolucionario de la población de las ciudades. La toma del poder por un campesinado revolucionario era algo inconcebible en la Rusia burguesa del siglo XX.

Así, la actitud hacia la burguesía liberal se convirtió en la piedra de toque en la divergencia entre los revolucionarios y los oportunistas de la socialdemocracia. Hasta dónde podía aventurarse la Revolución Rusa, qué carácter asumiría el futuro Gobierno revolucionario provisional, qué tareas se le presentarían y en qué orden habría de resolverlas..., todos estos problemas solo podían plantearse en toda su importancia refiriéndolos al carácter básico de la política del proletariado, y este carácter venía determinado en primer lugar por su relación con la burguesía liberal. Plejánov cerró ostensible y obstinadamente los ojos a la fundamental lección objetiva de la historia política del siglo XIX; donde quiera que el proletariado aparecía como fuerza independiente, la burguesía se desviaba hacia el campo de la contrarrevolución. Cuanto más atrevido era el empuje de las masas, más rápida se hacía la transformación reaccionaria del liberalismo. Nadie había inventado aún el medio de paralizar los efectos de la ley de la lucha de clases.

«Debemos estimar el apoyo de los partidos no proletarios», acostumbraba a repetir Plejánov durante los años de la primera Revolución, «y no apartarlos de nosotros por un trato inadecuado». Con tan monótonas máximas, el filósofo del marxismo demostraba ser incapaz de comprender la dinámica viva de la sociedad. «La falta de tacto» podría alejar a algún que otro intelectual supersensible. Pero las clases y los partidos son atraídos o repelidos por sus intereses sociales. «Puede decirse con seguridad», replicaba Lenin a Plejánov, «que los liberales entre los hacendados os perdonarán millones de "faltas de tacto", pero nunca olvidarán cualquier incitación a arrebatarles sus tierras». Y no solo los terratenientes; también la capa superior de la burguesía, ligada a los hacendados del campo por identidad de intereses de propiedad y todavía más íntimamente por el sistema bancario, del mismo modo que la capa superior de la pequeña burguesía y de los intelectuales, material y moralmente subordinados a los propietarios grandes y medianos, temían el movimiento independiente de las masas. Pero si se quería «derribar el zarismo era necesario levantar docenas y más docenas de millones de oprimidos para una arremetida revolucionaria heroica, abnegada, inflexible, suprema. Las masas podían ser inducidas a este» asalto solo bajo la bandera de sus propios intereses; esto es, con el ánimo de implacable hostilidad hacia las clases explotadoras y, en primer lugar, hacia los terratenientes. El «sobresalto» de la burguesía de oposición que le inducía a apartarse de los campesinos y obreros revolucionarios era, pues, la ley inmanente de la revolución misma, y no podía prevenirse por «tacto» ni diplomacia.

Cada nuevo mes confirmaba el concepto de Lenin sobre el liberalismo. A pesar de las más halagüeñas esperanzas de los mencheviques, los cadetes no solo se abstenían de hacer además alguno de dirigir la revolución «burguesa», sino que, por el contrario, estaban cada vez más persuadidos de su misión histórica de combatirla. Después de la aplastante derrota de la insurrección de diciembre, los liberales, que gracias a la efímera Duma hicieron su salida a las candilejas de la política, se esforzaron cuanto pudieron por explicar a la monarquía su insuficiente actividad contrarrevolucionaria en el otoño de 1905, cuando los más sagrados puntales de la «cultura» estaban en peligro. El jefe de los liberales, Miliúkov, que llevó unas negociaciones *sub rosa* con el Palacio de Invierno, sostenía lógicamente en la prensa que a fines de 1905 los cadetes aún no podían siquiera presentarse ante las masas. «Aquellos que ahora censuran al partido *cadete*» —escribía— «por no protestar entonces, convocando mítines, contra las ilusiones revolucionarias del trotskismo [...], lo hacen simplemente porque no entienden o no recuerdan las tendencias que entonces prevalecían entre el público democrático que acudía a tales mítines». Por «ilusiones del trotskismo» significaba el jefe liberal la política independiente del proletariado, que atraía hacia los sóviets las simpatías de las clases modestas de las ciudades, de los soldados, los campesinos y todos los oprimidos, apartándolos así de la sociedad «cultivada». La evolución de los mencheviques se efectuó de modo semejante. De vez en cuando se sentían obligados a exculparse ante los liberales por haberse visto en un mismo bloque con Trotski, después de octubre de 1905. Las explicaciones de aquel culto publicista de los mencheviques, Mártov, se reducían a admitir que era necesario hacer concesiones a las «ilusiones revolucionarias» de las masas.

En Tiflis, las agrupaciones políticas se hicieron sobre la misma base de principios que en San Petersburgo. «El aplastamiento de la reacción», escribía el jefe de los mencheviques caucásicos, Jordania, «la consecución y logro de la constitución, han de venir de la consciente unificación y dirección bajo un mismo programa de todas las fuerzas del proletariado y de la burguesía [...] Ciertamente, el campesino será arrastrado a este movimiento y le dará el carácter de una fuerza natural; sin embargo, esas dos clases serán las que lleven la parte decisiva, mientras el movimiento campesino les servirá de refuerzo». Lenin se divertía con los recelos de Jordania de que una política irreconciliable hacia la burguesía pudiera condenar a los trabajadores al desamparo. Jordania «analiza la cuestión de un posible alistamiento del proletariado en la insurrección democrática y ¡se olvida... del campesinado! De los posibles aliados de las masas proletarias, admite y se recrea con los hacendados de los distritos rurales, pero no piensa para nada en los campesinos. ¡Y esto en el Cáucaso!». La réplica de Lenin, esencialmente justa, simplificaba con exceso el problema en un punto. Jordania «no olvidaba» a los campesinos, y, como lo prueba la misma alusión de Lenin, no hubiera sido posible olvidarlos en el Cáucaso, donde por entonces se alzaban tumultuosamente bajo la bandera de los mencheviques. Pero Jordania veía en ellos, no tanto un aliado político como un ariete que la burguesía unida al proletariado podían y debían utilizar. No era de parecer que el campesino pudiera convertirse en una fuerza conductora o al menos independiente de la revolución, y en eso no andaba equivocado; pero tampoco creía que el proletariado pudiera conseguir el triunfo en la insurrección campesina reservándose el papel de dirigente, y ahí estaba su fatal error. La idea menchevique de unión entre los burgueses y proletarios significaba realmente sumisión de los trabajadores y de los campesinos a los liberales. El utopismo reaccionario de aquel programa provenía del hecho de que la extrema desmembración de las clases paralizó a la burguesía desde un principio en concepto de factor revolucionario. En aquella fundamental cuestión el bolchevismo estaba en lo cierto: el afán de unirse con la burguesía liberal empuja necesariamente a la socialdemocracia en dirección al campo opuesto al movimiento revolucionario de los obreros y los campesinos. En 1905 los mencheviques no tuvieron sencillamente el valor de deducir todas las conclusiones necesarias de su teoría de la «revolución burguesa». En 1917, por llevar sus ideas hasta el extremo límite, se estrellaron.

En cuanto a la actitud hacia los liberales, Stalin estuvo de acuerdo con Lenin durante los años de la primera Revolución. Debe decirse que en aquel período, cuando se trataba de la burguesía de oposición, incluso una mayoría de los mencheviques de la base estaban más cerca de Lenin que de Plejánov. Una desdeñosa actitud hacia los liberales era la tradición literaria del radicalismo intelectual. Pero sería perfectamente inútil buscar una aportación independiente de Koba sobre esta materia, tanto analizando las relaciones sociales en el Cáucaso como enunciando nuevos argumentos o formulando siquiera de un modo nuevo los antiguos. Jordania, jefe de los mencheviques del Cáucaso, era muchísimo más independiente de Plejánov que Stalin de Lenin. «En vano intentan los señores liberales», escribía Koba después del domingo sangriento, «salvar el vacilante trono del zar. ¡En vano adelantan los brazos en su socorro! [...] Las masas agitadas del pueblo se aperciben para la revolución, no para concertarse con el zar [...] Sí, caballeros, de nada valen vuestros esfuerzos. La Revolución Rusa es inevitable, tan inevitable como la salida del sol. ¿Podéis detener al sol en su orto? ¡He ahí el problema!», y así sucesivamente. Koba no podía remontarse más. Dos años y medio después, repitiendo casi literalmente palabras de Lenin, escribía: «La burguesía liberal rusa es antirrevolucionaria; no puede ser impulsora, y mucho menos conductora de la revolución; es el enemigo jurado de la revolución; y contra ella hemos de librar una lucha persistente». Sobre este fundamental principio gira la completa metamorfosis experimentada por Stalin durante los diez años que siguieron, de suerte que saludó la Revolución de 1917 como defensor del bloque con la burguesía liberal, y, en consonancia con ello, como heraldo de la fusión con los mencheviques en un solo partido. Solo la oportuna llegada de Lenin desde el extranjero dio brusco fin a la política independiente de Stalin, que calificó de remedo de marxismo.

Los populistas consideraban a todos los obreros y campesinos como «trabajadores» y «explotados» sencillamente, unos y otros interesados en igual proporción por el socialismo, mientras que para los marxistas un campesino era un pequeñoburgués, capaz de convertirse en socialista solo en la medida en que cesara de ser material o espiritualmente campesino. Con un sentimentalismo característico en ellos, los populistas veían en esa caracterización un terrible insulto al campesino. Sobre esta pauta se libró durante dos generaciones la batalla principal entre las tendencias revolucionarias dentro de Rusia. Para comprender el ulterior conflicto entre estalinismo y trotskismo es necesario subrayar que, de conformidad con toda la tradición marxista, Lenin nunca miró al campesino como un aliado socialista del proletariado; por el contrario, la enorme preponderancia del campesinado era lo que había conducido a Lenin a la conclusión de que en Rusia era imposible una revolución socialista. Esta idea se reitera una y otra vez en todos sus artículos que directa o indirectamente tocan la cuestión agraria.

«Apoyamos el movimiento campesino» —escribía Lenin en septiembre de 1905— «en tanto es revolucionario y democrático. Estamos preparados (enseguida, inmediatamente) a luchar contra él tan pronto se manifieste con un movimiento antiproletario reaccionario. Toda la esencia del marxismo se contiene en esta doble tarea [...]». Lenin veía al proletariado occidental y hasta cierto punto a los semiproletarios de la aldea rusa como aliados socialistas, pero nunca a todo el campesinado en bloque. En principio apoyamos al campesino en «general», repetía con la persistencia típica suya, «hasta el fin y por todos los medios contra el propietario de la tierra, pero también (y no más tarde, sino al mismo tiempo) apoyamos al proletariado contra el campesino en general».

«El campesinado vencerá en una revolución democrática burguesa» —escribía en marzo de 1906— «agotando así su revolucionarismo como tal campesinado. El proletariado vencerá en una revolución democrática burguesa; y entonces será cuando comience a desplegar su verdadero revolucionarismo socialista». «El movimiento del campesinado —repetía en mayo del mismo año— es el movimiento de otra clase; es una lucha, no contra los fundamentos del capitalismo, sino por acabar con todos los residuos de la servidumbre». Este criterio puede seguirse en Lenin de artículo en artículo, de año en año, de volumen en volumen. Las expresiones y los ejemplos cambian, pero el pensamiento básico permanece inalterable. Tampoco podía haber sido de otro modo. Si Lenin hubiese visto un aliado *socialista* en el trabajador del campo, no habría tenido el más mínimo motivo para insistir sobre el carácter *burgués* de la revolución, limitándola a «la dictadura del proletariado y del campesinado», a tareas puramente democráticas. En las ocasiones en que Lenin me acusó de «menospreciar» al campesino, no lo hacía pensando en que yo reconociese unas tendencias socialistas del campesino, sino en que no comprendiese lo suficientemente, desde el punto de vista de Lenin, la independencia democrático-burguesa del campesinado, su capacidad de crear su *propio* poder e impedir así el establecimiento de la dictadura socialista del proletariado.

La revaloración de este problema solo comenzó durante los años del Termidor reaccionario, cuyo comienzo coincidió en general con la enfermedad y muerte de Lenin. Desde entonces, respecto a la unión de trabajadores y campesinos rusos se declaró que había en ella suficiente garantía contra los peligros de restauración y una firme prenda de que el socialismo se lograría dentro de las fronteras de la Unión Soviética. Habiendo impuesto la teoría del socialismo en un solo país sobre la *revolución permanente*, Stalin comenzó a calificar de «trotskismo» la estimación marxista del campesinado, y no solo con referencia al presente, sino también al pasado, con carácter retroactivo.

Naturalmente, es posible decidir si el criterio clásico marxista del campesinado ha resultado o no erróneo. Este tema nos llevaría mucho más allá de los límites de este apéndice. Baste decir ahora que el marxismo nunca atribuyó un carácter absoluto e inmutable a su estimación del campesinado como clase no socialista. Marx dijo hace mucho tiempo que el campesino es capaz de juzgar tanto como de prejuzgar. La índole misma del campesinado se altera si cambian las circunstancias. El régimen de la dictadura del proletariado descubrió muchas posibilidades de influir sobre el campesino y reeducarle. La historia no ha sondeado aún hasta el fondo los límites de estas posibilidades. Pero ya está probado que el papel creciente de la coacción estatal en la URSS, lejos de refutarla, ha confirmado en su base la opinión sobre el campesinado que distinguía a los marxistas rusos de los populistas. Sin embargo, sea cual fuere la situación actual sobre este extremo, al cabo de veinte años de nuevo régimen, subsiste el hecho de que antes de la Revolución de Octubre, o más bien antes del año 1924, nadie en el campo marxista, y menos que nadie Lenin, ha tenido al campesinado por un factor de desarrollo socialista. Sin la ayuda de una revolución proletaria en Occidente, insistía una y otra vez, la restauración es inevitable en Rusia. No se equivocaba: la burocracia estalinista no es más que la primera etapa de la restauración burguesa.

Tales eran las posiciones divergentes de las dos fracciones principales de la socialdemocracia rusa. Pero junto a ellas, ya en los albores de la primera Revolución, se formuló otra posición que en aquellos días no encontró eco, pero que hemos de exponer, no solo por haber sido confirmada por los sucesos de 1917, sino particularmente porque siete años después de la

Revolución, después de haber sido derrumbada, comenzó a desempeñar un papel completamente imprevisto en la evolución política de Stalin y de toda la burocracia soviética.

A comienzos de 1905 publiqué en Ginebra un folleto que analizaba la situación política reinante hacia el invierno de 1904. Llegaba en él a la conclusión de que la campaña independiente de peticiones y banquetes liberales había agotado sus posibilidades; que los intelectuales burgueses, que habían trasladado sus esperanzas a los liberales, se habían encontrado en un callejón sin salida en unión de estos últimos; que el movimiento campesino iba creando condiciones favorables a la victoria, pero incapaces de asegurarla; que las cartas no se pondrían boca arriba sino mediante una insurrección armada del proletariado; que la próxima etapa en tal dirección habría de ser la huelga general. Aquel folleto, titulado *Hasta el 9 de enero*, había sido escrito con anterioridad al domingo sangriento de San Petersburgo. La potente oleada de huelgas que se inició aquel día, con los primeros choques armados que le sirvieron de complemento, fueron una confirmación inequívoca del pronóstico estratégico consignado en el folleto.

El prólogo de mi obra era de Parvus, emigrado ruso que ya por entonces había llegado a ser un prominente escritor alemán. La personalidad de Parvus era en extremo creadora, capaz de infectarse de las ideas de otros y de enriquecer a otros con las suyas propias. Carecía del equilibrio interno y de la aplicación necesarios para aportar nada digno de su talento como pensador y escritor al movimiento obrero. No hay duda de que ejerció considerable influencia en mi desarrollo personal, especialmente con respecto a la comprensión social revolucionaria de la época. Pocos años antes de conocernos, Parvus defendía con apasionamiento la idea de una huelga general en Alemania; pero el país estaba entonces disfrutando una era prolongada de prosperidad industrial, la socialdemocracia se estaba adaptando al régimen de los Hohenzollern, y la propaganda revolucionaria extranjera solo hallaba una indiferencia irónica. Habiendo leído mi folleto manuscrito, al mismo día siguiente de los sangrientos sucesos de San Petersburgo, Parvus se sentía agobiado al pensar en el papel excepcional que el proletariado de la atrasada Rusia estaba llamado a desempeñar. Varios días que pasamos juntos en Munich se dedicaron a conversaciones que nos aclararon muchos puntos y personalmente nos acercaron considerablemente. El prólogo que puso entonces Parvus a mi folleto quedó incluido para siempre en la historia de la Revolución Rusa. En pocas páginas arrojaba luz sobre aquellas particularidades sociales de la Rusia rezagada que, si bien ya muy conocidas, a nadie antes que a él habían sugerido todas las deducciones necesarias.

> El radicalismo político en todo el Occidente europeo —escribía Parvus— como todo el mundo sabe, dependía ante todo de la pequeña burguesía. Esta se componía de artesanos y generalmente de toda aquella parte de la burguesía que resultó afectada por el desarrollo industrial y sustituida al mismo tiempo por la clase capitalista [...] En la Rusia del período precapitalista, las ciudades se desarrollaban según el modelo chino más bien que según el europeo. Eran centros administrativos puramente de carácter oficial y burocrático, sin importancia alguna política, mientras que en sentido económico servían de bazares de comercio para el vecindario hacendado y campesino. Progresaban con bastante lentitud cuando contribuyó a su desarrollo el proceso capitalista, que comenzó a establecer grandes ciudades a su imagen, esto es, ciudades fabriles y centros de comercio mundial [...] Lo que había estorbado el desenvolvimiento de la democracia pequeño-burguesa vino a redundar en beneficio de la conciencia de clase del proletariado en Rusia: el desmedrado avance de la forma artesana de producción. El proletariado se concentró de repente en las fábricas [...].
>
> Masas cada vez mayores de campesinos eran atraídos al movimiento. Pero todo lo que pueden hacer es aumentar la anarquía política ya excesiva en el país, debilitando así al Gobierno; no pueden convertirse en ejército revolucionario compacto. Así, pues, a medida que la revolución se desarrolla recaerá sobre el proletariado una porción aun mayor de labor política. Al mismo tiempo, su experiencia política aumentará, y su energía política se hará rápidamente mayor [...].
>
> La socialdemocracia ha de verse ante ese dilema: asumir la responsabilidad del Gobierno provisional o mantenerse alejada del movimiento obrero. Los trabajadores mirarán a ese Gobierno como suyo, sea cual fuere la actitud de la socialdemocracia [...]. En Rusia únicamente los trabajadores pueden realizar una insurrección revolucionaria. En Rusia, el Gobierno provisional revolucionario será un gobierno de la *democracia obrera*. Ese Gobierno será socialdemócrata si la socialdemocracia se coloca a la cabeza del movimiento revolucionario del proletariado ruso [...].

El Gobierno provisional socialdemócrata no puede llevar a cabo una insurrección socialista en Rusia, pero el proceso concreto de liquidar la autocracia y establecer una república democrática le dará fecunda base para una actividad política.

En el apogeo de los acontecimientos revolucionarios, por el otoño de 1905, encontré a Parvus otra vez, en San Petersburgo. Aunque en cuanto a organización se mantenía independiente de ambas fracciones, editábamos conjuntamente *Russkoye Slovo* (*La Palabra Rusa*), periódico destinado a las masas de la clase obrera, y en coalición con los mencheviques, el importante periódico *Nachalo* (*El Comienzo*). La teoría de la *revolución permanente* solía asociarse a los nombres de «Parvus y Trotski». Esto solo en parte era justo. Parvus alcanzó la madurez revolucionaria a fines del pasado siglo, cuando iba a la cabeza de las fuerzas que propugnaban el llamado «revisionismo», esto es, las distorsiones oportunistas de la teoría de Marx. Pero su optimismo se vio socavado por el fracaso de todos sus esfuerzos por empujar la socialdemocracia alemana en dirección a una política más revuelta. Parvus se fue haciendo cada vez más reservado en cuanto a las perspectivas de una revolución socialista en Occidente. Al mismo tiempo sentía que «el Gobierno provisional socialdemócrata no puede llevar a cabo una insurrección socialista en Rusia». Por consiguiente, su pronóstico señalaba, en vez de la transformación de revolución democrática en socialista, simplemente el establecimiento en Rusia de un régimen de democracia obrera, poco más o menos como en Australia, donde el primer Gobierno laborista, sobre cimientos agrarios, de granjeros, no se aventuraba más allá de los límites del régimen burgués.

Yo no compartía esa conclusión. La democracia australiana, madurando orgánicamente en el suelo virgen de un continente nuevo, inmediatamente asumió un carácter conservador y dominó al proletariado, joven, pero ya bastante privilegiado. La democracia rusa, por el contrario, solo podría salir adelante a consecuencia de una insurrección revolucionaria de grandes vuelos, cuya dinámica no permitiría al Gobierno obrero mantenerse dentro del marco de la democracia burguesa. Nuestras diferencias de opinión, que comenzaron poco después de la Revolución de 1905, dieron lugar a una completa ruptura al comienzo de la guerra, con ocasión de la cual, Parvus, en quien el escéptico había vencido al revolucionario, resultó hallarse del lado del imperialismo germano y más tarde se convirtió en consejero e inspirador del primer presidente de la República alemana, Ebert.

Después de escribir mi folleto *Hasta el 9 de enero* repetidamente volví sobre el desarrollo y el asiento de la teoría de la *revolución permanente*. En vista de la importancia que luego adquirió en la evolución intelectual del héroe de esta biografía, es necesario presentarla aquí en forma de citas exactas de mis obras de los años 1905 y 1906.

> El núcleo de población en una ciudad contemporánea (al menos, en una ciudad de importancia económica y política) es la clase marcadamente diferenciada del trabajador asalariado. Esta clase, esencialmente desconocida en la gran Revolución Francesa, es la destinada a desempeñar el papel decisivo en nuestra revolución [...]. En un país económicamente más atrasado, el proletariado puede llegar al poder antes que en uno que esté más adelantado en sentido capitalista. La concepción de una especie de dependencia automática de la dictadura proletaria respecto de las fuerzas y les medios técnicos de un país es un prejuicio de materialismo «económico» simplificado al extremo. Tal criterio nada tiene de común con el marxismo [...]. A pesar del hecho de que las fuerzas productoras de la industria estadounidense son diez veces más grandes que las nuestras, el papel político del proletariado ruso, su influencia en la política de su propio país y la posibilidad de que influya pronto sobre la fijación del proletariado norteamericano [...].
>
> Me parece que la Revolución Rusa ha de crear tales condiciones que el poder puede (y en caso de triunfo debe) pasar a manos del proletariado antes de que los políticos del liberalismo burgués encuentren posible desplegar su genio estadista [...]. La burguesía rusa entregará todas las posiciones revolucionarias al proletariado. También tendrá que entregar la hegemonía revolucionaria al campesinado. El proletariado en el poder aparecerá ante los campesinos como el liberador de la clase [...]. El proletariado, apoyado en los campesinos, pondrá en movimiento todas las fuerzas para elevar el nivel cultural de la aldea y para desarrollar conciencia de clase en el campesinado [...].
>
> Pero, ¿no empujará acaso el campesinado mismo al proletariado más lejos, llegando a substituirle? Eso es imposible. Toda la experiencia histórica repudia tal supuesto. Muestra que el campesinado es absolutamente

incapaz de desempeñar su papel político *independiente* [...]. De lo dicho resulta claro cómo pienso con relación a la idea de la «dictadura del proletariado y los campesinos» [...]. No se trata de si la considero admisible en principio, de si «deseo» o «no deseo» tal forma de cooperación política. La creo irrealizable, al menos en sentido directo e inmediato [...].

Lo que antecede demuestra cuán incorrecta es la aserción de que el concepto aquí expuesto «saltaba sobre la revolución burguesa», como más tarde se ha dicho con insistente reiteración. «La lucha por la renovación democrática en Rusia... —escribía yo al mismo tiempo— se deriva por completo del capitalismo, y la dirigen fuerzas formadas sobre la base del capitalismo, e *inmediatamente, en primer lugar*, apunta contra los obstáculos de feudalismo y vasallaje que se atraviesan en el camino del desarrollo de una sociedad capitalista». Pero la sustancia de la cuestión era con qué fuerzas y por qué métodos podrían eliminarse tales obstáculos.

> El marco de todos los problemas de la revolución puede limitarse por el aserto de que nuestra revolución es *burguesa* en sus finalidades objetivas, y, por consiguiente, en todos sus inevitables resultados, y es posible al mismo tiempo cerrar los ojos al hecho de que la fuerza activa principal de esa revolución burguesa es el proletariado, que se acerca al poder aprovechando todo el ímpetu de la revolución [...]. Puede uno consolarse con la idea de que las condiciones sociales en Rusia no han madurado aún para una economía socialista, y al mismo tiempo pasar por alto que, al subir al poder, el proletariado, con toda la lógica de la situación, avanzaría maquinalmente hacia el manejo de la economía a expensas del Estado [...]. Llegando al Gobierno, no como rehenes desvalidos, sino como fuerza directriz, los representantes del proletariado, por esta sola razón, borran las fronteras entre el programa mínimo y el máximo, esto es, *incluirán el colectivismo en el orden del día*. En qué punto se detendrá el proletariado en tal tendencia depende de la correlación de fuerzas, pero ciertamente no de las intenciones iniciales del partido del proletariado [...].
>
> Pero podemos preguntarnos ya: ¿Debe inevitablemente la dictadura del proletariado estrellarse contra la armazón de la revolución burguesa, o puede, a base de la situación histórica existente en el *mundo*, contemplar la perspectiva de victoria, después de desbaratar el marco limitante [...]?

Una cosa puede decirse con certeza: sin el apoyo gubernamental directo del proletariado europeo, la clase trabajadora de Rusia no será capaz de mantenerse en el poder y transformar su dominio temporal en dictadura socialista perdurable [...].

Pero esto no lleva necesariamente a un pronóstico pesimista: «la liberación política, dirigida por la clase trabajadora de Rusia, elevará al dirigente a una altura sin precedentes en la historia, transmitiéndole fuerzas y medios colosales, y haciéndole el iniciador de la liquidación del capitalismo en el mundo entero, para lo cual la historia ha creado todos los requisitos objetivos previos [...]».

En cuanto a la extensión en que la socialdemocracia internacional se mostrará capaz de realizar su tarea revolucionaria, escribía yo en 1906:

> Los partidos socialistas europeos, y en primer lugar el más poderoso de ellos, el alemán, han desarrollado su conservadurismo, que se hace mayor en proporción a las dimensiones de las masas que abarca el socialismo y la efectividad de la organización y disciplina de esas masas. Por eso, la socialdemocracia, como organización que encarna la experiencia política del proletariado, puede en un momento dado ser el obstáculo inmediato en el camino de un choque declarado entre los trabajadores y la reacción burguesa [...].

Sin embargo, concluía mi análisis expresando la seguridad de que «la revolución del Este infectaría al proletariado occidental de idealismo revolucionario, despertando en él el deseo de principiar a hablar en "ruso" con su enemigo [...]».

En resumen, el populismo, como el eslavofilismo, provenía de ilusiones de que el curso de desarrollo de Rusia habría de ser algo único, fuera del capitalismo y de la república burguesa. El marxismo de Plejánov se concentró en probar la identidad de principios del curso histórico de Rusia con el de Occidente. El programa que se derivó de eso no tuvo en cuenta las peculiaridades verdaderamente reales y nada místicas de la estructura social y el desarrollo revolucionario de Rusia. La idea menchevique de la Revolución, despojada de sus episódicas estratificaciones y desviaciones individuales, equivalía a lo siguiente: la victoria de la revolución burguesa en Rusia solo era posible bajo la dirección de la burguesía liberal y debe dar a esta última el poder. Después, el régimen democrático elevaría al proletariado ruso, con éxito mucho mayor que hasta entonces, al nivel de sus hermanos mayores occidentales, por el camino de la lucha hacia el socialismo.

La perspectiva de Lenin puede expresarse brevemente por las siguientes palabras: La atrasada burguesía rusa es incapaz de realizar su propia revolución. La victoria completa de la revolución, por mediación de la «dictadura democrática del proletariado y los campesinos», desterraría del país el medievalismo, imprimiría al capitalismo ruso el ritmo del americano, fortalecería el proletariado en la ciudad y en el campo, y haría posible efectivamente la lucha por el socialismo. En cambio, el triunfo de la Revolución Rusa daría enorme impulso a la revolución socialista en el Oeste, y esta no solo protegería a Rusia contra los riesgos de la restauración, sino que permitiría al proletariado ruso ir a la conquista del poder en un período histórico relativamente breve.

La perspectiva de la *revolución permanente* puede resumirse así: la victoria completa de la revolución democrática en Rusia solo se concibe en forma de dictadura del proletariado, secundado por los campesinos. La dictadura del proletariado, que inevitablemente pondría sobre la mesa no solo tareas democráticas, sino también socialistas, daría al mismo tiempo un impulso vigoroso a la revolución socialista internacional. Solo la victoria del proletariado de Occidente podría proteger a Rusia de la restauración burguesa, dándole la seguridad de completar la implantación del socialismo.

Esa compacta fórmula revela con igual claridad la semejanza de los dos conceptos últimos en su irreconciliable diferenciación de la perspectiva liberal menchevique y su discrepancia esencialísima en cuanto a la cuestión del carácter social y de las tareas de la «dictadura» derivadas de la revolución. La queja no infrecuente en los escritos de los teóricos actuales de Moscú de que el programa de la dictadura del proletariado era «prematuro» en 1905, no hace al caso. En un sentido empírico, el programa de la dictadura democrática del proletariado y los campesinos resultó asimismo «prematuro». La desfavorable combinación de fuerzas en la época de la primera Revolución no solo impidió la dictadura del proletariado, sino sobre todo la victoria de la revolución en general. Y, sin embargo, todos los grupos revolucionarios se basaban en la esperanza de un completo triunfo; la lucha suprema revolucionaria hubiera sido imposible sin tal esperanza. Las diferencias de opinión se referían a la perspectiva general de la revolución y a la estrategia resultante de ella. La perspectiva del menchevismo era falsa hasta la médula; señalaba al proletariado un camino erróneo. La perspectiva del bolchevismo no era completa: apuntaba bien la dirección general de la lucha, pero caracterizaba mal sus etapas. La insuficiencia de la perspectiva bolchevique no se apreció en 1905 solo porque la revolución misma no fue más adelante. Pero luego, a principios de 1917, Lenin se vio obligado a alterar su perspectiva, en directo conflicto con los viejos cuadros de su partido.

No hay pronóstico político que pueda considerarse matemáticamente exacto; basta con que indique debidamente la línea general de desarrollo y ayude a orientar el curso real de los acontecimientos, que inevitablemente tuerce a derecha e izquierda la línea principal. En tal sentido, es imposible no ver que el concepto de *revolución permanente* ha pasado por la prueba de la historia. Durante los años iniciales del régimen soviético nadie negaba esto, por el contrario, es un hecho que se reconoció en numerosas publicaciones oficiales. Pero cuando la reacción burocrática contra Octubre se manifestó en la calmada y refrescada capa superior de la sociedad soviética, se dirigió desde luego contra la teoría que reflejaba la primera revolución proletaria mejor que ninguna otra cosa, mientras exponía a la vez su carácter imperfecto, limitado y parcial. Así, por vía de repulsión, originóse la teoría del socialismo en un solo país, dogma fundamental del estalinismo.

Fuente: L. Trotski: *Resultados y perspectivas / Tres concepciones de la Revolución Rusa*, El Yunque Editora, Argentina, 1973.

Los bolcheviques y Lenin*

El día 3 de abril[1] llegó Lenin a Petrogrado de la emigración. Hasta este momento no empieza el partido bolchevique a hablar en voz alta y, lo que es más importante, a tener voz propia.

El primer mes de la revolución fue para el bolchevismo un período de desconcierto y vacilaciones. En el Manifiesto del CC de los bolcheviques, escrito inmediatamente después de triunfar el movimiento de Febrero, se decía: «Los obreros de las fábricas, así como los soldados sublevados, deben elegir inmediatamente sus representantes en el Gobierno revolucionario provisional». El manifiesto vio la luz en el órgano oficial del sóviet, sin comentario ni objeciones, como si se tratara de un documento académico. Y es que hasta los propios dirigentes bolcheviques atribuían a su consigna un valor meramente demostrativo. No hablaban como representantes de un partido proletario que se dispone a afrontar una lucha imponente por la conquista del poder, sino como el ala izquierda de la democracia que, al proclamar sus principios, tiende a abrazar el cometido de oposición legal durante un período de tiempo indefinido.

Sujánov afirma que en la sesión celebrada por el comité ejecutivo el 1ro. de marzo solo se discutieron las condiciones de traspaso del poder. Contra el hecho mismo de la constitución de un Gobierno burgués no se alzó ni una sola voz, a pesar de que, de los treinta y nueve miembros del comité

---

* Se terminó de escribir en 1932. Publicado por primera vez, con traducción de Max Eastman, como parte de *The History of the Russian Revolution*, vol. I-III, en Londres 1932-1933. (*N. del E.*).

ejecutivo, once eran bolcheviques y simpatizantes, tres de ellos: Zalutski, Shliápnikov y Mólotov pertenecían al centro.

Al día siguiente, según cuenta el propio Shliápnikov, de los 400 diputados presentes en la sesión del sóviet, solo votaron en contra de la entrega del poder a la burguesía diez, cuando la fracción bolchevique contaba ya con cuarenta. Esta votación se desarrolló en medio de la mayor tranquilidad, en medio de un orden parlamentario perfecto, sin que los bolcheviques formulasen proposición alguna clara en contra, y sin provocar lucha ni agitación de ninguna clase en la prensa bolchevique.

El 4 de marzo, el buró del CC votó una resolución acerca del carácter contrarrevolucionario del Gobierno provisional y la necesidad de orientarse hacia la dictadura democrática del proletariado y de los campesinos. El comité de Petrogrado, para quien esta resolución no tenía, como así era, más que un valor puramente académico, puesto que no indicaba qué era lo que había de hacerse, enfocó el problema desde el extremo opuesto. «Teniendo en cuenta la resolución acerca del Gobierno provisional votada por el sóviet», declara que «no se opone al poder del Gobierno provisional en la medida en que [...]». Era, en esencia, la posición de los mencheviques y socialrevolucionarios, solo que replegada sobre la segunda línea. Esta posición abiertamente oportunista del comité de Petrogrado no contradecía más que en la forma a la adoptada por el CC, cuyo carácter académico no significaba escuetamente más que la avenencia política con el hecho consumado.

Esta predisposición a allanarse silenciosamente o con reservas al Gobierno burgués no halló, ni mucho menos, una acogida incondicional entre los elementos del partido. Los obreros bolcheviques se estrellaron inmediatamente contra el Gobierno provisional como contra una fortaleza enemiga que se alzase inesperadamente en su camino. El comité de Víborg[2] celebraba mítines de miles de obreros y soldados, en los que se votaban, casi por unanimidad, resoluciones haciendo resaltar la necesidad de que el sóviet tomara en sus manos el poder. Dingelstedt, que participó activamente en esta campaña de agitación, atestigua: «No hubo un solo mitin, una sola asamblea obrera que rechazara nuestras proposiciones, si había alguien que se las presentara». En los primeros días, los mencheviques y los socialrevolucionarios no se atrevían a plantear abiertamente ante el auditorio de obreros y soldados la cuestión del poder tal como ellos la concebían. En vista del éxito que obtuvo la resolución de los obreros de Víborg, fue impresa y fijada por las esquinas como un pasquín. Pero el comité de Petrogrado le puso el veto y los bolcheviques de Víborg no tuvieron más remedio que someterse.

En lo tocante al contenido social de la revolución y a las perspectivas de su desarrollo, la posición de los dirigentes bolcheviques no era menos confusa. Shliápnikov cuenta: «Coincidíamos con los mencheviques en que estábamos atravesando un momento revolucionario que se caracterizaba por la destrucción del régimen feudal, el cual debía ser sustituido por las "libertades" propias del régimen burgués». En su primer número,[3] *Pravda* escribía: «La misión fundamental consiste [...] en la instauración del régimen democrático republicano». En su mandato a los diputados obreros, el comité de Moscú declaraba: «El proletariado aspira a conseguir las libertades necesarias para luchar por el socialismo, que es su objetivo final». La tradicional alusión al «objetivo final» subraya suficientemente la distancia histórica que separaba esta posición del socialismo. Nadie iba más allá. El miedo a rebasar los límites de la revolución democrática dictaba una política expectante, de adaptación y de retirada manifiesta ante las consignas de los conciliadores.

No es difícil comprender la grave repercusión que tenía en provincias esta falta de decisión política por parte del centro. Nos limitaremos a traer aquí el testimonio de uno de los dirigentes de la organización de Sarátov: «Nuestro partido, que había tomado una participación activa en el movimiento revolucionario, había dejado escapar, evidentemente, la influencia que tenía sobre las masas, las cuales fueron a parar a manos de los mencheviques y los socialrevolucionarios. Nadie sabía cuáles eran las consignas de los bolcheviques [...]. Un cuadro muy poco agradable».

Los bolcheviques de izquierda, empezando por los obreros, hacían cuanto podían por romper el cerco. Pero tampoco ellos sabían cómo hacer frente a los argumentos acerca del carácter burgués de la revolución y de los peligros de aislamiento del proletariado, y se sometían a regañadientes a las orientaciones de la dirección. Las distintas tendencias que se dibujaban en el bolchevismo chocaron, con bastante violencia, unas contra otras, desde el primer día, pero sin que ninguna de ellas llevase sus ideas hasta las últimas consecuencias. *Pravda* reflejaba este estado confuso y vacilante de las ideas del partido, sin contribuir en lo más mínimo a armonizarlas. Hacia mediados de marzo se complicó aun más la situación al llegar del destierro Kámenev y Stalin, que imprimieron un giro francamente derechista a la política oficial del partido.

Kámenev, bolchevique casi desde la fundación del partido, había militado siempre en el ala derecha. No carecía de preparación teórica ni de sentido político, y estaba dotado de una gran experiencia de la lucha entre las fracciones rusas del partido y de una reserva considerable de observaciones políticas adquiridas en los países occidentales, todo lo cual le permitía asimilar mejor que muchos otros bolcheviques las ideas de Lenin, pero siempre para darles en la práctica la interpretación más pacífica posible. De él no cabía esperar personalidad en la decisión ni iniciativa en la acción, Kámenev, magnífico propagandista, orador y periodista reflexivo, aunque no brillante, era un elemento de gran valor cuando había que entablar negociaciones con otros partidos o investigar lo que sucedía en otras esferas sociales, bien entendido que de estas excursiones volvía siempre trayendo adherido algo de los medios ajenos. Estos rasgos de Kámenev eran tan claros y tan patentes, que casi nadie se equivocaba cuando se trataba de juzgar su fisonomía política. Sujánov observa en él la ausencia de «ángulos agudos»: «Hay que llevarle siempre a rastras, y si alguna vez se hace el remolón, no es difícil reducirle». En el mismo sentido se expresa, hablando de él, Stankiévich: «La actitud de Kámenev respecto a los adversarios era tan suave, que parecía avergonzarse de la intransigencia de su posición; en el comité[4] era, indudablemente, no un adversario, era un mero elemento de oposición». A esto, poco hay que añadir.

Stalin era un tipo de bolchevique perfectamente distinto, tanto por su psicología como por el papel que desempeñaba dentro del partido; su actividad era la de un sólido organizador, teórica y políticamente primitivo. Kámenev, como publicista que era, había pasado una larga serie de años al lado de Lenin en la emigración, donde se concentraba la labor teórica del partido; a Stalin, que era lo que se llama un práctico, sin horizontes teóricos, sin gran interés por los problemas políticos y sin el menor conocimiento de idiomas extranjeros, no había quien le apartase del solar ruso. Los militantes de este tipo solo hacían breves escapadas al extranjero, de tarde en tarde, para recibir instrucciones, ponerse de acuerdo sobre la labor que habían de desarrollar y retornar enseguida a Rusia. Stalin se distinguía entre los elementos prácticos por su energía, su tenacidad y su inventiva en las combinaciones entre bastidores. Kámenev, hombre tímido, «se avergonzaba» de las consecuencias prácticas a que llevaba el bolchevismo; Stalin propendía, por el contrario, a sostener sin el menor miramiento ni atenuación las conclusiones prácticas adoptadas con una mezcla de tenacidad y grosería.

A pesar de esta divergencia tan grande de caracteres, Kámenev y Stalin abrazan, a principios de la revolución, una posición común, y no tenía nada de particular, pues se complementaban mutuamente. Concepción revolucionaria sin voluntad revolucionaria es lo mismo que un reloj con el muelle roto: el minutero político de Kámenev iba siempre retrasado con relación a los objetivos revolucionarios. Pero, por otra parte, la ausencia de una amplia concepción política condena al político de más voluntad a la indecisión ante acontecimientos importantes y complejos. Un empírico como Stalin es terreno abonado para que en él florezcan todas las influencias extrañas, no por falta de voluntad, sino del pensamiento. Y he aquí cómo un publicista sin voluntad y un organizador sin horizontes teóricos llevaron, en marzo, su bolchevismo hasta las puertas mismas del menchevismo. Stalin resultó ser todavía más incapaz que Kámenev para adoptar una posición personal dentro del Comité Ejecutivo, del que entró a formar parte como representante del partido. Ni en las actas ni en la prensa ha quedado una sola proposición, declaración o protesta en la que veamos a Stalin expresar el punto de vista bolchevique frente a la sumisión de la «democracia» ante el liberalismo. Sujánov dice en sus *Memorias*: «En aquel entonces, los bolcheviques tenían en el Comité Ejecutivo, además de Kámenev, a Stalin. Durante su modesta actuación dentro del Comité Ejecutivo, producía —y no solo a mí— la impresión de una mancha gris, que a veces brillaba fugazmente con una luz tenue que no dejaba rastro. Es todo lo que se puede decir de él». Si Sujánov, en términos generales, no apreciaba en todo su valor a Stalin, no puede negarse que caracteriza bastante acertadamente su falta de personalidad política en aquel Comité Ejecutivo conciliador.

El 14 de marzo, aceptábase por *unanimidad* el manifiesto «A los pueblos de todo el mundo», que interpretaba el triunfo de la Revolución de febrero a favor de la Entente y ponía al movimiento revolucionario ruso el cuño socialpatriótico francés. Era, sin dudas, un gran éxito de Kámenev y Stalin, obtenido, evidentemente, sin gran lucha. *Pravda* hablaba de este documento como de «un compromiso consciente entre las distintas tendencias representadas en el sóviet». Hubiera debido añadir que tal compromiso implicaba una franca ruptura con las ideas de Lenin, que en el sóviet nadie defendía.

Kámenev, miembro de la redacción del órgano central en el extranjero; Stalin, miembro del CC, y Muránov, diputado de la Duma, que volvía también de Siberia, destituyeron a la antigua redacción de *Pravda*, por demasiado «izquierdista», y, amparándose en sus derechos, harto problemáticos, asumieron la dirección del periódico a partir del 15 de marzo. En el artículo en que la nueva redacción anunciaba sus propósitos, se decía que los bolcheviques apoyarían decididamente al Gobierno provisional «en tanto luchase contra la reacción y la contrarrevolución». Respecto a la guerra, los nuevos dirigentes se pronunciaban de un modo igualmente categórico: mientras el ejército alemán obedezca al káiser, el soldado ruso «deberá permanecer firme en su puesto contestando a las balas con las balas y a los obuses con los obuses». «Nuestra consigna no debe ser un ¡abajo la guerra! sin contenido. Nuestra consigna debe ser: ejercer presión sobre el Gobierno provisional con el fin de obligarle [...] a tantear la disposición de los países beligerantes respecto a la posibilidad de entablar negociaciones inmediatamente. Entre tanto, todo el mundo debe permanecer en su puesto de combate». Lo mismo las ideas que el modo de formularlas son defensivas hasta la médula. La fórmula para presionar a un Gobierno imperialista, con el fin de «inclinarle» a una actitud pacifista, era el programa de Kautsky en Alemania, el de Jean Longuet en Francia, el de Mac Donald en Inglaterra; pero distaba mucho de ser el de Lenin, que predicaba el derrumbamiento del régimen imperialista. Defendiéndose de los ataques de la prensa patriótica, *Pravda* iba todavía más lejos: «Todo derrotismo —afirmaba— o, mejor dicho, lo que la prensa mal informada estigmatizaba bajo la censura zarista con este nombre, desapareció en el momento de aparecer en las calles de Petrogrado el primer regimiento revolucionario». Esto equivalía a romper de lleno con la posición mantenida por Lenin. El «derrotismo» no era, ni mucho menos, una invención de la prensa enemiga amparada por la censura, sino una fórmula de Lenin: «La derrota de Rusia es el mal menor». Ni la aparición del primer regimiento revolucionario, ni aun el derrumbamiento de la monarquía, modificaba el carácter imperialista de la guerra.

> El día en que salió a la calle el primer número de *Pravda* transformada fue —cuenta Shliápnikov— un día de júbilo general para los defensistas.

Todo el palacio de Táurida, desde los hombres del comité de la Duma hasta el corazón mismo de la democracia revolucionaria —el Comité Ejecutivo— estaba absorbido por una noticia: el triunfo de los bolcheviques moderados y razonables sobre los extremistas. En el propio Comité Ejecutivo nos acogieron con sonrisas burlonas [...]. Cuando este número de *Pravda* se recibió en las fábricas, llevó una completa perplejidad al ánimo de los afiliados y simpatizantes de nuestro partido y una gran alegría a nuestros adversarios [...]. En los suburbios la indignación era inmensa, y cuando los proletarios se enteraron de que se habían apoderado de *Pravda* tres compañeros llegados de Siberia, antiguos redactores del periódico, se exigió su exclusión del partido.

Pravda no tuvo más remedio que publicar una enérgica protesta de los obreros de Víborg: «Si el periódico no quiere perder la confianza de los barrios obreros, debe sostener la antorcha de la conciencia revolucionaria, por mucho que moleste a la vista de las lechuzas burguesas». Las protestas de abajo llevaron a la redacción a mostrarse más cauta en la expresión, pero no a modificar la política. Hasta el primer artículo publicado por Lenin, a su llegada del extranjero, pasó por las columnas del periódico sin dejar huella en la mente de sus redactores. La orientación derechista navegaba con las velas desplegadas. «En nuestras campañas de propaganda —cuenta Dingelstedt, representante del ala izquierda— teníamos que tomar en consideración el principio de la dualidad de poder [...] y demostrar su carácter inevitable a aquella masa de obreros y soldados que en el transcurso de medio mes de vida política intensa se había educado en una concepción completamente distinta de sus objetivos».

La política del partido en el resto del país se acomodaba, naturalmente, a la de *Pravda*. En muchos sóviets, las propuestas presentadas acerca de los problemas fundamentales se votaban por unanimidad; los bolcheviques acataban sin chistar la mayoría. En la conferencia de los sóviets de la región de Moscú los bolcheviques se adhirieron a la resolución presentada por los socialpatriotas[5] respecto a la guerra.

Finalmente, en la conferencia panrusa de representantes de ochenta y dos sóviets, celebrada en Petrogrado a fines de marzo y principios de abril, los bolcheviques votaron por la resolución oficial acerca del poder que defendió Dan.[6] Esta notable aproximación política a los mencheviques respondía a las tendencias conciliadoras, que ya habían tomado mucho auge. En provincias, bolcheviques y mencheviques formaban parte de organizaciones mixtas. La fracción Kámenev-Stalin iba convirtiéndose cada vez más marcadamente en el ala izquierda de la «democracia revolucionaria» y se plegaba a la mecánica de la «presión» parlamentaria de entre bastidores sobre la burguesía, combinándola con una presión de entre bastidores sobre la democracia.

El centro espiritual del partido residía en el sector del CC emigrado y en la redacción del órgano central *El Socialdemócrata*. Lenin, ayudado por Zinóviev, llevaba toda la labor de dirección. Las funciones del secretariado, de gran responsabilidad, corrían a cargo de Krúpskaya, la esposa de Lenin. Para las funciones prácticas, este pequeño centro se apoyaba en algunas docenas de bolcheviques emigrados. Durante la guerra, la falta de contacto con Rusia tomó caracteres graves, tanto más cuanto más la policía militar de la Entente iba apretando su círculo de hierro. La explosión revolucionaria, tan ansiosamente esperada durante largos años, cogió desprevenido al centro bolchevique. Inglaterra se negó categóricamente a dejar entrar en Rusia a los emigrados internacionales, cuya lista llevaba celosamente. Lenin, enjaulado en Zurich, se desesperaba buscando el modo de evadirse. Entre los cien planes que se forjaron había uno que consistía en hacer el viaje con el pasaporte de un sordomudo escandinavo. Lenin, torturado por esta idea, no desperdiciaba ocasión para hacer oír su voz desde Suiza. Ya el 6 de marzo telegrafía a Petrogrado, vía Estocolmo: «Nuestra táctica: desconfianza absoluta, negar todo apoyo al nuevo Gobierno; recelamos especialmente de Kerenski; no hay más garantía que armar al proletariado; elecciones inmediatas a la Duma de Petrogrado; mantenerse bien separados de los demás partidos». En estas primeras instrucciones solo tenía carácter episódico lo de las elecciones a la Duma y no al sóviet, y pronto había de quedar eliminado este punto; los demás extremos, concretados en forma telegráfica escueta, señalaban ya perfectamente la orientación general de la política leninista.

Simultáneamente, Lenin empieza a enviar a *Pravda* sus «Cartas desde lejos», que, apoyándose en la fragmentaria información de los periódicos extranjeros, hacen un análisis definitivo de la situación revolucionaria. Las noticias de los periódicos extranjeros le permiten llegar enseguida a la conclusión de que el Gobierno provisional, directamente apoyado no solo por Kerenski, sino por Tcheidse,[7] está engañando con bastante éxito a los obreros, haciendo pasar como defensiva la guerra imperialista. El 17 de marzo envía, por conducto de los amigos de Estocolmo, una carta llena de inquietud: «Nuestro partido se cubriría para siempre de oprobio, se suicidaría políticamente, si se dejara llevar por esta añagaza [...]. Preferiría incluso romper inmediatamente con quien fuese, dentro de nuestro partido, a hacer concesiones de ningún género al socialpatriotismo [...]». Después de esta amenaza, aparentemente impersonal, pero dirigida en realidad contra determinadas personas, Lenin advierte: «Kámenev debe comprender que sobre él recae una verdadera responsabilidad histórica». Alude directamente a Kámenev porque se trata de cuestiones políticas de principio. Si se hubiera tratado de problemas prácticos combativos, Lenin hubiera apuntado de seguro a Stalin. En aquellos momentos, cuando Lenin se esforzaba en hacer llegar a Petrogrado, a través de la Europa humeante, la voz de su firme voluntad, Kámenev, apoyado por Stalin, viraba resueltamente la proa al socialpatriotismo.

Los planes de evasión a base de maquillaje, pelucas, pasaportes falsos o ajenos iban abandonándose uno tras otro, por irrealizables. De un modo cada vez más perfilado, iba tomando cuerpo la idea de atravesar por Alemania. Este plan asustaba a la mayoría de los emigrados, no solo a los patriotas. Mártov y otros mencheviques no se decidían a asociarse a aquella descarada ocurrencia de Lenin y seguían llamando inútilmente a las puertas de la Entente. Fueron también muchos los bolcheviques que, después de realizado, pusieron reproches a aquel viaje, al encontrarse con que el famoso «vagón precintado» entorpecía un poco sus campañas de propaganda. A Lenin no se le escapaban aquellas posibles dificultades futuras. Poco antes de salir de Zurich, Krúpskaya escribía: «Los patriotas de Rusia pondrán el grito en el cielo, naturalmente; hay que disponerse a oír lo que digan». El dilema era este: o quedarse en Suiza o pasar por Alemania. No había otra salida. ¿Y podía Lenin vacilar un solo minuto? Un mes después, ni un día más ni menos, Mártov, Axelrod y otros veíanse obligados a seguir su ejemplo.

En la organización de este insólito viaje atravesando un país enemigo en plena guerra se nos revelan los rasgos esenciales de Lenin como político: la intrepidez en el propósito y la previsión cuidadosa en la ejecución. Dentro de este gran revolucionario se albergaba un notario meticuloso que sabía lo que se traía entre manos y se ponía a levantar acta de un paso que podía contribuir a echar por tierra todas las actas notariales. Aquella especie de tratado internacional de tránsito, concertado entre la redacción del periódico de los emigrados y el Imperio de los Hohenzollern, contenía las condiciones del paso de estos por el territorio alemán, trazadas con exquisita escrupulosidad. Lenin exigió para el viaje de tránsito completa extraterritorialidad; los viajeros cruzarían por Alemania sin que nadie tuviese derecho a pedirles los pasaportes, registrarles los equipajes ni poner el pie en el vagón durante el viaje (de aquí nació la leyenda del «vagón precintado»). Por su parte, los emigrados se comprometían a gestionar, una vez en Rusia, la liberación de un número igual de prisioneros civiles alemanes y austrohúngaros.

Antes de partir, los rusos firmaron, con algunos revolucionarios extranjeros, una declaración en los términos siguientes: «Los internacionalistas rusos que se dirigen a Rusia con el fin de ponerse al servicio de la revolución nos ayudarán a levantar a los proletarios de los demás países, sobre todo a los de Alemania y Austria, contra sus gobiernos». Así rezaba el acta, firmada por Loriot y Guilbraux, de Francia; Paul Levy, de Alemania; Platten, de Suiza; los diputados izquierdistas suecos y algunos otros. Con estas condiciones y cautela, salieron de Suiza a fines de marzo treinta emigrados rusos; aun en tiempos de guerra, en que abundaban las municiones potentes, aquellos viajeros eran carga de una fuerza explosiva poco común.

En su carta de despedida a los obreros suizos, Lenin les recordaba la declaración hecha en el otoño de 1915 por el órgano central de los bolcheviques: «Si la Revolución Rusa lleva al poder a un Gobierno republicano que se obstine en proseguir la guerra imperialista, los bolcheviques estarán contra la defensa de la patria republicana. Esta situación se ha producido. Y nuestro lema es: no queremos nada con un Gobierno Gutchkov-Miliúkov».[8] Con estas palabras, Lenin ponía la planta del pie en el territorio de la revolución.

Pero los miembros del Gobierno provisional no veían en ello motivo alguno de intranquilidad. Nábokov cuenta: «En una de las sesiones celebradas en marzo por el Gobierno provisional, como se hablase en una pausa de los vuelos que iban tomando las propagandas bolcheviques, Kerenski dijo, riéndose histéricamente, como de costumbre: "Aguardad, aguardad a que llegue Lenin, y ya veréis entonces lo que es bueno"». Y Kerenski tenía razón. Sin embargo, los ministros, según Nábokov, no creían que hubiera razón para inquietarse. «Ya el solo hecho de atravesar por Alemania quebrantará hasta tal punto el prestigio de Lenin, que no habrá por qué temerle». Los ministros se mostraban en esto, como en todo, muy perspicaces.

Algunos amigos y discípulos acudieron a recibir a Lenin en Finlandia. «Tan pronto como entramos en el vagón y nos sentamos —cuenta Raskólnikov, joven oficial de la marina y bolchevique—, Vladimir Ilich se lanzó sobre Kámenev: ¿Qué diablos estáis escribiendo en *Pravda*? Hemos visto algunos números, ¡y os hemos puesto buenos! [...]». Tal era el encuentro, después de varios años de separación. Lo cual no quiere decir que no fuese cordial.

El comité de Petrogrado,[9] con ayuda de la organización militar, movilizó a varios miles de obreros y soldados para recibir solemnemente a Lenin. Una división de autos blindados puso a disposición del comité todos los disponibles. El comité decidió acudir a la estación con los autos blindados: la revolución mostraba ya sus simpatías por aquellos monstruos de hierro tan útiles con los cuales poder contar en las calles de una ciudad.

El relato de la recepción oficial que tuvo lugar en el llamado «salón del zar» de la estación de Finlandia, es una página muy animada en las voluminosas y casi siempre monótonas *Memorias* de Sujánov.

> Lenin, tocado con un gorro redondo de piel, el rostro helado y empuñando un magnífico ramo de flores, entró en el salón del zar o, por mejor decir, se precipitó en él. Al llegar al centro del salón se detuvo ante Tcheidse como si hubiera tropezado con un obstáculo completamente inesperado. Y entonces Tcheidse, sin perder su aspecto sombrío pronunció el siguiente discurso de «salutación», que tenía más de prédica moral que de otra cosa, no solo por el tono, sino también por el espíritu que lo animaba: «Camarada Lenin: Le saludamos al llegar a Rusia, en nombre del sóviet de Petersburgo y de toda la revolución [...]. Pero entendemos que en la actualidad la principal misión de la democracia revolucionaria consiste en defender nuestra revolución contra todo ataque, tanto de dentro como de fuera [...]. Confiamos en que usted abrazará con nosotros estos mismos fines». Tcheidse calló. Yo, sorprendido, estaba desconcertado [...]. Pero Lenin sabía muy bien, por lo visto, qué actitud había de adoptar ante aquello. De pie en medio del salón, parecía como si todo lo que estaba ocurriendo allí no tuviera nada que ver con él. Miraba a derecha e izquierda, se fijaba en los que le rodeaban, clavaba los ojos en el techo, arreglaba su ramo de flores, «que armonizaba muy mal con su figura», y después, volviendo completamente la espalda a la delegación del comité ejecutivo, «contestó»

del modo siguiente: «Queridos camaradas, soldados, marineros y obreros: Me siento feliz al saludar en vosotros a la Revolución Rusa triunfante, al saludaros como a la vanguardia del ejército proletario internacional [...]. No está lejos ya el día en que, respondiendo al llamamiento de nuestro camarada Carlos Liebknecht,[10] los pueblos volverán las armas contra sus explotadores capitalistas [...]. La Revolución Rusa, hecha por vosotros, ha iniciado una nueva era. ¡Viva la revolución socialista mundial!».

Sujánov tenía harta razón: el ramo de flores armonizaba mal con la figura de Lenin, le estorbaba y cohibía, indudablemente, desentonando sobre el fondo severo de los acontecimientos que se estaban desarrollando. A Lenin no le gustaban los ramos de flores. Pero todavía tenía que cohibirle mucho más aquella hipócrita recepción oficial, celebrada en el salón regio. Tcheidse era algo mejor que su discurso de salutación. A Lenin le temía un poco. Pero le habían advertido que era menester hacer entrar en razón, desde el principio, a aquel «sectario». Completando el discurso de Tcheidse, que demuestra el lamentable nivel de los que dirigían la política, a un joven comandante de la escuadra, que habló en nombre de los marineros, se le ocurrió expresar el deseo de que Lenin entrase a formar parte del Gobierno provisional. Así era cómo la Revolución de febrero, endeble, verbosa y un poco simple también, recibía a un hombre que llegaba con el firme propósito de ponerse frente a ella con el pensamiento y la acción. Estas primeras impresiones, que duplicaban el sentimiento de inquietud que ya traía consigo Lenin, provocaron en él una indignación difícil de contener. Había que poner manos a la obra inmediatamente. En la estación de Finlandia, al volver la espalda a Tcheidse y volverse de cara a los marineros y los obreros, al abandonar la defensa de la patria para apelar a la revolución mundial y trocar el Gobierno provisional por Liebknecht, Lenin anticipaba como un pequeño ensayo la que había de ser toda su política ulterior.

A pesar de todo, aquella revolución, un poco chapucera, recibió inmediatamente en sus brazos al guía con efusión. Los soldados exigieron que Lenin se subiera a uno de los autos blindados, y Lenin no tuvo más remedio que complacerles. Las sombras de la noche daban a aquel desfile un carácter imponente. Los autos blindados llevaban todas las luces apagadas, y el reflector del automóvil en que iba Lenin hendía las tinieblas. La luz recortaba sobre las sombras de la calle a la masa de obreros, soldados y marineros que habían hecho una magna revolución, pero dejándose luego arrebatar el poder de las manos. La música militar dejó de tocar varias veces durante el trayecto, para que Lenin pudiese repetir su discurso de la estación, en diversas variantes, ante la muchedumbre que salía a su paso. «Fue una recepción triunfal y brillante —dice Sujánov—, y hasta muy simpática».

En el palacio de la Kshesínskaya, donde se hallaba instalado el estado mayor bolchevique en el nido de sedas de una bailarina palaciega — mezcolanza fortuita que había de regocijar la ironía siempre despierta de Lenin—, empezaron de nuevo los discursos de salutación. Lenin soportaba aquella avalancha de discursos ditirámbicos con la impaciencia con que un transeúnte acuciado espera que pase la lluvia, refugiado en un portal. Le satisfacía el júbilo sincero que producía su llegada, pero se lamentaba de que este júbilo se exteriorizase con tal derroche de palabras. El tono de los saludos oficiales parecíale afectado, imitación del de la democracia pequeñoburguesa, declamatorio, falso y sentimental. Veía que la revolución, antes de asignarse sus fines y trazarse el camino que había de seguir, había creado ya una etiqueta propia y fatigosa. Lenin con una sonrisa que tenía parte de bondad y de reproche, miraba el reloj y, de vez en cuando, bostezaba. Apenas se habían disipado las palabras del último saludo cuando el insólito viajero lanzó sobre el auditorio el torrente de sus ideas apasionadas, que no pocas veces restallaban como latigazos. Por aquel entonces, los bolcheviques no se servían aún del arte de la taquigrafía. Nadie tomaba notas, todos estaban excesivamente pendientes de lo que sucedía. Aquel discurso de Lenin no se ha conservado, no quedó más huella de él que la impresión general que dejó en el recuerdo de los que le oyeron. Además, el tiempo se ha encargado de refundirlo, añadiendo entusiasmo y quitando miedo. Pues en realidad la impresión fundamental del discurso, aun en los más allegados, fue de eso, de miedo. Todas las fórmulas habituales que se creían arraigadas, a fuerza de repetirse una y otra vez durante un mes seguido, veíanse destruidas ante los ojos del auditorio. La breve réplica de Lenin en la estación, lanzada por encima de los hombros del estupefacto Tcheidse, se desarrollaba ahora en un discurso de dos horas destinado directamente a los militantes bolcheviques petersburgueses.

Sujánov se hallaba allí por casualidad, en calidad de invitado, gracias a la condescendencia de Kámenev. Lenin no podía soportar aquellas amabilidades. Pero, gracias a esta circunstancia, contamos con un relato mitad hostil y mitad entusiasta del primer encuentro de Lenin con los bolcheviques de Petrogrado, hecho por un observador ajeno al partido.

No olvidaré nunca aquel discurso, parecido a un trueno, que me conmovió y asombró, y no solo a mí, hereje que había entrado allí sin derecho a entrar, sino a todos los ortodoxos. Puedo afirmar que nadie esperaba nada parecido. Diríase que habían salido de sus madrigueras todas las fuerzas elementales y que el espíritu de la destrucción, arrollando sin miramientos las barreras, las dudas, las dificultades, los cálculos, se cernía sobre la sala de la Kshesínskaya, por encima de las cabezas de los discípulos hechizados.

Para Sujánov, las dificultades y los cálculos consistían principalmente en las vacilaciones de los redactores de la *Nóvaya Zhizn*, mientras tomaban el té en casa de Máximo Gorki. Los cálculos de Lenin iban más allá. Y no eran las fuerzas elementales precisamente las que se cernían sobre la sala, sino el pensamiento de un hombre que no se arredraba ante esas fuerzas y se esforzaba en conjurarlas con el fin de reducirlas. Pero es igual: la impresión está dada con bastante relieve.

«Cuando me puse en camino con los camaradas —dijo Lenin, según Sujánov— me figuré que desde la estación me llevarían directamente a la fortaleza de Pedro y Pablo. Como vemos, no hay nada de eso. Pero no perdamos la esperanza. ¡Ya llegará ese día!». Mientras que para los demás los derroteros de la revolución tendían a reforzar la democracia, para Lenin la perspectiva inmediata representaba la fortaleza de Pedro y Pablo. Aquello parecía una broma de mal augurio. Pero no, Lenin, y con él la revolución, no estaban para bromas.

«Lenin —se lamenta Sujánov— rechazó la reforma agraria en forma legislativa, así como la política del sóviet, y proclamó la expropiación organizada de la tierra por los campesinos, sin esperar a que se la concediese ningún poder del Estado».

«¡No nos interesa nada la república parlamentaria, la democracia burguesa! ¡No nos interesa ningún Gobierno que no sea el de los sóviets de diputados obreros, soldados y campesinos!»

Al propio tiempo, Lenin trazaba una línea divisoria clara entre él y la mayoría soviética, arrojando a esta al campo enemigo. «Bastaba esto, en los tiempos que corrían, para que el vértigo se apoderara de los oyentes».

«Solo la izquierda zimmerwaldiana[11] defiende los intereses proletarios y los de la Revolución mundial —dijo Lenin, según la transcripción irritada de Sujánov—. Los demás son oportunistas como los otros, los que dicen palabras bellas y, en la práctica [...] traicionan al socialismo y a las masas obreras».

«Lenin atacó decididamente la táctica de los elementos dirigentes del partido y los diferentes camaradas antes de su llegada» —dice Raskólnikov completando la referencia de Sujánov—. Estaban presentes los militantes más responsables del partido, pero para ellos el discurso de Ilich fue un verdadero descubrimiento y tendió un Rubicón entre la táctica de ayer y la de hoy». El Rubicón, como veremos, no se tendió de una sola vez.

El discurso no suscitó discusión: todo el mundo estaba como apabullado y quería poner un poco de orden en sus ideas. «Salí a la calle —termina Sujánov— con la sensación de que me habían golpeado la cabeza con un hierro. Solo veía una cosa clara: ¡No, yo no podría seguir jamás el camino trazado por Lenin!» ¡Claro que no! ¡Pues no faltaba más!

Al día siguiente, Lenin sometió al partido una breve exposición por escrito de sus puntos de vista, que con el nombre de «Tesis del 4 de abril» había de convertirse en uno de los documentos más importantes de la revolución. Las tesis expresaban ideas sencillas en palabras no menos sencillas, accesibles a todo el mundo. La república, fruto de la insurrección de febrero, no es nuestra república, ni la guerra que mantiene es nuestra guerra. La misión de los bolcheviques consiste en derribar el Gobierno imperialista. Este se sostiene gracias al apoyo de los socialrevolucionarios y mencheviques, que a su vez se apoyan en la confianza que en ellos tienen depositada las masas populares. Nosotros representamos una minoría. En estas condiciones no se puede ni siquiera hablar del empleo de la violencia por nuestra parte. Hay que enseñar a la masa a desconfiar de los conciliadores y defensistas. «Hay que aclarar la situación pacientemente». El éxito de esta política, impuesta por la situación, es seguro y nos conducirá a la dictadura del proletariado y con ella a la superación del régimen burgués. Romperemos completamente con el capital, publicaremos sus tratados secretos y llamaremos a los obreros de todo el mundo a romper con la burguesía y a poner fin a la guerra.

Iniciaremos la revolución internacional. Solo el triunfo de esta consolidará el nuestro y asegurará el tránsito al régimen socialista.

Las tesis de Lenin fueron publicadas exclusivamente como obra suya. Los organismos centrales del partido las acogieron con una hostilidad solo velada por la perplejidad. Nadie, ni una organización, ni un grupo, ni una persona, estampó su firma al pie de ese documento. Incluso Zinóviev, que había llegado con Lenin del extranjero, donde su pensamiento se había formado durante diez años bajo la influencia directa y cotidiana del maestro, se apartó silenciosamente a un lado. Y este alejamiento no tenía nada de inesperado para el maestro, que conocía muy bien a su discípulo. Kámenev era un propagandista y divulgador; Zinóviev era agitador y nada más que agitador, según Lenin. Para ser jefe, le faltaba, sobre todo, el sentido de la responsabilidad. Y no solo esto. Su pensamiento, carente de disciplina interna, era absolutamente incapaz de toda labor teórica y se disolvía en la intuición deforme del agitador. Gracias a esta intuición excepcionalmente aguda, Zinóviev siempre cogía al vuelo las fórmulas que necesitaba, es decir, las que le facilitaban un influjo más efectivo sobre las masas. Lo mismo como orador que como periodista, era siempre, invariablemente, un agitador, con la diferencia de que en los artículos se destacan más sus lados flojos, mientras que en los discursos predominan los fuertes. Zinóviev, mucho más intrépido e impetuoso para la agitación que ningún otro bolchevique, es aun más incapaz que Kámenev de toda iniciativa revolucionaria. Era indeciso, como todos los demagogos. Al pasar de la palestra de las querellas intestinas a los combates directos de masas, Zinóviev se apartaba casi involuntariamente de su maestro.

Durante estos últimos años, no han faltado tentativas encaminadas a demostrar que la crisis sufrida por el partido en abril no fue más que una desorientación pasajera y casi casual. Al menor contacto con los hechos, estas tentativas se desvanecen.[12]

Lo que ya sabemos respecto a la actuación del partido en el transcurso del mes de marzo nos revela la existencia de discrepancias profundísimas entre Lenin y los dirigentes petersburgueses. Precisamente al momento de llegar Lenin a Petrogrado estas discrepancias cobraban su máxima tensión. A la par que la conferencia panrusa que representaba a ochenta y dos sóviets, donde Kámenev y Stalin votaron por una resolución, por la cual se entregaba el poder a los socialrevolucionarios y a los mencheviques, se celebraba en

Petrogrado la conferencia del partido de los bolcheviques llegados de todos los puntos de Rusia. Esta reunión, a la que Lenin solo asistió hacia el final, tiene excepcional interés, para caracterizar las tendencias y opiniones del partido, o, mejor dicho, de su sector dirigente tal y como se vio después de la guerra. La lectura de las actas, no publicadas hasta hoy, nos deja a menudo perplejos: ¿está bien representado el partido por esos delegados que siete meses más tarde tomaron el poder con mano de hierro?

Ha transcurrido ya un mes desde el derrumbamiento de la autocracia, plazo considerable tanto para la revolución como para la guerra. Sin embargo, en el partido no se han definido aún las posiciones acerca de los problemas más candentes de la revolución. Los patriotas extremos como Voitinski, Eliava y otros, tomaban parte en la reunión al lado de los que se consideraban internacionalistas. El porcentaje de patriotas declarados, aunque incomparablemente inferior al de los mencheviques, era considerable. La conferencia dejó en pie la cuestión que se planteaba: ¿separarse los patriotas del partido, o unirse a los patriotas mencheviques? En los intervalos de las sesiones de la conferencia bolchevique se celebraron otras en que tomaban parte conjuntamente los bolcheviques, los mencheviques y los delegados a la conferencia de los sóviets, con el fin de deliberar acerca de la guerra. El más exaltado de los patriotas mencheviques, Líber, declaró en esta reunión: «Hay que dejar a un lado la antigua división en bolcheviques y mencheviques y tratar exclusivamente nuestra actitud ante la guerra». El bolchevique Voitinski se apresuró a proclamar que estaba dispuesto a poner su firma debajo de todas y cada una de las palabras de Líber. Todos revueltos, bolcheviques y mencheviques, patriotas e internacionalistas, buscaban una fórmula común para expresar su actitud ante la guerra.

Donde las opiniones de la conferencia bolchevique hallaron, indudablemente, su expresión más adecuada fue en el informe de Stalin acerca de la actitud que habría de mantenerse frente al Gobierno provisional. No hay más remedio que reproducir aquí la idea central de este informe, que, al igual que las citadas actas, no ha visto hasta ahora la luz.

> El poder está compartido por dos órganos, ninguno de los cuales tiene su plenitud. Entre ellos hay, y necesariamente tiene que haber, rozamientos y luchas. Los papeles se han repartido. El sóviet ha asumido, de hecho, la

iniciativa de las transformaciones revolucionarias; es el guía revolucionario del pueblo insurrecto y el órgano destinado a controlar, es el Gobierno provisional. Este, por su parte, ha abrazado, en la práctica, la misión de consolidar las conquistas del pueblo revolucionario. El sóviet moviliza las fuerzas y ejerce el control. El Gobierno provisional resiste y aglutina y se asigna por cometido la consolidación de las conquistas arrancadas por el pueblo. Esta situación tiene aspectos negativos, pero también positivos: no nos convendría forzar por ahora los acontecimientos, acelerando el proceso de eliminación de los sectores burgueses, que más tarde deberán inevitablemente apartarse de nosotros.

El ponente, pasando por alto el concepto de clase, enfoca las relaciones entre la burguesía y el proletariado como una simple división del trabajo. Los obreros y soldados hacen la revolución, Gutchkov y Miliúkov la «consolidan». Es exactamente la concepción tradicional del menchevismo, una mala copia de los acontecimientos de 1789. Es la actitud de mera observación expectativa ante el proceso histórico, la asignación de «misiones» a las diversas clases y la vigilancia crítica y tutelar de su cumplimiento, característica de los mencheviques.

La idea de que no es conveniente acelerar el desplazamiento de la burguesía hacia la contrarrevolución fue siempre el criterio supremo de toda la política del menchevismo. Esto, en la práctica, significaba frenar, poner sordina al movimiento de las masas para no asustar a los aliados liberales. Finalmente, las conclusiones de Stalin respecto al Gobierno provisional entran de lleno en la fórmula equívoca de los conciliadores: «Hay que apoyar al Gobierno provisional en la medida en que este consolide los avances de la revolución; por el contrario, no se le deberá apoyar en aquello que sea contrarrevolucionario».

El informe de Stalin fue presentado el día 29 de marzo. Al día siguiente, el ponente oficial de la conferencia de los sóviets, el socialdemócrata Stiéklov, que se hallaba al margen de todo el partido, al defender aquel criterio de apoyo condicionado al Gobierno provisional, trazaba, arrastrado por la elocuencia, un cuadro tal de la actuación de estos «consolidadores» de la revolución —resistencia a las reformas sociales, tendencias monárquicas, protección a las fuerzas contrarrevolucionarias y apetitos anexionistas—, que la conferencia de los bolcheviques, inquieta, hubo de abandonar la fórmula de apoyo. El bolchevique de derecha Noguin, declaró: «El informe de Stiéklov ha aportado nuevos elementos de juicio; claro está que ahora no se puede ya hablar de apoyo, sino, por el contrario, de oposición». Skripnik llegaba también a la conclusión de que, después del informe de Stiéklov, «las cosas han cambiado mucho: ya no se puede hablar de apoyar al Gobierno provisional; nos hallamos en presencia de un complot tramado por este contra el pueblo y la revolución». Un día antes de que trazaran aquel cuadro idílico de «división del trabajo» entre el Gobierno provisional y el sóviet, Stalin se vio obligado a suprimir el artículo relativo al apoyo. Se promovieron unos cuantos debates breves y superficiales en torno a la cuestión de saber si debería apoyarse al Gobierno provisional «en la medida en que...», o únicamente su acción revolucionaria. Vasíliev, delegado de Sarátov, declaró, no sin fundamento: «Respecto al Gobierno provisional, tenemos todos una misma actitud». Krestinski formuló la situación de un modo todavía más claro: «Entre Stalin y Voitinski no hay discrepancias, por lo que a la actuación práctica se refiere». Krestinski no estaba completamente falto de razón, a pesar de que Voitinski se pasó a los mencheviques inmediatamente después de la conferencia; Stalin suprimió la alusión al apoyo, pero el apoyo como tal quedó en pie.

El único que intentó plantear la cuestión desde el punto de vista de los principios fue Krásikov, uno de aquellos viejos bolcheviques que habían estado apartados del partido durante varios años y que ahora intentaban retornar a sus filas cargados con el peso de la experiencia de la vida. Krásikov no se asustó de llamar a las cosas por su nombre: «¿Es que ustedes se disponen, acaso, a instaurar la dictadura del proletariado?», preguntaba irónicamente. Pero la conferencia pasó por alto la ironía y, con ello, la pregunta, como cosa poco digna de atención. La resolución votada por la conferencia invitaba a la democracia revolucionaria, a impulsar al Gobierno provisional «a luchar con todas sus fuerzas por liquidar de raíz el viejo régimen»; es decir, que reservaba al partido proletario el papel de institutriz de la burguesía.

Al día siguiente se deliberó acerca de la proposición presentada por Tsereteli sobre la unión de bolcheviques y mencheviques. Stalin acogió la proposición con la simpatía: «Debemos acceder a lo solicitado. Es necesario que definamos nuestro punto de vista acerca de la unificación. Esta podrá realizarse sobre las bases de Zimmerwald-Kienthal». Mólotov, separado por

Kámenev y Stalin de *Pravda* a causa de la orientación excesivamente radical que imprimía al periódico, objetó que Tsereteli pretendía unir a elementos heterogéneos, que él se calificaba también de zimmerwaldiano y que la unión así concebida sería falsa. Pero Stalin insistía en su punto de vista: «No hay por qué adelantarse a los acontecimientos —decía— y hablar de antemano de discrepancias. Sin discrepancias de criterio no cabe vida de partido; en el seno de este, acabaremos con las pequeñas desavenencias». Diríase que toda la lucha sostenida por Lenin contra el socialpatriotismo y su máscara pacifista durante los años de la guerra había sido completamente inútil.

En septiembre de 1916, Lenin escribía a Petrogrado con gran insistencia, por medio de Shliápnikov: «El espíritu conciliador y las tendencias unificadoras es lo más nocivo que pueda existir para el partido obrero en Rusia; es no solo una idiotez, sino la ruina del partido [...] Solo podemos fiarnos de los que han sabido comprender todo el engaño que se encierra en la idea de unidad y la necesidad de romper con toda esa cofradía (con Tcheidse y compañía) en Rusia». Pero esta advertencia pasó inadvertida. Stalin entendía que las discrepancias de criterio con Tsereteli, director del bloque del sóviet, eran pequeñas desavenencias con las que se podía acabar dentro del partido unificado. Este criterio es el que mejor refleja las ideas de Stalin en aquel entonces.

El 4 de abril, Lenin se presenta en la conferencia del partido bolchevique. Su discurso, encaminado a comentar las «tesis», equivale, dentro de las tareas prácticas de la conferencia, al borrador del maestro que elimina todo lo escrito en el pizarrón por un alumno sin preparación. «¿Por qué no se ha tomado el poder?», pregunta Lenin. Poco antes, Stiéklov había explicado confusamente, en la conferencia del sóviet, las causas de la abstención: el carácter burgués de la revolución, la «primera etapa», la guerra, etcétera, etcétera. «Esto es absurdo —declara Lenin—. La única razón es que el proletariado no es lo bastante consciente todavía ni está suficientemente organizado. Hay que reconocerlo. La fuerza material reside en manos del proletariado; pero la burguesía ha resultado ser más consciente y estar mejor preparada. Es un hecho monstruoso, pero hay que reconocerlo franca y abiertamente y decir al pueblo que si no ha tomado el poder, ha sido por su desorganización y la falta en él de una conciencia clara».

Lenin sacó el problema del falso objetivismo en que se atrincheraban los elementos del partido que habían capitulado políticamente, para situarlo en el terreno subjetivo. El proletariado no había tomado el poder en febrero, porque el partido de los bolcheviques no estuvo a la altura de su misión objetiva y no pudo impedir que los conciliadores expropiaran políticamente a las masas del pueblo en provecho de la burguesía.

Todavía el día anterior, el abogado Krásikov decía, en tono de reto: «Si entendemos que ha llegado el momento de implantar la dictadura del proletariado, hay que plantear la cuestión así. La fuerza física, en el sentido de la toma del poder, está indudablemente con nosotros». Al llegar aquí, el presidente le quitó la palabra a Krásikov, alegando que se estaban discutiendo objetivos prácticos y que el problema de la dictadura no figuraba en el orden del día. Pero Lenin estimaba que el único problema verdaderamente prático que se planteaba era precisamente el de preparar la dictadura del proletariado. «La característica del momento actual en Rusia —decía en sus "tesis"— consiste en el tránsito de la primera etapa de la revolución —que ha dado el poder a la burguesía por carecer el proletariado de la organización y la claridad de conciencia necesarias— a la segunda, que deberá entregar el poder al proletariado y a los campesinos pobres».

La conferencia bolchevique, siguiendo las huellas de *Pravda*, circunscribía los objetivos de la revolución a las transformaciones democráticas que habrían de realizarse por medio de la Asamblea Constituyente. Lenin, por el contrario, declaraba: «La realidad viva y la revolución relegan la Asamblea Constituyente a segundo término [...]. La dictadura del proletariado existe, pero no se sabe qué hacer con ella».

Los delegados se miraban unos a otros, se decían que Ilich había pasado demasiado tiempo en el extranjero, que no se había dado plena cuenta de la situación, que estaba desorientado. Pero el informe de Stalin acerca de una prudente división del trabajo entre el Gobierno provisional y el sóviet se hundió para siempre y sin remedio en el pasado. Stalin, después de aquello, selló los labios. Se estará largo tiempo callado. Solo Kámenev se alzará para defenderse.

Ya desde Ginebra, Lenin advertía en sus cartas que estaba dispuesto a romper con todo el que hiciera la menor concesión en cuanto a la guerra y al chovinismo o se inclinase a pactar con la burguesía. Ahora, puesto frente a frente con el sector dirigente del partido, se lanza al ataque en toda la línea. Por el momento, no cita todavía nombres de bolcheviques. Si tiene necesidad de aludir a algún ejemplo viviente de falsedad o de medias tintas, señala con el dedo a los elementos que se hallan fuera del partido, a Stiéklov o a Tcheidse. Es el procedimiento habitual de Lenin: no dejar a nadie abandonado en su posición prematuramente, con el fin de darle tiempo a volver al buen camino, debilitando con ello de antemano la posición de los futuros enemigos declarados. Kámenev y Stalin entendían que, después de febrero, el soldado y el obrero que luchaban en las trincheras, defendían la revolución. Lenin opina que el soldado y el obrero siguen encadenados a la guerra como esclavos del capital. «Hasta nuestros bolcheviques —dice, estrechado el cerco de los adversarios— manifiestan confianza en el Gobierno. Esto solo se puede explicar por la embriaguez de la revolución. Es la ruina del socialismo [...]. Si es así, tendremos que tomar caminos distintos; aunque para ello tenga que quedarme en minoría». No se trata de una simple amenaza oratoria: se ve que es una senda clara y meditada que sabe adónde conduce.

Lenin, que no quiere nombrar a Kámenev ni a Stalin, se ve obligado, sin embargo, a mentar el periódico: «*Pravda* exige del Gobierno que renuncie a las anexiones. Exigir que un Gobierno de capitalistas renuncie a las anexiones es una estupidez, es una burla escandalosa [...]». La indignación contenida sale aquí a la superficie en una nota aguda. Pero el orador se domina inmediatamente: está dispuesto a decir todo lo que sea necesario, pero ni una sola palabra superflua. De paso, Lenin da normas incomparables de política revolucionaria: «Cuando las masas declaran que no quieren conquistas, hay que creerles; pero cuando Gutchkov y Lvov dicen lo mismo, son unos impostores. Cuando el obrero dice que lucha por la defensa del país, habla en él el instinto del hombre oprimido». Este criterio, llamado por su nombre, parece simple como la vida misma, pero la dificultad consiste precisamente en eso, en llamarlo a tiempo por su nombre.

Refiriéndose al manifiesto del sóviet «A todos los pueblos del mundo», que había dado pie al periódico liberal *Riech* para declarar que el pacifismo se transformaba en Rusia en una ideología común a «nosotros y a nuestros aliados», Lenin se expresa todavía con más precisión y de un modo más contundente: «Lo que caracteriza a Rusia es el tránsito gigantescamente rápido de la violencia brutal a la añagaza más refinada». «Si este manifiesto» —escribía Stalin, hablando de él— «llega hasta las grandes masas de Occidente, hará indudablemente a miles de obreros volver los ojos al grito olvidado: ¡Proletarios del mundo, uníos!».

«En el manifiesto del sóviet» —objeta Lenin— «no hay ni una palabra impregnada de conciencia de clase, frases todo y nada más que frases». Este documento, del que tanto se enorgullecían los zimmerwaldianos, no era a los ojos de Lenin, más que un instrumento de aquella «refinada añagaza».

Antes de llegar Lenin, *Pravda* no hablaba para nada de la izquierda zimmerwaldiana. Al referirse a la Internacional, no indicaba concretamente cuál. Esto era lo que Lenin calificaba de «kautskismo» de *Pravda*. «En Zimmerwald y Kienthal —declaraba, en la conferencia del partido— prevaleció el centro [...]. Nosotros declaramos que constituíamos la izquierda y rompimos con el centro. Las tendencias de la izquierda zimmerwaldiana existen en todos los países del mundo. Las masas deben comprender que el socialismo se ha escindido en todas partes [...]».

Tres días antes, Stalin proclamaba en aquella misma asamblea que estaba dispuesto a liquidar las discrepancias de criterio con Tsereteli sobre las bases de Zimmerwald-Kienthal, es decir, sobre las bases del «kautskismo». «He oído decir que en Rusia hay una tendencia unificadora» —decía Lenin— «de unificación con los defensistas, y declaro que sería una traición contra el socialismo. A mi juicio, vale más quedarse solo, como Liebknecht. ¡Uno contra 110!». La acusación de traición al socialismo, que, por ahora, se lanza todavía contra alguien a quien no se nombra, es algo más que una «palabra fuerte», pues expresa perfectamente la actitud de Lenin frente a los bolcheviques que extendían la mano a los socialpatriotas. Al contrario de Stalin, que juzgaba posible la unión con los mencheviques, Lenin considera inadmisible seguir compartiendo con ellos el nombre de socialdemócratas. «Personalmente propongo» —dice— «que modifiquemos el nombre del partido, llamándolo partido comunista». «Personalmente» quería decir que ninguno de los que tomaban parte en la conferencia estaba de acuerdo con aquel gesto simbólico de ruptura definitiva con la II Internacional.

«¿Temen ustedes traicionar los viejos recuerdos?» —dice el orador a los delegados, confusos, perplejos, algunos indignados—. «Ha llegado el momento de cambiar de ropa interior, el momento de quitarse la camisa sucia y ponerse otra limpia». E insiste nuevamente: «No se aferren a un viejo término podrido hasta la médula. Construyan un nuevo partido [...] y todos los oprimidos del mundo vendrán al lado de ustedes».

Ante la grandiosidad de la misión aún no iniciada, ante la confusión ideológica que reina en las propias filas, la idea fija del tiempo precioso, estúpidamente malgastado en recepciones, saludos, homenajes, acuerdos rituales, arranca un grito al orador: «¡Basta de saludos y de resoluciones; es hora ya de poner manos a la obra de entregarse a una labor eficaz y reflexiva!».

Una hora después, Lenin, en la reunión mixta de bolcheviques y mencheviques, ya convocada, se veía obligado a repetir su discurso, que a la mayoría de los oyentes pareció algo así como una burla o un delirio. Los más condescendientes se alzaban de hombros. ¡Ese hombre ha caído de la Luna: apenas se ha apeado en la estación de Finlandia, después de una ausencia de diez años, y predica la toma del poder por el proletariado! Los patriotas más malévolos recordaban lo del «vagón precintado». Stankiévich atestigua que el discurso de Lenin llenó de alegría a sus adversarios: «Un hombre que dice tales barbaridades no es peligroso. Está bien que haya venido, para ponerse en evidencia ante todo el mundo […]. Él mismo se contradice».

Sin embargo, a pesar de toda su audacia revolucionaria, a pesar de la decisión inflexible de romper incluso con los correligionarios y compañeros de armas de muchos años, que no fuesen capaces de marchar abrazados con la revolución, el discurso de Lenin, en que todas las partes guardan un equilibrio armónico, está impregnado de un profundo realismo y de un sentido inequívoco de las masas.

Precisamente por esto tenía que parecerles fantástico a aquellos demócratas que no sabían más que deslizarse por la superficie.

Los bolcheviques representan una pequeña minoría en los sóviets, y Lenin piensa en tomar el poder. ¿No era esto aventurerismo? No; en el modo como Lenin planteaba la cuestión no había ni un ápice de aventurerismo. Lenin no cierra ni un momento los ojos ante la existencia de una «honesta» mentalidad de defensa nacional en las masas.

Sin fundirse con las masas, no se dispone a obrar a sus espaldas. «Nosotros no somos unos charlatanes» —dice saliendo al paso a futuras acusaciones y objeciones—, «y solo hemos de apoyarnos en la conciencia de las masas. No importa que nos veamos obligados a estar en minoría. Si es así, vale la pena renunciar por algún tiempo al papel de dirigentes; no, no temamos quedarnos en minoría». No temamos quedarnos en minoría, aunque esta sea solo ¡de uno contra 110!, como dijo Liebknecht. He aquí el *leitmotiv* de todo el discurso.

«El verdadero Gobierno es el sóviet de diputados obreros [...]. En el sóviet, nuestro partido representa una minoría [...]. ¡Qué le vamos a hacer! No tenemos más remedio que explicar pacientemente, con insistencia, de un modo sistemático lo erróneo de la táctica desplegada».

«Mientras seamos minoría, realizaremos una labor de crítica para librar a las masas del engaño. No queremos que estas den crédito exclusivamente a nuestras palabras. Nosotros no somos unos charlatanes. Queremos que las masas se libren de sus errores de la mano de la experiencia». No hay que temer quedarse en minoría. No para siempre, sino por algún tiempo. Ya llegará el tiempo del bolchevismo. «La experiencia demostrará que nuestra orientación es acertada [...]. La guerra traerá a nuestro lado a todos los oprimidos. Es el único camino que les queda».

«En la conferencia unificadora —cuenta Sujánov— Lenin fue la encarnación viva de la escisión [...]. Recuerdo a Bogdánov (menchevique destacado), que estaba sentado a dos pasos de la tribuna de los oradores. ¡Esto es un delirio —decía, interrumpiendo a Lenin—, es el delirio de un loco! [...] ¡Es una vergüenza que se aplauda este galimatías —gritaba lívido de indignación y de desprecio dirigiéndose al auditorio—: ¡ustedes se están llenando de oprobio! ¡Y aún se llaman marxistas!».

El ex miembro del CC bolchevique, Goldenberg, que en aquel entonces se hallaba fuera del partido, enjuició el debate de las tesis de Lenin de este modo categórico: «El puesto de Bakunin en la Revolución Rusa, vacante durante tantos años, viene a ocuparlo ahora Lenin».

«Su programa —escribe a la vuelta de algún tiempo, el socialrevolucionario Zenzínov— fue entonces acogido más con burla que con indignación. Tan estúpido y quimérico le parecía a todo el mundo».

Aquel mismo día por la noche, en una conversación que tuvieron dos socialistas con Miliúkov, en la antesala de la Comisión de enlace, salió el tema de Lenin. Skóbelev dijo que era «un hombre completamente gastado que se halla al margen del movimiento». Sujánov hizo suya la opinión de Skóbelev, y añadió que Lenin era «tan indeseable para todo el mundo, que actualmente no supone absolutamente ningún peligro para mi interlocutor Miliúkov». Y, sin embargo, en aquella conversación los papeles se repartían exactamente tal y como lo había pronosticado Lenin: los socialistas salvaguardan la tranquilidad del liberal contra los quebraderos de cabeza que pudiera causarle el bolchevismo.

Los rumores de que todo el mundo tenía a Lenin por un mal marxista llegaron hasta el embajador británico. «Entre los anarquistas que han llegado del extranjero» —escribía Buchanan— «está Lenin, que ha venido de Alemania en un vagón precintado. Lenin se ha presentado al público por primera vez en una asamblea del Partido Socialdemócrata, y ha sido mal acogido».

El que más indulgente se mostró en aquellos días con Lenin fue seguramente Kerenski que, de forma inesperada, hablando con los miembros del Gobierno provisional, declaró que se disponía a visitar a Lenin, y al responder a sus perplejos interlocutores dijo: «¿No ven ustedes que vive completamente aislado, que no sabe nada, que lo ve todo a través de los lentes de su fanatismo, que no tiene a nadie a su lado que pueda orientarlo acerca de la realidad?». Tales fueron sus palabras, según testimonio de Nábokov. De todos modos, Kerenski no dispuso de tiempo para ir a orientar a Lenin «acerca de la realidad».

Las tesis leninistas de abril no solo provocaron el asombro y la indignación de los enemigos y adversarios, sino que empujaron a una serie de viejos bolcheviques al campo del menchevismo o al de aquel grupo intermedio que se congregaba en torno al periódico de Gorki. Estas bajas no tuvieron una importancia política considerable.

Incomparablemente más importante fue la impresión que la actitud de Lenin produjo en todo el sector dirigente del partido. «En los primeros días de su llegada» —dice Sujánov—, «su completo aislamiento de todos los compañeros conscientes del partido no ofrece la menor duda». «Incluso sus correligionarios, los bolcheviques —confirma el socialrevolucionario Zenzínov—, le volvieron, confusos, la espalda».

Los autores de estas referencias se veían a diario con los dirigentes bolcheviques en el comité ejecutivo, y tenían noticias frescas. Mas tampoco faltan testimonios similares desde las filas bolcheviques. «Cuando aparecieron las tesis de Lenin —recordaba más tarde Zichon, esfumando considerablemente las tintas, como la mayoría de los viejos bolcheviques desorientados en el momento de la Revolución de febrero—, en nuestro partido se notaron algunas vacilaciones. Muchos camaradas entendían que Lenin era víctima de una aberración sindicalista, que había perdido el contacto con la realidad rusa, que no tenía en cuenta la situación, el momento actual, etcétera». Uno de los militantes del interior del país de más relieve, Lébedev, escribe: «Al llegar Lenin a Rusia, su posición, incomprensible en un principio aun para los propios bolcheviques, a los cuales nos parecía utópica y provocada por su prolongado alejamiento de la vida rusa, fue asimilada poco a poco por nosotros, hasta que acabamos, por decirlo así, por impregnarnos de ella».

Zalechski, miembro del comité de Petrogrado y uno de los organizadores de la recepción, se expresa de un modo más concreto: «Las tesis de Lenin cayeron como una bomba». Zalechski confirma completamente el aislamiento absoluto en que se dejó a Lenin después de la recepción calurosa e imponente que se le tributó. «En aquel día [4 de abril], el camarada Lenin no encontró un partidario resuelto ni aun dentro de nuestras filas».

Sin embargo, todavía es más importante el testimonio de *Pravda*. El 8 de abril, cuatro días después de publicarse las tesis, cuando había ya la posibilidad de explicarse sin empacho y de comprenderse mutuamente, la redacción de *Pravda* decía: «Por lo que se refiere al esquema general del camarada Lenin, lo juzgamos inaceptable, en cuanto arranca del principio de que la revolución democrático-burguesa ha terminado ya y se orienta en el sentido de transformarla inmediatamente en revolución socialista». Como se ve, el órgano central del partido declaraba abiertamente ante la clase obrera y ante sus enemigos que discrepaba del jefe universalmente reconocido del partido sobre el problema fundamental de la revolución, para la cual habían estado preparándose durante tantos años los cuadros bolcheviques. Baste eso para apreciar en toda su hondura la crisis del partido en el mes de abril, crisis que se produjo como resultado del choque de dos tendencias irreconciliables. De no haberse vencido esta crisis, la revolución no hubiera podido seguir adelante.

Fuente: L. Trotski: «Los bolcheviques y Lenin», en *Historia de la Revolución Rusa*, vol. I, cap. XII, Juan Pablos Editor, México, 1986.

Tesis sobre la industria*

1. El rol general de la industria en la estructura socialista

Las relaciones mutuas que existen en nuestro país entre la clase obrera y el campesinado se basan en última instancia en las relaciones mutuas entre la industria y la agricultura. En última instancia, la clase obrera puede mantener y fortalecer su rol dirigente, no mediante el aparato del Estado o el ejército, sino por medio de la industria que da origen al proletariado. El partido, los sindicatos, las asociaciones juveniles, nuestras escuelas, etcétera, tienen como tarea la educación y la preparación de las nuevas generaciones de la clase obrera. Pero todo este trabajo resultará construido sobre pies de barro si no tiene como base una industria continuamente en expansión. Solo el desarrollo de la industria crea la base indestructible para la dictadura del proletariado. En la actualidad la agricultura tiene una importancia de primer orden en la vida económica de la Rusia soviética, si bien el nivel técnico sobre el que aquella se sostiene es todavía muy bajo.

Solo en la medida en que la industria haga progresos reales y que junto a la industria pesada —que constituyen la única base firme para la dictadura proletaria— se recuperen, y en la medida en que el trabajo de electrificación sea completado, será posible, y en verdad inevitable, alterar la importancia relativa en nuestra vida económica de la agricultura y la industria, y

---

* Discurso pronunciado ante el XII Congreso del Partido Comunista (b) Ruso, abril de 1923. (N. del E.).

desplazar el centro de gravedad desde la primera a la segunda. El partido debe trabajar sistemáticamente y de modo perseverante, cualquiera sea el sacrificio o el trabajo, para acelerar este proceso, especialmente con respecto a la rápida recuperación de la industria pesada.

Cuánto tiempo durará el período de la importancia predominante de la economía campesina en el sistema económico de nuestra federación dependerá no solo de nuestro progreso económico interno, que en vista de las condiciones generales mencionadas más arriba no puede ser más que gradual, sino también del proceso de desarrollo que tiene lugar más allá de las fronteras de Rusia, esto es, sobre todo de los caminos que tome la revolución en Occidente y Oriente. El derrocamiento de la burguesía en cualquiera de los países capitalistas más avanzados, rápidamente imprimiría su marca al ritmo de conjunto de nuestro desarrollo económico, ya que multiplicaría de inmediato los recursos técnicos y materiales para la construcción socialista. Nuestro partido, si bien nunca debe perder de vista esta perspectiva internacional, al mismo tiempo no debe nunca olvidarse o dejar de tener presente ni por un momento la importancia predominante de la economía campesina, cuando estima las consecuencias de cualquier paso que está a punto de dar.

No solo el hecho de ignorar, sino incluso no prestar una atención lo suficientemente cuidadosa a esta circunstancia, implicaría peligros incalculables, tanto económicos como políticos, ya que esto socavaría o debilitaría inevitablemente la unidad entre el proletariado y el campesinado —ese sentimiento de confianza del campesinado hacia el proletariado que durante el actual período histórico de transición es uno de los apoyos fundamentales de la dictadura proletaria—. La preservación y el fortalecimiento de esta unidad es una condición esencial para la estabilidad del poder soviético, y representa en consecuencia la tarea principal de nuestro partido.

Es necesario recordar las resoluciones aprobadas por los anteriores congresos del partido, que subrayaban justificadamente que el apoyo de los campesinos a los métodos socialistas de producción solo puede ser conquistado a través de la demostración real visible, durante muchos años, y que tales métodos son económicamente más ventajosos, más racionales, etcétera. En el terreno de las finanzas, la política de economizar los recursos del Estado, de un sistema correcto de impuestos, de un presupuesto correctamente construido —que ahora hemos adoptado, y el cual debe ser y será apoyado sin pestañear— solo logrará resultados decisivos a condición de que las industrias del Estado muestren un desarrollo enérgico y ganancias sustanciales.

Debido a la extrema disminución del ejército, ahora reducido prácticamente a sus formaciones básicas, y la consecuente transición gradual a un sistema de milicias, el problema de la defensa nacional se ve minimizado a la cuestión del transporte y de la industria de guerra.

En consecuencia, la elaboración de nuestro presupuesto, la política crediticia del Estado, las medidas a tomar con respecto a la protección militar del Estado, de hecho, toda la actividad del Estado en general, debe otorgar el mayor de los cuidados al desarrollo planificado de la industria estatal.

En vista de la estructura económica general de nuestro país, la recuperación de la industria estatal está estrechamente ligada con el desarrollo de la agricultura. Los medios de circulación necesarios deben ser creados por la agricultura en la forma de un excedente de productos agrícolas que esté por encima del consumo de la aldea antes de que la industria sea capaz de dar un salto decisivo hacia adelante. Pero es igualmente importante que la industria estatal no se quede rezagada detrás de la agricultura, de otra manera se crearía una industria privada sobre la base de esta última, y esta industria privada a largo plazo se tragaría o absorbería a la industria estatal.

Solo puede resultar victoriosa una industria así, que rinda más de lo que absorbe. La industria que viva a expensas del presupuesto, esto es, a expensas de la agricultura, no podría ser posiblemente un punto de apoyo firme y duradero para la dictadura del proletariado. La cuestión de crear plusvalor en la industria estatal es el problema que atañe al destino del poder soviético, es decir, del proletariado.

Una reproducción expandida de la industria estatal, que es impensable sin la acumulación de plusvalor por parte del Estado, constituye a su vez la condición para el desarrollo de nuestra agricultura en una dirección no capitalista, sino socialista. Es en consecuencia en la industria estatal donde se halla el camino que lleva a la sociedad socialista.

2. El activo y el pasivo en el primer período de la Nueva Política Económica

El efecto saludable de la Nueva Política Económica sobre la vida económica del país es indiscutible. Está expresado en el resurgir de la actividad industrial, en el aumento de la producción en muchas ramas importantes de la industria, en el aumento de la productividad del trabajo y en la calidad de los productos, en la mejoría indudablemente muy considerable en la posición de los obreros, y sobre todo, en el enfoque mucho más correcto a los problemas económicos tanto fundamentales como en los menores.

Y esta última es la condición básica para su resolución efectiva en el futuro. No obstante, la situación real de la industria sigue siendo muy seria. El resurgir de la industria ligera —lo que naturalmente halla su explicación en el hecho de la restauración del mercado en combinación con una cosecha satisfactoria— está muy lejos de implicar que en todas las empresas y las ramas de la industria ligera se pueda asegurar un desarrollo saludable posterior. A pesar del hecho de que los precios de los productos de la industria ligera son extremadamente altos, especialmente en comparación con los precios de los productos agrícolas, estos altos precios frecuentemente están muy por debajo del precio de producción, es decir, ellos no garantizan la expansión de la producción. El aumento en la actividad de todo un conjunto de *trusts* se ha logrado a expensas de los viejos *stocks* de materias primas, cuya reposición es en el presente uno de los problemas más agudos de la política económica del Estado.

Por otra parte, la industria pesada apenas ha entrado en contacto con el mercado. Esta depende esencialmente de los pedidos hechos por el Estado, y necesita para su recuperación que el Estado realice grandes inversiones, bien pensadas, en ella. Esto también se aplica en una medida considerable a los ferrocarriles y a la red de agua corriente.

Así, como resultado de las condiciones económicas de conjunto, todavía no se ha alcanzado una regulación sana de los precios en la industria ligera. Esto y el atraso de la industria pesada en comparación con la industria ligera representan los items centrales que se computan en el deber del primer período de la Nueva Política Económica. Esto es tanto el resultado de las condiciones económicas generales que existían antes de la Nueva Política Económica, como de la inevitable parálisis de las relaciones económicas durante la transición hacia la Nueva Política Económica.

El logro de una regulación de precios sobre la base del mercado, que se corresponde mejor con las necesidades del desarrollo industrial, el establecimiento de correlaciones más normales entre las ramas de la industria ligera y aquellas ramas de la industria y la agricultura que la proveen de materias primas, y finalmente la reorganización y el reordenamiento del frente de la industria pesada y ligera; estos son los problemas más profundos del Estado en la esfera de la actividad industrial en el segundo período de la Nueva Política Económica que está comenzando ahora. Estos problemas solo pueden ser resueltos por una correlación correcta entre el mercado y el plan industrial del Estado.

3. Los problemas y los métodos de la actividad industrial planificada

En la Rusia soviética, donde los principales medios de la industria y del transporte pertenecen a un solo dueño, el Estado, la interferencia activa de este último en la industria debe por necesidad tomar la forma de un plan industrial del Estado. En vista del rol preponderante del Estado como propietario y como amo, el principio de un plan uniforme adquiere desde el comienzo una importancia excepcional.

El conjunto de la experiencia previa ha demostrado, no obstante, que el plan de la economía socialista no puede ser establecido a priori de una manera teórica o burocrática. Un plan económico realmente socialista que abarque a todas las ramas de la industria en sus relaciones mutuas y en la relación de la industria de conjunto con la agricultura, es posible solo como resultado de una experiencia económica preparatoria prolongada sobre la base de la nacionalización, y como resultado de esfuerzos continuos para poner en sintonía práctica a las diferentes ramas de la industria y para evaluar correctamente los resultados alcanzados.

Así, para el período venidero nuestra tarea es determinar la dirección general y es, en una medida considerable, una tarea de carácter preparatorio. Esta no puede ser definida por ninguna fórmula única, sino que presupone una adaptación constante y vigilante del aparato económico de la planificación, de sus tareas básicas, de sus métodos y de su práctica hacia los fenómenos y las condiciones del mercado. Solo en el estadio final de su desarrollo pueden y deben los métodos de la industria planificada subordinar al mercado, y por este mismo hecho abolirlo.

De aquí que podemos percibir bastante claramente dos peligros que acompañan la aplicación de los métodos del Estado de la industria planificada durante la época actual, a saber:

1. si tratamos de sobrepasar el desarrollo económico por medio de nuestra interferencia planificada, y de reemplazar la función reguladora del mercado por medidas administrativas que no tienen ninguna base real en la experiencia genuina, entonces las crisis económicas parciales o generales son inevitables, tal como sucedió en la época del Comunismo Militar;[1]
2. si la regulación centralizada se retrasa con respecto a la necesidad de ella, que ha madurado claramente, tendremos que resolver las cuestiones económicas por los desgastantes métodos del mercado, en casos donde la interferencia administrativa y económica podría obtener los mismos resultados en un tiempo más breve y con menor gasto de esfuerzos y de recursos.

En la medida en que hemos adoptado las formas de mercado de la economía, el Estado está destinado a garantizar a las empresas individuales la libertad necesaria en la actividad económica en el mercado sin tratar de influir sobre esta actividad libre por medios administrativos. Pero si, por un lado, cada trust, para funcionar exitosamente, debe sentirse libre para orientarse a sí mismo y ser consciente de la plena responsabilidad por su trabajo, el Estado, por otra parte, debe considerar a los *trusts* y a las otras asociaciones como órganos subordinados a él, por medios de los cuales es capaz de sondear el mercado de conjunto, y así hacer posible la instrumentación de varias medidas prácticas que superen la orientación de mercado de las empresas individuales y las asociaciones. Un órgano central económico puede, por ejemplo, llegar a la conclusión de que es necesario liquidar un trust determinado mucho antes de que la experiencia muestre por sí misma lo impotente que es su posición.

El problema de las relaciones mutuas entre la industria ligera y la industria pesada no puede ser resuelto en absoluto de acuerdo con [la ley de] la oferta y la demanda, ya que esto llevaría en unos pocos años a la destrucción de la industria pesada, con la perspectiva de su subsiguiente restauración como resultado de la presión del mercado, pero en tal caso, sobre la base de la propiedad privada.

De este modo, en contraposición a los países capitalistas, en nuestro país el principio del plan no está confinado a los *trusts* individuales y a los conglomerados, sino que abarca a la industria en su conjunto; más que eso, el plan estatal debe cubrir las relaciones mutuas de la industria, por un lado con la agricultura, las finanzas, el transporte, el comercio (tanto interno como exterior), por el otro.

En otras palabras, en la medida en que el Estado sigue siendo no solo el propietario sino el espíritu guía con respecto a la mayoría de las fuerzas productivas de la industria y del transporte, y con respecto a los instrumentos de crédito, el principio del plan bajo las condiciones de la Nueva Política Económica seguirá siendo en gran medida el mismo que resultó de la época del Comunismo Militar, pero difiere de este radicalmente en sus métodos. La administración de los jefes de los comités es reemplazada por las maniobras económicas.

En su aplicación administrativa la campaña debe desarrollarse en esta esfera con extremada cautela, a través de un sondeo muy cuidadoso del terreno.

La preparación debe estar basada en la previsión económica y consistir en la transmisión de instrucciones a los órganos económicos correspondientes con respecto a los distintos fenómenos que, o bien inevitablemente o con toda probabilidad, surgirán en una determinada coyuntura económica (en relación con la aparición de maíz recién cosechado en el mercado, con el flujo de dinero a la aldea, etcétera) y, en precisar esa previsión lo más que se pueda en su aplicación a las ramas individuales de la industria o a distritos particulares, en publicar modelos de cronogramas que brinden pautas en cuanto a las medidas necesarias que se deben tomar para hacer el mejor uso de la situación esperada.

Es bastante evidente que la planificación fundamental de la industria no puede ser lograda dentro de la industria misma, esto es, por medio del fortalecimiento de su órgano administrativo guía (el Consejo Supremo de la Economía Nacional), sino que debe ser parte de la tarea de una organización separada que está por encima de la organización de la industria y que conecta a esta última con las finanzas, con el transporte, etcétera. Esta es la función de la Comisión de Planificación del Estado.[2] Es necesario, no obstante, definir más claramente su posición, organizarla más sólidamente, darle derechos y especialmente deberes más definidos e indiscutibles.

Debería ser establecido como un principio inamovible que ni una sola cuestión económica que concierne al Estado en su conjunto puede ser abordada en los órganos superiores de la república sin consultar a la Comisión de Planificación del Estado. Esta última debe —en todos los casos, ya tome la iniciativa por sí misma o por algún otro departamento—, analizar el nuevo problema, formular algún proyecto o propuesta relacionado con el conjunto del trabajo económico remanente, y por medio de este análisis definir su gravedad y su importancia específica. Es necesario tomar nota de la manera más puntillosa de los intentos de los diferentes departamentos y establecimientos, estén en el centro o en las provincias, para obtener esta o aquella decisión mediante un rodeo con el pretexto de la urgencia, de la presión de las circunstancias, de la improvisación, considerando tales esfuerzos como manifestaciones de falta de previsión económica, y como los más perniciosos remanentes de administrativismo.

Al evaluar el logro en el trabajo de cada departamento, uno debe tomar en consideración si este presenta sus propuestas a tiempo a la Comisión de Planificación del Estado para su elaboración detallada; los logros del trabajo de la Comisión de Planificación del Estado deben ser evaluados desde el punto de vista de qué tan a tiempo esta aborda las cuestiones económicas, de la previsión correcta de lo que sucederá mañana, de con cuánta insistencia aguijonea a los otros departamentos para que hagan una evaluación a tiempo de las formas de colaboración que hay que establecer entre las ramas de su trabajo.

Es necesario luchar por medio de la Comisión de Planificación del Estado contra la creación de todo tipo de comisiones de investigación temporarias y casuales, junto con comités directivos, de asesoramiento y provisionales, que son el mayor mal de nuestro trabajo estatal. Es necesario asegurar el trabajo regular mediante órganos permanentes y normales. Solo así el mejoramiento de estos órganos y el desarrollo de la elasticidad necesaria se vuelven posibles, mediante su adaptación multifacética a las tareas que les son asignadas sobre la base de la experiencia continua.

Sin decidir de antemano la cuestión de si será necesario conferir a la Comisión de Planificación del Estado —el estado mayor de la economía estatal— este o aquel derecho administrativo, parece suficiente para el futuro cercano establecer que de ser necesaria la fuerza compulsiva para obtener la conformidad con el plan decidido, la aprobación de esa coerción debe ser obtenida de los órganos correspondientes del poder central (de cada uno de los comisariados económicos: el Consejo del Trabajo y la Defensa, el Consejo de Comisarios del Pueblo, el Presidium del Comité Ejecutivo Central Panruso).

4. Los *trusts*, su papel y la necesaria reorganización

El Estado es el propietario de los medios básicos de producción y transporte. Cada uno de los departamentos económicos individuales, y dentro de estos departamentos los órganos separados, los establecimientos y las asociaciones (los *trusts*), dirigen los sectores de la economía estatal a su cargo con el grado de independencia que los requerimientos de la gestión bajo las actuales condiciones de mercado necesitan, y que está determinado desde arriba, esto es, por los órganos superiores del Estado.

El derecho del Estado a disponer de toda la propiedad de aquellos *trusts* que están libres de obligaciones y de los ferrocarriles, etcétera, sigue siendo absoluto. En la práctica, el límite y la forma de la interferencia estatal con el trabajo actual de los órganos económicos y de estos últimos con el trabajo presente de los establecimientos independientes de los *trusts*, etcétera, están determinadas exclusivamente desde el punto de vista de la conveniencia económica, y están reguladas por los estatutos (o libros de actas) correspondientes.

La mayor parte de la industria estatal está organizada en forma de *trusts*, esto es, como asociaciones que están dotadas con una amplia dosis de autonomía económica y que aparecen en el mercado como organizaciones en libre competencia. El problema fundamental de estas organizaciones económicas, así como de las empresas separadas que componen a estas, es la extracción y la realización de plusvalor con el fin de servir a la acumulación estatal, lo único que puede garantizar el aumento del nivel material del país y la reconstrucción socialista de toda su economía.

Las empresas del Estado que trabajan para la inmediata satisfracción de las necesidades más importantes de este, como por ejemplo, sus necesidades militares, también deben estar completamente subordinadas a los requerimientos del aumento de la productividad del trabajo y del descenso del costo de cada unidad de producción.

En vista de que la transición misma desde el Comunismo Militar a la Nueva Política Económica se efectuó en una medida considerable según los métodos del Comunismo Militar, el agrupamiento de empresas, su reorganización en *trusts*, la distribución de medios entre los *trusts*, tuvo y en gran medida tiene, incluso hasta el día de hoy, un carácter provisional y burocrático. Desde el punto de vista del trabajo económico según el plan, estos no son más que ensayos hechos en borrador, y no es mediante métodos especulativos que ellos pueden y deben ser corregidos y reformulados, sino sobre la base de examinarlos a la luz de la experiencia, a la luz de los elementos combinados de la experiencia comercial y administrativa cotidiana.

Las quejas sobre la falta de medios de circulación no hacen más que testimoniar el hecho de que con la instrumentación de la Nueva Política Económica del Estado, se emprendió la gestión de un número demasiado grande de empresas industriales, de modo tal que su fortaleza fue sobreestimada, debilitada como estaba por los varios años de guerra civil y de bloqueo. Como consecuencia de esto, está la inestabilidad de las empresas, el trabajo que se efectúa a tropezones, y lo que es más importante todavía, la capacidad del transporte de cargas es insuficiente, lo que a su vez lleva a un gran aumento en el costo de producción, y al estrechamiento del mercado con todas las dificultades económicas que se desprenden de aquí.

La resolución de esta dificultad está en la concentración radical de la producción en aquellas empresas que son técnicamente las más perfeccionadas y que geográficamente están situadas convenientemente. Todos los tipos de consideraciones indirectas y secundarias planteadas contra esto, por más esenciales que puedan ser en sí mismas, deben ser echadas a un lado frente al problema económico fundamental, a saber, proveer a la industria estatal con los medios de circulación necesarios, la rebaja del costo de producción, la expansión del mercado y la extracción de ganancias.

La reevaluación de la construcción y la composición del trust, tanto desde el punto de vista comercial como puramente productivo, debe estar completamente libre de los prejuicios de la uniformidad burocrática en la tarea de combinar a las empresas, ya sea según el principio horizontal, o el principio vertical. Debemos guiarnos en nuestra revisión no por consideraciones formales, sino materiales con respecto a la relación y a la dependencia mutua de las empresas entre sí, a sus ubicaciones geográficas relativas, y con respecto al transporte y al mercado (fusiones, etcétera) y así sucesivamente. Si bien debemos echar a un lado los reclamos locales o a nivel de los departamentos en la medida en que entren en conflicto con el principio de una organización más ventajosa y más redituable de la producción, es necesario al mismo tiempo tomar cuidadosamente en consideración y escuchar atentamente la voz de los *trusts* involucrados y las fábricas, en la medida en que su experiencia viva ha demostrado la necesidad de retirarnos de algunos de nuestros proyectos organizativos.

La rebaja del costo de producción debe estar orientada con vistas a la regeneración y el desarrollo de la potencia productiva del país y no con el propósito de obtener éxitos efímeros en el mercado.

El modo de cálculo en el cual los precios de las materias primas son falsificados porque son dados tomando cotizaciones vencidas, y que no tiene nada que ver con la rebaja de los costos, debe ser castigado severamente como un derroche de propiedad estatal.

Igualmente incorrecto y pernicioso sería instrumentar una política de rebajas de precios temporarias a expensas de provocar una pérdida directa o indirecta a la industria pesada. Sin la recuperación de esta última, la industria ligera, así como también todo el proceso de construcción económica, se verá privado de sus cimientos. El carbón, la nafta, el metal, estas son las ramas de la industria cuyo desarrollo exitoso asegurará tanto la prosperidad económica de la república como su seguridad externa.

Solo una guía firme y constante de los *trusts* por parte del Consejo Supremo de la Economía Popular, que una —en el espíritu de los principios directivos mencionados más arriba— todos los elementos básicos de la industria; que prevea y prepare sus necesarias fusiones; que garantice el uso adecuado, completo y a su debido tiempo de todos los factores de producción en cada etapa (combustible, materias primas, artículos semi-manufacturados, máquinas, la fuerza de trabajo, etcétera), asegurará un progreso no solo parcial sino general en el frente industrial.

5. La industria y el comercio

Sin ventas adecuadamente organizadas, el aumento en la producción llevará otra vez a saturaciones parciales, esto es, a crisis de impotencia comercial, que no pueden ser justificadas incluso en el mercado extremadamente limitado con que contamos en el presente. El perfeccionamiento de los eslabones más bajos del aparato comercial, aunque solo sea capaz de asegurar un número muy pequeño de conexiones genuinas entre la industria y el mercado campesino, es de suprema importancia. La formación de conglomerados en el futuro cercano debe ser conducida con la mayor seriedad y con la debida consideración hacia el estado del mercado y hacia los recursos de los *trusts*. La transformación de los conglomerados en los «jefes de los comités» comerciales solo obstruiría la actividad comercial y aumentaría el peso de los gastos adicionales. La fusión obligatoria debe estar económicamente preparada y debe estar justificada en términos comerciales.

El aumento en la independencia operativa de los *trusts* y las empresas, la actividad más flexible de las asociaciones, y toda la situación de nuestra industria en general exigen una coordinación incomparablemente mayor en cuanto a las relaciones entre las esferas puramente productivas y las esferas puramente comerciales de la actividad. Esto se aplica tanto al comercio interno como al comercio exterior. Sin predeterminar las formas de organización que tomará esta coordinación, ya debería ser establecido que el estudio sistemático de la experiencia que se está acumulando en esta esfera y la elaboración de los métodos prácticos para coordinar la actividad industrial y comercial constituyen un problema vital, cuya solución es posible solo a través de los esfuerzos conjuntos del Consejo Supremo de la Economía del Pueblo, el Comisariado del Pueblo de Comercio Exterior, el Comisariado de Comercio Interno, y la activa participación de la Comisión de Planificación del Estado bajo la guía general del Consejo del Trabajo y la Defensa.

6. La fábrica

La raíz del éxito o del fracaso en la producción se halla en la unidad industrial básica, esto es, la fábrica. La cuestión, en consecuencia, de organizar adecuadamente cada empresa por separado, y no solo desde el punto de vista técnico-productivo, sino también desde el ángulo comercial, es de una importancia decisiva.

Si bien mantiene en sus manos la guía general de la empresa y centraliza aquellas ramas productivas y comerciales y operaciones que están maduras para esto, el trust debe al mismo tiempo evitar de todas las maneras posibles la suerte de centralización que estrangula, que mata la iniciativa, y debe evitar las intromisiones mecánicas en el funcionamiento de las empresas.

La contabilidad independiente de cada fábrica no solo debe brindar los medios para determinar sus ganancias y su crecimiento o caída, sino que también debe servir como base general de un sistema de control de calidad estrictamente ajustado a las particularidades de la empresa.

7. El cálculo, el balance y el control

Bajo las condiciones actuales, los resultados materiales constituyen la única verificación empírica seria y confiable de si las relaciones mutuas entre las empresas, los *trusts* y el Estado son satifactorias, y brinda también el único testeo de los logros o de otra manera, de nuestros métodos de gestión económica de conjunto. Solo a partir de la cuidadosa tabulación de los balances podemos juzgar nuestra situación comercial, ya que sin un sistema correcto de contabilidad que abarque a la economía estatal de arriba a abajo, sin informes contables científicos que muestren el costo real de los productos de la industria estatal, no hay ninguna garantía contra el derroche gradual o el despilfarro de la propiedad nacionalizada, y los *trusts* en este caso podrían servir como canales para conducir la propiedad del Estado hacia manos privadas.

Elaborar métodos de contabilidad uniformes, vigilar que esta sea realmente llevada adelante y perfeccionada más y más, todo esto debe constituir uno de los problemas más importantes de los principales establecimientos económicos en general y de la Comisión de Planificación del Estado en particular; este trabajo tiene como objetivo obtener un balance real único del cual se pueda estimar la situación de la industria estatal, y más tarde, de toda la economía estatal en general.

El Consejo del Trabajo y de la Defensa debe organizar una auditoría estatal de los informes contables comerciales e industriales y de los balances. La ausencia de un control competente y calificado en este sentido vuelve inútiles a todos los otros tipos de inspección económica, y difunde un sentido de irresponsabilidad que es incompatible con una economía adecuadamente organizada.

8. Los salarios

El sistema de salarios adoptado durante el período que recién ha terminado ha confirmado en su conjunto lo acertado de las decisiones del XI Congreso del Partido y del V Congreso de los Sindicatos,[3] así como también de las negociaciones colectivas entre los sindicatos y las organizaciones económicas.

Durante el año que recién ha terminado, se puede registrar un aumento considerable en los salarios para todas las categorías de trabajadores, y esto ha resultado en un aumento considerable de la productividad del trabajo.

La política general de salarios para el futuro debe estar·encaminada hacia una mayor o menor nivelación hacia arriba del salario promedio en todas las ramas de la producción, con las modificaciones necesarias sobre la base de la capacitación promedio, de manera tal que los trabajadores de capacitación equivalente o similar obtengan aproximadamente una remuneración igual en las diferentes ramas de la industria y que sea, en la medida de lo posible, independiente de las fluctuaciones del mercado; al mismo tiempo el salario individual en realidad debería ser proporcional a la producción real. Los órganos correspondientes del Estado deben, codo a codo con los sindicatos, dirigir sus esfuerzos en dirección a conseguir un acuerdo más favorable en una rama dada de la industria, lo que servirá a los intereses de los trabajadores no solo de esta o aquella rama, sino también a los de la clase obrera en su conjunto, aumentando los ingresos en las ramas atrasadas y, sobre todo, en la industria pesada y el transporte.

Si bien debemos tratar, de todas las formas posibles, de mejorar las condiciones de la clase obrera, los órganos del Estado y los sindicatos deben al mismo tiempo recordar que una mejoría continua y abarcadora será posible solo sobre la base de su propio desarrollo en tanto industrias rentables. Desde este punto de vista, las medidas que mantienen funcionando a las empresas pobremente equipadas, o emplean en una fábrica muchos trabajadores que no están en proporción a la productividad real de la empresa, constituyen la forma más irracional y onerosa de seguridad social y van en consecuencia contra los intereses futuros de la clase obrera.

Sobrecargar a las empresas industriales con todo tipo de gastos adicionales que no sean necesarios para la producción misma ni estén establecidos por la ley va en detrimento de las empresas en cuestión y del Estado, independientemente de qué tan importante sea el propósito al cual van destinados, ya que socavan la posibilidad de un modo adecuado de cálculo, e imponen sobre el Estado en una forma semidisfrazada un gasto que bajo las condiciones actuales está más allá de lo que su fortaleza puede soportar. Las prestaciones arbitrarias de parte de los *trusts*, esto es, prestaciones no autorizadas y no reguladas por el Estado, no son nada más que un derroche de la propiedad estatal y en cuanto tales deben ser castigadas por la ley.

Es necesario llevar adelante una vigilancia estrecha sobre la aplicación práctica del Código de Trabajo y, en general, de todos los estatutos sobre la fuerza de trabajo, los salarios, la duración de la jornada laboral para las diferentes categorías, los descuentos de seguridad social, para las necesidades culturales y educativas, etcétera, etcétera, con vistas, por un lado, a satisfacer los intereses de los obreros al más alto grado que sea compatible con el actual estado de la industria y, por otro lado, para hacer a un lado o cambiar mientras tanto los estatutos que sean manifiestamente irrealizables en las circunstancias actuales. Los directores de las fábricas y los sindicalistas deben cooperar para recolectar, de la manera más objetiva, hechos bien examinados y tamizados que podrán servir de base para los cambios legislativos o las medidas administrativas arriba mencionados.

9. Las finanzas, el crédito y los aranceles

Una condición necesaria para la recuperación y el desarrollo de la industria, especialmente de la industria pesada, es la elaboración adecuada del presupuesto estatal en el sentido de ponerlo en estrecha correspondencia con los recursos reales del Estado y con su gasto según el plan.

Es necesario deshacerse por completo del mayor de nuestros males —que nos es impuesto, es verdad, en medida considerable por las condiciones objetivas— es decir, la falta de unidad y la discrepancia entre nuestros esquemas productivos y aquellos recursos que estaban a nuestra disposición para realizarlos. Esta suerte de división inevitablemente preanunciaba el caos —industrial y financiero— y sacudió terriblemente la estabilidad de los establecimientos económicos más importantes.

Exactamente la misma consecuencia resultó de la práctica del requisamiento de los productos de la industria (principalmente de las industrias mecánica, metalúrgica y del petróleo) por parte del Estado —centralmente para beneficio de los departamentos militar y de transporte—, ya sea sin ningún pago en absoluto, o a precios arbitrarios que no cubrían los costos de estos productos.

Si surgieran futuras discrepancias entre los ingresos y las asignaciones estimadas, y si de aquí resultara la necesidad de recortar los gastos, las reducciones deben ser efectuadas no bajo una máscara u otra, sino abiertamente, por medio de la reconstrucción del presupuesto y de reducir las asignaciones de partidas para las empresas industriales y de transporte, el ejército, etcétera, siempre de acuerdo con un plan definido.

El sistema de brindar crédito industrial constituye no solo un problema financiero o bancario, sino la parte más importante de actividad en el asunto de organizar y guiar a la industria. Es necesario, en consecuencia, que la financiación de la industria estatal esté concentrada, todo lo posible, en un establecimiento de crédito que debe estar estrechamente conectado con el Consejo Supremo de la Economía del Pueblo.

La creación de impuestos y la imposición de obligaciones aduaneras, en estricta conformidad con la capacidad de pago de la industria y la capacidad del mercado, deben ser estudiados muy de cerca, mientras que se debe considerar cuidadosamente el efecto que puedan tener los aranceles más altos o más bajos que se aplican a los diferentes artículos importados sobre las ramas correspondientes de la industria doméstica (para protegerlas).

Las compras y los pedidos realizados en el exterior, incluso a precios que son más bajos que en el mercado interno, deben ser echadas a un lado sin vacilaciones en todos aquellos casos en los cuales no sean absolutamente necesarias, ya que la colocación de pedidos dentro del país puede servir como un impulso considerable para el desarrollo de la rama correspondiente de nuestra industria estatal.

Solo un sistema de proteccionismo socialista llevado adelante de manera consecuente y resuelta podrá asegurar en el actual período transicional un real desarrollo de la industria en nuestro Estado soviético, rodeado como está por el mundo capitalista.

10. El capital extranjero

La experiencia del año pasado ha confirmado el hecho de que el proceso de la construcción del Estado socialista bajo la Nueva Política Económica es bastante compatible (dentro de ciertos límites en absoluto estrechos) con la participación activa del capital privado —tanto externo como interno— en la esfera de la industria. Son necesarias mayores medidas sistemáticas para atraer el capital extranjero hacia la industria en todas aquellas formas que ya se hayan probado convenientes hasta ahora: concesiones, compañías mixtas, *leasing*. Un estudio cuidadoso de cuáles sectores de la industria y cuáles empresas pueden ser dejadas en manos del capital extranjero y sobre qué principios, con ventajas para el desarrollo económico general del país, es esencial para la elaboración de planes futuros por parte de nuestras organizaciones económicas líderes.

11. Los gerentes de planta, su posición y sus problemas; la educación de una nueva generación de técnicos y de gerentes

Las relaciones mutuas entre los sindicatos y los cuerpos administrativos definidas por las resoluciones del XI Congreso del Partido, cuya corrección fue confirmada por la experiencia del año pasado, deben continuar siendo desarrolladas y fortalecidas en el espíritu de esas resoluciones.

El sistema de real unidad de poder debe ser llevado adelante en la organización de la industria de arriba a abajo. La selección de obreros y su transferencia o despido constituyen, en las manos de los órganos administrativos de dirección, una condición necesaria para la orientación real de la industria y para que estos asuman la responsabilidad por su destino. Las recomendaciones y evaluaciones de los sindicatos deben ser tomadas en consideración completamente y con la debida atención, pero bajo ninguna circunstancia deben despojar a los órganos administrativos de su responsabilidad, ya que los estatutos actuales les otorgan a estos últimos una completa libertad para realizar las selecciones y las designaciones.

La pesadez, el inmovilismo y la falta de espíritu empresarial constituyen el flanco débil de la industria y el comercio estatal. La razón para esto subyace en el hecho de que el personal directivo está todavía muy lejos de ser el más adecuado para sus tareas, en que le falta experiencia y en que no están suficientemente interesados en el progreso de su propio trabajo. Es necesario tomar medidas sistemáticas y regulares para realizar mejoras en todas estas direcciones. En particular, la remuneración de los gerentes de las empresas debe depender del balance entre el debe y el haber, así como los salarios dependen de la producción.

El desempeño de los trabajadores administrativos en puestos dirigentes (inspectores de corporaciones comerciales, directores de fábricas y acerías, secretarios y miembros de los directorios de los *trusts*), en la medida en que su tarea consiste en rebajar los gastos de la producción y en extraer ganancias, está plagado de dificultades extremadamente grandes que resultan en conflictos, despidos y transferencias. El administrador enfrenta siempre dos peligros:

1. que sus estrictas exigencias le pongan en contra suyo a los obreros de la empresa y a sus órganos representativos o a la regional local del partido y los organismos soviéticos;
2. que siguiendo la línea de menor resistencia en cuestiones que tocan la productividad del trabajo, los salarios, etcétera, ponga en peligro la capacidad de lucro, y en consecuencia, el futuro de la empresa. No hace falta decir que un director de una fábrica soviética debe tener las mayores consideraciones hacia los intereses materiales y espirituales de los obreros, hacia sus sentimientos y su estructura de pensamiento. Pero al mismo tiempo no debe olvidar nunca que su más alto deber para con la clase obrera de conjunto consiste en aumentar la productividad del trabajo, en rebajar los costos de producción, y en aumentar la cantidad de productos materiales a disposición del Estado de la clase obrera. Es el deber de los obreros del partido y de los sindicatos darle al director soviético su apoyo sincero en este aspecto. La atención, la perseverancia y la economía son las cualidades necesarias de un obrero administrativo soviético. Su más alto homenaje es hacer funcionar a la empresa sobre la base de cuentas saneadas y equilibradas. Debe quedar bien claro para la masa de trabajadores que un director que trata de hacer redituable a una empresa sirve a los intereses de la clase obrera tanto como un obrero sindicalizado que trata de aumentar el nivel de vida del obrero y de salvaguardar su salud.

La preparación de nuevos trabajadores administrativos debe tomar una forma sistemática y, al mismo tiempo, debe ser altamente especializada. Los métodos sumarios, como cuando las instrucciones eran tomadas de apuro, meramente contemplando a los otros realizar sus obligaciones, deben ser reemplazados por un entrenamiento sistemático de acuerdo a un plan exacto, que vaya de la mano con un período de experiencia definido. A los trabajadores asignados a sus puestos en el primer período y que no han tenido aún tiempo de adquirir los conocimientos necesarios se les debe dar la oportunidad de llenar las lagunas más serias. La especialización en diferentes tipos de actividades prácticas, no obstante, debe estar conectada estrechamente con el aumento del nivel teórico y político, y con un contacto más estrecho con el partido; de otro modo la especialización podría revelarse como algo perjudicial para el partido, ya que un conocimiento superficial de todo va en detrimento de cualquier empresa económica.

El partido y los sindicatos deben prestar una atención muy seria a la cuestión de aumentar el número de gerentes obreros en la industria, y especialmente de comunistas en los puestos de dirección en todas las etapas de la jerarquía económica.

El entrenamiento técnico debe ser para la nueva generación no solo una cuestión de especialización, sino también un deber revolucionario. Bajo las condiciones del Estado obrero todo el entusiasmo de los jóvenes trabajadores que antiguamente estaba dedicado a la lucha política revolucionaria debe estar ahora dirigido hacia un conocimiento profundo de la ciencia y las materias técnicas. Es necesario que un estudiante que descuida sus estudios sea tratado de la misma manera que un desertor o un rompehuelgas eran tratados en la lucha contra la burguesía. La organización de una economía socialista es para la vanguardia proletaria no un método para obtener una carrera, sino una acción heroica.

12. Las instituciones del partido y las instituciones económicas

Sin olvidar por un solo momento sus permanentes problemas de educación revolucionaria, el partido debe darse cuenta claramente que en el período actual de la construcción económica de la revolución, su trabajo fundamental reside en guiar la actividad económica en los puntos básicos del proceso de construcción soviético. El partido cumplirá su misión histórica solo si la experiencia económica del conjunto del partido crece junto al aumento y la complejidad de los problemas económicos que el poder soviético tiene que enfrentar.

En consecuencia, el XII Congreso es de la opinión que no solo una adecuada distribución de los trabajadores, sino también la función de supervisar cada rama importante de la administración económica, debe ser considerada por el partido como su deber supremo, especialmente en vista de la Nueva Política Económica, que crea el peligro de la degeneración de una parte del personal gerencial y de pervertir la línea proletaria de la política en el proceso de la reconstrucción económica. Bajo ninguna circunstancia debe esta guía transformarse, en la práctica y como una cuestión de hecho, en despidos o transferencias frecuentes de gerentes, en empantanar el trabajo cotidiano de administración, o en intentos de dirigirlo.

Las directivas con respecto a las cuestiones concretas planteadas por las organizaciones del partido sobre la maquinaria administrativa son inevitables e indispensables bajo las actuales condiciones, pero es necesario tratar constantemente de que esta guía lleve la marca de un plan amplio, que eventualmente llevará a una disminución real en el número de casos donde haya necesidad de una interferencia administrativa directa en problemas especializados o independientes de la práctica corriente.

Cuanto más regularmente proceda el trabajo administrativo y económico del Estado en la ejecución de los planes formulados por el partido, más completamente será resguardada la dirección del partido.

El XII Congreso confirma las resoluciones del XI con respecto a la necesidad de una división del trabajo y una delimitación de tareas en la esfera económica entre el partido y los sóviets, en particular, e insiste en que esta resolución sea llevada adelante del modo más completo y sistemático tanto a nivel del centro como de la periferia. El XII Congreso hace recordar especialmente que de acuerdo con la resolución del XI Congreso, las organizaciones del partido «resuelven las cuestiones económicas independientemente solo en aquellos casos y en la medida en que estas cuestiones exijan imperativamente una solución según los principios del partido».

Uno de los problemas importantes planteados para el partido es dar su apoyo a un acuerdo bajo el cual las organizaciones económicas competentes no solo tendrían el derecho formal, sino la oportunidad práctica de educar gradualmente a los obreros en puestos administrativos y de aportar a su avance regular a medida que ganan experiencia y que desarrollan sus cualidades. Esto solo es posible si los obreros son sistemáticamente seleccionados según su experiencia económica tanto en las empresas como en los oficios especializados, y también si dentro de las instituciones económicas se observan los principios de disciplina y de un correspondiente sistema de coordinación y de subordinación entre las diferentes ramas del trabajo y entre los obreros que están a la cabeza de esas ramas.

Pero en vista del trabajo responsable y particularmente importante que recae sobre los trabajadores administrativos en el momento actual, el partido de conjunto y todas sus organizaciones deben darle a ellos su apoyo más sincero y tener sistemáticamente cuidado de crear una atmósfera tal que excluya la posibilidad de que grupos de trabajadores administrativos rompan con el partido.

13. La industria gráfica

La cuestión de poner a funcionar la industria gráfica sobre bases sanas reviste una importancia no solo económica, sino una importancia cultural inmensa.

El Congreso reconoce que el estado actual de la industria gráfica no es satisfactorio y considera necesario tomar medidas decisivas para mejorarlo.

Es necesario primero que todo mejorar la técnica de aquellas publicaciones que son de venta masiva. La cuestión de la organización de los oficios de tipógrafos debe ser resuelta lo antes posible y de manera tal que los establecimientos de publicaciones estatales más grandes y más importantes sean capaces de realizar sus tareas sobre bases amplias, regulares y técnicamente satisfactorias.

Fuente: León Trotski: «Tesis sobre la industria», en *Naturaleza y dinámica del capitalismo y la economía de transición*, CEIP, Buenos Aires, 2001.

Discurso en el XIII Congreso del Partido*

El que preside: Tiene la palabra el camarada Trotski.

Camaradas:

Voy a referirme solamente a un número muy limitado de cuestiones de las que han sido planteadas o mencionadas en los informes del CC. Voy a concentrar su atención (o voy a tratar de hacerlo) en la cuestión que el congreso (o una conocida parte del congreso, más bien todo el congreso) espera que yo dilucide, y además, voy a eliminar de antemano, y pienso que el congreso ha de comprender mis motivos, todo aquello que podría agudizar en cierto grado la cuestión, introducir cuestiones personales y obstaculizar la eliminación de las dificultades que han surgido ante el partido y de las que deseamos sacarlo con utilidad para su trabajo ulterior. Así pues, si no voy a hacer referencia a una serie de aspectos peliagudos con los que mi nombre ha sido vinculado en el último período, no es porque me niegue a darle al congreso una respuesta acerca de cualquier interrogante, sino porque voy a tratar de destacar la esencia principal de la cuestión, separándola de elementos de carácter personal. Aquí se ha dicho, camaradas, que un factor poco común en nuestra vida partidista es el hecho de que, entre dos congresos, se ha suscitado un agudo debate que, según se ha dicho, tenía por objetivo o el cambio de la composición del CC, o el cambio de la política del CC. Sin lugar a dudas, el debate surgido entre los dos congresos fue muy agudo, pero pienso, camaradas, que si deseamos mirar detenidamente el año transcurrido al que se refieren los informes y destacar aquello que constituye una particularidad

---

* Discurso en el XIII Congreso del Partido Comunista Ruso / bolchevique, mayo de 1924. (N. del E.).

extraordinariamente notable del debate en el seno del partido, habremos de decir que esta particularidad consiste en que el propio CC tuvo que reconocer en algún momento entre los dos congresos, y así lo ha reconocido abiertamente, un *cambio* en la política interna del partido.

Peligro de burocratización

Permítanme recordarles, camaradas, la resolución del 5 de diciembre, aprobada unánimemente; la tengo ante mis ojos. En esta resolución se enumeran las contradicciones y dificultades objetivas y los fenómenos negativos en el desarrollo de la clase obrera y de nuestro partido, y nótese que la primera parte de esta resolución plantea que una de tales tendencias negativas es la *evidente burocratización de los aparatos del partido y, por ende, el surgimiento del peligro de la separación entre el partido y las masas*. No podemos soslayar este hecho. En el período entre los dos congresos, el CC ha considerado necesario constatar en una resolución aprobada por unanimidad, que se está observando una burocratización del aparato del partido, y que a causa de esto surge el peligro de que el partido se separe de las masas. En la misma resolución se constata que la confianza de las masas proletarias hacia el partido ha aumentado. ¿Hay una contradicción en esto? No, no hay contradicción. La confianza de las masas proletarias hacia el partido se acumula a lo largo de muchos años. La masa piensa más lentamente que el partido, y es por eso que el partido es la vanguardia de la clase. La masa resume y saca conclusiones sobre la actividad del partido lentamente, a lo largo de un gran período de tiempo. Y hemos constatado, todos juntos, en la resolución que, tocante a todas las cuestiones fundamentales, la política del partido en los últimos años, durante los cuales las masas liquidaron sus nexos con el eserismo y el menchevismo, que esta política proporcionó al partido un incremento de confianza por parte de las masas obreras. En aquel momento, ciertamente, ninguno de nosotros pensaba que íbamos a dar un salto tan rápido en el sentido de la ampliación de los cuadros proletarios del partido, o sea, que antes del XIII Congreso tendríamos la posibilidad de incluir en el partido como mínimo a doscientas mil personas, o tal vez más.

Pero el hecho mismo de que la masa obrera, representada por sus elementos más honestos y activos, se aproximó al partido, estaba claro para todos nosotros, y así está planteado en la resolución. Sin embargo, al mismo tiempo, en la resolución se expresa que en el seno del partido se está observando una burocratización del aparato partidista, y que esto implica el peligro de su separación de las masas. ¿Qué significa este segundo planteamiento? Significa que si los procesos negativos constatados y caracterizados aquí por el CC obtuviesen un desarrollo ulterior, esto habría dificultado para el partido seguir cosechando la confianza de las masas trabajadoras.

¿Así pues, qué circunstancias, qué causas indujeron al CC, con unas u otras contradicciones y matices internos, a tomar conjuntamente con la Comisión Central de Control una decisión de tan excepcional importancia y tan contundente en su totalidad? También aquí, camaradas, voy a tratar de brindar un testimonio que no puede suscitar sospechas. Voy a citar un pasaje, bastante largo, de la intervención del camarada Bujarin en el comienzo del debate en una de las reuniones del distrito de Krasnaya Presnia. Hago uso de la versión taquigráfica de esta intervención y citaré solamente la parte que caracteriza los rasgos de la burocratización tal y como los interpretaba en aquel momento el camarada Bujarin. Podría hacer uso de muchas otras citas, pero tomo precisamente esta por causas que todos ustedes comprenden. Estas son las palabras exactas del camarada Bujarin:

> Camaradas, me parece que necesitan ustedes dibujar un cuadro bastante concreto de lo que preocupa a nuestra masa partidista. No hablar aquí de premisas apriorísticas, diferenciación, etcétera, sino plantear la cuestión de un modo claro: qué es lo que preocupa a nuestra masa partidista y a qué se debe el descontento de la masa de los que no pertenecen al partido, con la que han de contar todos, comenzando por el CC y terminando a nivel de los buroes partidistas. Las deficiencias que han conducido al Estado hasta cierto punto semicrítico de nuestro partido, que se ha agudizado principalmente a causa de la crisis económica que está viviendo ahora nuestro país, estas deficiencias son infinitas, pero no todas son posibles de meter a la fuerza en determinados rubros. Veamos qué sucede. Tomen la vida de algún núcleo del partido, ante todo el aparato obrero, porque también un núcleo tiene su aparato. Aquí —estoy juzgando ante todo por la organización moscovita— por lo general son los comités de distrito los que nombran al secretario, y para colmo los comités de distrito no tratan de promover a sus candidatos

a través de estos núcleos, no, simplemente presentan a su hombre y la votación se realiza de un modo determinado. Llegan y preguntan: «¿Quién está en contra?», y como la gente, en mayor o menor grado, teme manifestarse en contra, pues el individuo en cuestión resulta nombrado secretario del buró. Si hiciéramos una encuesta preguntando cuántas veces se ha llevado a cabo una votación donde el presidente de la mesa solicitara que le dijeran quiénes están a favor y quiénes en contra, descubriríamos sin dificultad que aquí, en la mayoría de los casos, las elecciones a las organizaciones partidistas se han convertido en elecciones entre comillas, porque la votación no solo se lleva a cabo sin una discusión previa, sino según la fórmula «¿Quién está en contra?», y como hablar contra los jefes no es bueno, aquí termina la cuestión. Así son las elecciones en nuestros núcleos de base.

Si analizamos nuestras reuniones del partido —prosigue el camarada Bujarin— ¿cómo transcurren? He intervenido en toda una serie de reuniones en Moscú y sé cómo suele llevarse a cabo la llamada discusión en nuestras organizaciones partidistas. Se elige la presidencia de la reunión. Se presenta algún camarada del comité de distrito, lee una lista de nombres y pregunta: «¿Quién está en contra?», nadie está en contra, y aquí se termina todo el asunto. Se elige la presidencia y el camarada anuncia que la presidencia se ha elegido por unanimidad. Después comienza el orden del día. Con el orden del día el procedimiento es el mismo. En los últimos dos o tres años, apenas puedo recordar unos pocos casos, desdichadamente únicos, en que se incluyeran nuevos puntos en el orden del día […]. Después de esto se lee la resolución, preparada de antemano, que se aprueba siguiendo el mismo patrón. El presidente pregunta: «¿Quién está en contra?», nadie está en contra. La resolución se aprueba por unanimidad. Este es el tipo común de relaciones en nuestras organizaciones del partido. Hay que comprender que, como es natural, la parte más activa manifiesta cierto descontento con esto, decididamente este modo de hacer las cosas no la satisface.

Toda una serie de los sectores de base de nuestra organización —prosigue el camarada Bujarin— se agarran de estas barreras: «¡Sin discusiones!», «¿Quién está en contra?», etcétera. Y es que *todo un sistema de tales métodos reduce a la nada la vida interna del partido*. Se comprende que esto provoca una enorme ola de descontento. He citado solo algunos ejemplos de la vida de nuestros núcleos de base. Lo mismo, en una forma algo alterada, se puede observar en los escalones siguientes de nuestra jerarquía partidista.

Así es como uno de los miembros más destacados de nuestro CC caracterizó los rasgos de nuestra organización partidista interna que, con toda evidencia, obligaron al CC a redactar una resolución que habla de la evidente burocratización de los aparatos partidistas y, por ende, del peligro de la separación entre el partido y las masas. Y, por supuesto, no puede existir un peligro mayor que este.

¿Qué conclusión práctica hizo el CC del diagnóstico hecho por él mismo? Esta conclusión práctica la leemos en la misma resolución del 5 de diciembre:

> [...] los intereses del partido, tanto en el sentido de su lucha exitosa contra las influencias de la Nueva Política Económica, como en el sentido del incremento de su capacidad combativa en todas las esferas de trabajo, exigen un serio cambio de rumbo en el sentido de que se apliquen de un modo real y sistemático los principios de la democracia obrera.

De esta manera, el CC del partido reconoció entre los dos congresos, la necesidad de un serio cambio del rumbo partidista, y esto se debió a haber descubierto de golpe las dolencias y los aspectos negativos de la vida interna del partido que el propio CC estableció y analizó. Pienso, camaradas, que no podemos soslayar este hecho y que este es precisamente el rasgo característico fundamental del período transcurrido que está analizando este congreso. Así pues, el CC ha establecido la necesidad de un serio cambio de rumbo partidista, en primer lugar, y la necesidad de aumentar el núcleo proletario del partido, en segundo lugar. Ambas, por unanimidad. «El trabajo para aumentar la masa proletaria del partido —leemos en la resolución— debe constituir en los próximos meses una de las tareas más importantes de todas las organizaciones del partido».

Cuando el CC estableció, en el período entre los dos congresos, la necesidad de variar seriamente el rumbo partidista, ¿significó esto acaso que había que mutilar radicalmente los principios organizacionales u otros del bolchevismo? Me parece que no. Esto significó tan solo que el CC constataba que en la aplicación de estos principios en las condiciones dadas había claras incorrecciones y desviaciones que se manifestaban en la burocratización del aparato del partido y, por ende, en el creciente peligro de la separación entre el partido y las masas. Por lo tanto, precisamente para garantizar que en las condiciones de este período se apliquen los principios del bolchevismo, tanto los organizativos como todos los demás, el CC reconoció en el período entre los dos congresos la necesidad de un cambio serio en el rumbo partidista.

El problema generacional

¿Por qué, sin embargo, esta cuestión se ha complicado con el problema generacional dentro del partido, dentro de la clase obrera? Camaradas, para no complicar mi exposición, no voy a citar los testimonios de varios camaradas que desde el principio (y en mi opinión correctamente) plantearon la cuestión del régimen de la vida interna del partido desde el punto de vista de las relaciones intergeneracionales en nuestro partido y en la clase obrera. Seré aun más directo: la esencia misma de la cuestión del régimen partidista en las condiciones concretas dadas se reduce para nosotros ante todo a la cuestión de las relaciones intergeneracionales en el partido y en la clase obrera. Se trata, desde luego, de la joven generación de la clase obrera en su conjunto, se trata de dar, mejor dicho, garantizar a esta joven generación de la clase obrera (independientemente de si trabaja en las fábricas y las plantas de nuestro país socialista, o si estudia bajo la orientación de su partido y de los sindicatos en las instituciones docentes de nuestro país socialista), garantizarle pues la posibilidad de emprender el camino del bolchevismo en nuevas condiciones. La joven generación no puede repetir la historia y, por suerte, no debe repetir la historia de la generación anterior. La vieja generación ha salido a su camino actual siguiendo otros senderos, en otras condiciones, condiciones de un país burgués capitalista, bajo la férrea opresión del zarismo. La vieja generación ha garantizado a los jóvenes la oportunidad de seguir adelante en otras condiciones, cualitativamente muy diferentes. Y la tarea consiste en dar, o mejor dicho, en garantizar a la joven generación la posibilidad de que con nuevos senderos, nuevos caminos, alcancen la amplia senda del bolchevismo, comunismo y leninismo. Estos nuevos caminos responderán a la naturaleza del Estado obrero y a la nueva situación.

Si nos preguntamos a qué régimen interno del partido nos referimos y qué entendemos por el régimen de la democracia interna, voy a decirles, camaradas, desde el primer momento —aunque pienso que hablar de esto en un congreso del partido resulta casi superfluo— que difícilmente se podría encontrar en nuestro partido una decena de personas que, por poco que sepan del comunismo, el marxismo y el bolchevismo, enfoquen la cuestión de la democracia interna desde un punto de vista netamente formal, en el sentido de la frecuencia permisible de las reelecciones, de los porcentajes de votos, las discusiones, etcétera; desde el punto de vista de la estadística de la democracia, desde el punto de vista de los principios formales del parlamentarismo aplicados a la vida del partido. Hemos realizado un proceso histórico demasiado grande, y en particular, hemos librado una lucha demasiado grande contra falsificaciones políticas, contra la democracia sucedánea[1] que es, por un lado la ideología del menchevismo y, por el otro, la última cobertura del imperialismo, para poder enfocar las cuestiones de la democracia desde un punto de vista formal.

¿Desde qué punto de vista, pues, enfocamos la democracia en relación con el régimen interno del partido? Desde el punto de vista de garantizar la protección del partido contra fenómenos tales como la posibilidad de burocratización de su aparato y, como consecuencia, el peligro de la separación entre el partido y las masas. ¡Este es el criterio! Y si yo tratara de dar una definición a la democracia interna del partido aplicada a nuestra situación actual, a esta época, a este corte temporal, diría: la democracia interna del partido es un régimen tal que, por un lado, garantiza la correcta dirección política y organizativa por parte de la vieja generación de bolcheviques experimentados que vivieron la clandestinidad, ya que solo un niño no comprendería que, en las condiciones actuales, sin garantizar esta dirección, el partido no podría conducir la nave estatal y la nave del movimiento obrero internacional a través de todas las dificultades, tormentas y estrecheces, y por otro lado es un régimen que, al garantizar la posición rectora a la generación mayor, proporciona a la joven generación la salida a la amplia vía del leninismo no por un camino escolar (por un camino escolar es imposible hacerlo), sino por medio de una participación activa, independiente y diligente en la vida política del partido y del país. La combinación de estas dos tareas es precisamente lo que ha de garantizar el régimen de la democracia interna del partido. La violación de esta combinación y de este equilibrio indispensable amenaza con provocar la burocratización del aparato partidista y la separación entre el partido y las masas. Me parece que esta es la esencia del problema. Y cuando nos preguntamos si teníamos este equilibrio indispensable, de nuevo me considero con derecho a hacer referencia al hecho de que el propio CC, en el período entre los dos congresos, constató la violación de este equilibrio. Recordaré de nuevo la larga cita de una intervención del camarada Bujarin hecha no dentro del CC, sino en una amplia reunión de distrito, donde con trazos muy concretos y memorables caracterizó la violación del equilibrio en la vida interna del partido, violación extremadamente perjudicial para los elementos menos maduros, menos preparados de nuestro partido, o sea, para los amplios círculos de sus miembros jóvenes, y que es al mismo tiempo peligrosa para los viejos cuadros.

Fracciones y agrupaciones

En el debate partidista esta cuestión se relacionaba con las fracciones y agrupaciones internas del partido. Aquí, camaradas, considero necesario recordar cómo la resolución del 5 de diciembre plantea esta cuestión. En la resolución se aclara que la democracia interna del partido no presupone en absoluto libertad de agrupaciones fraccionarias, muy peligrosas para un partido gobernante, pues amenazan siempre con dividir o fragmentar el Gobierno y el aparato estatal en su conjunto. Pienso que esto es indiscutible. Y decidimos todos por unanimidad hacer mención a la resolución del X Congreso,[2] donde tanto la definición de las fracciones como la de las agrupaciones, así como el peligro para el Estado que dimana de ellas, fue obra personal de Vladimir Ilich. Es incierto que yo me hubiese manifestado a favor de que se permitieran agrupaciones. Camaradas, esto es incierto. Es verdad que cometí el gran error de haberme enfermado en el momento crítico del debate partidista y no tuve la oportunidad de comparecer en un momento oportuno para refutar esta afirmación, así como muchas otras. Pero nunca, y en ninguna parte, he considerado ni he afirmado estar a favor de que, a la vez que se prohibieran las fracciones, fuese posible admitir la existencia de agrupaciones. Todo lo contrario, cada vez que tuve la ocasión de hablar sobre esto, he afirmado que no se puede establecer diferencia entre lo que es una fracción y lo que es una agrupación. Si fuese necesario dar explicaciones formales, documentarlos sobre esta cuestión, las hubiera dado. Ahora no voy a entretener con esto el congreso. Considero que, desde el punto de vista político, es suficiente ya que se habla de una declaración, y yo no reconocí y no reconozco la libertad de agrupaciones partidistas, ya que en las circunstancias históricas dadas la agrupación no es otra cosa que una forma de denominar la fracción. Pero, camaradas, al mismo tiempo he de recordarles otra parte de la resolución del CC donde se trata sobre esta misma cuestión de fracciones y agrupaciones. En ella se dice:

> Solo una continua y correcta vida ideológica puede conservar el partido tal y como se formó antes y durante la revolución, con un perenne estudio crítico de su pasado, con la rectificación de sus errores y con la discusión colectiva de las cuestiones más importantes. Solamente estos métodos de trabajo son capaces de ofrecer verdaderas garantías contra el peligro de que esas episódicas divergencias se conviertan en agrupaciones fraccionarias con todas las consecuencias que ya se han señalado.

Y más adelante:

> Para prevenirlo es necesario que los órganos dirigentes del partido presten oído a la voz de las amplias masas partidistas, no consideren toda crítica como manifestación fraccionaria y, por lo mismo, no impulsen a militantes disciplinados y honestos hacia el camino de círculos cerrados y fracciones.

Esto forma parte de la misma resolución del CC y creo que no tenemos derecho ni base para expulsarla de nuestra memoria y de la historia del partido.

Y si nos preguntamos por qué el CC consideró necesario que una prohibición, desde luego obligatoria para todos y cada uno, que una prohibición de fracciones y agrupaciones no resuelve por sí sola la cuestión, que dicha prohibición presupone un rumbo partidista que nos proteja a todos de la burocratización del aparato del partido y de la creciente amenaza de una separación entre el partido y las masas, si nos preguntamos por qué el CC consideró necesario introducir en el texto una explicación tan enormemente importante y contundente por su contenido, la respuesta la encontraremos en todo cuanto he dicho. En otras palabras, precisamente la burocratización del aparato del partido, puesto que se observa, es una de las causas que, como se dice en la resolución, inducen a que discrepancias casuales, episódicas y temporales se conviertan en agrupaciones, y estas agrupaciones se vayan convirtiendo en fracciones.

Es así, camaradas, como interpreto los problemas fundamentales internos del partido, tal y como se han manifestado en el desarrollo del partido a lo largo de este último año y tal y como los refleja la resolución del 5 de diciembre del CC. Y cuando ahora, mirando hacia atrás, me pregunto: si en un determinado momento, el 5 de diciembre, el CC consideró necesario decirle al partido —tengan cuidado, se están observando fenómenos de burocratización, estos fenómenos amenazan con separar el partido de las masas, no permitiremos fracciones, pero recordemos que la verdadera y plena garantía contra fracciones y agrupaciones consiste en la eliminación de los fenómenos negativos que hemos señalado—, pues me digo, si nos imaginamos este momento, si nos imaginamos el cuadro de la vida de las organizaciones partidistas tal y como nos lo dibujó el camarada Bujarin, pues, camaradas, ¿acaso no está claro que precisamente en este aspecto, según se dice también en la intervención del propio Bujarin, debía surgir inevitablemente una ola de descontento, una ola de crítica? Y aquí, al preguntarme si es permisible caracterizar y definir, sin pensarlo dos veces, precisamente esta crítica con un término como «desviación pequeña burguesía»,[3] pues debo decir camaradas, que me surgen grandes dudas y enormes temores. ¡Grandes dudas y enormes temores!

Cuestiones del plan

Por un lado, se trataba de asuntos internos del partido, y por el otro, de asuntos tocantes a la dirección planificada de la economía. Ya he dicho cómo reaccionó el CC ante las cuestiones de primer orden en su resolución del 5 de diciembre. Permítanme con los rasgos fundamentales presentar las conclusiones hechas el 5 de diciembre por el CC en relación con la economía. Al caracterizar la situación económica creada, la resolución del 5 de diciembre dice:

> El partido, de arriba abajo, debe llegar a la conclusión de que la ulterior animación económica solo servirá a la causa de la construcción del *socialismo* en la medida en que aprendamos realmente a conjugar los elementos

de la economía estatal en su permanente interacción, tanto entre sí como con el mercado.

Y más adelante:

A esto se debe la excepcional importancia del Plan Estatal, el estado mayor económico del Estado socialista, y de todos los organismos locales de planificación económica. Es indispensable que se les otorgue de hecho el lugar que les ha sido señalado en la resolución del XII Congreso.

De esta manera, aquello por lo que el 5 de diciembre el CC consideró indispensable luchar, no eran nociones fantásticas, utópicas o exageradas sobre la posibilidad de una dirección planificada. Se supone que soy uno de los que exageran estas posibilidades. Pienso que esta acusación es injusta, pero ahora no voy a detener en ella su atención. Lo importante y significativo no es que alguien haya exagerado esta cuestión, sino el hecho de que el 5 de diciembre el CC le dijo al partido: no se puede *subestimar* la importancia de la dirección planificada, ya que de otro modo el desarrollo no seguirá el camino de la construcción del socialismo. Esto es lo que dijo el CC el 5 de diciembre. Por lo tanto, el peligro, tal y como lo percibía el CC, consistía no en que alguien exagerara la posibilidad de una economía planificada, sino en que el partido subestimara la importancia de la planificación y en que el Plan Estatal no obtuviera el lugar que había de obtener sobre la base de la resolución del XII Congreso, dentro del sistema general de nuestra economía.

Cuando me encontraba en Sujumi, lejos de Moscú, leí en nuestros periódicos las palabras del camarada Kámenev en la primera reunión del renovado Consejo de Trabajo y Defensa (CTD), esto fue el 8 de febrero:

Podemos cometer un montón de errores —dijo el camarada Kámenev— si no nos formulamos como objetivo una coordinación planificada de la economía estatal. Esta coordinación fue siempre tarea del CTD, pero se había expresado más bien en la coordinación de las contradictorias disposiciones que llegaban al CTD.

Me parece que esto *hay que cambiarlo*, y que la coordinación ulterior de las diversas ramas de la economía no debe ser resultado de conflictos entre organismos, sino que debe dimanar de un plan económico premeditado y esbozado aunque sea en forma de borrador.

También aquí, camaradas, encontramos señalamientos sobre la necesidad de *cambiar* la política en una de las cuestiones más esenciales, la de combinar de un modo planificado todo nuestro trabajo, y esto no fue antes del debate, sino después de este. Por lo tanto, no se trata de un abstracto plan universal, ni tampoco del plan de electrificación, aislado aunque gigantesco, en una perspectiva lejana; se trata de un plan cotidiano, maniobrable, como lo caracteriza la resolución del XII Congreso, una combinación de todos los componentes de nuestra economía en su aplicación mutua, para que todos ellos se adapten de una manera más acertada, más correcta y menos dolorosa a nuestro mercado, principalmente el mercado campesino. Y así pues, el 8 de febrero, después del debate, se constató la necesidad de cambiar la política en nuestro principal organismo económico. Y me vuelvo a preguntar camaradas: ¿es posible decir que las voces que antes del 8 de febrero habían exigido este cambio denotaran alguna desviación pequeñoburguesa? No lo creo así, camaradas. ¿En qué puede basarse, tanto en este sentido como en el de la política interna del partido, una acusación o una caracterización de esa índole? Supongamos que se puede decir: durante el debate hubo muchas voces que exageraron monstruosamente la importancia de la democracia interna del partido, atribuyendo un valor absoluto a esta consigna. Supongámoslo. Supongamos, por lo tanto, que se trata de *exageraciones* en la esfera de la democracia interna del partido. Supongamos que respecto a la economía planificada se puede decir que hubo exageraciones en la valoración del papel de tal economía. Supongámoslo, aunque las exageraciones en la esfera de la planificación no se pueden reducir en modo alguno a una «desviación pequeñoburguesa», ya que la pequeña burguesía, con su diversificación y conflictos internos, con su método anárquico de pensamiento, no es propensa en modo alguno a la planificación de la economía. Pero no me detendré en estas contradicciones de la caracterización. Supongamos que la acusación se hace en el sentido de exageraciones en la esfera de la democracia interna del partido y exageraciones en la esfera de la dirección planificada de la economía. Pero si tales exageraciones han tenido lugar, ¿acaso la resolución del CC no nos da pleno derecho de decir que dichas exageraciones se deben a algunos otros fenómenos negativos y dolorosos? Si hablamos de exageraciones en la esfera de la democracia interna del partido, ¿no son acaso una reacción ante las exageraciones de la burocracia interna del partido? Y hay que señalar que la resolución del CC constata categóricamente la existencia de tales exageraciones y alerta, debido a ellas, sobre el peligro de la separación entre el partido y las masas. Las exageraciones en la esfera de la democracia interna del partido pueden, desde luego, en una situación histórica concreta, convertirse en un canal para la penetración de la influencia pequeñoburguesa. Es indudable que cada exageración, cada error en cualquier esfera, puede llegar a convertirse en un canal de influencia para otras clases, ya que vivimos, como partido que somos, no en una situación aislada y abstracta, sino bajo influencia de otras fuerzas, tanto internas como internacionales. Esto lo sabemos todos, como el abecedario, y reitero que cada exageración en potencia, en posibilidad y en perspectiva, es un canal para las influencias clasistas ajenas. Pero por otra parte me pregunto: ¿acaso la burocratización del aparato del partido, constatada por el propio CC, es un fenómeno técnico y no social? Afirmo que la burocratización del aparato dimana de profundas causas sociales, que la fuente principal de la burocratización es el aparato estatal, en el cual se combinan fricciones, compromisos entre clases, así como la falta de cultura de las amplias masas de trabajadores e incluso de la propia clase obrera. Y como nuestro partido dirige el Estado, pues para el partido, la fuente más inmediata y directa de influencias burocráticas es el aparato estatal. Si esto es así, la burocratización no es un problema de la técnica oficinesca, sino un problema social, exactamente del mismo modo que lo son las exageraciones en la esfera de la democracia formal; son fenómenos del mismo orden. Así pues si decimos que las exigencias exageradas, la valoración exagerada y el enfoque formal de la cuestión de la democracia son una posible fuente de la influencia pequeñoburguesa, si planteamos la cuestión así (desde el punto de vista perspectivo, teórico, esto es correcto), entonces será asimismo correcto decir que las tendencias de la burocratización del aparato partidista, constituyen una fuente no menos significativa de influencias pequeñoburguesas y, además, representan un peligro fundamental y directo. El partido ha reaccionado de una manera muy aguda ante este peligro fundamental y directo y no se puede en absoluto ver en esta reacción una desviación pequeñoburguesa.

Camaradas, esto mismo tiene que ver aun más con la cuestión del plan. Si alguno de nosotros es culpable de sobrevalorar el principio de la planificación, esto lo podemos discutir tranquilamente en los libros, y posiblemente tendremos que dedicar muchos libros al análisis de nuestro desarrollo económico, libros de carácter sereno e investigativo. Pero el hecho de que el CC, en el período entre los dos congresos, el XII y el XIII, planteó la cuestión de que el partido, representado por su aparato dirigente, no aborda con la necesaria energía las tareas de la administración planificada de la economía, este hecho lo considero ahora totalmente establecido. En este momento quisiera dejar a un lado cuestiones particulares, tales como la del balance activo, o la de la intervención mercantil, que también han sido valoradas bajo el ángulo de «desviación pequeñoburguesa». Camaradas, esperemos un poco más, esperemos un poco más con estas cuestiones. Posiblemente, hablaremos de ellas cuando se trate del comercio, allí es donde pertenecen mejor. Ya que también aquí hay y habrá discrepancias, que poseen en sus nueve décimas partes un carácter práctico, empírico. Ahora ya se ha hecho una seria comprobación. Desde luego, nadie ha dicho que no necesitemos un balance activo, no he oído tales manifestaciones, sino que en nuestras condiciones de miseria un balance activo es un lujo necesario que debe reducirse al mínimo indispensable. Sin embargo, hemos descubierto que no lo hemos reducido a este mínimo, que hemos acumulado demasiadas divisas extranjeras, así que empezamos a rectificar este error. Esto es lo primero.

Y lo segundo es que, respecto a la intervención mercantil, nos hemos convencido de que, puesto que nuestra tarea es la regulación de los precios internos con ayuda de manipulación de mercancías, no podemos bloquearnos nosotros mismos, sino que nos vemos obligados a recurrir a mercancías extranjeras, y en esto, desde luego, necesitamos tener una rigurosa coordinación con los intereses de las correspondientes ramas de la industria. Todavía hablaremos de esto cuando se trate de las cuestiones económicas, pero en modo alguno veo aquí razones para que se culpe a nadie de desviación pequeñoburguesa.

Acerca de los errores

Camaradas, aquí se ha invitado a todos los que se equivocaron a declarar que se habían equivocado. No hay nada moralmente más sencillo ni nada políticamente más fácil que pronunciarse sobre estos o aquellos errores ante su propio partido. Pienso que para esto no se necesita de un gran heroísmo moral. Pero, camaradas, creo que existe la obligación y el deber de recordar, ya que de esto no se ha hablado, repito, existe la obligación y el deber de recordar que, en un determinado momento, el CC en su conjunto declaró ante el partido que existen algunos errores conocidos que aún están por rectificar. La resolución del 5 de diciembre, donde se habló de la necesidad de luchar contra la desviación burocrática, ha sido por sí misma una declaración de la existencia de errores en el curso interno partidista. Porque, camaradas, si no consideramos que estos errores existen, entonces no hay nada que rectificar, todo está correcto. Se rectifica lo que es incorrecto, lo que es erróneo.

Nuestro XIII Congreso se está celebrando en una nueva situación y esta nueva situación se debe al llamado leninista, el cual varía la composición del partido en el sentido de su proletarización. ¿Elimina o varía esto la cuestión de la democracia interna? No, no la elimina, no la varía. Resulta indudable, como ya se dijo correctamente aquí, que el llamado leninista ha acercado a nuestro partido a la condición de ser un partido basado en principios electorales. Hablé sobre esto en Bakú, en Tiflis y en algunas reuniones en Moscú. Si tomamos la cuestión en el plano de la democracia estatal —y es que en los países parlamentarios la democracia estatal permite, ante todo, decidir qué partido debe gobernar el país—, si planteamos la cuestión en este plano y lo comparamos con lo que ha ocurrido aquí, o sea, la respuesta masiva al llamado leninista, con las elecciones que han tenido lugar en los últimos meses en varios países parlamentarios, tendremos pleno derecho de decir, y yo personalmente lo he dicho decenas de veces, que el método de la democracia que ha hallado su expresión aquí, entre nosotros, cuando la clase obrera, después de haber calculado en determinada etapa de su camino, aplicando un método suyo, muy contundente, los resultados del trabajo del partido a lo largo de muchos años, levantó sobre sus hombros a doscientos o trescientos miles de obreros y los entregó al partido —tenemos pleno derecho de decir, y debemos decir, que este método de democracia es inconmensurablemente, infinitamente superior a una democracia donde la población de un país, en condiciones de la dictadura de la clase burguesa y la prensa burguesa, una vez cada cinco años, tiene la obligación de llevar boletas a las urnas—. Es evidente, es indiscutible. Pero esta ventaja nuestra, la ventaja de la dictadura proletaria y del sistema soviético, no elimina del orden del día la cuestión del rumbo interno del partido, de sus más y sus menos. Si deseamos valorar la situación de un modo realista, diremos que este colosal incremento en las filas del partido, este poderoso salto hacia delante es producto del trabajo del partido a lo largo de los años, a lo largo de muchos años. Al mismo tiempo, en diciembre, el CC, al constatar correctamente que la confianza de las masas proletarias hacia el partido ha aumentado, ha alertado tanto a sus miembros como a todo el partido en relación con algunos procesos dentro del aparato interno partidista que pueden causar daño e incluso amenazan con separar el partido de las masas. Es por eso que el hecho del llamado leninista no elimina la cuestión sobre el rumbo interno del partido. Pienso que, por el contrario, hace que esta cuestión se vuelva para nosotros aun más importante e imperativa, ya que aquí chocamos de nuevo con el problema de las relaciones entre la vieja generación del partido, experimentada teóricamente y forjada en la práctica, y la numerosísima juventud que ahora se está adhiriendo a sus filas. Y ahora debemos decir con una fuerza y una insistencia especiales, que si los procesos señalados en la resolución del 5 de diciembre reciben un desarrollo ulterior, esto amenazaría a ambos grupos del partido, es decir, tanto a su generación rectora como a los jóvenes. Solo en esta perspectiva tienen sentido las advertencias del CC del 5 de diciembre.

Camaradas, ninguno de nosotros desea tener razón, ni puede tenerla, contra la opinión de su partido. En última instancia, el partido siempre tiene la razón, porque el partido es el único instrumento histórico dado al proletariado para resolver sus problemas fundamentales. Ya he dicho que no hay nada más fácil que decir ante el partido: toda esta crítica, todas estas declaraciones, advertencias y protestas han sido completamente erróneas. Sin embargo, camaradas, no puedo decirlo, porque no lo creo así. Ya sé que no se puede tener razón en contra de la opinión del partido. Solo se puede tener razón junto al partido y a través del partido, ya que la historia no ha creado otras vías para la realización de la razón. Los ingleses tienen un proverbio histórico: *este es mi país, con razón o sin ella*. Con mucho mayor derecho histórico podemos decir: *este es mi partido, independientemente de si tiene o no la razón en algunas cuestiones concretas, en determinados aspectos.* Y si yo, como opinan algunos camaradas, he hecho aquí algunas advertencias indebidas, si yo aquí, como opinan algunos camaradas, he hecho referencias indebidas contra unos u otros peligros, pues por mi parte considero que solo estoy cumpliendo con mi deber como miembro del partido cuando lo alerto contra aquello que considero peligroso. Si en el XII Congreso alguien hubiera subido a esta tribuna para presentar una resolución que planteara la necesidad de un serio cambio del rumbo interno partidista, a fin de evitar una separación entre el partido y las masas, puedo decir casi con seguridad, camaradas, que no hubiera encontrado el apoyo del XII Congreso para una resolución así. Sin embargo, en el período entre el XII y el XIII Congresos el CC se vio obligado a aprobar unánimemente una resolución así, sobre la necesidad de un cambio en el rumbo partidista. Camaradas, aún tenemos por delante enormes dificultades y espero que todos los bolcheviques, unidos como buenos soldados, luchemos juntos para vencer estas dificultades. Es ridículo, tal vez casi sea fuera de lugar, el que se hagan aquí declaraciones personales, pero si esto ocurre, ¡yo no seré el último soldado de la última barricada bolchevique! Creo, sin embargo, con firmeza, que la historia no nos someterá a una prueba así y que seguiremos luchando con éxito derribando las barricadas de nuestros enemigos. En cualquier caso, camaradas, aun cuando tendremos dificultades y grandes dificultades habrá en el futuro, en el momento presente comprendo cuál es mi deber como miembro del partido que sabe que el partido siempre, en última instancia, tiene la razón, pero que la opinión del partido se elabora teniendo en cuenta también las voces que en un determinado momento difieren del criterio predominante de los círculos rectores. Y afirmo que la resolución del 5 de diciembre no va perdiendo su importancia y fuerza ahora, cuando hemos incluido en nuestras filas a más de doscientos mil obreros. Por el contrario, adquiere ahora un significado especial, y si nosotros, camaradas, la apartáramos de nuestra atención en el exagerado fragor del ataque contra la desviación pequeñoburguesa, cometeríamos un error que traería nuevas dificultades y complicaciones al partido. Pero todos estamos interesados en reducir al mínimo estas dificultades y complicaciones. Y si se han cometido unos u otros errores —y yo personalmente, como cualquier otro, estoy dispuesto a responder por ellos —, nadie tiene derecho, camaradas, de interpretar tales errores como tendientes directa o indirectamente a socavar la unidad, la cohesión y la disciplina de todo el partido. No solo cualquier miembro del partido, también el propio partido puede cometer algunos errores; tales son, por ejemplo, algunas decisiones de la última conferencia que me parecen incorrectas e injustas en determinadas partes, pero el partido no puede tomar una decisión que, aunque incorrecta o injusta, haga vacilar ni en lo más mínimo nuestra infinita entrega a la causa del partido, nuestra disposición a llevar sobre nuestros hombros la disciplina del partido en cualesquiera condiciones. Y si el partido toma una decisión que cualquiera de nosotros considere injusta, él dirá: justo o injusto, es mi partido, y asumo totalmente las consecuencias de sus decisiones hasta el final.

Fuente: L. Trotski: «Discurso en el XIII Congreso del Partido», en *El XIII Congreso del Partido Comunista Ruso (b)*, informe estenográfico, mayo 1924, Moscú, 1963. Traducido del ruso para esta edición.

Discurso en la XV Conferencia*

¡Camaradas! La resolución acusa a la oposición,[1] incluyéndome a mí, de una desviación socialdemócrata. He pensado en todos los puntos de disputa que han dividido a la minoría del CC de la mayoría durante el último período, es decir, el período en el cual se ha usado la designación de «bloque de la oposición». Debo decir que los puntos de disputa, y nuestro punto de vista con respecto a los puntos de discusión, no ofrecen ninguna base para la acusación de «desviación socialdemócrata».

La cuestión sobre la cual hemos tenido más diferencias, camaradas, es la pregunta de qué peligro nos amenaza durante la época actual: ¿el peligro es que nuestra industria estatal está retrasada o que está avanzando demasiado rápido? La oposición —de la que yo formo parte— ha sostenido que el peligro real que nos amenaza es que nuestra industria estatal está rezagada con respecto al desarrollo de la economía nacional de conjunto. Hemos señalado que la política instrumentada en la distribución del ingreso nacional implica un mayor crecimiento de la desproporción. Por una u otra razón esto ha sido llamado pesimismo. Camaradas, la aritmética no conoce ni el pesimismo ni el optimismo, ni la falta de confianza ni la capitulación. Las cifras son cifras. Si ustedes examinan las cifras de control del Gosplan, descubrirán que esas cifras muestran que la desproporción —o, más exactamente, la escasez de bienes industriales— ha alcanzado la suma de 380 millones de rublos el año pasado, mientras que la cifra para este año será de 500 millones, es decir,

---

* 1ro. de noviembre de 1926. (*N. del E.*).

las cifras iniciales del Gosplan muestran que la desproporción ha crecido el 25%. El camarada Ryzhkov plantea en sus tesis que podríamos esperar (meramente esperar) que la desproporción no crezca este año. ¿Cuál era la base para esta «esperanza»? El hecho de que la cosecha no es tan favorable como lo esperábamos. Si yo siguiera los falsos caminos de nuestros críticos, yo podría decir que las tesis del camarada Ryzhkov dan la bienvenida al hecho de que las condiciones desfavorables que prevalecieron en la época de la cosecha redujeron el rendimiento, que de otro modo hubiera sido respetable; y él le da la bienvenida a esto porque, si la cosecha hubiera sido mayor, el resultado hubiera sido una desproporción mayor. [*Camarada Ryzhkov:* «*Yo tengo una opinión diferente*»]. Las cifras hablan por sí mismas. [*Una voz:* «*¿Por qué no habló Ud. en la discusión sobre el informe del camarada Ryzhkov?*»]. El camarada Kámenev ya les ha dicho por qué no lo hicimos. Porque yo no hubiera podido agregar nada a ese informe económico especial, en la forma de enmiendas o argumentos, que no hubiéramos planteado en el pleno de abril. Las enmiendas y otras propuestas formuladas por mí y otros camaradas al pleno de abril mantienen toda su fuerza hoy. Pero la experiencia económica adquirida desde abril es obviamente muy poca como para que tengamos esperanzas de que en la etapa actual los camaradas presentes en esta conferencia sean convencidos. Poner nuevamente en discusión esos puntos, antes de que el curso real de la vida económica los haya probado, crearía tensiones innecesarias. Esas cuestiones serán inevitablemente más aceptables para el partido cuando puedan ser respondidas por las estadísticas basadas en la última experiencia; la experiencia económica objetiva no decide si las cifras son optimistas o pesimistas, sino solo si son correctas o equivocadas. Creo que nuestro punto de vista sobre la desproporción ha sido correcto.

No tenemos acuerdo sobre el ritmo de nuestra industrialización, y yo estuve entre esos camaradas que señalaron que el ritmo actual es insuficiente, y que precisamente esa velocidad insuficiente en la industrialización imparte la mayor importancia al proceso de diferenciación que está ocurriendo en las aldeas. Ciertamente, no hay nada tan desastroso como el hecho de que el *kulak* haya levantado cabeza o —esta es la otra cara de la misma moneda— que el peso relativo de los campesinos pobres en la aldea haya declinado. Esos son algunos de los problemas serios que acompañan el período de transición. Son signos no saludables. Por supuesto, no hay ninguna razón para el «pánico». Pero son fenómenos que debemos evaluar correctamente. Y yo estuve entre los camaradas que mantuvieron que el proceso de diferenciación en la aldea puede asumir una forma peligrosa si la industria se retrasa, es decir, si aumenta la desproporción. La oposición sostiene que es nuestra obligación disminuir la desproporción año a año. No veo nada socialdemócrata en esto.

Hemos insistido en que la diferenciación en la aldea exige una política de impuestos más elástica con respecto a los distintos estratos del campesinado, una reducción de los impuestos para las capas medias más pobres, mayores impuestos para las capas medias acomodadas y una enérgica presión sobre el *kulak*, especialmente en sus relaciones con el capital comercial. Hemos propuesto que el 40% de los campesinos pobres sean exentos de todo impuesto. ¿Tenemos razón o no? Yo creo que tenemos razón; ustedes creen que estamos equivocados. Pero es un misterio para mí qué hay de «socialdemócrata» en esto. [*Risas*].

Hemos afirmado que la creciente diferenciación entre el campesinado, que tiene lugar bajo las condiciones impuestas por el atraso de nuestra industria, trae con ella la necesidad de doble salvaguardas en el campo de la política, es decir, no podemos tener una actitud tolerante hacia la extensión del derecho de voto con respecto al *kulak*, al empleado, y al explotador, aunque ellos operen a una pequeña escala. Hicimos sonar la alarma cuando las famosas instrucciones electorales extendieron los derechos de voto de la pequeña burguesía. ¿Teníamos razón o no? Ustedes consideran que nuestra alarma fue «exagerada». Bien, incluso suponiendo que lo fue, no hay nada de socialdemócrata en esto.

Exigimos y propusimos que el curso tomado por las cooperativas agrícolas hacia el «campesino medio altamente productivo» bajo cuyo nombre encontramos generalmente al *kulak*, debía ser severamente condenado. Propusimos que el «leve vuelco» (este término fue usado en el informe al Politburó) de las cooperativas de crédito hacia el campesinado acomodado debía ser condenado. No puedo comprender, camaradas, qué encuentran de «socialdemócrata» en esto.

Hubo diferencias de opinión sobre la cuestión de los salarios. En sustancia, esas diferencias consisten en que somos de la opinión de que en la etapa actual del desarrollo de nuestra industria y nuestra economía, y a nuestro actual nivel económico, la cuestión del salario no debe ser establecida sobre la base de la suposición de que los obreros deben primero aumentar la productividad del trabajo, lo que después elevará los salarios, sino que lo contrario debe ser la norma, es decir, un aumento en los salarios, aunque modesto, debe ser el prerrequisito para un aumento en la productividad del trabajo. [*Una voz*: «¿Dónde obtendremos los medios?»]. Esto puede ser correcto o no, pero no es «socialdemócrata».

Hemos señalado la conexión entre distintos aspectos bien conocidos de nuestra vida interna partidaria y el crecimiento del burocratismo. Creo que no hay nada «socialdemócrata» en esto tampoco.

Nos hemos opuesto incluso a una sobreestimación de los elementos económicos de la estabilización capitalista y a la subestimación de sus elementos políticos. Si nosotros preguntamos, por ejemplo, ¿en qué consiste hoy la estabilización económica de Inglaterra?, entonces surge que Inglaterra está yendo a la ruina, que su balanza comercial es adversa, que su comercio exterior se está achicando, que su producción está cayendo. Esta es la «estabilización económica» de Inglaterra. Pero ¿a quién se está aferrando la Inglaterra burguesa? No a Baldwin, no a Thomas,[2] sino a Purcell. El purcellismo es el seudónimo hoy de la «estabilización» en Inglaterra. Por lo tanto somos de la opinión de que es fundamentalmente equivocado, en consideración de las masas obreras que están llevando adelante la huelga general, aliarse ya sea directa o indirectamente con Purcell. Esta es la razón por la que hemos exigido la disolución del Comité anglo-ruso. No veo nada «socialdemócrata» en esto.

Hemos insistido sobre una nueva revisión de nuestros estatutos sindicales, tema sobre el que informé al CC: una revisión de esos estatutos a partir de los cuales la palabra «Profintern» fue borrada el año pasado y reemplazada por las palabras «alianza internacional de sindicatos», que no puede significar otra cosa que «Amsterdam». Estoy contento de decir que esta revisión de la revisión del año pasado ha sido completada, y la palabra «Profintern» fue reinsertada en nuestros estatutos sindicales. Pero ¿por qué nuestra inquietud sobre el tema era «socialdemócrata»? Eso, camaradas, es algo que no puedo comprender en absoluto. [*Risas*].

Me gustaría enumerar, lo más brevemente posible, los puntos principales de diferencia que han surgido últimamente. Nuestra posición sobre los problemas en cuestión ha sido que hemos observado peligros que probablemente amenacen la línea de clase del partido y del Estado obrero bajo las condiciones impuestas por la prolongación de la NEP,[3] y el cerco que nos impone el capitalismo internacional. Pero esas diferencias, y la posición que adoptamos en defensa de nuestras opiniones, no pueden ser interpretadas como una «desviación socialdemócrata», ya sea recurriendo a los métodos lógicos más complicados o incluso a métodos escolásticos.

Esta es la razón de por qué se encontró necesario dejar esas diferencias reales y serias, engendradas por la época presente de nuestro desarrollo económico y político, y retroceder en el pasado para interpretar que las diferencias radicaban en la concepción del «carácter de nuestra revolución» en general —no en el período actual de nuestra revolución, no en relación a las tareas concretas actuales, sino en relación al carácter de la revolución en general, o como está expresado en las tesis, de la revolución «en sí», la revolución «en su sustancia»—. Cuando un alemán habla de una cosa «en sí», usa un término metafísico que ubica a la revolución por fuera de toda conexión con el mundo real que la rodea; se la abstrae del ayer y del mañana, y se la considera como una «esencia» de la que surgen todas las cosas. Ahora, entonces, en relación a esta «esencia», yo fui encontrado culpable, ¡en el año noveno de nuestra revolución, de haber negado el carácter socialista de nuestra revolución! ¡Nada más ni nada menos! Descubrí esto por primera vez en esta misma resolución. Si los camaradas encuentran necesario por alguna razón redactar una resolución en base a citas de mis escritos —y el sector principal de la resolución, llevando al primer plano la teoría del pecado original («trotskismo»), está redactada en base a citas de mis escritos entre 1917 y 1922—, entonces sería al menos aconsejable seleccionar lo esencial de todo lo que he escrito sobre el carácter de nuestra revolución.

Ustedes me disculparán, camaradas, pero no es placentero tener que dejar a un lado el tema actual y detallar dónde y cuándo escribí tal o cual cosa. Pero esta resolución, al tratar de apoyar la acusación de desviación «socialdemócrata», se refiere a pasajes de mis escritos, y estoy obligado a dar la información. En 1922 el partido me encargó escribir el libro *Terrorismo y comunismo contra Kautsky*, contra la caracterización de nuestra revolución hecha por Kautsky, como una revolución no proletaria y no socialista. Un gran número de ediciones de ese libro fueron distribuidas tanto en nuestro país como en el exterior por la Comintern. El libro no encontró ninguna recepción hostil de los camaradas más estrechamente implicados, incluyendo Vladimir Ilich. Este libro no fue citado en la resolución.

En 1922, el Buró Político me encargó escribir el libro titulado *Entre el imperialismo y la revolución*. [Publicado en inglés como *Between Red and White*]. En este libro yo utilicé la particular experiencia obtenida en Georgia, como una refutación a la posición de aquellos socialdemócratas internacionales que estaban usando el levantamiento de Georgia como un material contra nosotros, con el propósito de someter a un nuevo examen las principales cuestiones de la revolución proletaria, que tiene el derecho de tirar abajo no solo prejuicios pequeñoburgueses sino también instituciones pequeñoburguesas. Nuevamente, este libro no es citado.

En el III Congreso de la Comintern di un informe, de parte del CC, declarando en sustancia que habíamos entrado en una era de equilibrio inestable. Yo polemicé contra el camarada Bujarin, quien en ese momento era de la opinión de que íbamos a atravesar una serie ininterrumpida de revoluciones y crisis hasta la victoria del socialismo en todo el mundo, y que no habría ni podría haber ningún tipo de «estabilización». En ese momento el camarada Bujarin me acusó de una desviación de derecha (¿probablemente también socialdemócrata?). En pleno acuerdo con Lenin en el III Congreso defendí las tesis que había formulado. La importancia de esas tesis era que nosotros, a pesar de la velocidad más lenta de la revolución, atravesaríamos exitosamente este período desarrollando los elementos socialistas de nuestra economía. [Véase *Los primeros cinco años de la Internacional Comunista*, volumen 1].

En el IV Congreso Mundial, en 1922, el CC me encargó hablar a continuación de Lenin con un informe sobre la NEP. [Véase *Los primeros cinco años...*, volumen 2]. ¿Cuál fue mi tema? Yo sostuve que la NEP significa meramente un cambio en las formas y los métodos del desarrollo socialista. Y ahora, en lugar de tomar esos trabajos míos, que pudieron haber estado bien o mal, pero fueron al menos fundamentales, y en los cuales, en nombre del partido, definí el carácter de nuestra revolución entre los años 1920 y 1923, ustedes toman unos poquísimos pasajes, cada uno de solo dos o tres líneas, de un prefacio y un posfacio escritos en ese mismo período.

Repito que ninguno de los pasajes citados son de ningún trabajo fundamental. Esas cuatro pequeñas citas (1917 a 1922) forman la base para la acusación de que yo niego el carácter socialista de nuestra revolución. Así se completa la estructura de la acusación, se agrega todo pecado original imaginable, incluso el pecado de la oposición de 1925. La demanda de una industrialización más rápida y la propuesta de aumentar los impuestos a los *kulaks*, todo surge de esos cuatro pasajes. [*Una voz: «¡No forme fracciones!»*].

Camaradas, lamento haber tenido que tomar vuestro tiempo, pero debo citar unos pocos pasajes más —podría citar cientos— para refutar todo lo que la resolución me atribuye. Primero debo llamar vuestra atención al hecho de que las cuatro citas sobre las cuales se basa la teoría de mi pecado original han sido tomadas todas de mis escritos entre 1917 y 1922. Todo lo que he dicho desde entonces parece haber sido barrido por el viento. Nadie sabe si yo subsecuentemente consideré nuestra revolución como socialista o no. Hoy, a fines de 1926, la posición actual de la así llamada oposición sobre las principales cuestiones de economía y política es buscada en pasajes de mis escritos personales entre 1917 y 1922, y ni siquiera en pasajes de mis principales trabajos, sino en trabajos escritos para alguna ocasión. Retornaré a esas citas y responderé a cada una de ellas. Pero primero permítanme citar algunos pasajes de un carácter más esencial, escritos en el mismo período.

Por ejemplo, lo siguiente es un extracto de mi discurso en la conferencia del Consejo Sindical de Moscú, el 28 de octubre de 1921, después de la introducción de la NEP: «Hemos reorganizado nuestra política económica en anticipación de un desarrollo más lento de nuestra economía. Tenemos en cuenta la posibilidad de que la revolución en Europa, aunque se desarrolla y crece, se está desarrollando más lentamente de lo que esperábamos. La burguesía se ha demostrado más tenaz. Incluso en nuestro propio país estamos obligados a vérnosla con una transición más lenta al socialismo, ya que estamos rodeados de países capitalistas. Debemos concentrar nuestras fuerzas en nuestras empresas más grandes y mejor equipadas. Al mismo tiempo, no debemos olvidar que el impuesto en especies entre el campesinado, y el incremento de las empresas arrendadas, forman una base para el desarrollo de la producción de mercancías, para la acumulación de capital y para el surgimiento de una nueva burguesía. Al mismo tiempo, la economía socialista será construida sobre la base más estrecha pero más firme de la gran industria».

En una reunión de militantes de nuestro partido el 10 de noviembre del mismo año, en el distrito de Moscú de Sokolniki, planteé: «¿Qué tenemos ahora? Ahora tenemos el proceso de la revolución socialista, en primer lugar dentro de un solo Estado y en segundo lugar en un Estado que es muy atrasado, tanto económica como culturalmente, y está rodeado por todos lados por países capitalistas».

¿Qué conclusión saqué de esto? ¿Propuse una capitulación? Propuse lo siguiente:

> Es nuestra tarea hacer que el socialismo demuestre sus ventajas... El campesino será el juez que se pronuncie sobre las ventajas o desventajas del Estado socialista. Estamos compitiendo con el capitalismo en el mercado campesino...
>
> ¿Cuál es la base actual para nuestra convicción de que triunfaremos? Hay muchas razones que justifican nuestra creencia. Esta se basa tanto en la situación internacional como en el desarrollo del Partido Comunista; en el hecho de que retenemos todo el poder en nuestras manos, y en el hecho de que permitimos el libre comercio solo dentro de los límites que consideramos necesarios.

Esto, camaradas, fue dicho en 1921; ¡y no en 1926!

En mi informe al IV Congreso Mundial (dirigido contra Otto Bauer, que recientemente se descubrió mi relación con él) hablé del siguiente modo:

> Nuestra arma más importante en la lucha económica que se desarrolla sobre la base del mercado es el poder estatal. Los inocentones reformistas son los únicos incapaces de comprender el significado de esta arma. La burguesía lo comprende excelentemente. Toda la historia de la burguesía prueba esto.
>
> Otra arma del proletariado es que las fuerzas productivas más importantes del país están en sus manos: todo el sistema ferroviario, toda la industria minera, la abrumadora mayoría de las empresas que sirven a la industria están bajo el manejo económico directo de la clase obrera.
>
> Del mismo modo, el Estado obrero posee la tierra, y los campesinos contribuyen anualmente a cambio de usarla con cientos de millones de puds. [Un pud equivale a 36 libras] en impuestos en especies.
>
> El poder obrero mantiene las fronteras estatales: las mercancías extranjeras y el capital extranjero en general, solo pueden tener acceso a nuestro

país dentro de los límites considerados deseables y legítimos por el Estado obrero.

Estas son las armas y los medios de la construcción socialista. [Véase *Los primeros cinco años...*, volumen 2].

En un folleto publicado por mí en 1923 bajo el título *Problemas de la vida cotidiana*, ustedes pueden leer sobre este tema:

> Ahora, ¿qué ha ganado realmente la clase obrera y asegurado para sí como resultado de la revolución?
> 1. La dictadura del proletariado (representada por el Gobierno obrero y campesino bajo la dirección del Partido Comunista).
> 2. El Ejército Rojo —un apoyo firme para la dictadura del proletariado.
> 3. La nacionalización de los principales medios de producción sin los cuales la dictadura del proletariado se hubiera vuelto una forma vacía de sustancia.
> 4. El monopolio del comercio exterior, que es la condición necesaria para la estructura del Estado socialista en un medio capitalista.
>
> Esas cuatro cosas, ganadas definitivamente, forman la estructura de acero de todo nuestro trabajo; y cada éxito que logramos en economía o cultura —siempre que sea un logro real y no un engaño— se transforma en este marco en una parte necesaria de la estructura socialista. [*Problemas de la vida cotidiana*].

Este mismo folleto contiene otra formulación incluso más definitiva:

> Cuanto más fácil era (comparativamente, por supuesto) para el proletariado ruso atravesar la crisis revolucionaria, más duro se volvía su trabajo por la construcción socialista. Pero, por otro lado, el marco de nuestra nueva estructura social, marcada por las cuatro características mencionadas más arriba, le da un contenido objetivamente socialista a todos los esfuerzos consciente y racionalmente dirigidos en el dominio de la economía y la cultura. Bajo el régimen burgués el trabajador, sin deseo ni intención de su parte, continuamente enriquecía a la burguesía, y lo hacía cada vez más cuanto mejor era su trabajo. En el Estado soviético un trabajador bueno y consciente, aunque trate de hacerlo o no (en caso que no esté en el partido y se mantenga alejado de la política) logra resultados socialistas e

incrementa la riqueza de la clase obrera. Esta es la obra de la Revolución de Octubre, y la NEP no ha cambiado nada con respecto a esto. [*Problemas de la vida cotidiana*, p. 20].

Podría prolongar esta cadena de citas indefinidamente, porque nunca caractericé ni podría caracterizar nuestra revolución de otra forma. Me limitaré, sin embargo, a un pasaje más, de un libro citado por el camarada Stalin (*¿Hacia el capitalismo o el socialismo?*).[4] Este libro fue publicado por primera vez en 1925 y fue publicado originalmente como una serie de artículos en *Pravda*. Los editores de nuestro periódico central nunca llamaron mi atención por cometer alguna herejía en ese libro con respecto al carácter de nuestra revolución. Este año se imprimió la segunda edición del libro. Fue traducido a diferentes idiomas por la Comintern y esta es la primera vez que oigo que da una idea falsa de nuestro desarrollo económico. El camarada Stalin les ha leído unas pocas líneas, elegidas arbitrariamente para mostrar esto que no está «claramente formulado». Me veo obligado así a leer un pasaje más largo, para probar que la idea en cuestión está bastante claramente formulada. Lo que sigue está planteado en la introducción, dedicada a criticar a nuestros críticos burgueses y socialdemócratas, sobre todo Kautsky y Otto Bauer. Aquí ustedes pueden leer: «Estos juicios —formulados por los enemigos de nuestros métodos económicos— son de dos tipos. En primer lugar, se nos dice que estamos arruinando al país por nuestro trabajo de construcción socialista; en segundo lugar, se nos dice que nuestro desarrollo de las fuerzas productivas nos está llevando en realidad hacia el capitalismo».

El primer tipo de crítica es característica del modo de pensar de la burguesía. El segundo tipo de crítica pertenece a la socialdemocracia, es decir al pensamiento burgués bajo la máscara del socialismo. No existen límites precisos entre ambos tipos de crítica y, a menudo, las dos intercambian su arsenal de argumentos, sin darse cuenta, obnubilados como están con la guerra santa contra la «barbarie comunista».

Espero que este libro muestre al lector, sin prejuicios, que ambos tipos de crítica son críticas falsas, tanto en el caso de los grandes burgueses, como en el de los pequeñoburgueses que se hacen pasar por socialistas. Mienten cuando dicen que los bolcheviques han arruinado Rusia. Hechos absolutamente irrefutables demuestran que, en la Rusia devastada por la guerra imperialista y las guerras civiles, las fuerzas de producción de la industria y de la agricultura se están acercando al nivel de preguerra, que será alcanzado durante el próximo año. Es falso afirmar que el desarrollo de las fuerzas productivas está yendo en dirección al capitalismo. En la industria, los transportes, las comunicaciones, el comercio, el sistema financiero y de crédito, el papel desempeñado por la economía nacionalizada no disminuye a medida que las fuerzas productivas aumentan; por el contrario, este papel cobra cada vez más importancia en la economía total del país. Los hechos y las cifras demuestran esto más allá de toda discusión.

En la agricultura la situación es mucho más complicada. Y para un marxista esta situación no es inesperada: la transición de una economía campesina atomizada a la agricultura socialista no es imaginable más que tras una serie de etapas exitosas en la técnica, la economía y la cultura. Que el poder permanezca en manos de la clase que quiere llevar la sociedad al socialismo y que cada vez es más capaz de influir en la población campesina por medio de la industria estatal, elevando el grado de la técnica de la agricultura y creando de este modo el punto de partida para la agricultura colectiva, he aquí la condición fundamental de esta transición. [*¿Hacia el capitalismo o el socialismo?*].

El borrador de la resolución sobre la oposición plantea que la posición de Trotski se aproxima estrechamente a la de Otto Bauer, que ha dicho, «En Rusia, donde el proletariado representa solo una pequeña minoría de la nación, el proletariado solo puede mantener su dominio de manera temporal, y está obligado a perderlo de nuevo tan pronto como la mayoría campesina de la nación se haya vuelto lo suficientemente madura en materia de cultura como para tomar la dirección».

En primer lugar, camaradas, ¿quién podría sostener la idea de que una formulación tan absurda se le pudiera ocurrir a cualquiera de nosotros? ¿Qué se debe entender por «tan pronto como la mayoría campesina de la nación se haya vuelto lo suficientemente madura culturalmente»? ¿Qué significa esto? ¿Qué tenemos que entender por «cultura»? Bajo las condiciones capitalistas el campesinado no tiene cultura independiente. En lo que a la cultura concierne, el campesino puede madurar bajo la influencia del proletariado o de la burguesía. Estas son las únicas dos posibilidades existentes para el avance cultural del campesinado. Para un marxista, la idea de que el campesinado «culturalmente maduro», habiendo derrocado al proletariado, puede tomar el poder por su propia cuenta, es un prejuicio totalmente absurdo. La experiencia de las dos revoluciones nos ha enseñado que el campesinado, si entra en conflicto con el proletariado y lo derroca del poder, simplemente tiende un puente —a través del bonapartismo— para la burguesía. Un Estado campesino independiente no basado ni en la cultura proletaria ni en la burguesa es imposible. Toda la construcción de Otto Bauer colapsa en un absurdo pequeñoburgués lamentable.

Se nos dijo que no tenemos confianza en el establecimiento del socialismo. Y al mismo tiempo somos acusados de querer «robar» al campesinado (¡no a los *kulaks*, sino al campesinado!).

Pienso, camaradas, que estas palabras no son en absoluto de nuestro diccionario. Los comunistas no pueden proponer que el Estado obrero «robe» al campesinado, y es precisamente con el campesinado con lo que estamos preocupados. Una propuesta de liberar al 40% del campesinado pobre de todo impuesto, y poner esos impuestos al *kulak*, puede estar mal o bien, pero nunca puede ser interpretada como una propuesta de «robar» al campesinado.

Les pregunto: si nosotros no tenemos confianza en el establecimiento del socialismo en nuestro país, o si (como se dijo de mí) proponemos que se espere pasivamente a la revolución europea, entonces ¿por qué proponemos «robar» al campesinado? ¿Con qué fin? Esto es incomprensible. Somos de la opinión de que la industrialización —la base del socialismo— se está desarrollando muy lentamente, y que esto afecta negativamente al campesinado. Si, digamos, la cantidad de productos agrícolas puestos en el mercado este año es 20% más que el año pasado —y tomo esas cifras con reservas— y al mismo tiempo el precio del grano se ha hundido el 8% y los precios de los distintos productos industriales han crecido el 16%, como ha ocurrido, entonces el campesino gana menos que cuando sus cultivos eran más pobres y los precios minoristas de los productos industriales más bajos. La aceleración de la industrialización, especialmente a través del aumento a los impuestos al *kulak*, resultará en la producción de una cantidad mayor de bienes, reduciendo los precios minoristas, favoreciendo a los obreros y a la mayor parte del campesinado.

Es posible que ustedes no acuerden con esto. Pero nadie puede negar que es un sistema de posiciones sobre el desarrollo de nuestra economía. ¿Cómo pueden decir que no tenemos confianza en la posibilidad del desarrollo socialista, y al mismo tiempo afirmar que demandamos que se le robe al campesinado? ¿Con qué objetivo? ¿Con qué propósito? Nadie puede explicar esto. Yo sostengo que no puede ser explicado. Hay cosas que son imposibles de explicar. Por ejemplo, frecuentemente me he preguntado ¿por qué se puede suponer que la disolución del Comité anglorruso implica un llamado a abandonar los sindicatos? Y ¿por qué el no entrar en la Internacional de Amsterdam no constituye un llamado a los trabajadores a no unirse a los sindicatos de Amsterdam? [*Una voz*: «¡*Ya le explicaremos eso a usted!*»]. Nunca recibí una respuesta a esta pregunta, y nunca la recibiré. [*Una voz*: «*Usted tendrá su respuesta*»]. Tampoco recibiré una respuesta a la pregunta de cómo nos ingeniamos para descreer en la realización del socialismo y aun así nos empeñamos en «robar» al campesinado.

Mi libro, del cual cité los últimos pasajes, habla en detalle de la importancia de la distribución correcta de nuestro ingreso nacional, en virtud de que nuestro desarrollo económico está desenvolviéndose en medio de una lucha de dos tendencias: la socialista y la capitalista.

> [...] Del resultado de la lucha depende el ritmo de desarrollo de estas dos tendencias. En otras palabras, si la industria de Estado se desarrollara más lentamente que la agricultura, si esta dividiera con una aceleración siempre creciente estas capas diametralmente opuestas de los granjeros capitalistas «de arriba» y de los proletarios «de abajo», entonces tal proceso conduciría naturalmente a la restauración del capitalismo. Ahora bien, que nuestros enemigos intenten probar que esta perspectiva es inevitable. Incluso si se dedican a ello con mucha mayor habilidad que el pobre Kautsky (o Mac Donald), se quemarán los dedos. ¿Debe, por lo tanto, quedar excluida la perspectiva que acabamos de aludir? Teóricamente, no. Si el partido cometiera error tras error, tanto en el plano político como en el económico, si de este modo frenara el crecimiento de la industria, que crece en estos momentos de un modo muy satisfactorio, si se dejara arrebatar el control del proceso político y económico en la aldea, entonces naturalmente la causa del socialismo estaría perdida en nuestro país. Pero, para emitir tal pronóstico, no tenemos necesidad de partir de esas suposiciones. Cómo se pierde el poder, cómo se entregan las conquistas del proletariado, cómo se trabaja para el capitalismo, es algo que Kautsky

y sus amigos han enseñado admirablemente después del 9 de noviembre de 1918. Nadie puede darles lecciones.

Nosotros tenemos otras tareas, otras metas, otros métodos. Queremos mostrar cómo se mantiene y se consolida el poder adquirido, y cómo se debe llenar la forma del Estado proletario con el contenido del socialismo. Queremos demostrar cómo el poder, una vez conseguido, puede ser retenido o consolidado, y cómo la forma del Estado proletario puede ser llenada con el contenido económico del socialismo.

Todo el contenido de este libro [*una voz: «¡No hay nada sobre las cooperativas en ese libro!»*] —ya llegaré a las cooperativas—, todo el contenido de ese libro está dedicado al tema de cómo a la forma proletaria del Estado se le dará el contenido económico del socialismo. Se puede decir (ya se hicieron insinuaciones en este sentido): Sí, ustedes creyeron que estábamos avanzando hacia el socialismo en la medida en que el proceso de reconstrucción estaba en marcha, y en la medida en que la industria se desarrollaba a una velocidad del 45% o 35% al año, pero ahora que hemos llegado a una crisis en relación al capital fijo y ustedes ven las dificultades de expandir nuestro capital fijo, han caído presa del denominado «pánico».

No puedo citar todo el capítulo sobre «los límites materiales y las posibilidades del ritmo de desarrollo». Este señala los cuatro elementos que caracterizan las ventajas de nuestro sistema sobre el capitalismo y extrae la siguiente conclusión: «Consideradas en conjunto, esas cuatro ventajas, si son correctamente utilizadas, nos permitirán en los próximos años incrementar el coeficiente de nuestra expansión industrial no solo al doble de la cifra del 6% lograda en el período de preguerra, sino tres veces esa cifra, y quizás incluso más». [*El desafío de la oposicion de izquierda* (1923-1925)].

Si no me equivoco, el coeficiente de nuestro crecimiento industrial será, de acuerdo a los planes, del 18%. En este todavía hay, por supuesto, elementos de reconstrucción. Pero de todos modos los pronósticos estadísticos extremadamente aproximados que yo hice como ejemplo hace dieciocho meses coinciden bastante bien con nuestra velocidad real de este año.

Ustedes preguntan: ¿Cuál es la explicación de esos pasajes tenebrosos citados en la resolución? Tendré que responder a esta pregunta. Debo primero, sin embargo, repetir que no se ha citado ni una sola palabra de los trabajos fundamentales que escribí sobre el carácter de la revolución entre 1917 y 1922, y se guardó completo silencio sobre todo lo que he escrito desde 1922, incluso lo que escribí el año pasado y este año. Se citan cuatro pasajes. El camarada Stalin los ha tratado en detalle, y a ellos se refiere la resolución, entonces me permitirán dedicarles también algunas palabras.

4. El movimiento obrero logra la victoria en la revolución democrática [...]
5. La [...] burguesía se transforma en [...] contrarrevolucionaria [...]. Entre el campesinado, el conjunto del sector más acomodado, y una gran parte de los campesinos medios, también se vuelven «más sabios», se calman y se pasan al lado de la contrarrevolución para arrancarle el poder al proletariado y los pobres del campo [...].
6. [...] Esta lucha hubiera sido casi sin esperanzas para el proletariado ruso solo, y su derrota hubiera sido [...] inevitable [...] si el proletariado socialista europeo no hubiera ido en ayuda del proletariado ruso. [*Obras escogidas*, volumen 10].

Me temo, camaradas, que si alguien les dijera que esas líneas representan un producto malicioso del trotskismo, muchos camaradas le creerían. Pero este pasaje es de Lenin. El quinto volumen de las *Misceláneas* de Lenin contiene el borrador de un folleto que Lenin intentó escribir a fines de 1905. Aquí se describe esta posible situación: los trabajadores triunfan en la revolución democrática, el sector acomodado del campesinado se pasa a la contrarrevolución. Debería decir que este pasaje está citado en la última edición de *Bolshevik*, en la página 68, pero desafortunadamente con una grave mala interpretación, aunque el extracto es citado entre comillas: las palabras referidas al sector considerable del campesinado están simplemente excluidas. Los llamo a comparar la quinta edición de *Misceláneas* de Lenin, p. 451, con la última edición de *Bolshevik*, p. 68.

Podría citar docenas de estos pasajes de los trabajos de Lenin: vol. 9, pp. 135-136; vol. 10, p. 191; vol. 12, pp. 106-107. (No tengo tiempo para leerlos, pero cualquiera puede buscar las referencias). Citaré solo un pasaje, del vol. 10, p. 280:

La Revolución Rusa —se está refiriendo a la revolución democrática— puede alcanzar la victoria por sus propios esfuerzos, pero probablemente no pueda mantener y consolidar sus conquistas por sus propias fuerzas. No puede hacer esto a menos que haya una revolución socialista en Occidente. Sin esta condición la restauración es inevitable, independientemente que tengamos municipalización, o nacionalización, o división de la tierra: porque bajo todas y cada una de las formas de propiedad, el pequeño propietario siempre será un baluarte de la restauración. Después de la completa victoria de la revolución democrática el pequeño propietario se volverá inevitablemente contra el proletariado.

[*Una voz*: «Hemos introducido la NEP»].

Es verdad, me referiré a eso ahora.

Examinemos ahora el pasaje que escribí en 1922, para que podamos ver cómo se había desarrollado mi posición sobre la revolución en la época de 1904-1905.

No tengo ninguna intención, camaradas, de plantear la cuestión de la teoría de la *revolución permanente*. Esta teoría —tanto en relación a lo que en ella era correcto como lo que era incompleto y equivocado— no tiene nada que ver con las actuales discusiones. En todo caso, esta teoría de la *revolución permanente*, a la cual se le ha dedicado tanta atención recientemente, no es responsabilidad en lo más mínimo ni de la oposición de 1925 ni de la oposición de 1923,[5] e incluso yo mismo la considero una cuestión que ha quedado ya hace mucho tiempo relegada a los archivos.

Pero permítanme volver al pasaje citado en la resolución. (Esto lo escribí en 1922, pero desde el punto de vista de 1905-1906). «El proletariado, una vez que tenga el poder en sus manos, [...] entrará en conflicto hostil, no solo con todos esos grupos burgueses que lo habían apoyado durante las primeras etapas de la lucha revolucionaria, sino también con las amplias masas del campesinado, con cuya colaboración este —el proletariado— había llegado al poder». [1905, p. 6].

Aunque esto fue escrito en 1922, fue planteado en tiempo futuro —el proletariado entrará en conflicto con la burguesía, etcétera— porque estaban siendo descritas las visiones prerrevolucionarias. Yo les pregunto: ¿Se ha demostrado correcto el pronóstico de Lenin de 1905-1906, que los campesinos medios se pasarían en gran medida a la contrarrevolución? Yo sostuve que ha demostrado ser cierto en parte. [*Voces*: «¿*En parte? ¿Cuándo?*». *Ruido de voces en el recinto*]. Sí, bajo la dirección del partido y sobre todo bajo la dirección de Lenin, la división entre nosotros y el campesinado fue sorteada por la Nueva Política Económica. Esto es indiscutible. [*Clamor de voces*]. Si alguno de ustedes imagina, camaradas, que en 1926 yo no comprendo el significado de la Nueva Política Económica, ustedes están equivocados. Comprendo el significado de la Nueva Política Económica en 1926, quizás no tan bien como otros camaradas, pero todavía lo comprendo. Pero ustedes deben recordar que en ese momento, antes de que hubiera cualquier Nueva Política Económica, antes de que hubiera una revolución de 1917, y cuando nosotros estábamos bosquejando las primeras líneas de los acontecimientos posibles, utilizando la experiencia obtenida en revoluciones previas —la gran Revolución Francesa y la revolución de 1848— en ese momento todos los marxistas, incluso Lenin (les he dado citas), tenían la opinión de que después de que la revolución democrática fuera completada y se le diera la tierra a los campesinos, el proletariado encontraría la oposición no solo de los grandes campesinos, sino de un sector considerable de los campesinos medios, que representarían una fuerza hostil e incluso contrarrevolucionaria.

¿Ha habido signos entre nosotros de la verdad de ese pronóstico? Sí, ha habido signos, y bastante claros. Por ejemplo, cuando el movimiento Majno[6] en Ucrania ayudó a los Guardias Blancos a barrer el poder soviético, esto fue una prueba de lo correcto del pronóstico de Lenin. El levantamiento de Antónov, el levantamiento de Siberia, el levantamiento del Volga, el levantamiento en los Urales, la revuelta de Kronstadt —cuando los «campesinos medios» dialogaron con el poder soviético en el lenguaje de los cañones navales de doce pulgadas— ¿no prueba todo esto que el pronóstico de Lenin era correcto en un cierto estadio de desarrollo de la revolución? [*Camarada Moiseyenko: «¿Y qué propuso Ud.?»*]. ¿No queda perfectamente claro que el pasaje escrito por mí en 1922 sobre la división entre nosotros y el campesinado era simplemente una constatación de esos hechos?

Superamos el cisma entre nosotros y el campesinado por medio de la NEP. ¿Y había diferencias entre nosotros durante la transición a la NEP? No hubo ninguna diferencia durante la transición a la NEP. [*Clamor en la sala*]. Hubo diferencias sobre la cuestión sindical antes de la transición a la NEP, cuando el partido todavía estaba buscando salir del callejón sin salida. Esas diferencias fueron de gran importancia. Pero sobre la cuestión de la NEP, cuando Lenin sometió la resolución de la NEP al X Congreso del Partido,[7] todos votamos unánimemente a favor de ella. Y cuando se planteó una nueva resolución sindical como resultado de la NEP —unos pocos meses después del X Congreso del Partido— nuevamente votamos por unanimidad a favor de esta resolución en el CC. Pero durante el período de transición —y los cambios provocados por esta no eran menores— los campesinos, incluyendo los campesinos medios, declararon: «Estamos a favor de los bolcheviques, pero en contra de los comunistas». ¿Qué significa esto? Significa una forma particularmente rusa de desertar de la revolución proletaria por parte del campesinado medio en una etapa dada.

Se me reprocha haber dicho que es «impotente pensar que la Rusia revolucionaria sería capaz de mantenerse frente a una Europa conservadora». [*El programa de la paz*]. Esto yo lo escribí en mayo de 1917, y pienso que era totalmente correcto. ¿Nos hemos mantenido contra una Europa conservadora? Permítannos considerar los hechos. En el momento en que Alemania estaba discutiendo un tratado de paz con la Entente, el peligro era especialmente grande. Si la revolución alemana no hubiera estallado en este punto —esa revolución alemana que quedó incompleta, sofocada por los socialdemócratas, pero que fue suficiente para derrocar al viejo régimen y desmoralizar al ejército de los Hohenzollern—, repito, si la revolución alemana, tal como fue, no hubiera estallado, entonces hubiéramos sido derrocados. No es por accidente que el pasaje contiene la frase «frente a una Europa conservadora» y no «frente a una Europa capitalista». Contra una Europa conservadora, manteniendo todo su aparato, en particular sus ejércitos. Yo les pregunto: ¿Podríamos mantenernos bajo esas circunstancias, o no podríamos? [*Una voz*: «¿*Le está hablando a niños?*»]. Que sigamos existiendo se debe al hecho de que Europa no ha seguido siendo lo que era. Lenin escribió lo siguiente sobre este tema: «Vivimos no solamente en un Estado, sino en un sistema de Estados, y es inconcebible para la República Soviética existir al lado de los Estados imperialistas por un período prolongado de tiempo. Uno u otro debe triunfar al fin». [*Obras escogidas*, volumen 29, p. 153].

¿Cuándo dijo esto Lenin? El 18 de marzo de 1919, es decir, dos años después de la Revolución de Octubre. Mis palabras de 1917 significaban que si nuestra revolución no sacudía a Europa, si no la movía, entonces estábamos perdidos. ¿No es en esencia lo mismo? Les pregunto a todos los camaradas más viejos, que eran políticamente conscientes antes y durante 1917: «¿Cuál era vuestra concepción de la revolución y sus consecuencias?».

Cuando trato de recordar esto, no puedo encontrar otra formulación más que aproximadamente la que sigue:

> Pensábamos o bien la revolución internacional viene en nuestra ayuda, y en ese caso nuestra victoria estará plenamente asegurada, o haremos nuestro modesto trabajo revolucionario con la convicción de que incluso en la eventualidad de una derrota habremos servido a la causa de la revolución y que nuestra experiencia beneficiará a otras revoluciones. Era claro para nosotros que sin el apoyo de la revolución mundial la victoria de la revolución proletaria era imposible. Antes de la revolución, e incluso después de ella, pensábamos que o la revolución estalla en otros países, en los países capitalistas más adelantados, inmediatamente, o al menos muy rápidamente, o debemos perecer. [*Obras escogidas*, volumen 32, pp. 479-480].

Esta era nuestra concepción del destino de la revolución. ¿Quién dijo esto? [*Camarada Moiseyenko*: «¡Lenin!». *Una voz*: «¿Y qué dijo él después?»].

Lenin dijo esto en 1921, mientras el pasaje mío citado es de 1917. Tengo entonces derecho a referirme a lo que dijo Lenin en 1921. [*Una voz*: «¿Y qué dijo Lenin después?»]. Después yo también dije algo diferente. [*Risas*]. Tanto antes como después de la revolución, nosotros creíamos que: «O la revolución estalla en otros países, en los países capitalistas más adelantados, inmediatamente, o al menos rápidamente, o debemos perecer». Pero: «A pesar de esta convicción, hicimos todo lo posible para preservar al sistema soviético bajo toda circunstancia, porque sabíamos que no estábamos trabajando solo para nosotros, sino también para la revolución internacional. Sabíamos esto, repetidamente expresamos esta convicción antes de la Revolución de Octubre, inmediatamente después de esta, y en el momento en que firmamos el Tratado de Paz de Brest-Litovsk. Y, generalmente hablando, ¡esto fue correcto!».

Este pasaje continúa diciendo que nuestro camino se ha vuelto más intrincado y sinuoso, pero que en todo lo esencial nuestro pronóstico era correcto. Como ya he dicho, pasamos a la NEP unánimemente, sin ninguna diferencia en absoluto. [*Camarada Moiseyenko*: «¡Para salvarnos de la ruina!»].

Cierto, solo por esa razón, para salvarnos de la ruina.

Camaradas, les ruego extender el tiempo asignado a mi discurso. Me gustaría hablar sobre la teoría del socialismo en un solo país. Les pido otra media hora. [*Clamor en la sala*].

Camaradas, sobre la cuestión de las relaciones entre el proletariado y el campesinado...

PRESIDENTE: Por favor, espere hasta que hayamos decidido. Hago tres propuestas: primero, adherir al tiempo original destinado al camarada Trotski; segundo, una extensión de media hora; tercero, una extensión de un cuarto de hora. [*Se vota mayoritariamente por darle media hora más*].

TROTSKI: El siguiente pasaje citado de mis escritos me ha significado el reproche de que mientras Lenin dijo «diez a veinte años de relaciones correctas con el campesinado y nuestra victoria está asegurada a escala internacional», el trotskismo, por el contrario, supone que el proletariado no puede entrar en ninguna relación correcta con el campesinado hasta que se haya completado la revolución mundial. Ante todo debo preguntar el significado real del pasaje citado. Lenin habla de diez a veinte años de relaciones correctas con el campesinado. Esto significa que Lenin no esperaba que el socialismo fuera establecido dentro de diez o veinte años. ¿Por qué? Porque por socialismo debemos entender un estado de la sociedad en el que no hay ni proletariado ni campesinado, ni ninguna otra clase. El socialismo liquida la oposición entre la ciudad y el campo. Así se nos plantea el término de veinte años, en el curso del cual debemos implementar una línea política que lleve a relaciones correctas entre el proletariado y el campesinado. Este el primer punto.

Más adelante, sin embargo, se dice que el trotskismo es de la opinión de que no puede haber relaciones correctas entre el campesinado y el proletariado hasta que se haya completado la revolución mundial. Se alega así que yo he establecido una ley según la cual se deben mantener relaciones incorrectas con el campesinado lo más posible, hasta que la revolución triunfe. [*Risas*]. Aparentemente no se trató de expresar esta idea aquí, ya que esta no tiene ningún sentido en absoluto.

¿Qué fue la NEP? La NEP ha sido un proceso de cambiar de vía, precisamente para establecer relaciones correctas entre el proletariado y el campesinado. ¿Había diferencias entre nosotros sobre este tema? No, no había ninguna. Lo que estamos discutiendo ahora es el impuesto al *kulak*, y las formas y los métodos a ser adoptados para aliar al proletariado con los pobres de la aldea. ¿Cuál es la cuestión actual? El método mejor para establecer relaciones correctas entre el campesinado y el proletariado. Ustedes tienen el derecho a no estar de acuerdo con propuestas individuales nuestras, pero deben reconocer que toda la lucha ideológica gira alrededor de la cuestión de qué relaciones son correctas en la etapa actual de desarrollo.

¿Había diferencias entre nosotros en 1917 sobre la cuestión campesina? No. El decreto campesino, el decreto campesino «social revolucionario», fue adoptado por unanimidad por nosotros como nuestra base. El decreto sobre la tierra, redactado por Lenin, fue aceptado por nosotros unánimemente y no dio lugar a ninguna diferencia en nuestros círculos. ¿Dio lugar la política de *deskulakización* a algún motivo de diferencias? No, no hubo diferencias sobre esto. [*Una voz*: «¿Y Brest?»]. La lucha comenzada por Lenin, para ganar al campesinado medio, ¿dio lugar a diferencias? No, no dio lugar a ninguna. No afirmo que no hubo diferencias en nada, sino que sostengo definitivamente que, independientemente de lo grande que pudieron haber sido las diferencias de opinión en varias e incluso importantes cuestiones, no hubo diferencias de opinión en la cuestión de la principal línea política a seguir en relación al campesinado.

En 1919 había rumores en el exterior de diferencias sobre esta cuestión. ¿Y qué escribió Lenin sobre el tema? Echemos una mirada hacia atrás. En ese momento el campesino Gúlov me preguntó: «¿Cuáles son las diferencias de opinión entre Ilich y usted?» y yo respondí a esta pregunta en *Pravda* y en *Izvestia*. Lenin escribió lo siguiente sobre este tema en *Pravda* y en *Izvestia*, en febrero de 1919:

> *Izvestia* del 2 de febrero publicó una carta de un campesino, G. Gúlov, que hace una pregunta sobre la actitud de nuestro Gobierno obrero y campesino hacia el campesinado medio, y habla de rumores de que Lenin y Trotski no están juntos, y que hay grandes diferencias entre ellos sobre esta misma cuestión del campesinado medio.
>
> El camarada Trotski ya ha contestado a eso en su «Carta a los campesinos medios», que apareció en *Izvestia* del 7 de febrero. En esta carta el camarada Trotski dice que los rumores de diferencias entre él y yo son la mentira más monstruosa y desvergonzada, difundida por los terratenientes y los capitalistas, o por sus cómplices conscientes e inconscientes. Por mi parte, confirmo completamente la declaración del camarada Trotski.

> No hay diferencias entre nosotros, y en relación a los campesinos medios no hay diferencias ni entre Trotski y yo, ni más en general en el Partido Comunista, del cual ambos somos miembros.
>
> En su carta el camarada Trotski ha explicado claramente y en detalle por qué el Partido Comunista y el actual Gobierno obrero y campesino, elegido por los sóviets y compuesto por miembros del partido, no consideran a los campesinos medios como sus enemigos. Suscribo plenamente lo que ha dicho el camarada Trotski. [Una traducción levemente diferente se halla en *Obras escogidas*].

Esto fue antes de la NEP. Después vino la transición a la NEP. Repito una vez más que la transición a la NEP no dio lugar a diferencias. Sobre la cuestión de la NEP yo di un informe ante el IV Congreso Mundial,[8] en el curso del cual polemicé contra Otto Bauer. [Véase *Los primeros cinco años de la Internacional Comunista*, volumen 2]. Más tarde yo escribí lo siguiente:

> La NEP es considerada por la burguesía y los mencheviques como un paso necesario (aunque por supuesto «insuficiente») hacia liberar las fuerzas productivas de su «esclavitud». Los teóricos mencheviques de la variedad de Kautsky y Otto Bauer le han dado la bienvenida a la NEP como la aurora de la restauración capitalista en Rusia. Ellos agregan: O la NEP destruirá la dictadura bolchevique (resultado favorable) o la dictadura bolchevique destruirá a la NEP (resultado lamentable).

Todo mi informe en el IV Congreso Mundial estuvo dedicado a probar que la NEP no iba a destruir a la dictadura bolchevique, sino que la dictadura bolchevique, bajo las condiciones dadas por la NEP, aseguraría la supremacía de los elementos socialistas en la economía sobre los capitalistas.

Otro pasaje de mis trabajos ha sido citado contra mí —y aquí llego a la cuestión de la posibilidad de la victoria del socialismo en un solo país— que dice como sigue: «Las contradicciones entre el Gobierno obrero y la abrumadora mayoría de los campesinos en un país atrasado solo podría ser resuelta a escala internacional, en la arena de la revolución proletaria mundial». [1905]

Esto fue dicho en 1922. La resolución acusadora hace la siguiente afirmación: «La conferencia constata que estas posiciones como las del camarada

Trotski y sus seguidores, sobre la cuestión fundamental del carácter y las perspectivas de nuestra revolución, no tienen nada en común con las posiciones de nuestro partido, con el leninismo».

Ellos podrían haber dicho que esto era un matiz de la posición del partido —aunque no lo encuentro así ni siquiera hoy— o que esas posiciones no habían sido formuladas precisamente todavía (lo que tampoco me parece que sea así). Pero se plantea categóricamente: Esas posiciones «no tienen nada en común con las posiciones de nuestro partido, con el leninismo».

Aquí debo citar unas pocas líneas relacionadas estrechamente con el leninismo: «La victoria completa de la revolución socialista en un solo país es inconcebible y exige la cooperación más activa de al menos varios países avanzados, que no incluyen a Rusia». [*Obras escogidas*, volumen 28].

No fui yo el que dijo esto, sino alguien más grande que yo. Lenin dijo esto el 8 de noviembre de 1918. No antes de la Revolución de Octubre, sino el 8 de noviembre de 1918, un año después de que hubiéramos tomado el poder. Si no hubiera dicho nada más que esto, fácilmente podríamos inferir lo que nos guste sacando una oración o la otra fuera de contexto. [*Una voz:* «*¡Él estaba hablando de la victoria final!*»]. No, discúlpenme, él dijo: «exige la cooperación más activa». Aquí es imposible distraerse de la cuestión principal hacia la cuestión de la «intervención», porque está claramente planteado que la victoria del socialismo exige —no meramente la protección contra la intervención— la cooperación de «al menos varios países avanzados, que no incluyen a Rusia». [*Voces:* «*¿Y qué se sigue de esto?*»]. Este no es el único pasaje en el cual vemos que no se refiere meramente a la intervención. Y así la conclusión que se debe sacar es el hecho de que el punto de vista que yo he defendido, que las contradicciones internas que surgen del atraso de nuestro país deben ser resueltas por la revolución internacional, no es de mi exclusiva propiedad, sino que Lenin defendió las mismas posiciones, solo que de un modo incomparablemente más agudo y categórico.

Se nos dice que esto se aplica a la época en la cual la ley del desarrollo desigual de los países capitalistas se supone que todavía era desconocida, es decir, la época anterior al imperialismo. No puedo entrar a fondo en esto. Pero lamentablemente debo dejar constancia de que el camarada Stalin comete un gran error teórico e histórico aquí. La ley del desarrollo desigual del capitalismo es más antigua que el imperialismo. El capitalismo se está desarrollando muy desigualmente hoy en distintos países. Pero en el siglo XIX esta desigualdad era mayor que en el siglo XX. En ese momento Inglaterra era el amo del mundo, mientras que Japón por el contrario era un estado feudal confinado dentro de sus propios límites. En el momento en que la servidumbre era abolida entre nosotros, Japón comenzaba a adaptarse a la civilización capitalista. China estaba, sin embargo, todavía envuelta en el sueño más profundo. Y así sucesivamente. En ese momento la desigualdad del desarrollo capitalista era mayor que ahora. Esas desigualdades eran tan bien conocidas para Marx y para Engels como lo son para nosotros. El imperialismo ha desarrollado una «tendencia más niveladora» que el capitalismo pre-imperialista, por la razón de que el capital financiero es la forma más elástica del capital. Sin embargo, es indiscutible que hoy también hay una gran desigualdad en el desarrollo. Pero si se sostiene que en el siglo XIX, antes del imperialismo, el capitalismo se desarrolló menos desigualmente, y la teoría de la posibilidad del socialismo en un solo país era por lo tanto equivocada en ese momento, mientras que hoy, cuando el imperialismo ha aumentado la heterogeneidad del desarrollo, la teoría del socialismo en un país se ha transformado en correcta, entonces esta afirmación contradice toda la experiencia histórica, y revierte completamente los hechos. No, esto no funcionará; se deben buscar más argumentos y más serios.

El camarada Stalin ha escrito [en *Problemas del leninismo*, p. 71] que aquellos que niegan la posibilidad de establecer el socialismo en un país deben negar al mismo tiempo el carácter justificado de la Revolución de Octubre.

Pero en 1918 escuchamos de boca de Lenin que el establecimiento del socialismo requiere la cooperación directa de al menos varios países avanzados, «que no incluyen a Rusia». Aun así, Lenin no negaba el carácter justificado de la Revolución de Octubre. Y escribió lo siguiente con respecto a esto en 1918: «Sé que hay, por supuesto, sabihondos con una alta opinión de sí mismos y que incluso se llaman socialistas» —esto fue escrito contra los seguidores de Kautsky y Sujánov— «que afirman que no se debería haber tomado el poder hasta que la revolución estallara en todos los países. No se dan cuenta que al decir esto están desertando de la revolución y pasándose del lado de la burguesía. Esperar hasta que la clase obrera lleve adelante una revolución a escala internacional significa que cada uno permanezca congelado en un estado de anticipación. Esto es un sinsentido»... —pido disculpas, pero sigue así—. «Esto es un sinsentido. Todos saben las dificultades de una revolución […]. La victoria final solo es posible a escala mundial, y solo por el esfuerzo conjunto de los trabajadores de todos los países». [*Obras escogidas*].

A pesar de esto, Lenin no negaba el «carácter justificado» de la Revolución de Octubre.

Y más aún. En 1921 —no en 1914, sino en 1921— Lenin escribió:

> Los países capitalistas altamente desarrollados tienen una clase de asalariados agrícolas que se ha conformado a través de varias décadas […]Solo en los países donde esta clase está lo suficientemente desarrollada es posible pasar directamente del capitalismo al socialismo […] —aquí no es una cuestión de intervención sino del nivel de desarrollo económico y del desarrollo de las relaciones de clases del país—. Hemos subrayado en muchos escritos, en todos nuestros pronunciamientos públicos, y en todas nuestras declaraciones de prensa, que este no es el caso de Rusia, porque aquí los trabajadores industriales son una minoría y los pequeños campesinos son la vasta mayoría. En un país así, la revolución socialista solo puede triunfar sobre la base de dos condiciones. Primero, si recibe el apoyo oportuno de una revolución socialista en uno o varios países avanzados […].
>
> La segunda condición es el acuerdo entre el proletariado que está ejerciendo su dictadura, es decir, que tiene el poder del Estado, y la mayoría de la población campesina […].
>
> Sabemos que en la medida en que no haya revoluciones en otros países, solo el acuerdo con el campesinado puede salvar a la revolución socialista en Rusia. Y así es como debe plantearse, francamente, en todas las reuniones y en toda la prensa. [De un discurso al X Congreso del Partido Comunista ruso, *Obras escogidas*, volumen 32].

Lenin no planteaba que el entendimiento con el campesinado era suficiente, permitiéndonos construir el socialismo independientemente del destino del proletariado internacional. No, este entendimiento es solo una de las condiciones. La otra condición es el apoyo que reciba de la revolución en otros países. Él combina esas dos condiciones entre sí, enfatizando su necesidad especial para nosotros en la medida en que vivimos en un país atrasado.

Y finalmente, se alega en mi contra que yo he planteado que «un avance real de la economía socialista en Rusia solo es posible después de la victoria del proletariado en los países más importantes de Europa». Es probable, camaradas, que nos hayamos vuelto imprecisos en el uso de varios términos. ¿Qué queremos decir con «economía socialista» en el sentido estricto del término? Tenemos grandes éxitos en nuestra historia, y naturalmente estamos orgullosos de esto. Me he esforzado en describirlos en mi folleto *¿Hacia el socialismo o el capitalismo?* para beneficio de los camaradas extranjeros. Pero debemos hacer una evaluación seria del alcance de esos éxitos. Las tesis del camarada Ryzhkov plantean que nos estamos acercando al nivel de preguerra. Pero esto no es muy preciso. ¿Nuestra población es la misma que la de antes de la guerra? No, es mayor. Y el promedio de consumo per cápita de bienes industriales es considerablemente menor que en 1913. El Consejo Supremo de la Economía Nacional calcula que en relación con esto no recuperaremos el nivel de preguerra hasta 1930. Y entonces, ¿cuál era el nivel de 1913? Era el nivel de la miseria, del atraso, de la barbarie. Si hablamos de economía socialista, y de un avance real en la economía socialista, queremos decir: ningún antagonismo entre la ciudad y el campo, satisfracción general, prosperidad, cultura. Esto es lo que queremos decir con avance real de la economía socialista. Y todavía estamos muy lejos de este objetivo. Tenemos niños indigentes, tenemos desocupados, de las aldeas vienen tres millones de trabajadores sobrantes cada año, medio millón de ellos buscan trabajo en las ciudades, donde las industrias no pueden absorber más de cien mil al año. Tenemos el derecho a estar orgullosos de lo que hemos logrado, pero no debemos distorsionar la perspectiva histórica. Lo que hemos alcanzado no es todavía un avance real en la economía socialista, sino solo los primeros pasos serios en ese largo puente que lleva del capitalismo al socialismo. ¿Es esto lo mismo? De ninguna manera. El pasaje citado en mi contra planteaba la verdad.

En 1922 Lenin escribió:

> Pero nosotros no hemos terminado de construir siquiera las bases de la economía socialista y las potencias hostiles del capitalismo moribundo todavía nos pueden privar de ellas. Debemos apreciar claramente esto y admitirlo francamente; porque no hay nada más peligroso que las ilusiones (y el vértigo, particularmente a alturas elevadas). Y no hay nada absolutamente terrible, nada que dé bases legítimas para el más mínimo

desaliento, en admitir esta amarga verdad; porque siempre hemos instado y reiterado la verdad elemental del marxismo —que son necesarios los esfuerzos conjuntos de los trabajadores de varios países avanzados para la victoria del socialismo. [*Obras escogidas*, volumen 33].

La cuestión aquí, en consecuencia, no es la intervención, sino el esfuerzo conjunto de varios países avanzados para el establecimiento del socialismo. ¿O esto fue escrito por Lenin antes de la época del imperialismo, antes de que fuera conocida la ley del desarrollo desigual? No, él escribió esto en 1922.

Sin embargo, hay otro pasaje, en el artículo sobre las cooperativas, un solo pasaje, que se opone a todo lo demás que Lenin escribió, o más bien se hizo el intento de oponerlo. [*Una voz: «¡Accidentalmente!»*]. De ninguna manera accidentalmente. Yo estoy plenamente de acuerdo con esa afirmación. Debe ser comprendida apropiadamente. El pasaje es el siguiente:

> Efectivamente, el poder del Estado sobre todos los medios de producción a gran escala, el poder político en manos del proletariado, la alianza de este proletariado con los varios millones de pequeños campesinos y con los más pequeños, la dirección proletaria asegurada del campesinado, etcétera —¿no es esto todo lo que se necesita para construir una sociedad socialista completa a partir de las cooperativas, solo de las cooperativas, que antes ridiculizamos como tiendas de baratijas y que desde un cierto aspecto tenemos el derecho a tratarlas así ahora, bajo la NEP?—. ¿No es esto todo lo que se necesita para construir una sociedad socialista completa? Esto no es todavía la construcción de una sociedad socialista, pero esto es todo lo necesario y suficiente para esta. [*Obras escogidas*, volumen 33].

[*Una voz: «Usted lee demasiado rápido». Risas*]. Entonces me deben dar algunos minutos más, camaradas. [*Risas. Una voz: «¡Bien!»*]. ¿Bien? Estoy de acuerdo. [*Una voz: «Eso es justo lo que queremos»*].

¿Cuál es la cuestión aquí? ¿Qué elementos se enumeran? En primer lugar, la posesión de los medios de producción; en segundo lugar, el poder del proletariado; tercero, la ligazón entre el proletariado y el campesinado; cuarto, la dirección proletaria de los campesinos; y quinto, las cooperativas. Yo les pregunto: ¿alguno de ustedes cree que el socialismo puede ser establecido en un solo país aislado? ¿Podría, por ejemplo, el proletariado en Bulgaria solo, si tuviera al campesinado detrás suyo, tomar el poder, construir las cooperativas y establecer el socialismo? No, eso sería imposible. En consecuencia se requieren más elementos además de los mencionados más arriba: la situación geográfica, la riqueza natural, la tecnología, la cultura. Lenin enumera aquí las condiciones del poder estatal, las relaciones de propiedad y las formas organizativas de las cooperativas. Nada más. Y dice que nosotros, para establecer el socialismo, no necesitamos proletarizar al campesinado, ni necesitamos nuevas revoluciones, sino que somos capaces, con el poder en nuestras manos, en alianza con el campesinado, y con la ayuda de las cooperativas, de llevar a cabo nuestra tarea hasta el final como resultado de la acción de ese Estado y de las formas y métodos sociales.

Pero, camaradas, conocemos otra definición que dio Lenin del socialismo. Según esta definición, socialismo es igual al poder soviético más electrificación. ¿Está anulada la electrificación en el pasaje recientemente citado? No, no está anulada. Todo lo que dijo Lenin sobre el establecimiento del socialismo —y yo he citado formulaciones claras más arriba— es complementado por esta cita, pero no anulado. La electrificación no es algo que se lleve a cabo en el vacío, sino bajo ciertas condiciones, bajo las condiciones impuestas por el mercado mundial y la economía mundial, que son hechos muy tangibles. La economía mundial no es una mera generalización teórica, sino una realidad definida y poderosa, cuyas leyes nos abarcan; un hecho del cual cada año de nuestro desarrollo nos convence.

Antes de tratar esto en detalle, me gustaría recordarles lo siguiente: algunos de nuestros camaradas, antes de haber creado una teoría completamente nueva, y en mi opinión completamente equivocada, basada en una interpretación unilateral del artículo de Lenin sobre las cooperativas, sostuvieron una posición diferente. En 1924 el camarada Stalin no decía lo mismo que dice hoy. Esto fue señalado en el XIV Congreso del Partido,[9] pero el pasaje citado no desapareció por ese motivo, sino que sigue completo incluso en 1926.

Leamos:

> ¿Se puede completar esta tarea, se puede alcanzar la victoria final del socialismo en un solo país sin el esfuerzo conjunto del proletariado en varios países avanzados? No, no se puede. Para derrocar a la burguesía son suficientes los esfuerzos de un solo país; esto está probado por la historia

de nuestra revolución. Para la victoria final del socialismo, para la organización de la producción socialista, los esfuerzos de un solo país, y particularmente los de un país tan campesino como Rusia, son insuficientes; para esto se requiere el esfuerzo del proletariado de varios países avanzados. [De la primera edición de *Fundamentos del leninismo*, citado por Stalin en *Problemas del leninismo*].

Esto fue escrito por Stalin en 1924, pero la resolución me cita solo hasta 1922. [*Risas*]. Sí, esto fue lo que se dijo en 1924: para la organización de la producción socialista —no para la protección contra la intervención, no como garantía contra la restauración del orden capitalista, no, no— sino para la «organización de la producción socialista», los esfuerzos de un solo país, especialmente un país tan agrario como Rusia, no alcanzan. El camarada Stalin ha abandonado esta posición. Tiene por supuesto el derecho a hacerlo.

En su libro *Problemas del leninismo*, dice:

> ¿Cuál es el defecto de esta formulación? El defecto es que liga dos cuestiones diferentes. Primero está la cuestión de la posibilidad de construir completamente el socialismo por los esfuerzos de un solo país, a lo que se debe responder afirmativamente. Después está la otra pregunta: puede un país, en el cual se ha establecido la dictadura del proletariado, considerarse plenamente garantizado contra la intervención extranjera, y consecuentemente contra la restauración del viejo orden, sin la victoria de la revolución en muchos otros países, una pregunta que debe ser respondida por la negativa. [*Problemas del leninismo*].

Pero si ustedes me permiten decirlo, no encontramos esas dos cuestiones confundidas una con otra en el primer pasaje citado, que data de 1924. Aquí no es una cuestión de intervención, sino solo de la imposibilidad de la organización completa de la producción totalmente socializada por los esfuerzos, sin recibir ayuda, de un país tan campesino como Rusia.

Y verdaderamente, camaradas, ¿se puede reducir toda esta cuestión solo a la intervención? ¿Podemos simplemente imaginar que estamos estableciendo el socialismo aquí en esta casa, mientras los enemigos afuera en la calle están tirando piedras a través de los vidrios de las ventanas? El problema no es tan simple. La intervención es guerra, y la guerra es una continuación de la política, pero con otras armas. Pero la política es economía aplicada. De aquí que toda la cuestión es la de las relaciones económicas entre la Unión Soviética y los países capitalistas. Esas relaciones no se agotan en la forma conocida como intervención. Poseen un carácter mucho más continuo y profundo. El camarada Bujarin ha planteado en algunas palabras que el único peligro de la intervención consiste en el hecho de que, en caso de que no se aproxime ninguna intervención, «podemos trabajar hacia el socialismo incluso sobre esta base técnica miserable» —podemos trabajar hacia este, es verdad—, «este crecimiento del socialismo será mucho más lento, y tendremos que avanzar al paso de un caracol; igual trabajaremos hacia el socialismo, y lo realizaremos». [En el XIV Congreso del Partido].

Que estamos trabajando hacia el socialismo es verdad. Que lo realizaremos de la mano del proletariado mundial es indiscutible. [*Risas*]. En mi opinión está fuera de lugar reírse en una conferencia comunista cuando se habla de la realización del socialismo de la mano del proletariado internacional. [*Risas. Voces: «¡Ninguna demagogia!». «¡No nos puede agarrar con eso»*]. Pero les digo que nunca realizaremos el socialismo a paso de caracol, porque los mercados mundiales mantienen un control demasiado férreo sobre nosotros. [*Una voz: «¡Usted está muy alarmado!»*]. ¿Cómo se imagina el camarada Bujarin esta realización? En su último artículo en *Bolshevik*, que debo decir que es el trabajo más escolástico que haya salido nunca de la pluma de Bujarin [*risas*], él dice: «La cuestión es si podemos trabajar hacia el socialismo, y establecerlo, si abstraemos esto de los factores internacionales». [«Sobre la naturaleza de nuestra revolución y la posibilidad de una construcción socialista exitosa en la URSS», en *Bolshevik*, no. 19-20, 1926].

Solo escuchen esto: «Si podemos trabajar hacia el socialismo, y establecerlo, si abstraemos esto de los factores internacionales». Si logramos esta «abstracción», entonces por supuesto el resto es fácil. Pero no podemos. Este es todo el problema. [*Risas*].

Es posible caminar desnudo en las calles de Moscú en enero, si nos podemos abstraer del clima y de la policía. [*Risas*]. Pero temo que esta abstracción fracasaría, tanto con respecto al clima como a la policía, si hiciéramos el intento. [*Risas*].

«Repetimos una vez más: es una cuestión de fuerzas internas y no de peligros conectados con el mundo exterior. Es por lo tanto una cuestión del carácter de la revolución». [Bujarin, en *Bolshevik*, no. 19-20].

¡El carácter de nuestra revolución, independientemente de las relaciones internacionales! ¿Desde cuándo ha existido este carácter autosuficiente de nuestra revolución? Yo sostengo que nuestra revolución, como sabemos, no existiría para nada si no fuera por dos prerrequisitos internacionales: primero, el factor del capital financiero, que, con su sed de ganancias, ha fertilizado nuestro desarrollo económico, y segundo, el marxismo, la quintaesencia teórica del movimiento obrero internacional, que ha fertilizado nuestra lucha proletaria. Esto significa que la revolución se estaba preparando, antes de 1917, en esas encrucijadas donde las grandes fuerzas del mundo chocan entre sí. De este choque de fuerzas surgió la Gran Guerra, y de esta la Revolución de Octubre. Y ahora se nos dice que nos abstraigamos de la situación internacional y construyamos nuestro socialismo en casa para nosotros. Este es un método metafísico de pensamiento. No hay ninguna posibilidad de abstracción de la economía mundial.

¿Qué es exportar? ¿Un asunto interno o internacional? Los bienes a exportar deben ser producidos en casa, en consecuencia este es un asunto interno. Pero estos deben ser exportados al exterior, por lo tanto es una transacción internacional. ¿Y qué es importar? ¡Importar es internacional! Los bienes tienen que ser comprados en el exterior. Pero tienen que ser traídos al país, entonces después de todo es una cuestión interna. [*Risas*]. Este ejemplo de las importaciones y las exportaciones por sí solo es suficiente para causar el colapso de toda la teoría del camarada Bujarin, que propone una «abstracción» de la situación internacional. El éxito de la construcción socialista depende de la velocidad del desarrollo económico, y esta velocidad ahora está determinada directa y más agudamente que nunca por las importaciones de materias primas y maquinarias. Seguramente nos podemos «abstraer» de nuestra escasez de moneda extranjera, y pedir más algodón y maquinarias. Pero solo podemos hacer esto una vez. La segunda vez no seremos capaces de lograr esta abstracción. [*Risas*]. El conjunto de nuestro trabajo constructivo está determinado por las condiciones internacionales.

Si se me pregunta si nuestro Estado es proletario, solo puedo responder que la pregunta está fuera de lugar. Si ustedes no desean formarse sus juicios basándose en dos o tres palabras elegidas al azar de un informe estenográfico sin corregir, sino sobre lo que yo he dicho realmente y escrito en docenas de discursos y artículos —y esta es la única forma en que deberíamos formarnos juicios sobre las posiciones de otros — si no queremos tropezar unos con otros con frases sin corregir, sino que buscamos comprender las opiniones reales de los otros, entonces deben admitir sin dudar que yo estoy con ustedes en considerar a nuestro Estado como un Estado proletario. Ya he respondido con varias citas a la cuestión de si este Estado está construyendo el socialismo. Si ustedes preguntan si hay en este país las fuerzas y los medios suficientes para llevar adelante completamente el establecimiento del socialismo en treinta o cincuenta años, independientemente de lo que está ocurriendo en el mundo exterior, entonces debo responder que la pregunta está planteada de una forma totalmente equivocada. Tenemos a nuestra disposición las fuerzas suficientes para el avance del trabajo de socialización, y por lo tanto también para ayudar al proletariado revolucionario internacional, que tiene no menos perspectivas de conquistar el poder en diez, veinte o treinta años que nosotros de establecer el socialismo; de ninguna manera menos, sino perspectivas mucho mayores.

Les pregunto, camaradas —y este es el eje alrededor del cual gira toda la cuestión—, ¿qué estará pasando en Europa mientras estamos trabajando en nuestra socialización? Ustedes contestarán: estaremos estableciendo el socialismo en nuestro país, independientemente de lo que esté ocurriendo en todo el mundo. Bien.

¿Cuánto tiempo necesitaremos para el establecimiento del socialismo? Lenin tenía la opinión de que no habríamos establecido el socialismo en veinte años, porque nuestro país agrario es demasiado atrasado. Y tampoco lo habremos establecido en treinta años. Tomemos de treinta a cincuenta años como mínimo. ¿Qué estará ocurriendo en Europa durante todo este tiempo? No puedo hacer un pronóstico para nuestro país sin incluir un pronóstico para Europa. Puede haber algunas variantes. Si ustedes dicen que el proletariado europeo ciertamente llegará al poder dentro de los próximos treinta a cincuenta años, entonces no hay más problema en esta cuestión. Porque si el proletariado europeo captura el poder en los próximos diez, veinte o treinta años, entonces la posición del socialismo está asegurada, tanto en nuestro país como internacionalmente. Pero probablemente ustedes opinen que debemos suponer un futuro en el cual el proletariado europeo no llegue al poder. De otro modo, ¿por qué todo vuestro pronóstico? Por lo tanto, les pregunto, ¿qué suponen que estará ocurriendo en Europa en ese tiempo? Desde un punto de vista puramente teórico, son posibles tres variantes. Europa vacilará alrededor de los niveles de preguerra, como en el presente, el proletariado y la burguesía tironeando entre sí y solo manteniendo un equilibrio. Debemos, sin embargo, designar este «equilibrio» como inestable, porque es extremadamente inestable. Esta situación no puede durar veinte, treinta o cuarenta años. Se debe decidir de una forma u otra.

¿Creen ustedes que el capitalismo encontrará un equilibrio dinámico renovado? ¿Creen que el capitalismo puede asegurarse un nuevo período de ascenso, una reproducción nueva y extendida de aquel proceso que tuvo lugar antes de la guerra imperialista? Si ustedes creen que esto es posible (yo no creo que el capitalismo tenga ante sí semejante perspectiva), si ustedes especulan con esto aunque sea teóricamente por un momento, esto significaría que el capitalismo no ha cumplido todavía su misión histórica en Europa y el resto del mundo, y que el capitalismo actual no es un capitalismo imperialista y decadente, sino un capitalismo todavía en ascenso, creando progreso económico y cultural. Y esto significaría que nosotros hemos aparecido demasiado temprano en la escena.

PRESIDENTE: El camarada Trotski se ha excedido del tiempo que se le asignó. Ha estado hablando por más de una hora y media. Pide cinco minutos más. Lo someteré a votación. ¿Quién está a favor? ¿Quién está en contra? ¿Alguien pide que se haga una nueva votación?

CAMARADA TROTSKI: Yo pido una nueva votación.

PRESIDENTE: ¿Quién está a favor de que se le den cinco minutos más al camarada Trotski? ¿Quién está en contra? La mayoría está en contra.

CAMARADA TROTSKI: Quería utilizar esos cinco minutos para una breve síntesis de conclusiones.

PRESIDENTE: Tomaré nuevamente la votación. ¿Quién está a favor de que se extienda el tiempo al camarada Trotski por cinco minutos? Aquellos que estén a favor mantengan alto sus credenciales de delegados. ¿Quién está en contra? La mayoría está a favor. Es mejor extender el tiempo que contar los votos por cinco minutos. El camarada Trotski continuará.

CAMARADA TROTSKI: Si se supone que durante los próximos treinta o cincuenta años que necesitamos para el establecimiento del socialismo, el capitalismo europeo se desarrollará en ascenso, entonces debemos llegar a la conclusión de que ciertamente seremos estrangulados o destruidos, porque el capitalismo en ascenso seguramente posee, junto con todo lo demás, una tecnología militar correspondientemente mejor. Además somos conscientes de que un capitalismo con una prosperidad que crece rápidamente es bien capaz de arrastrar a las masas a la guerra, ayudado por la aristocracia obrera que es capaz de crear. Estas perspectivas sombrías, en mi opinión, es imposible que se cumplan; la situación económica internacional no ofrece ninguna base. En cualquier caso no tenemos necesidad de basar el futuro del socialismo en nuestro país sobre esta suposición.

Resta la segunda posibilidad de un capitalismo declinante y decadente. Y esta es precisamente la base sobre la cual el proletariado europeo está aprendiendo, lenta pero seguramente, el arte de hacer la revolución.

¿Es posible imaginar que el capitalismo europeo continúe un proceso de decadencia por treinta o cincuenta años, y que el proletariado mientras tanto será incapaz de lograr la revolución? Pregunto, ¿por qué debería aceptar yo semejante suposición, que solo puede ser designada como la suposición de un pesimismo profundo e infundado con respecto al proletariado europeo, y al mismo tiempo de un optimismo acrítico con respecto al establecimiento del socialismo mediante las únicas fuerzas de nuestro país? ¿De qué manera puede ser obligación teórica o política de los comunistas aceptar la premisa de que el proletariado europeo no habrá tomado el poder en los próximos cuarenta o cincuenta años? (Si tomara el poder, el punto de disputa desaparecería). Sostengo que no veo ninguna razón teórica o política de por qué es más fácil creer que construiremos el socialismo con la cooperación de los campesinos, que el proletariado de Europa tome el poder.

No. El proletariado europeo tiene las oportunidades más grandes. Y si este es el caso, entonces les pregunto: ¿Por qué se oponen esos dos elementos entre sí, en lugar de ser combinados como las «dos condiciones» de Lenin? ¿Por qué se exige el reconocimiento teórico del establecimiento del socialismo en un solo país? ¿Qué dio lugar a esta posición? ¿Por qué esta cuestión nunca fue planteada por nadie antes de 1925? [*Una voz*: «*¡Fue planteada!*»]. No es así, nunca fue planteada. Incluso el camarada Stalin escribió en 1924 que los esfuerzos de un país agrario eran insuficientes para el establecimiento del socialismo. Todavía hoy me mantengo firme en mi creencia de que la victoria del socialismo en nuestro país solo es posible en conjunción con la revolución victoriosa del proletariado europeo. Esto no significa que no estemos trabajando hacia el Estado socialista de la sociedad, o que no debamos continuar este trabajo con toda la energía posible. Así como el obrero alemán se está preparando para tomar el poder, nosotros estamos preparando el socialismo del futuro, y cada éxito que podamos registrar facilita la lucha del proletariado alemán, así como su lucha facilita nuestro progreso socialista. Este es el único punto de vista internacional verdadero acerca de nuestro trabajo para la realización del Estado socialista de la sociedad.

En conclusión, repito las palabras que dije en el pleno del CC: Si nosotros no creyéramos que nuestro Estado es un Estado proletario, aunque con deformaciones burocráticas, es decir, un Estado que debería entrar en un contacto más estrecho con la clase obrera, a pesar de muchas opiniones burocráticas equivocadas contrarias; si no creyéramos que nuestro desarrollo es socialista; si no creyéramos que nuestro país posee medios suficientes para el avance hacia la economía socialista; si no estuviéramos convencidos de nuestra victoria final y completa; entonces, no haría falta decirlo, nuestro lugar no estaría en las filas del Partido Comunista.

La oposición puede y debe ser evaluada por esos dos criterios: puede tener una línea o la otra. Aquellos que creen que nuestro Estado no es un Estado proletario, y que nuestro desarrollo no es socialista, deben dirigir al proletariado contra ese Estado y deben fundar otro partido.

Pero aquellos que creen que nuestro Estado es un Estado proletario, pero con deformaciones burocráticas formadas bajo la presión de los elementos pequeñoburgueses y el cerco capitalista, que creen que nuestro desarrollo es socialista, pero que nuestra política económica no asegura suficientemente la necesaria redistribución del ingreso nacional; esos deben usar los métodos y los medios del partido para combatir aquello que ellos sostienen que es errado, equivocado o peligroso, pero deben al mismo tiempo compartir la plena responsabilidad por toda la política del partido y del Estado obrero. [*El presidente toca el timbre*]. Casi termino. Un minuto y medio más.

Es indiscutible que las disputas internas en el partido han estado caracterizadas últimamente por su agudeza en la forma y por una actitud fraccionalista. Es indiscutible que este agravamiento fraccional de las discusiones de parte de la oposición —no importa por qué premisas fue engendrado— podría ser tomado, y ha sido tomado, por un sector amplio de miembros del partido, para decir que las diferencias habían llegado a un punto que vuelven el trabajo conjunto imposible, es decir, que podrían llevar a una ruptura.

Esto significa una discrepancia obvia entre los medios y los fines, es decir, entre aquellos fines por los cuales la oposición ha estado ansiosa de pelear, y los medios que ha empleado por una u otra razón. Es por esa razón que hemos reconocido esos medios —la fracción— como imperfectos, y por ninguna razón surgida de consideraciones momentáneas. [*Una voz:* «*¡Sus fuerzas fueron insuficientes; han sido derrotados!*»]. Admitimos esto en consideración de toda la situación interna del partido. La meta y el objetivo de la declaración del 16 de octubre era defender las posiciones que sostuvimos, pero hacer esto bajo la observación de los límites establecidos por nuestro trabajo común y nuestra responsabilidad común por toda la política del partido.

Camaradas, ¿cuál es el peligro objetivo que implica la resolución sobre la desviación socialdemócrata? El peligro está en el hecho de que nos atribuye posiciones que necesariamente llevarían, no meramente a una política fraccionalista, sino a una política de dos partidos.

Esta resolución tiene la tendencia objetiva de transformar tanto a la declaración del 16 de octubre como al comunicado del CC en pedazos de papel que... [*Una voz:* «*¿Es eso una amenaza?*»]. No, camaradas, eso no es una amenaza. Lo último que pienso es lanzar una amenaza. [*Una voz:* «*¿Por qué plantea esto nuevamente?*»]. Lo sabrán en un momento. Solo unas pocas palabras más.

En nuestra opinión la aceptación de esta resolución será perjudicial, pero hasta donde yo puedo juzgar la actitud de la así llamada oposición, especialmente de los camaradas dirigentes, la aceptación de esta resolución no nos hará alejarnos de la línea de la declaración del 16 de octubre. No aceptamos las posiciones que se nos imponen. No tenemos ninguna intención de aumentar artificialmente las diferencias, o de agravarlas y de prepararnos así para una recaída en la lucha fraccional. Por el contrario, cada uno de nosotros, sin buscar minimizar las diferencias existentes, ejercerá todo el esfuerzo para mantener esas diferencias dentro de los confines de nuestro trabajo continuo y nuestra responsabilidad conjunta por la política del partido.

Fuente: León Trotski: «Discurso a la XV Conferencia», en *La teoría de la revolución permanente*, Centro de Estudios, Publicaciones e Investigaciones León Trotski, Buenos Aires, 2005.

¿Y ahora?*
(Fragmento)

Introducción

El capitalismo ruso se nos presenta como el eslabón más débil de la cadena imperialista, a consecuencia de su retraso extraordinario. El capitalismo alemán se presenta en la crisis actual como el eslabón más débil sobre la base opuesta; es la base del capitalismo más desarrollado en las condiciones del atolladero europeo. A medida que es mayor la fuerza dinámica interna de las fuerzas de producción de Alemania, tanto más debe estrangularle el sistema de Estados de Europa, que se parece al *sistema* de la reducida jaula de una casa de fieras de provincias. Cada baja de coyuntura coloca al capitalismo alemán ante aquellas tareas que él había intentado resolver por medio de la guerra. Bajo el régimen de los Hohenzollern, la burguesía alemana fue conducida a «organizar Europa». Por el Gobierno Brüning-Curtis, ella emprende el ensayo... de unión aduanera con Austria. ¡Qué caída espantosa de las tareas de las posibilidades, de las perspectivas! Pero también debió renunciar a esta unión. Todo el sistema europeo descansa por entero sobre terreno movedizo. La grande, la saludable hegemonía de Francia, podría derrumbarse si algunos millones de austríacos se unieran a Alemania.

Para Europa, y ante todo para Alemania, no hay marcha adelante por el camino capitalista. Superar la crisis presente pasando a través de ella por el juego automático de las fuerzas del propio capitalismo sobre el cuerpo

---

* Escrito en 1932. (*N. del E.*).

de los obreros, significaría el restablecimiento de todas las contradicciones en la próxima etapa, simplemente en una forma todavía más concentrada. El peso específico de Europa en la economía mundial no puede hacer más que decrecer. Del frente de Europa no desaparecerán ya las etiquetas americanas: Plan Dawes, Plan Young, Moratoria Hoover. Europa está profundamente reducida a la ración norteamericana. La degeneración del capitalismo significa una degeneración social y cultural. El camino está cerrado a una diferenciación metódica de la nación: al crecimiento del proletariado a costa de la disminución de las clases medias. El mantenimiento ulterior de la crisis no puede significar más que depauperación de la pequeña burguesía y degeneración hacia el lumpenproletariado de capas cada vez mayores de la clase obrera. Más concretamente que en ningún otro sitio, este problema tiene acogotada a la progresista Alemania.

La parte más degenerada de Europa capitalista está por la burocracia socialdemócrata. Entró en el camino de la Historia bajo la bandera de Marx y Engels. Se planteó como fin la destrucción de la dominación burguesa. El poderoso esfuerzo del capitalismo se apoderó de ella y la arrastró a su remolque. Primero en los hechos, más tarde en las palabras, renunció a la revolución en nombre de las reformas. Es cierto que Kautsky prosiguió todavía durante algún tiempo empleando la fraseología revolucionaria, que él adaptaba a las necesidades del reformismo. Por el contrario, Bernstein exigía el renunciamiento a la revolución, el capitalismo representaba la época de la revolución pacífica, sin crisis y sin guerra. ¡Un modelo de profecía! Podía parecer que entre Kautsky y Bernstein existía una contradicción inconciliable. En realidad, se completaban simétricamente el uno al otro, como la bota derecha y la bota izquierda del reformismo.

Estalla la guerra. La socialdemocracia apoyó la guerra en nombre de la prosperidad futura. En lugar de la prosperidad vino la decadencia. Entonces, la tarea no consistía en manera alguna en deducir de la insuficiencia del capitalismo la necesidad de la revolución, sino en reconciliar a los trabajadores con el capitalismo por medio de las reformas. La nueva política de la socialdemocracia consistía en salvar a la sociedad burguesa a costa de renunciar a las reformas. Pero tampoco esto fue la última etapa de la decadencia.

La crisis presente del capitalismo agonizante obliga a la socialdemocracia a renunciar a los frutos de la larga lucha económica y política y a llevar a los obreros alemanes al nivel de vida de sus padres, de sus abuelos y de sus tatarabuelos. No existe espectáculo histórico más trágico, y al mismo tiempo más repugnante, que la descomposición ruin del reformismo, en medio de los restos de todas sus conquistas y de todas sus esperanzas. El teatro busca el modernismo. Y, sin embargo, si hoy se representasen *Los tejedores,* de Hauptman, esta sería la más actual de todas las obras. Pero el director de escena no tendría que olvidar colocar en primera fila a los directores de la socialdemocracia. Por otra parte, su pensamiento no está en los espectáculos: están reducidos al último límite de la capacidad de adaptación. Existe un nivel, bajo el cual la clase obrera de Alemania no puede dejarse reducir voluntariamente y durante largo tiempo. Pero el régimen burgués, al luchar por su existencia, no quiere reconocer este nivel. Los decretos leyes de Brüning son simplemente el comienzo para tantear el terreno. El régimen Brüning se mantiene gracias al apoyo pérfido y cobarde de la burocracia de la socialdemocracia, que, a su vez, se mantiene por la semiconfianza poco agradable de una parte del proletariado. El sistema de los decretos burocráticos es inestable, incierto, poco viable. *El capital* tiene necesidad de otro género de política, de una política decisiva. El apoyo de la socialdemocracia, que debe dirigir su mirada hacia los obreros que la siguen, es no solo insuficiente para realizar sus fines, sino que comienza ya a oprimirla. El período de paliativos ha pasado ya. Para intentar encontrar una nueva salida, la burguesía debe desembarazarse completamente de la presión de las organizaciones obreras, desviarse de ellas, destruirlas, dispersarlas.

Aquí comienza la función histórica del fascismo. Este pone en pie a esas clases que se erigen inmediatamente por encima del proletariado y temen ser precipitadas en sus filas. El fascismo organiza estas fuerzas, las militariza con los medios del capital financiero, las cubre con el manto del Estado oficial y las orienta hacia la destrucción de las organizaciones proletarias, desde las más revolucionarias a las más conformistas. El fascismo no es simplemente un sistema de represión, de actos de fuerza y de terror policiaco. El fascismo es un sistema de Estado particular fundado en la exterminación de todos los elementos de la democracia proletaria en la sociedad burguesa. El objetivo del fascismo no consiste solo en romper la vanguardia del proletariado, sino también en mantener a toda la clase en un estado de fragmentación forzosa. Por eso, la exterminación física de la clase obrera más revolucionaria es insuficiente. Esto quiere decir destruir todas las organizaciones autónomas y voluntarias, aniquilar todos los puntos de apoyo del proletariado y exterminar los resultados del trabajo de tres cuartos de siglo de la socialdemocracia y de los sindicatos. Hay que tener en cuenta que sobre este trabajo se apoya también en última instancia el Partido Comunista.

La socialdemocracia ha preparado todas las condiciones para la victoria del fascismo; pero, a su vez, ha preparado también las condiciones para su propia liquidación política. Conceder a la socialdemocracia la responsabilidad de los decretos leyes de Brüning y de la amenazadora barbarie fascista, es completamente justo. Identificar la socialdemocracia con el fascismo es completamente insensato. Por su política durante la revolución de 1848, la burguesía liberal preparó la victoria de la contrarrevolución, puesto que condenó al liberalismo a la impotencia. Marx y Engels fustigaron a la burguesía liberal alemana, no menos mordazmente que Lassalle, y mucho más profundamente que él. Pero mientras que los lassallianos englobaron la contrarrevolución feudal y a la burguesía liberal en una «masa reaccionaria», Marx y Engels se alzaron de una manera mucho más justificada contra este falso ultrarradicalismo. La posición errónea de los lassallianos hizo de ellos, de una manera accidental, cómplices involuntarios de la monarquía, a pesar del carácter progresivo de su obra, extraordinariamente seria e importante, contra el liberalismo.

La teoría del socialfascismo reproduce la falta esencial de los lassallianos sobre nuevas bases históricas; al mismo tiempo que une a los nacionalsocialistas y a los socialdemócratas en una masa fascista, la burocracia estalinista hace más profundo el error, como, por ejemplo, al prestar su apoyo al plebiscito hitleriano: no hay ninguna diferencia entre esto y las combinaciones lassallianas con Bismarck. En su lucha contra la socialdemocracia, el comunismo alemán debe apoyarse, en la etapa actual, en dos bases inseparables: a) la responsabilidad política que tiene la socialdemocracia en la fuerza del fascismo; b) la inconciliación absoluta entre el fascismo y aquellas organizaciones obreras por las cuales se sostiene la socialdemocracia.

Las contradicciones del capitalismo alemán en el momento actual han alcanzado tal tensión, que hacen inevitable el estallido. La capacidad de adaptación de la socialdemocracia ha llegado ya al límite más allá del cual se produce la autodestrucción. Las faltas de la burocracia estalinista han alcanzado el punto después del cual viene la catástrofe. Esta es la fórmula, en sus tres aspectos, que caracteriza la situación en Alemania. La situación está pendiente de un hilo.

Cuando se sigue la vida de Alemania a través del retraso de una semana por correo, y cuando los manuscritos exigen otra semana para recorrer la distancia de Constantinopla a Berlín, y pasan todavía semanas antes de que el trabajo llegue a manos del lector, no puede uno por menos de decir involuntariamente: ¿no será ya demasiado tarde? Y cada vez nos respondemos: no. Los ejércitos en línea de combate son demasiado poderosos para que una determinación única, fulminante, sea de temer. Las fuerzas del proletariado alemán no están agotadas. Podemos decir que ni siquiera se han puesto en movimiento. La lógica de los hechos hablará cada día más amargamente. Esto justifica la tentativa del autor de aportar su trabajo, incluso con un retraso de varias semanas, es decir, de toda una época histórica.

La burocracia estalinista ha descubierto que ella podría realizar su trabajo más tranquilamente si el autor de estas líneas continuara en Prinkipo. Ha obtenido del Gobierno del socialdemócrata Müller la negativa para el visado del menchevique. El frente único se ha realizado en este caso sin desviaciones ni pérdidas de tiempo. Ahora los estalinistas anuncian en las publicaciones soviéticas oficiales que yo defiendo al Gobierno de Brüning, de acuerdo con la socialdemocracia, que hace todo lo posible para concederme el derecho de entrada en Alemania. En lugar de indignarnos por esta bajeza, no podemos por menos de reírnos de semejante tontería; pero nuestra risa será breve, porque queda poco tiempo.

Que los acontecimientos nos darán la razón, no cabe la menor duda. Pero, ¿por qué caminos nos lo demostrará la Historia? ¿Por la catástrofe de la fracción estalinista, o por la victoria de la política marxista? Ahí está el nudo de toda la cuestión; ahí está la suerte del pueblo alemán. Y no solo del pueblo alemán.

Trotski
Prinkipo, 27 de enero de 1932.

I
La socialdemocracia

El Frente de Hierro es, en su base, un bloque de los sindicatos socialdemócratas potentes y de los grupos «republicanos» burgueses impotentes que han perdido todo apoyo en el pueblo y toda confianza en sí mismos. Si los cadáveres no son buenos para la lucha, son bastante buenos para impedir a los vivos luchar. Los aliados burgueses sirven a los jefes socialdemócratas para frenar a las organizaciones obreras. Luchar, luchar..., no son más que palabras. Al fin de los fines, todo se hará sin combate, si Dios nos ayuda. ¿Es posible que los fascistas se decidan seriamente a pasar de las palabras a los actos? Nosotros, los socialdemócratas, no nos decidimos nunca a hacerlo, y, sin embargo, no somos peores que los demás.

En caso de un peligro real, la socialdemocracia pone sus esperanzas, no en el Frente de Hierro, sino en la policía prusiana. ¡Cálculo engañoso! El hecho de que los agentes de policía fueran reclutados en gran parte entre los obreros socialdemócratas no quiere decir absolutamente nada. Aquí también la existencia determina la conciencia. El obrero que se hace policía al servicio del Estado capitalista es un policía burgués, y no obrero. Durante estos últimos años, estos policías han tenido que luchar mucho más contra los obreros revolucionarios que contra los estudiantes nacionalsocialistas. Una escuela semejante no puede menos de dejar huellas. Pero lo más importante es que cada policía sabe que los Gobiernos cambian, pero que la policía queda.

En el artículo de año nuevo del órgano de discusión de la socialdemocracia «Das Freie Wort»[1] (¡qué mísera mentira!), se explica el sentido profundo de la política de «tolerancia». Parece que, contra la Policía y la Reichswehr, Hitler no podrá llegar nunca al poder. Ahora bien: la Reichswehr está, según la Constitución, subordinada al Presidente de la República. Por consiguiente, mientras a la cabeza del Estado se encuentre un Presidente fiel a la Constitución, el fascismo no es peligroso. Hay que sostener al Gobierno Brüning hasta las elecciones presidenciales, para hacer elegir, en alianza con la burguesía parlamentaria, un Presidente constitucional, y cerrar de este modo a Hitler durante siete años aun el camino del poder. Exponemos con mucha exactitud el contenido del artículo.[2]

A esto, Brüning, si no hubiera preferido callar, hubiera respondido: «Liquidar al fascismo por medio de las fuerzas policiacas no lo podría hacer, aunque quisiese; pero es que, además, no lo quiero, aunque tuviese la posibilidad de hacerlo. Poner en movimiento a la Reichswehr contra el fascismo significa no solo escindir a la Reichswehr, sino lanzarla completamente contra sí; pero lo esencial es que, si se lanza el aparato burocrático contra el fascismo, se les libran las manos a los obreros, se les da plena libertad de acción; las consecuencias de esto serían las mismas que vosotros, socialdemócratas, teméis, y que yo, a mi vez, tengo razones para temer doblemente».

Los llamamientos de la socialdemocracia producen sobre el aparato de Estado, sobre los jueces, sobre la Reichswehr, sobre la Policía, un efecto contrario al que piensan sus autores. El funcionario más «leal», más «neutro», el menos ligado a los nacionalsocialistas, reflexiona poco más o menos así: «Detrás de los socialdemócratas se encuentran millones de hombres; disponen de medios enormes: la Prensa, el Parlamento, los Municipios; se trata de su propia piel: en la lucha contra los fascistas tienen asegurado el apoyo de los comunistas, y, sin embargo, estos señores todopoderosos se dirigen a mí, funcionario, para que los salve del ataque de un partido que agrupa millones de miembros y cuyos jefes pueden llegar a ser mañana superiores míos: mal van, según esto, los asuntos de estos señores socialdemócratas; y hasta muy mal... Ya es tiempo de que piense yo, funcionario, en mi propia piel». En fin de cuentas, el funcionario «leal» y «neutro» que hasta ayer vacilaba aún, se asegura doblemente, es decir, que establecerá lazos con los nacionalsocialistas para asegurar su mañana. De este modo, los reformistas que quedan trabajan, incluso en la línea burocrática, por los fascistas.

El parásito de la burguesía, la socialdemocracia, está condenado a un miserable parasitismo ideológico. Tan pronto se adueña de una idea de los economistas burgueses como intenta servirse de las migajas del marxismo. Después de haber citado, según mi folleto, mis reflexiones contra la participación del Partido Comunista en el referendo hitleriano, Hilferding concluye:

«No hay verdaderamente nada que añadir a estas líneas para explicar la táctica de la socialdemocracia para con el Gobierno Brüning». Tras él se levantan Remmele y Thalheimer, diciendo: «Ya lo veis, Hilferding se apoya en Trotski». Viene luego una hoja bulevardiera fascista: «Por este asunto, Trotski ha sido recompensado con una promesa de visado». Y el periódico estalinista telegrafía esta noticia de la hoja fascista a Moscú. La redacción de las *Izvestia*, a la que pertenece el desdichado Rádek, publica este telegrama. «Este asunto merece que se lo señale y que se lo deje a un lado».

Volvamos a las cuestiones que son más serias. Hitler puede permitirse el lujo de luchar contra Brüning, solo gracias al hecho de que el régimen burgués, en su conjunto, se apoya sobre la espalda de la mitad de la clase obrera dirigida por Hilferding y compañía. Si la socialdemocracia no hubiese realizado una política de traición de clase, Hitler, que, en este caso nunca habría alcanzado su fuerza actual, se habría agarrado al Gobierno Brüning como a una tabla de salvación. Si los comunistas hubiesen derribado a Brüning con ayuda de la socialdemocracia, este sería un hecho de una importancia política enorme. Las consecuencias de este hecho sobrepasarían de todas las maneras a los jefes de la socialdemocracia. Hilferding intenta encontrar una excusa de su traición en nuestra crítica, que exige que los comunistas cuenten con la traición de Hilferding como con un hecho.

Aunque Hilferding «no tenga nada que añadir» a las palabras de Trotski, añade así y todo algo: «La correlación de fuerzas —dice— es tal, que aun admitiendo la acción coordinada de los obreros socialdemócratas y comunistas, no sería posible "forzando la lucha" derribar al enemigo y adueñarse del poder». En esta apreciación lanzada de pasada, sin pruebas que la apoyen, se encuentra el centro de gravedad de la cuestión. Según Hilferding, en la Alemania contemporánea, donde el proletariado constituye la mayoría de la población y la fuerza productora decisiva de la sociedad, la lucha común de la socialdemocracia y el Partido Comunista no habría podido dar el poder al proletariado. Entonces, ¿cuándo podrá pasar el poder a manos del proletariado? Hasta antes de la guerra había una perspectiva del crecimiento automático del capitalismo y del proletariado y del mismo crecimiento de la socialdemocracia. La guerra ha interrumpido este proceso, y ninguna fuerza en el mundo lo restablecerá ya. La putrefracción del capitalismo significa que la cuestión del poder debe resolverse sobre la base de las fuerzas productivas actuales. Al prolongar la agonía del régimen capitalista, la socialdemocracia no conduce más que a la decadencia continua de la cultura económica, a la división del proletariado, a la gangrena social. Ya no tiene ninguna otra perspectiva ante ella: mañana será peor que hoy; pasado mañana, peor que mañana. Pero los jefes de la socialdemocracia no se atreven ya a escrutar el porvenir. Poseen todos los vicios de la clase dirigente, condenada a la ruina: una ligereza, una parálisis de la voluntad, una inclinación a cerrar los ojos ante los acontecimientos y a esperar los milagros. A decir verdad, las investigaciones económicas de Tarnow cumplen hoy la misma «función» que las revelaciones consoladoras de un Rasputín cualquiera...

Los socialdemócratas, con los comunistas, no pueden adueñarse del poder. Aquí tenemos al pequeñoburgués educado (*gebildet*), presuntuoso y profundamente miedoso, que está saturado de pies a cabeza de desconfianza y de desprecio por las masas. La socialdemocracia y el Partido Comunista tienen entre los dos cerca del 40% de los votos, aunque las traiciones de la socialdemocracia y los errores del Partido Comunista lancen a millones al campo de la indiferencia e incluso al del nacionalsocialismo. El solo hecho de acciones comunes de estos dos Partidos, acciones que abren a la masa perspectivas nuevas, aumentaría inconmesurablemente la fuerza política del proletariado. Pero tomemos como punto de partida los 40%. ¿Tienen más Brüning o Hitler? Y, sin embargo, solo estas tres agrupaciones pueden gobernar a Alemania: el proletariado, el Partido del Centro o los fascistas. Pero el pequeñoburgués educado se ha asimilado esta verdad hasta la médula de los huesos: al representante del capital no le hacen falta más del 20% de los votos para gobernar: ¿no tiene la burguesía Bancos, «*trusts*», sindicatos, ferrocarriles? Bien es verdad que nuestro pequeñoburgués educado quería hace doce años «socializar» todo eso, pero... ¡después de todo!... Programa de socialización, sí; expropiar a los expropiadores, eso, no; eso es ya bolchevismo.

Hemos examinado más arriba la correlación de fuerzas bajo un aspecto parlamentario. Pero eso no es más que un espejo curvo. La representación parlamentaria de una clase oprimida disminuye considerablemente su fuerza real, e inversamente: la representación de la burguesía, incluso la víspera de su derrumbamiento, es siempre la mascarada de su fuerza imaginaria. Solo la lucha revolucionaria pone al desnudo la correlación real de las fuerzas. En la lucha directa e inmediata por el poder, el proletariado, si no es paralizado por el sabotaje del interior, por el austromarxismo y las demás formas de traición, desarrolla una fuerza que sobrepasa con mucho su opresión parlamentaria. Recordemos una vez más la lección inapreciable de la historia: aun después de haberse adueñado, de una manera sólida, del poder los bolcheviques con los socialistas revolucionarios de izquierda, tenían en la Asamblea

Constituyente menos de la tercera parte de los votos —menos de 40%—. Y, a pesar del desorden económico espantoso, a pesar de la guerra, a pesar de la traición de la socialdemocracia europea, y, sobre todo, de la socialdemocracia alemana, a pesar de la reacción de cansancio de postguerra, a pesar del crecimiento del estado de espíritu termidoriano, el primer Estado obrero sigue en pie desde hace catorce años. ¿Qué decir, entonces, de Alemania? En el momento en que el obrero socialdemócrata y el obrero comunista se alcen juntos para tomar el poder, la tarea estará resuelta en sus nueve décimas partes.

«Sin embargo —dice Hilferding—, si la socialdemocracia hubiese votado contra el Gobierno Brüning y lo hubiese derribado así, esto hubiera tenido como consecuencia la llegada de los fascistas al poder». Sobre el plano parlamentario, la cosa aparece, quizá, así; pero todo está colocado fuera del marco parlamentario. La socialdemocracia no podría renunciar a apoyar a Brüning más que en caso de que estuviese decidida a colocarse en la ruta de la lucha revolucionaria. O apoyar a Brüning, o luchar por la dictadura del proletariado. No hay un tercer camino. El voto de la socialdemocracia contra Brüning habría cambiado inmediatamente la correlación de las fuerzas —no en el tablero del Parlamento, cuyas figuras habrían podido pasar inmediatamente debajo de la mesa—, sino en el campo de la lucha revolucionaria de clases. Las fuerzas de la clase obrera, en un viraje así, no se habrían doblado, sino decuplicado, porque el factor moral no ocupa el último lugar en la lucha de clases, sobre todo durante los grandes virajes históricos. Una corriente moral de alta tensión pasaría a través de todas las capas del pueblo. El proletariado se habría dicho, con seguridad, que era él y solo él, el llamado a dar hoy otra dirección más elevada a esta gran nación. El derrumbamiento y la descomposición del ejército de Hitler habrían comenzado mucho antes de las luchas decisivas. Entiéndase bien, la lucha sería imposible de evitar; pero con la firme voluntad de vencer y con un ataque decidido, la victoria se obtendría más fácilmente de lo que se imagina hoy el más extremo de los optimistas revolucionarios.

Para eso falta poco: un viraje de la socialdemocracia sobre la vía de la revolución. Contar con un viraje espontáneo de los jefes, después de la experiencia de los años 1914-1932, sería la más ridícula de las ilusiones. Otra cosa es ya la mayoría de los obreros socialdemócratas: estos obreros pueden realizar un viraje, y lo realizarán; no hay más que ayudarles a hacerlo. Pero será un viraje no solo contra el Estado burgués, sino también contra la dirección de su propio Partido.

Aquí nuestro austromarxista, que «no tiene nada que añadir» a nuestras palabras, intentará de nuevo oponernos citas de nuestros propios trabajos: ¿no hemos escrito, en efecto, que la política de la burocracia estalinista representa una cadena de errores, no hemos estigmatizado la participación del Partido Comunista en el referendo de Hitler? Sí, hemos escrito; sí, hemos estigmatizado. Pero si nosotros luchamos contra la dirección estalinista de la Internacional Comunista, es precisamente porque es incapaz de destruir a la socialdemocracia, de arrancar a su influencia a las masas y de librar a la locomotora de la historia de un freno enmohecido. Con sus oscilaciones, con sus errores, con su ultimatismo burocrático, la burocracia estalinista conserva a la socialdemocracia, permitiéndole salir felizmente de malos pasos.

El Partido Comunista es un partido proletario y antiburgués, aunque falsamente dirigido. La socialdemocracia, a pesar de su composición obrera, es enteramente un partido burgués, que, en condiciones «normales», es hábilmente dirigido desde el punto de vista de los fines burgueses, pero que no sirve para nada en condiciones de crisis social. Los jefes socialdemócratas están obligados a reconocer, a su pesar, el carácter burgués de la socialdemocracia. Hablando de la crisis y del paro, Tarnow repite las viejas frases sobre «la venganza de la civilización capitalista», como un pastor protestante habla del pecado y de la riqueza; del socialismo, Tarnow habla exactamente como un pope habla de la recompensa en el más allá; pero se expresa de muy distinto modo sobre las cuestiones concretas: «Si el 14 de septiembre, este espectro (el paro) no se hubiese encontrado ante las urnas electorales, este día hubiera tenido otra fisonomía en la historia de Alemania» (Informe en el Congreso de Leipzig). La socialdemocracia ha perdido electores y puestos, porque el capitalismo, a través de la crisis, ha revelado su rostro auténtico. La crisis no ha reforzado al Partido del «socialismo», sino que, por el contrario, le ha debilitado, como ha debilitado la cifra del comercio, las cajas de los Bancos, la serenidad de Hoover y de Ford, los ingresos del príncipe de Mónaco, etcétera. Las apreciaciones más optimistas de la coyuntura deben buscarse hoy, no en los periódicos burgueses, sino en los periódicos socialdemócratas. ¿Puede haber pruebas más irrefutables del carácter burgués de este partido? Si la enfermedad del capitalismo significa la enfermedad de la socialdemocracia, la aproximación de la muerte del capitalismo no puede significar la muerte inminente de la socialdemocracia. El partido que se apoya en los obreros, pero que sirve a la burguesía, no puede, en un período de acentuación extrema de la lucha de clases, dejar de sentir el hálito de la tumba.

II
Democracia y fascismo

El XI Pleno del CE de la IC consideró indispensable terminar con las concepciones falsas que se apoyan en «la construcción liberal de la contradicción entre el fascismo y la democracia burguesa, así como entre las formas parlamentarias de la dictadura burguesa y las formas abiertamente fascistas...». El sentido de esta filosofía estalinista es muy simple; de la negación marxista de la contradicción *absoluta* deduce la negación de *toda* contradicción, incluso relativa. Es este el error típico del radicalismo vulgar. Pero si entre democracia y fascismo no existe *ninguna* contradicción, ni siquiera en el dominio de las *formas* de la dominación de la burguesía, estos dos regímenes deberían coincidir simplemente. De ahí la conclusión: socialdemocracia=fascismo.

Sin embargo, se llama a la socialdemocracia *social* fascismo. ¿Qué significa en este enlace la palabra «social»? Todavía nadie nos lo ha explicado hasta ahora.[3]

Con todo, la naturaleza de las cosas no cambia a fuerza de decisiones de los plenos del CE de la IC. Entre la democracia y el fascismo hay una contradicción. Esta contradicción no es de ninguna manera «absoluta» o, para hablar como marxista, no significa en modo alguno la dominación de dos clases irreductibles. Pero significa sistemas diferentes de dominación de una sola y misma clase. Estos dos sistemas, el sistema parlamentario-democrático y el sistema fascista, se apoyan en diferentes combinaciones de las clases oprimidas y explotadas y chocan entre sí inevitablemente y de una manera aguda.

La socialdemocracia, que hoy es la representante principal del régimen parlamentario-burgués, se apoya en los obreros. El fascismo se apoya en la pequeña burguesía. La socialdemocracia no puede tener influencia sin las organizaciones obreras de masa. El fascismo no puede consolidar su poder sino destruyendo las organizaciones obreras. La arena principal de la socialdemocracia es el Parlamento. El sistema del fascismo está basado sobre la destrucción del parlamentarismo. Para la burguesía monopolista, el régimen parlamentario y el régimen fascista no representan más que diferentes instrumentos de su dominación; recurre a uno u otro, según las condiciones históricas. Pero para la socialdemocracia, lo mismo que para el fascismo, la elección de uno u otro instrumento tiene una importancia particular; más aún: es para ellos una cuestión de vida o muerte política.

La hora del régimen fascista llega en el momento en que los medios militares-policiacos «normales» de la dictadura burguesa, con su cubierta parlamentaria, son insuficientes para mantener la sociedad en equilibrio. Mediante la agencia fascista, la burguesía pone en movimiento a las masas de la pequeña burguesía enfurecida, a las bandas de «declasificados», a los lumpenproletarios desmoralizados, a todas estas innumerables existencias humanas que el mismo capital financiero ha lanzado a la desesperación y a la furia.

La burguesía exige del fascismo un trabajo «limpio»; puesto que ella ha admitido los métodos de guerra civil, quiere tener la paz para una serie de años. Y la agencia fascista, sirviéndose de la pequeña burguesía como de un ariete y aniquilando todo en su camino, prosigue su trabajo hasta el fin. La victoria del fascismo conduce al acaparamiento directo e inmediato, por el capital financiero, de todos los órganos e instituciones de dominación, de dirección y de educación: el aparato de Estado y el ejército, las municipalidades, las universidades, las escuelas, la prensa, los sindicatos, las cooperativas. La fascización del Estado significa no solo mussolinizar formas y procedimientos de dirección —en este campo los cambios representan en fin de cuentas un papel secundario—, sino, ante todo y sobre todo, destruir las organizaciones obreras, reducir al proletariado a un estado amorfo, crear un sistema de organismos que penetren profundamente en las masas y destinados a impedir la cristalización independiente del proletariado. Precisamente en esto consiste la esencia del régimen fascista.

Lo que acaba de decirse no contradice el hecho de que entre el sistema democrático y el sistema fascista se establece, durante un período dado, un régimen transitorio que contiene rasgos de uno y otro sistemas; tal es, en general, la ley del cambio de dos regímenes sociales, incluso de los regímenes irreductiblemente hostiles. Hay momentos en que la burguesía se apoya en la socialdemocracia y en el fascismo, es decir, cuando se sirve simultáneamente de su agencia conciliadora y de su agencia terrorista. Tal fue, en cierto sentido, el Gobierno Kerenski durante los últimos meses de su existencia; se apoyaba a medias en los sóviets y conspiraba al mismo tiempo con Kornílov. Tal es el Gobierno Brüning, que baila en la cuerda floja entre dos campos irreconciliables, con los decretos leyes en la mano como balancín. Pero semejante situación del Estado y del Gobierno tiene un carácter provisional. Expresa un período transitorio en que la socialdemocracia está ya próxima al agotamiento de su misión, mientras que ni el comunismo ni el fascismo están aún preparados para la toma del poder.

Los comunistas italianos, obligados desde hace mucho tiempo a ocuparse de la cuestión del fascismo, han protestado a menudo contra el abuso muy frecuente del empleo de la noción del fascismo. En la época del VI Congreso de la IC Ercoli todavía desarrollaba puntos de vista sobre el fascismo que ahora son considerados como puntos de vista «trotskistas». Al determinar el fascismo como un sistema de reacción consecuente y completo, Ercoli explicaba: «Esta afirmación se apoya no en los actos de terror salvaje, o en el número elevado de los obreros y campesinos muertos, o en la atrocidad de diferentes clases de suplicios que se aplicaban ampliamente, o en la severidad de las condenas; esta afirmación es motivada por la destrucción sistemática de todas las formas de organización independientes de las masas». Ercoli tiene aquí razón en absoluto: la esencia y la función del fascismo consiste en abolir completamente las organizaciones obreras y en impedir su restablecimiento. En una sociedad capitalista desarrollada este objetivo no puede alcanzarse por medios policiacos solamente. El único camino para ello es el de oponer al ataque del proletariado —en el momento de su debilitación— el ataque de las masas pequeñoburguesas enfurecidas. Precisamente este sistema particular de reacción capitalista es el que ha entrado en la historia con el nombre de fascismo.

> La cuestión de las relaciones existentes entre el fascismo y la socialdemocracia —escribió Ercoli— forma parte del mismo dominio (la irreconciliabilidad del fascismo con las organizaciones obreras). A este respecto, el fascismo difiere netamente de todos los demás regímenes reaccionarios que se han afirmado hasta ahora en el mundo capitalista contemporáneo. Él rechaza todo compromiso con la socialdemocracia, la ha perseguido ferozmente, la ha privado de toda posibilidad legal de existencia, la ha constreñido a emigrar.

¡Así se expresaba el artículo publicado en el órgano dirigente de la IC! Después de esto, Manuilski «apuntó» a Mólotov la idea del «tercer período». Se decretó que Francia, Alemania y Polonia se hallaban «en la primera fila del asalto revolucionario». Como tarea inmediata se declaró la toma del poder. Y puesto que, ante la insurrección proletaria, todos los partidos, salvo el Partido Comunista, son contrarrevolucionarios, no había necesidad de distinguir entre el fascismo y la socialdemocracia. La teoría del socialfascismo fue sancionada. Los funcionarios de la IC se rearmaron. Ercoli se apresuró a demostrar que la verdad le era cara, pero que quería aun más a Mólotov, y... escribió un informe defendiendo la teoría del socialfascismo. «La socialdemocracia —ha declarado en febrero de 1930— se fasciza con una extrema facilidad». ¡Ay!, con mayor facilidad aun se servilizan los funcionarios del comunismo oficial.

Nuestra crítica de la teoría y de la práctica del «tercer período» ha sido declarada, ciertamente, contrarrevolucionaria. La experiencia funesta, que costó muy caro a la vanguardia proletaria, forzó, sin embargo, a cambiar de rumbo en este dominio igualmente. El «tercer período» fue revisado, lo mismo que Mólotov fue despedido de la IC. Pero la teoría del socialfascismo ha quedado como el único fruto maduro del tercer período. Aquí los cambios son imposibles; al tercer período solo estuvo ligado Mólotov; en el socialfascismo se ha complicado el mismo Stalin.

Como epígrafe a sus investigaciones sobre el socialfascismo, la *Rote Fahne* eligió las palabras de Stalin: «El fascismo es la organización de combate de la burguesía que se apoya en la ayuda activa de la socialdemocracia. La socialdemocracia es objetivamente el ala moderada del fascismo».

Como le sucede a Stalin cuando trata de generalizar, la primera frase está en contradicción con la segunda. Que la burguesía se apoye en la socialdemocracia y que el fascismo sea una organización de combate de la burguesía, esto es completamente incontestable y conocido desde hace mucho tiempo. Pero de ello dimana solamente que la socialdemocracia, lo mismo que el fascismo, son instrumentos de la gran burguesía. Cómo se convierte la socialdemocracia, al mismo tiempo, además, en «el ala» del fascismo, eso es difícil de comprender. No menos profunda es esta otra definición del mismo autor: «El fascismo y la socialdemocracia no son enemigos, sino gemelos». Algunos gemelos pueden ser los peores enemigos; por otra parte, los aliados no tienen que haber nacido necesariamente el mismo día y de la misma madre.

En la construcción de Stalin está ausente no solo la dialéctica, sino hasta la lógica formal. La fuerza de esta construcción consiste en que nadie se atreve a contradecirla.

Entre la democracia y el fascismo no hay diferencia «en cuanto al contenido de clase», nos enseña, siguiendo a Stalin, Werner Hirsch (*Die Internationale,* enero de 1932). El tránsito de la democracia al fascismo puede tener un carácter de «proceso orgánico», es decir, puede producirse «gradualmente» y por la «vía fría».[4] Este razonamiento sería sorprendente si los epígonos no nos hubiesen enseñado a olvidar el admirarnos.

Entre la democracia y el fascismo no hay «diferencia de clase». Esto debe significar, evidentemente, que la democracia tiene un carácter burgués, lo mismo que el fascismo. Nos lo sospechábamos aun antes de enero de 1932. Pero la clase dominante no vive en el vacío. Sostiene ciertas relaciones con las demás clases. En el régimen «democrático» de la sociedad capitalista desarrollada, la burguesía se apoya ante todo en la clase obrera domesticada por los reformistas. Este sistema se manifiesta de la manera más acabada en Inglaterra, tanto bajo el Gobierno laborista como bajo el Gobierno conservador. En el régimen fascista, por lo menos en su primer estado, el capital se apoya en la pequeña burguesía , que destruye las organizaciones del proletariado. ¡Tal es el ejemplo de Italia! ¿Hay alguna diferencia en «el contenido de clase» entre estos dos regímenes? Si no se plantea más que la cuestión de la clase *dominante,* no hay ninguna diferencia. Pero si se interpretan la situación y las relaciones entre *todas las clases,* desde el punto de vista del proletariado, la diferencia se manifiesta bastante grande.

Durante numerosas décadas, dentro de la democracia burguesa, sirviéndose de ella y luchando contra ella, los obreros edificaron sus fortificaciones, sus bases, sus hogares de *democracia proletaria:* sindicatos, partidos, clubs de educación, organizaciones deportivas, cooperativas, etcétera. El proletariado puede llegar al poder no dentro de los cuadros formales de la democracia burguesa, sino solo por la vía revolucionaria. Esto está demostrado al mismo tiempo por la teoría y por la experiencia. Pero precisamente para la vía revolucionaria el proletariado necesita las bases de apoyo de la democracia obrera dentro del Estado burgués. En la creación de tales bases se ha manifestado el trabajo de la II Internacional, en la época en que todavía realizaba un trabajo históricamente progresivo.

El fascismo tiene como función esencial y única la destrucción hasta en sus cimientos de todas las instituciones de la democracia proletaria. ¿Este hecho, tiene para el proletariado «una importancia de clase», o no? Que nuestros grandes teóricos reflexionen un poco en ello. Al dar al régimen el nombre de burgués —lo que es incontestable—, Hirsch y sus maestros han olvidado un detalle: el puesto del proletariado en ese régimen. Reemplazan el proceso histórico por una vacua abstracción sociológica. Pero la lucha de clases se desarrolla en el terreno de la historia y no en la estratosfera de la sociología. El punto de partida de la lucha contra el fascismo no es la abstracción del Estado democrático, sino las organizaciones vivas del proletariado mismo, en las cuales está concentrada toda su experiencia y son las que preparan su porvenir.

La tesis de que el tránsito de la democracia al fascismo puede tener un carácter «orgánico» y «gradual» no significa, evidentemente, nada más que esto: se puede arrebatar al proletariado no solo todas sus conquistas materiales —cierto nivel de vida, la legislación social, los derechos civiles y políticos—, sino también el instrumento esencial de sus conquistas, es decir, sus organizaciones, y esto sin conmociones y sin combates. El tránsito al fascismo «por la vía fría» supone así la más terrible de las capitulaciones políticas del proletariado que pueda imaginarse.

Los razonamientos teóricos de Werner Hirsch no son casuales; prosiguiendo el desarrollo de las sentencias teóricas de Stalin, generalizan al mismo tiempo toda la agitación actual del Partido Comunista. Sus esfuerzos principales se dirigen al objetivo de demostrar que entre el régimen de Brüning y el régimen de Hitler no hay diferencia. Thaelmann y Remmele ven ahora en esto la quintaesencia de la política bolchevique.

El asunto no se limita a Alemania. La idea de que la victoria de los fascistas no aportará nada nuevo se propaga hoy con celo en todas las secciones de la IC. En el número de enero de la revista francesa *Les Cahiers du bolchevisme* leemos: «Los trotskistas, actuando en la práctica como Breitscheid, siguen la teoría del "mal menor", según la cual Brüning es menos malo que Hitler, morir de hambre es menos desagradable bajo Brüning que bajo Hitler, e infinitamente preferible ser fusilado por Groener que por Frick». Esta cita no es la más estúpida, aunque sea menester hacerle esta justicia: lo es suficientemente. Pero, ¡ay!, expresa toda la esencia de la filosofía política de los jefes de la IC.

Los estalinistas comparan dos regímenes bajo el ángulo de la democracia vulgar. En efecto; si se examina el régimen Brüning con el criterio de la «democracia» formal, la conclusión será incontestable: de la famosa Constitución de Weimar solo quedan migajas. Pero para nosotros este hecho no resuelve aún la cuestión. Hay que abordar el problema desde el punto de vista de la democracia *proletaria*. También es el único criterio firme en lo referente a la cuestión de saber dónde y cuándo la reacción policiaca «normal» del capitalismo en putrefracción se reemplaza por el régimen fascista.

Que Brüning sea «mejor» que Hitler (¿más simpático o qué?), esta cuestión nos interesa, verdaderamente, muy poco. Pero basta lanzar una ojeada a la carta de las organizaciones obreras para decir: en Alemania el fascismo todavía no ha vencido. Obstáculos y fuerzas gigantescas quedan en su camino hacia la dictadura.

El régimen actual de Brüning es un régimen de dictadura burocrática, más exactamente: de dictadura de la burguesía aplicada por los medios militares policiacos. La pequeña burguesía fascista y las organizaciones proletarias parece que mantienen un equilibrio recíproco. Si las organizaciones obreras estuviesen agrupadas en sóviets; si los comités de fábrica luchasen por el control de la producción, se podría hablar de *dualidad de poderes*. Por consecuencia de la dispersión de las fuerzas obreras y de la impotencia táctica de la vanguardia proletaria, todavía no hemos llegado ahí. Pero el hecho mismo de la existencia de organizaciones obreras poderosas que, *en ciertas condiciones*, son capaces de oponer una resistencia decisiva al fascismo, no permite a Hitler llegar al poder y comunica al aparato burocrático una cierta «independencia».

La dictadura de Brüning es una caricatura del bonapartismo. Esta dictadura no es estable, está poco segura de sí misma y es poco durable. Significa, no el comienzo de un nuevo equilibrio social, sino el preludio del derrumbamiento próximo del viejo equilibrio. No apoyándose de una manera inmediata más que en una pequeña minoría burguesa, tolerado por la socialdemocracia contra la voluntad de los obreros, amenazados por el fascismo, Brüning solo es capaz de los rayos de los decretos leyes, pero no de rayos reales. Disolver el Parlamento con el consentimiento de este; dictar algunos decretos contra los obreros; declarar la tregua de Navidad para arreglar algunos asuntos obscuros; con este pretexto, dispersar una centena de reuniones;

prohibir una decena de periódicos; cambiar con Hitler una correspondencia digna de un farmacéutico de provincia: he ahí todo para lo que Brüning sirve. Para algo más, tiene los brazos demasiado cortos.

Brüning está obligado a tolerar la existencia de las organizaciones obreras en la medida en que no se decide todavía hoy a entregar el poder a Hitler y en la medida en que no tiene fuerzas propias para su liquidación. Brüning está obligado a tolerar a los fascistas y a protegerlos en la medida en que teme mortalmente la victoria de los obreros. El régimen Brüning es un régimen transitorio, un régimen de corta duración, que precede a la catástrofe. El Gobierno actual solo se sostiene porque los campos principales no han medido aún sus fuerzas. La verdadera batalla todavía no se ha empeñado. Todavía la tenemos delante. La pausa de antes de la batalla, esta pausa que precede al choque decisivo de las fuerzas opuestas está ocupada por la dictadura de la impotencia burocrática.

Los sabios que se empeñan en no reconocer la diferencia «entre Brüning y Hitler» dicen, en realidad, esto: que nuestras organizaciones existan aún o que ya se destruyan, eso no tiene importancia. Bajo esta fraseología seudorradical se oculta la pasividad más cobarde; ¡nosotros no podemos evitar la derrota, hágase lo que se hiciere! Releed atentamente la cita del periódico de los estalinistas franceses; todo el problema se reduce a esto: ¿bajo quién es mejor sufrir hambre, bajo Brüning o bajo Hitler? En cuanto a nosotros, planteamos el problema de saber, no en qué condiciones se muere mejor, sino cómo luchar y vencer.

Nuestra conclusión es la siguiente: hay que empeñar la batalla general antes de que la dictadura burocrática de Brüning sea reemplazada por el régimen fascista, es decir, antes de que sean aplastadas las organizaciones obreras.

Para la batalla general hay que prepararse por el desarrollo, la extensión y la exasperación de las batallas parciales. Pero para esto hay que tener una perspectiva justa y, ante todo, no declarar vencedor al enemigo que todavía está lejos de la victoria.

Ahí está el nudo de la cuestión, la clave estratégica de la situación, la posición de partida para la lucha. Todo obrero que reflexione, y el obrero comunista el primero, debe darse cuenta de todo lo que hay de vacuo, de miserable y de podrido en las palabras de la burocracia estalinista, según las cuales Brüning y Hitler es el mismo asunto. ¡Os perdéis en la confusión!, les respondemos nosotros. Caéis en esa confusión vergonzosa por temor a las dificultades, por miedo a las tareas inmensas; capituláis antes de la lucha, declaráis que ya hemos sufrido la derrota. ¡Mentís! La clase obrera está escindida, debilitada por los reformistas, desorientada por los titubeos de su propia vanguardia; pero todavía no está aplastada, sus fuerzas no están agotadas. No; el proletariado de Alemania es poderoso. Los cálculos más optimistas serán superados considerablemente si su energía revolucionaria se abre camino hacia la arena de la acción.

El régimen de Brüning es un régimen preparatorio. ¿Para qué? Para la victoria del fascismo o para la victoria del proletariado. Este régimen es preparatorio, porque los dos campos no hacen más que prepararse para la lucha decisiva. Identificar a Brüning con Hitler significa identificar la situación antes de la batalla con la situación después de la derrota; significa reconocer de antemano la derrota inevitable; significa apelar a la capitulación sin combate.

La mayoría aplastante de los obreros, sobre todo de los comunistas, no quiere nada de eso. Ciertamente, la burocracia estalinista tampoco lo quiere. Pero hay que contar, no con buenas intenciones, con las que Hitler empedrará su infierno, sino con el sentido objetivo de la política, de su dirección y de sus tendencias. Es preciso denunciar hasta el fin el carácter pasivo, medrosamente expectativo, capitulante y declamatorio de la política de Stalin-Manuilski-Thaelmann-Remmele. Es necesario que los obreros revolucionarios comprendan: la llave de la posición está en manos del Partido, pero la burocracia estalinista trata de cerrar con ella las puertas de la acción revolucionaria.

III
El ultimatismo burocrático

Cuando los periódicos del nuevo Partido Socialista de los Trabajadores (SAP)[5] escriben contra «los egoísmos de partido» de la socialdemocracia y del Partido Comunista, cuando Seydewitz jura que para él «el interés de clase está por encima del interés de Partido», caen en el sentimentalismo político o, lo que es peor, pretenden por medio de frases sentimentales cubrir los intereses de su propio partido. Es este un medio que no sirve para nada. Cuando la reacción exige que los intereses de la «nación» se coloquen por encima de los intereses de clase, nosotros, los marxistas, decimos que bajo la forma del interés «general», la reacción defiende los intereses de clase de los explotadores. No se pueden formular los intereses de la nación de otro modo que bajo el ángulo de la clase dominante o de la clase que pretende llegar a dominar. No se pueden formular los intereses de clase de otro modo que en forma de programa; no se puede defender el programa más que creando un partido.

La clase tomada en sí no es más que una materia de explotación. El papel propio del proletariado comienza en el momento en que, de una clase social *en sí*, se convierte en una clase política *para sí*. Este hecho no puede producirse más que por intermedio del partido. El partido es el órgano histórico con cuya ayuda la clase adquiere su conciencia. Decir: «la clase está por encima del partido», significa tanto como afirmar: «la clase en estado bruto, está por encima de la clase que está a punto de adquirir su conciencia». Esto no solo es falso, sino que también reaccionario. Para justificar la necesidad del frente único, no hay ninguna necesidad de recurrir a esta teoría vulgar.

El desarrollo de la clase en su conciencia, es decir, la edificación de un partido revolucionario que arrastre tras de sí al proletariado, es un proceso complicado y contradictorio. La clase no es homogénea. Sus diferentes partes adquieren conciencia por diferentes vías y en plazos diferentes. La burguesía toma una parte activa en ese proceso. Crea sus órganos en la clase obrera o utiliza los órganos existentes oponiendo ciertas capas de obreros a las demás. En el seno del proletariado obran simultáneamente diferentes partidos. Por esto vive políticamente escindido durante la mayor parte de su camino histórico. De ahí deriva —en ciertos períodos con una claridad excepcional— el problema del frente único.

El Partido Comunista —con una política justa— expresa los intereses históricos del proletariado: solo así es posible la revolución socialista. El Partido Comunista no puede cumplir su misión más que guardando su independencia política y de organización plenamente y sin reservas con relación a todos los demás partidos y organizaciones que existen dentro de la clase obrera y fuera de ella. La transgresión de esta regla fundamental de la política marxista es el crimen más grave contra los intereses del proletariado como clase. La Revolución China de 1925 a 1927 fue aplastada precisamente a causa del hecho de que la Internacional Comunista, dirigida por Stalin y Bujarin, obligó al Partido Comunista chino a entrar en el Kuomintang, partido de la burguesía china, y a someterse a la disciplina de este último. La experiencia de la política estalinista frente al Kuomintang entrará para siempre en la historia como ejemplo de sabotaje funesto de la revolución por sus dirigentes. La teoría estalinista de los «partidos bi-partidos obreros y campesinos» para Oriente no es más que la generalización y canonización de la experiencia realizada con el Kuomintang; la aplicación de esta teoría en el Japón, en la India, en Indochina, en Corea, minó la autoridad del comunismo y retrasó el desarrollo revolucionario del proletariado para una serie de años. La misma política pérfida se realizó, efectivamente, aunque con menos cinismo, en los Estados Unidos, en Inglaterra y en todos los países de Europa hasta 1928.

La lucha de la oposición de izquierda por la independencia completa y sin reservas del Partido Comunista y de su política, en todas las condiciones históricas y en todos los grados del desarrollo del proletariado trajo un agudizamiento extremo de las relaciones entre la oposición y la fracción de Stalin durante el período de su bloque con Chiang Kai-shek, Wan-TinWei, Purcell, Raditch, Lafollette, etcétera. Inútil es recordar que Brandler y Thalheimer, en esta lucha, estuvieron al igual que Thaelmann y Remmele, al lado de Stalin, contra los bolcheviques leninistas ¡No somos nosotros, por lo tanto, quienes tenemos que recibir de Thaelmann y Stalin lecciones de independencia de la política del Partido Comunista!

Pero el proletariado avanza hacia la adquisición de su conciencia, no por los grados de la escuela, sino a través de la lucha de clases, que no sufre interrupciones. Para su lucha, el proletariado necesita la unificación de sus filas. Y esto lo necesita, tanto para los conflictos económicos parciales, dentro de una empresa, como para las luchas políticas «nacionales», tales como la defensa contra el fascismo. La táctica del frente único es, por consiguiente, no algo ocasional y artificial, no es una maniobra sagaz cualquiera, no, sino que se deriva enteramente de las condiciones objetivas del desarrollo del proletariado. Las palabras del *Manifiesto del Partido Comunista,* al decir que los comunistas no son opuestos al proletariado, que no tienen otros fines ni otras tareas más que las del proletariado, expresan la idea de que la lucha del Partido por la mayoría de la clase no debe, en ningún caso, entrar en pugna con la necesidad de los obreros de la unidad de sus filas de combate.

La *Rote Fahne* condena con justos motivos la palabrería sobre «los intereses de clase por encima de los intereses de partido». En realidad, los intereses de clase bien entendidos y los fines del Partido bien formulados coinciden. Mientras la cosa se limite a esta afirmación histórico-filosófica, la oposición de la *Rote Fahne* es invulnerable. Pero es que las conclusiones políticas que deduce de ello constituyen un escarnecimiento directo del marxismo.

La identidad de principios de los intereses del proletariado y de los fines del Partido Comunista no significan ni que el proletariado en su conjunto tiene conciencia desde hoy de sus intereses, ni que el Partido los formule, en todas las circunstancias, de una manera *justa*. La necesidad misma del Partido se deriva precisamente del hecho de que el proletariado no nace con la comprensión acabada de sus intereses históricos. La tarea del Partido consiste, en la experiencia de la lucha, en aprender a demostrar al proletariado su derecho a la dirección. Sin embargo, la burocracia estalinista, considera que basta simplemente exigir del proletariado la subordinación basada en el pasaporte del Partido, marcado con el sello de la Internacional Comunista.

Todo frente único que no esté colocado de antemano bajo la dirección del Partido Comunista —repite la *Rote Fahne*— va dirigido contra los intereses del proletariado. Todo aquel que no reconoce la dirección del Partido Comunista, es, por este hecho mismo, un «contrarrevolucionario». El obrero está obligado a dar de antemano su confianza al Partido Comunista, con su palabra de honor. De la identidad de principios de los fines del Partido y de la clase, el funcionario deduce el derecho de mandar en la clase. La tarea histórica que el Partido Comunista tiene aún que cumplir, la unificación bajo su bandera de la mayoría aplastante de los obreros, es transformada por el burócrata en un ultimátum, en un revólver colocado en la sien de la clase obrera. El pensamiento dialéctico es reemplazado por el pensamiento formalista, administrativo-burocrático.

La tarea histórica que hay que resolver se considera ya como resuelta. La confianza que hay que ganar se considera ya como ganada. Esto, claro está, es muy sencillo. Pero las cosas no avanzan mucho con esto. En política, hay que partir de lo que existe y no de lo que es deseable y de lo que existirá. Llevada al extremo, la posición de la burocracia estalinista es, en realidad, la negación del Partido: ¿en qué consiste todo su trabajo histórico si el proletariado debe reconocer de antemano la dirección de Thaelmann y de Remmele?

Al obrero que quiere entrar en las filas comunistas, el Partido tiene derecho a decirle: «Debes reconocer nuestro programa, nuestros estatutos y la dirección de nuestros organismos elegidos». Pero es insensato y criminal poner esta misma condición a priori, o siquiera una parte de ella, a las masas obreras o a las organizaciones obreras cuando se trata de acciones comunes. Esto significa minar el fundamento mismo del Partido, que no puede desempeñar su función más que con relaciones recíprocas justas con la clase. En lugar de presentar un ultimátum unilateral que irrita y humilla a los obreros, hay que proponer un programa determinado de acciones comunes: es la vía más segura para conquistar la dirección efectiva. El *ultimatismo* es una tentativa de violentar a la clase obrera cuando no se logra persuadirla: «Si vosotros, obreros, no reconocéis la dirección de Thaelmann-Remmele-Neumann, nosotros no os permitiremos crear el frente único». El peor enemigo no habría podido inventar una situación menos cómoda que aquella en la cual se colocan por sí mismos los jefes del Partido Comunista. Es la vía más segura hacia la ruina.

La dirección del Partido Comunista alemán no hace más que subrayar más claramente aún su ultimatismo cuando hace en sus llamamientos estas reservas casuísticas: «Nosotros no os pedimos que reconozcáis de antemano nuestras concepciones comunistas». Eso suena como una excusa por la política que no tiene excusa alguna. Cuando el Partido declara que se niega a entrar en negociaciones de ninguna clase con otras organizaciones, pero permite a los obreros socialdemócratas romper con su organización, y sin llamarse comunistas, ponerse bajo la dirección del Partido Comunista, eso es precisamente ultimatismo de la más pura cepa. La reserva sobre «las concepciones comunistas» es completamente ridícula: el obrero que esté dispuesto desde hoy mismo a romper con su partido para tomar parte en la lucha bajo la dirección comunista, no vacilará en tomar el nombre de comunista. Los subterfugios diplomáticos y el juego de etiquetas son extraños al obrero. Él ve en la política y en la organización lo que tiene de esencial. Continúa en la socialdemocracia mientras no tiene confianza en la dirección comunista. Se puede decir con certeza que la mayoría de los obreros socialdemócratas sigue en su partido, no porque tenga confianza en la dirección reformista, sino únicamente porque no tiene todavía confianza en la dirección comunista, pero quiere luchar desde ahora contra el fascismo. Si se le indica la etapa más próxima de la lucha común, exigirá que su organización se coloque en esa vía. Si la organización se obstina en no aceptarla, puede llegar hasta a la ruptura con ella.

En lugar de ayudar a los obreros socialdemócratas, con la experiencia, a encontrar su camino, el CC del Partido Comunista alemán ayuda a los jefes socialdemócratas contra los obreros. Su aversión y su miedo a la lucha, su incapacidad de combatir a los Wels y a los Hilferding las disfrazan hoy con éxito aludiendo a la negativa del Partido Comunista a participar en la lucha común. La negativa obstinada, estúpida e insensata del Partido Comunista a aceptar la política de frente único, ha llegado a ser, en las condiciones actuales, el recurso político más importante de la socialdemocracia. Por esto es por lo que la socialdemocracia, con ese fanatismo que le es característico, se aferra tan fuertemente a nuestra crítica de la política ultimatista de Stalin-Thaelmann.

Los dirigentes oficiales de la Internacional Comunista fueron ahora con aire muy serio sobre la elevación del nivel teórico del Partido y sobre el estudio de la «historia del bolchevismo». En realidad, el «nivel» desciende más cada vez. Las lecciones del bolchevismo están olvidadas, deformadas, pisoteadas. Sin embargo, no es difícil encontrar en la historia del Partido ruso el precursor de la política actual del CC alemán: es el difunto Bogdánov, el creador del ultimatismo *(u otzovismo)*. Aun en 1905, consideraba imposible la participación de los bolcheviques en el sóviet de Petrogrado, si el sóviet no reconocía previamente la dirección socialdemócrata. Bajo la influencia de Bogdánov, el Buró petersburgués del CC bolchevique adoptó en octubre de 1905 esta decisión: proponer al sóviet de Petrogrado la demanda de reconocer la dirección del Partido; en caso contrario, se decidiría abandonar el sóviet. El joven abogado Krásikov, miembro del CC bolchevique de esta época, planteó este ultimátum a la Asamblea plenaria del sóviet. Los diputados obreros, incluso los bolcheviques, se unieron con asombro y pasaron al orden del día. Nadie abandonó el sóviet. Pronto llegó Lenin del extranjero y atacó sin compasión a los ultimatistas: «No se puede —decía— con ayuda de ultimátums, obligar a las masas a saltar las fases indispensables de su propio desarrollo político».

Bogdánov, con todo, no había renunciado a su metodología, y creó a continuación toda una fracción de «ultimatistas» o de «otzovistas»: esta última apelación se le dio porque tenían la inclinación de hacer salir[6] a los bolcheviques de todas las organizaciones que se negaban a aceptar el ultimátum enviado desde arriba: «Reconoce por adelantado nuestra dirección». Los ultimatistas intentaban aplicar su política, no solo en el sóviet, sino también en el dominio del parlamentarismo y del movimiento sindical y, en general, en todas las organizaciones legales y semilegales de la clase obrera.

La lucha de Lenin contra el ultimatismo fue una lucha por relaciones justas entre el Partido y la clase. Los ultimatistas en el viejo partido bolchevique no llegaron nunca a jugar un papel de mínima importancia: de otro modo, la victoria del bolchevismo habría sido imposible. Las relaciones atentas y sensibles para con la clase constituyeron la fuerza del bolchevismo. Lenin continuó la lucha contra el ultimatismo, incluso cuando estaba en el poder, particularmente y sobre todo en el dominio de los sindicatos. «Si hubiésemos puesto ahora en Rusia —escribía—, después de dos años y medio de victorias inauditas contra la burguesía de Rusia y de la Entente como condición de admisión en los sindicatos "el reconocimiento de la dictadura", habríamos hecho una tontería, habríamos desgarrado nuestra influencia sobre las masas, habríamos ayudado a los mencheviques. Porque todo el esfuerzo de los comunistas reside en la capacidad de halagar entre ellos, y no en separarse de ellos por la invención de consignas puerilmente "izquierdistas" (*La enfermedad infantil del comunismo*). Esto es tanto más obligatorio para los Partidos comunistas de Occidente que no representan más que a la minoría de la clase obrera».

La situación ha cambiado, sin embargo, radicalmente en la URSS durante el último período. El Partido Comunista armado del poder representa ya otra relación entre la vanguardia y la clase: en esta relación se ha introducido un elemento de *coerción*. La lucha de Lenin contra el burocratismo del Partido y de los sóviets significaba en el fondo una lucha, no contra el mal funcionamiento de las cancillerías, la inercia, la suciedad, etcétera., sino contra el encadenamiento de la clase al aparato, contra la transformación de la burocracia del Partido en una nueva capa «dirigente». El consejo que dio Lenin antes de su muerte de crear una Comisión de control obrero, independiente del CC, y retirar a Stalin y su fracción del aparato del Partido fue dirigido contra la degeneración burocrática del Partido. Por una serie de razones que no podemos examinar aquí, el Partido ha prescindido de este consejo. La degeneración burocrática del Partido ha alcanzado durante estos últimos años el límite. El aparato estalinista no hace más que mandar. El lenguaje del mando es el lenguaje del ultimatismo. Cada obrero debe reconocer de antemano que todas las decisiones precedentes, actuales y futuras del

CC, son infalibles. Las pretensiones de infalibilidad aumentaban a medida que la política se hacía cada vez más falsa.

Después de haber concentrado entre sus manos el aparato de la Internacional Comunista, la fracción estalinista transportó también con la misma naturalidad sus métodos sobre las secciones extranjeras, es decir, sobre los Partidos Comunistas de los países capitalistas. La política de la dirección alemana es el reflejo de la política de la dirección de Moscú. Thaelmann ve cómo manda la burocracia hitleriana, que declara contrarrevolucionario a todo aquel que no reconoce su infalibilidad. ¿En qué es Thaelmann peor que Stalin? Si la clase obrera no se coloca sumisamente bajo su mando, es porque la clase obrera es contrarrevolucionaria. Doblemente contrarrevolucionarios son los que muestran a Thaelmann los peligros funestos del ultimatismo. Uno de los libros más contrarrevolucionarios es la recopilación de las obras completas de Lenin. Por algo Stalin las somete a una censura tan severa, sobre todo en las ediciones en lengua extranjera.

Si el ultimatismo es funesto en todas las circunstancias, si en la URSS significa el derecho del capital moral del Partido, es doblemente insolvente en los Partidos de Occidente, que no hacen más que acumular un capital moral. En la Unión Soviética, la revolución victoriosa creó por lo menos las premisas materiales para el ultimatismo burocrático en forma de aparato de coerción. En los países capitalistas, incluso en Alemania, el ultimatismo se transforma en una caricatura impotente y traba la marcha del Partido Comunista hacia el poder. El ultimatismo de Thaelmann-Remmele es sobre todo ridículo. Y el ridículo mata sobre todo cuando se trata del Partido de la revolución.

Transportad por un instante este problema sobre el terreno de Inglaterra, donde el Partido Comunista (a consecuencia de los errores funestos de la burocracia estalinista) no es más que una parte ínfima del proletariado. Si se admite que toda forma de frente único, a excepción de la forma comunista, es «contrarrevolucionaria», el proletariado británico deberá, con toda evidencia retrasar la marcha revolucionaria hasta el momento en que el Partido Comunista se ponga a su cabeza. Pero el Partido Comunista no podrá ponerse a la cabeza de la clase más que sobre la base de su propia experiencia revolucionaria. Sin embargo, la experiencia no puede tener un carácter revolucionario más que por la vía del arrastramiento de millones de hombres a la lucha. Ahora bien: no se puede arrastrar a la lucha a las masas no comunistas, y, sobre todo, a las masas organizadas, más que sobre la base de la política del frente único. Caemos en un círculo vicioso del que no hay salida por la vía del ultimatismo burocrático. Pero la dialéctica revolucionaria mostró, hace mucho tiempo, esta salida; demostró su eficacia sobre una innumerable cantidad de ejemplos y en los más diversos dominios: combinación de la lucha por el poder con la lucha por las reformas; independencia completa del Partido, salvaguardando también la unidad de los sindicatos; lucha contra el régimen burgués, utilizando sus instituciones; crítica irreductible del parlamentarismo desde lo alto de la tribuna parlamentaria; lucha implacable contra el reformismo combinado con acuerdos prácticos con los reformistas en las tareas parciales.

En Inglaterra, la inconsistencia del ultimatismo salta a la vista, a causa de la debilidad extrema del Partido Comunista. En Alemania, los efectos funestos del ultimatismo son enmascarados en parte por la fuerza numérica considerable del Partido y por su crecimiento. Pero el Partido alemán crece gracias al empuje de las circunstancias y no gracias a la política de la dirección; no gracias al ultimatismo, sino a pesar de él. Por otra parte, no es el crecimiento del Partido lo que decide: lo que decide es la relación política recíproca entre el Partido y la clase. En esta línea fundamental, la situación no mejora, porque el Partido alemán coloca, entre él y la clase, una cerca de alambre espinoso de ultimatismo.

IV
Los zigzags de los estalinistas
en la cuestión del frente único

La antigua socialdemócrata Torchors (Düsseldorf), que pasó al Partido Comunista, declaró en su solicitud oficial de ingreso en el Partido hecha a mediados de enero último, en Francfort: «Los jefes socialdemócratas están ya suficientemente desenmascarados, y, por lo tanto, no es más que una pérdida de energía el maniobrar en dicho sentido en la cuestión de la unidad desde arriba». Esta cita está tomada del diario comunista de Francfort, que, por su parte, hace grandes elogios de esta declaración. «Los jefes socialdemócratas están ya suficientemente desenmascarados». Suficientemente para el autor de la declaración, que se pasó de la socialdemocracia al comunismo (lo que, claro está, le honra); pero, desde luego, insuficientemente para los millones de obreros que votan a la socialdemocracia y que sostienen sobre sus espaldas a la burocracia reformista en el seno de los sindicatos.

Pero no tenemos necesidad de recurrir a una declaración aislada. En el llamamiento hecho en la *Rote Fahne* (28 de enero), el último que tengo a mano, se demuestra una vez más que no está permitido hacer el frente único más que contra los jefes socialdemócratas y sin ellos. ¿Por qué? Porque «todos aquellos que han vivido la experiencia de los últimos dieciocho años, y que han visto actuar a estos "jefes", no pueden creer ya en ellos». ¿Y qué haremos, nos preguntamos nosotros, con aquellos que han venido al campo de la política más tarde de los últimos dieciocho años, y aun después de los últimos dieciocho meses? Desde el principio de la guerra se han educado varias generaciones políticas que deben hacer la experiencia de la vieja generación, aunque no sea más que en una escala reducida. «Se trata precisamente —enseña Lenin a los ultraizquierdistas— de no tomar la experiencia vivida por nosotros por la experiencia vivida por nuestra clase, por las masas».

Pero, incluso ni la vieja generación socialdemócrata, la que ha hecho la experiencia de los años, ha roto en modo alguno con los jefes. Por el contrario, precisamente la socialdemocracia es la que conserva muchos «viejos» que están unidos al Partido por fuertes tradiciones. Es lamentable, claro está, que las masas aprendan tan lentamente. Pero hay en ello una buena parte de responsabilidad para los «pedagogos» comunistas que no han sabido desenmascarar rotundamente la naturaleza criminal del reformismo. Es necesario, al menos, utilizar la nueva situación, en la que la atención de las masas está extremadamente preocupada, por el peligro mortal, para someter a los reformistas a una nueva prueba, que acaso sea esta vez verdaderamente decisiva.

Sin ocultar nada ni atenuar nuestra opinión sobre los jefes socialdemócratas podemos y debemos decir a los obreros socialdemócratas: «Puesto que aceptáis, por una parte, luchar de acuerdo con nosotros, y, de otra, no queréis romper con vuestros jefes os proponemos: obligarles a emprender una lucha con nosotros para tales o cuales fines prácticos y por tales o cuales caminos; en cuanto a nosotros, comunistas, estamos decididos a ello». ¿Puede haber nada más sencillo, más claro, más convincente?

En este sentido, precisamente, escribí —con la intención premeditada de provocar la sincera alarma o la indignación fingida de los imbéciles y de los charlatanes—, que en la lucha contra el fascismo estamos dispuestos a concertar acuerdos prácticos de lucha con el diablo, con su abuela y aun con Noske y Zoergiebel.[7]

El mismo Partido oficial viola a cada paso su posición. En los llamamientos al «frente único rojo» (frente único consigo mismo), pone siempre por delante la reivindicación de «libertad ilimitada del derecho de manifestación, de reunión, de coalición y de la prensa proletaria». Es una consigna perfectamente justa. Pero cuando el Partido Comunista habla de diarios, de reuniones, etcétera, *proletarios*, y no solo comunistas, pone por delante, en realidad, la consigna del frente único con esa misma socialdemocracia que edita periódicos obreros, organiza reuniones, etcétera. Lanzar consignas que contienen en sí la idea del frente único con la socialdemocracia y renunciar a los acuerdos prácticos para la lucha por estas consignas, es el colmo de la incoherencia.

Münzenberg, en quien se encuentran en contradicción la línea general y el buen sentido de un hombre de negocios, escribía en noviembre en *Der Rote Aufbau*: «Es cierto que el nacionalismo es el ala más reaccionaria, más chovinista y más feroz del movimiento fascista en Alemania, y que todas las organizaciones realmente de izquierda (!) tienen un interés enorme en impedir el robustecimiento de la influencia y la potencia de este sector del fascismo alemán». Si el partido de Hitler es el sector *«más reaccionario, más feroz*, se deduce que el Gobierno Brüning (es lo menos que podemos decir), resulta *menos* feroz y *menos reaccionario*. Münzenberg llega así de un modo furtivo a la teoría del mal menor. Para salvar las apariencias de ortodoxia, Münzenberg establece diferentes calidades de fascismo: fascismo medio, ligero y fuerte como si se tratara de tabaco turco. Pero si todas las «organizaciones de izquierda» (¿por qué no llamarlas por sus nombres?) están interesadas en derrotar al fascismo, ¿por qué no someter estas «organizaciones de izquierda» a la prueba de la acción?

¿No está claro, pues, que era necesario aceptar inmediatamente a manos llenas la proposición diplomática y equívoca de Breitscheid, y someter, por otro lado, un programa práctico, concreto y bien estudiado de lucha contra el fascismo, al mismo tiempo que se solicitaba una reunión común de las directivas de ambos partidos, en la que también participasen la dirección de los sindicatos libres? Hubiera sido imprescindible que al mismo tiempo se hubiera hecho penetrar con toda energía este programa en la base, en todos los sectores de los dos partidos y en las masas. Las reuniones podían haberse realizado a la vista de todo el mundo; la *Prensa* hubiera publicado los acuerdos diariamente, sin exageraciones ni invenciones fantásticas. Una agitación posible de esta clase, que va directamente hacia su objetivo, actúa sobre los obreros de una manera mucho más eficaz que el continuo alarido sobre el «socialismo». Si el problema se hubiera planteado en esta forma, la socialdemocracia no hubiera podido esconderse ni por un momento tras la decoración de papel del Frente de Hierro.

Releed la *Enfermedad infantil del comunismo*. Hoy día es el libro de más actualidad. Es precisamente al tratar de situaciones semejantes a las de Alemania de hoy, cuando Lenin habla de —copiamos textualmente— «la necesidad absoluta que tiene la vanguardia del proletariado, su sector más consciente, el Partido Comunista, de hacer zigzags, recurrir a acuerdos, a compromisos con las diversas agrupaciones proletarias, con los diversos partidos obreros y los jefecillos [...]. Lo esencial es saber aplicar esta táctica de modo que contribuya a *elevar, y* no a hacer descender, el nivel *general* de la conciencia, del espíritu revolucionario, de la capacidad de lucha y de la victoria del proletariado».

Ahora bien: ¿cómo actúa el Partido Comunista? En su *Prensa* se afirma diariamente que no se puede admitir más que un «frente único» que vaya dirigido contra Brüning, Severing, Leipart, Hitler y demás políticos semejantes. Es indiscutible que ante la insurrección proletaria, no habrá ninguna diferencia entre Brüning, Severing, Leipart y Hitler. Contra la insurrección de octubre de los bolcheviques, los socialistas revolucionarios y los mencheviques se unieron a los demócratas constitucionalistas y a los kornilovianos; Kerenski mandó sobre Petrogrado al general cosaco Krasnov; los socialistas revolucionarios organizaron la insurrección de los cadetes bajo la dirección de oficiales monárquicos.

Pero esto no quiere decir, en modo alguno, que Brüning, Severing, Leipart y Hitler pertenezcan *siempre y* en *todas las circunstancias* a un mismo campo. En estos momentos sus intereses son divergentes. Para la socialdemocracia, la cuestión que se plantea en el momento *presente* no es tanto la defensa de las bases de la sociedad capitalista contra la revolución proletaria, como la defensa del sistema semiparlamentario burgués contra el fascismo. Renunciar a aprovechar este antagonismo es una enorme tontería.

«Hacer la guerra para derrumbar a la burguesía internacional —escribía Lenin en su *Enfermedad infantil*...—, y oponerse al empleo de cualquier desviación, de cualquier utilización de las contradicciones (aun cuando fuesen momentáneas) entre nuestros enemigos: renunciar a todo acuerdo y a todo compromiso con aliados posibles *(no importa que estos aliados no sean más que provisionales, poco seguros, cambiantes, condicionales)*, ¿no es de una ridiculez sin límites?» Citamos, como siempre, literalmente; las palabras subrayadas en el paréntesis fueron subrayadas por Lenin.

Y más adelante dice: «Es imposible triunfar sobre un adversario superior sin llegar a una extraordinaria tensión de las fuerzas, con la condición indispensable de sacar partido con la mayor atención, minucia y prudencia, de los más pequeños desacuerdos entre los enemigos».

Ahora bien: ¿qué es lo que hacen los Thaelmann y los Remmele, dirigidos por Manuilski? Se dedican con todas sus fuerzas a tapar la grieta que separa a la socialdemocracia del fascismo, ¡y qué grieta!, con la teoría del socialfascismo, y que en la práctica es el sabotaje del frente único.

Lenin exigía que se utilizase cualquier «posibilidad de atraerse un aliado de masas, aunque no sea más que un aliado temporal, vacilante, poco sólido, poco seguro y cauteloso. El que no comprenda esto, dice, no ha comprendido ni una palabra del marxismo, ni, en general, del socialismo científico contemporáneo». ¡Oídlo, profetas de la nueva escuela estalinista! Ahí se dice de una manera terminante y precisa que no habéis comprendido ni una palabra de marxismo. Y es Lenin el que os lo dice; podéis acusarle recibo por el cumplido.

Pero sin la victoria sobre la socialdemocracia, contestan los estalinistas, es imposible la victoria sobre el fascismo. ¿Es esto cierto? En un cierto *sentido*, sí. Pero el teorema a la inversa es igualmente verdadero. Sin la victoria sobre el fascismo italiano, será imposible la victoria de la socialdemocracia italiana. El fascismo y la socialdemocracia son instrumentos de la burguesía. En tanto que el capital sea el amo, la socialdemocracia y el fascismo existirán en combinaciones diferentes. Todas las cuestiones se reducen así a un común denominador: el proletariado tiene que derribar el régimen burgués.

Pero precisamente en estos momentos, en que el régimen se tambalea en Alemania, viene en su auxilio el fascismo. Para repeler a este defensor, es necesario, se nos dice, destruir antes la socialdemocracia... De esta manera el esquematismo inanimado nos conduce a un círculo vicioso, del que no se puede salir más que sobre el terreno de la acción. El carácter de la acción se determina, no por el juego de categorías abstractas, sino por la relación real de las fuerzas históricas vivas.

No, insisten los burócratas; «primero» liquidemos la socialdemocracia. ¿Por qué caminos? Es muy sencillo: dando órdenes a las organizaciones del Partido para que alisten en su seno, en una fecha determinada, cien mil miembros nuevos. Es decir, la propaganda abstracta en vez de la lucha política, el plan burocrático en lugar de la estrategia dialéctica. Pero ¿y si el desarrollo efectivo de la lucha de clases plantea ya ahora, ante la clase obrera, la cuestión de fascismo como una cuestión de vida o muerte? Entonces hay que desviar a la clase obrera de esta tarea, hay que adormecerla, hay que persuadirla que la tarea de la lucha contra el fascismo es una tarea secundaria, que no es una tarea urgente, que se resolverá ella misma, puesto que, después de todo, el fascismo reina ya, puesto que Hitler no traerá nada nuevo, puesto que no hay por qué temer a Hitler, puesto que Hitler no hará más que facilitar el camino a los comunistas.

¿Es esto, acaso, exagerado? No; es la auténtica idea directriz de los jefes del Partido Comunista. No siempre la plantean hasta sus últimas consecuencias. En su encuentro con las masas, ellos mismos retroceden ante las conclusiones finales adoptando posiciones diferentes, confundiéndose a sí mismos y confundiendo a los obreros; pero en todas las ocasiones en que intentan fundir los dos fines, parten del punto de vista de la inevitabilidad de la victoria del fascismo.

El 14 de octubre del año pasado, Remmele, uno de los tres jefes oficiales del Partido Comunista, decía en el Reichstag: «Es el Sr. Brüning el que lo ha dicho muy claramente: cuando estén en el poder (los fascistas) se hará el frente único del proletariado y se tambaleará todo». [*Tempestad de aplausos de los comunistas*]. Es comprensible que Brüning atemorice con una perspectiva semejante a la burguesía y a la socialdemocracia; así defiende su poder. Pero que Remmele consuele a los obreros con semejante perspectiva, es una vergüenza; prepara el poder a Hitler, porque toda esa perspectiva es profundamente falsa y pone de manifiesto la incomprensión total de la psicología de las masas y de la dialéctica de la lucha revolucionaria. Si el proletariado alemán, ante el cual se desarrollan ahora abiertamente todos los acontecimientos, deja que los fascistas lleguen al poder, es decir, da una prueba de ceguera y pasividad criminal, no hay en absoluto ningún motivo para esperar que *después* de la llegada de los fascistas al poder, el mismo proletariado sacuda de un solo golpe su pasividad y se tambalee todo; todavía no se ha visto eso en Italia. Remmele razona enteramente igual que los charlatanes pequeñoburgueses franceses del siglo XIX, que demostraron una incapacidad total para conducir a las masas, pero que, por el contrario, estaban firmemente persuadidos de que cuando Luis Bonaparte atentara contra la República, el pueblo se levantaría inmediatamente en su defensa y se «tambalearía todo». Sin embargo, el pueblo que dejó que Luis Bonaparte llegase al poder demostró que era incapaz de derribarle inmediatamente. Para ello fueron precisos nuevos acontecimientos importantes, sacudidas históricas, la guerra entre ellas.

El frente único del proletariado, según Remmele, no puede realizarse, como hemos visto, hasta después de la llegada de Hitler al poder. ¿Puede haber una confesión más lamentable de la propia derrota? Puesto que nosotros, Remmele y compañía, somos incapaces de unir al proletariado, se lo encargamos a Hitler. Cuando este nos haya unificado al proletariado, entonces podremos presentarnos con toda nuestra grandeza. Y todo esto seguido de una declaración jactanciosa: «Somos los vencedores del mañana, y la cuestión no se plantea ya diciendo quién será el aplastado. Esta cuestión está resuelta. [*Aplausos de los comunistas*]. Ya no queda planteada más que la cuestión de saber en qué momento aplastaremos a la burguesía». ¡Precisamente se trata de eso! Es lo que se llama en ruso tocar el cielo con las manos. Somos los vencedores del *mañana*. Para ello nos falta hoy el frente único; pero Hitler nos lo dará mañana cuando llegue al poder. De lo que resulta que el vencedor de *mañana* será, a pesar de todo, Hitler, y no Remmele. Por esto, tened buen cuidado de que se os quede bien grabado en la cabeza: el momento de la victoria de los comunistas no llegará tan pronto.

Pero Remmele siente que su optimismo cojea de la pierna izquierda e intenta asegurarle: «Los señores fascistas no nos asustan, porque ellos se desgastarán más rápidamente que cualquier otro Gobierno». [*Muy bien en los bancos de los comunistas*]. Y como prueba: los fascistas quieren la inflación, el papel moneda, lo que significa la ruina para las masas populares; todo se arreglará, pues, a pedir de boca. De esta manera la inflación oratoria de Remmele aparta a los obreros alemanes de su camino.

Tenemos aquí un discurso-programa de un jefe oficial del Partido, editado en una cantidad enorme de ejemplares, y que al mismo tiempo sirve de reclutamiento comunista; el discurso va seguido de un boletín de adhesión al Partido. Y este discurso-programa está construido por completo a base de la capitulación ante el fascismo. «Nosotros no tememos» la llegada de Hitler al poder. Lo que no es más que una fórmula retorcida de cobardía. «Nosotros» no nos consideramos capaces de impedir que Hitler suba al poder; aun más; nosotros, los burócratas estalinistas, estamos tan podridos, que no nos atrevemos a pensar seriamente en una lucha contra Hitler. Por eso «no le tememos». ¿Qué es lo que no teméis? ¿La lucha contra Hitler? No, lo que no teméis es... la victoria de Hitler. No temen evitar el combate. No temen reconocer su propia cobardía. ¡Vergüenza, mil veces vergüenza!

En uno de mis folletos anteriores escribí que la burocracia estalinista quiere tender un lazo a Hitler... bajo la forma del poder del Estado. Los chupatintas que zascandilean de Münzenberg a Ullstein, y de Mosse a Münzenberg dirán inmediatamente: «Trotski calumnia al Partido Comunista». ¿Es que no está claro? Por odio hacia el comunismo, por adversión hacia el proletariado, por un deseo apasionado de salvar al capitalismo alemán, Trotski atribuye a la burocracia estalinista un plan de capitulación. Se dice esto, cuando, en realidad, no hago más que formular brevemente el discurso-programa de Remmele y el artículo teórico de Thaelmann. ¿Dónde está la calumnia?

Thaelmann, lo mismo que Remmele, continúan, sin embargo, fieles en absoluto al evangelio de Stalin. Recordemos una vez más las consideraciones que hacía Stalin en otoño de 1923, cuando en Alemania estaba, lo mismo que hoy, la situación pendiente del filo de un cuchillo: «¿Deben tender los comunistas (en el estado actual) —escribía Stalin a Zinóviev y a Bujarin— a apoderarse del poder sin la socialdemocracia? ¿Están ya bastante maduros para ello? Aquí está, a mi entender, el nudo de la cuestión [...]. Supongamos que hoy se derribase el poder en Alemania y que los comunistas lo recogieran; se derrumbaría en el fracaso. Y esto en el "mejor" de los casos. En el peor de los casos, serían pulverizados y rechazados [...]. Claro está que los fascistas no se duermen; pero a nosotros nos interesa que ellos ataquen los primeros, porque esto agrupará a toda la clase obrera en torno a los comunistas […]. A mi entender, es *preciso contener a los alemanes y no incitarles*».

Langner escribe en su folleto sobre «la huelga de masas»: «La afirmación (de Brandler) de que la lucha de octubre (1923) hubiera conducido a una "derrota decisiva", no es más que una tentativa para disfrazar los errores oportunistas y la capitulación oportunista sin combate». Muy cierto. ¿Pero quién fue, entonces, el iniciador de la «capitulación sin combate»? ¿Quién era el que «contenía», en vez de incitar? En 1931, Stalin no hace más que desarrollar su fórmula de 1923: que los fascistas tomen el poder, porque no harán más que limpiarnos el camino… Claro está que resulta mucho menos peligroso atacar a Brandler que a Stalin, y los Langner saben esto muy bien.

Es verdad que en estos dos últimos meses —gracias a la influencia de las protestas procedentes de la izquierda— se ha experimentado un pequeño cambio. El Partido Comunista ya no dice que Hitler debe llegar al poder para que se agote rápidamente. Acentúa actualmente el lado contrario de la cuestión: no hay que comenzar la lucha contra el fascismo hasta después de la toma del poder por Hitler. La lucha en estos momentos es lanzar a los obreros contra los decretos de Brüning, haciendo más extensa y profunda la lucha en el terreno económico y político. Esto es perfectamente justo. Todo lo que los dirigentes del Partido digan dentro de estos límites, es indiscutible. En esto no puede haber divergencias entre nosotros. Pero queda todavía en pie la cuestión principal: ¿cómo pasar de las palabras a los actos?

No ponemos en duda que la inmensa mayoría de los miembros del Partido, y una parte muy importante del aparato, quieren sinceramente la lucha. Pero hay que mirar cara a cara a la realidad; esta lucha no existe, no se la ve venir. Los decretos de Brüning han sido aprobados impunemente. La tregua de Navidad no ha sido violada. La política de las huelgas parciales improvisadas no ha dado, según los relatos de la misma prensa comunista, resultados de importancia. Los obreros lo ven y no se les puede convencer con vociferaciones.

El Partido Comunista achaca la responsabilidad de la pasividad de las masas a la socialdemocracia. Históricamente esto es indiscutible; pero nosotros no somos historiadores, sino militantes revolucionarios. No se trata de hacer investigaciones históricas, sino de encontrar una solución. El SAP, que en los primeros momentos de su existencia planteaba la cuestión de la lucha contra el fascismo (especialmente en los discursos de Rosenfeld y de Seydewitz) de una manera formal, al hacer coincidir el contraataque con el momento de la llegada de Hitler al poder, ha dado un determinado paso hacia adelante. En su prensa se pide ahora que comience inmediatamente la resistencia al fascismo, levantando a los obreros contra el hambre y el yugo policiaco. Reconocemos de buen grado que el cambio experimentado en la posición adoptada por el SAP se ha producido gracias a la influencia de la crítica comunista. Una de las tareas del comunismo consiste precisamente en empujar hacia adelante al centrismo, por la crítica de las vacilaciones de este último. Pero esta crítica sola es insuficiente; es necesario utilizar políticamente los frutos de esta crítica, es decir, proponer al SAP que pase de las palabras a los actos. Es preciso someter al SAP a una prueba práctica pública y precisa, no por medio de comentarios a citas sueltas —esto no basta—, sino por medio de una proposición para ponerse de acuerdo sobre los métodos prácticos determinados para la resistencia. Si el SAP revela su fracaso, la autoridad del Partido resultará reforzada en otro tanto y el partido intermediario será liquidado tanto más rápidamente. ¿Qué hay, pues, que temer?

Resulta, por lo tanto, falso afirmar que el SAP no quiere luchar seriamente. Hay en su seno varias tendencias. Actualmente, en la medida en que todo se reduce a propaganda abstracta para el frente único, las contradicciones internas se estancan, pero en su paso a la lucha surgirán a la superficie. De esta circunstancia solo puede salir beneficiado el Partido Comunista.

Pero queda todavía la cuestión principal: la del Partido Socialdemócrata. Si rechaza las proposiciones prácticas aceptadas por el SAP, esto crea una nueva situación. Los centristas que quisieran permanecer entre el Partido Comunista y la socialdemocracia, que se quejan de los unos y de los otros, para hacerse más fuertes a costa de los dos (esta filosofía es la desarrollada por Urbahns), pronto se quedarían suspendidos en el aire, porque no tardaría en demostrarse que la lucha revolucionaria era saboteada por la socialdemocracia. ¿No sería esto una gran ventaja? Los obreros del SAP se dirigirán a partir de este momento y de una manera decisiva hacia el Partido Comunista.

Pero la negativa de Wels y compañía a aceptar el programa de acción adoptado por el SAP no pasaría, en modo alguno, impune para la democracia. El *Vorwaerts* no podría ya tener la posibilidad de quejarse de la pasividad del Partido Comunista. Por consiguiente, aumentaría la atracción de los obreros socialdemócratas hacia el frente único, lo que equivaldría, en último término, a la atracción hacia el Partido Comunista. ¿No está claro?

En cada una de estas etapas y virajes encontraría el Partido Comunista nuevas posibilidades. En vez de repetir de una manera monótona las mismas fórmulas, hechas siempre ante un mismo auditorio, el Partido Comunista tendría la posibilidad de arrastrar hacia el movimiento a capas nuevas, de instruirlas sobre la base de una experiencia viva, templarlas y consolidar su hegemonía en la clase obrera.

Al mismo tiempo el Partido Comunista no debe, en modo alguno, renunciar a la dirección independiente de huelgas, de manifestaciones, de campañas políticas. Conserva su propia libertad de acción. No depende de nadie; pero sobre la base de su acción, realiza una política activa de maniobra en la relación con las otras organizaciones obreras, destruye las reminiscencias conservadoras en el seno de los obreros, pone al descubierto las contradicciones del reformismo y del centrismo y empuja hacia adelante la cristalización revolucionaria en el seno del proletariado.

VIII
Por el frente único a los sóviets como órgano supremo del frente único

La admiración verbal por los sóviets se ha extendido en los círculos de «izquierda» al mismo tiempo que la incomprensión de su función histórica. Se definen los sóviets con la mayor frecuencia como órganos de lucha por el poder, como órganos de insurrección y, en fin, como órganos de la dictadura. Estas definiciones son formalmente justas. Pero no agotan de ninguna manera la función histórica de los sóviets. No explican, ante todo, por qué los sóviets son precisamente necesarios en la lucha por el poder. La respuesta a esta pregunta es la siguiente: así como el sindicato es la forma elemental de frente único en la lucha económica, *el sóviet es la forma más elevada de frente único* en las condiciones en que el proletariado entra en la época de la lucha por el poder.

El sóviet por sí mismo no oculta ninguna fuerza milagrosa. No es más que la representación de clase del proletariado, con todos los lados fuertes y débiles de este último. Pero precisamente por eso, y únicamente por eso, el sóviet crea una posibilidad organizativa para los obreros de las diferentes tendencias políticas, de un nivel de desarrollo diferente, de unir sus esfuerzos en la lucha revolucionaria por el poder. En la situación prerrevolucionaria de hoy, los obreros alemanes deben penetrarse con una claridad particular de la función histórica de los sóviets como órgano de frente único.

Si el Partido Comunista hubiese logrado durante el período preparatorio eliminar completamente de las filas obreras a todos los demás partidos, después de haber reunido bajo su bandera, política y orgánicamente, a la mayoría aplastante de los obreros, no habría ninguna necesidad de tener sóviets. Pero como lo demuestra la experiencia histórica, no hay ninguna razón para creer que en un país cualquiera —en los países de vieja cultura capitalista menos aun que en los países atrasados— el Partido Comunista llegue, sobre todo antes de la insurrección proletaria, a ocupar una situación tan indiscutible e incondicionalmente dominante en las filas obreras.

Precisamente la Alemania de hoy nos muestra que la tarea de la lucha directa e inmediata por el poder se plantea ante el proletariado mucho antes de que esté reunido enteramente bajo la bandera del Partido Comunista. Una situación revolucionaria considerada en el plano político consiste precisamente en que todas las agrupaciones y todas las capas del proletariado, por lo menos su mayoría aplastante, son arrebatadas por un impulso para unificar sus esfuerzos, con el fin de cambiar el régimen existente. Esto no quiere decir, sin embargo, que todos comprendan cómo hay que hacerlo y, aun menos, que todos estén dispuestos, hoy mismo, a romper con sus partidos y a pasarse a las filas del comunismo. No, la conciencia política de clase no madura según un plan tan riguroso y de una manera tan metódica; divergencias internas profundas siguen existiendo, incluso durante la época revolucionaria, cuando todos los procesos se realizan a saltos. Pero, al mismo tiempo, la necesidad de una organización por encima de los partidos, que comprenda a toda la clase, adquiere una agudeza particular. Dar a esta necesidad una forma es el destino histórico de los sóviets. Tal es su función inmensa. En las condiciones de la situación revolucionaria, son una expresión de organización suprema de unidad proletaria. Quien no lo haya comprendido no ha comprendido nada del problema de los sóviets. Thaelmann, Neumann, Remmele pueden pronunciar a su antojo discursos y escribir artículos sobre «La Alemania soviética» futura. Por su política actual sabotean la creación de los sóviets en Alemania.

Estando lejos de los acontecimientos, sin tener impresiones inmediatas provenientes de las masas, no teniendo la posibilidad de tomar el pulso a la clase obrera, es muy difícil prever las formas transitorias que en Alemania conducirán a la creación de sóviets. En otra parte yo he emitido la suposición de que los sóviets alemanes pueden llegar a ser una forma ampliada de los comités de fábrica: me apoyaba entonces, sobre todo, en la experiencia de 1923. Pero no es este, ciertamente, el único camino. Bajo la presión del paro forzoso y la miseria, de una parte, y ante la ofensiva fascista, de otra, la necesidad de la unidad revolucionaria puede surgir de un golpe en la superficie, bajo forma de sóviets, sin necesidad de los comités de fábrica. Pero independientemente del medio por el cual surgirán los sóviets, no pueden ser más que la expresión orgánica de los lados fuertes y de los lados débiles del proletariado, de sus divergencias internas y de su impulso general para superarlas; en resumen: órganos de frente único de clase.

La socialdemocracia y el Partido Comunista se reparten en Alemania, la influencia sobre la mayoría de la clase obrera. La dirección socialdemócrata hace lo que puede para rechazar a los obreros. La dirección del Partido Comunista obstruye con todas sus fuerzas el aflujo de los obreros. Como consecuencia, ha surgido un tercer partido, acompañado de un cambio relativamente lento, de la correlación de fuerzas en favor de los comunistas. Pero aun con la política más justa del Partido Comunista, la necesidad de la unificación revolucionaria de la clase obrera aumentaría mucho más de prisa que la preponderancia del Partido Comunista en el seno de la clase. La necesidad de la creación de los sóviets conservará así toda su importancia.

La creación de los sóviets presupone un acuerdo de los diversos partidos y organizaciones de la clase obrera, comenzando desde la fábrica, tanto en lo que se refiere a la necesidad misma de los sóviets como a la hora y los medios de su creación. Esto significa que, si los sóviets representan la forma suprema del frente único en un período revolucionario, su creación debe ser precedida por una política de frente único en el período preparatorio.

¿Es necesario recordar una vez más que durante los seis primeros meses de 1917 (desde la Revolución de febrero), los sóviets en Rusia tenían una mayoría conciliadora? El Partido Bolchevique, sin renunciar un solo instante a su independencia revolucionaria, como tal Partido, seguía al mismo tiempo, en los límites de la actividad de los sóviets, una disciplina de organización en relación con la mayoría. Puede uno afirmar sin temor que en Alemania, el Partido Comunista, el mismo día de la creación de los sóviets, ocupará en ellos un puesto mucho más importante que el que ocupaban los bolcheviques en los sóviets de marzo de 1917. De ninguna manera está excluido el que los comunistas consigan rapidísimamente una mayoría en los sóviets. Eso no quitaría en modo alguno a los sóviets la significación de instrumentos de frente único, porque la minoría —socialdemócrata, sin partido, obreros católicos, etcétera—, contará al principio, a pesar de todo, con millones y, en la tentativa de saltar por encima de semejante minoría, muy bien puede uno, en la situación más revolucionaria, romperse la cabeza. Pero todo esto no es más que la música del porvenir. Hoy es el Partido Comunista el que está en minoría. De ahí hay que partir.

Todo lo dicho anteriormente no significa, claro está, que la creación de los sóviets solo sea posible mediante un acuerdo con Wels, Hilferding, Breitscheid, etcétera. Si en 1918 Hilferding se preguntaba cómo podría incluir los sóviets en la Constitución de Weimar, sin perjuicio para esta última, hoy su pensamiento trabaja, sin duda, en el problema de saber cómo podría incluir en la Constitución de Weimar los cuarteles fascistas sin perjuicio para la socialdemocracia... Hay que abordar la creación de los sóviets en el momento en que el estado general del proletariado permita realizar los sóviets, aun contra la voluntad de los jefes socialdemócratas. Pero para ello hay que arrancar a la base socialdemócrata de su cima, y eso no puede alcanzarse si se da uno la apariencia de que ya está realizado. Precisamente para separar a los millones de obreros socialdemócratas de sus jefes reaccionarios, hay que mostrar a estos obreros que nosotros estamos dispuestos a ir a los sóviets aun con esos «jefes».

Sin embargo, no debe creerse que esté excluido de antemano que la capa superior de la socialdemocracia también se vea obligada a colocarse en la placa roja de los sóviets para tratar de repetir la maniobra de Ebert, de Scheidemann, de Haase y otros en 1918-1919: todo dependerá, no tanto de la mala voluntad de estos señores como de la medida y de las condiciones en que la historia les apriete los tornillos.

El nacimiento del primer sóviet local importante en que estuviesen representados los obreros comunistas y socialdemócratas, no como personas privadas, sino como organizaciones, producirá un efecto enorme en toda la clase obrera alemana. No solo los obreros socialdemócratas y sin partido, sino también los obreros católicos y liberales, no podrán resistir a esta fuerza centrípeta. Todas las partes del proletariado alemán, el más inclinado a la organización y el más apto para ella, serán atraídas por los sóviets como las limaduras por el imán. En los sóviets, el Partido Comunista hallará una arena nueva y particularmente favorable para la lucha por el papel dirigente en la revolución proletaria. Puede afirmarse sin temor que la mayoría aplastante de los obreros socialdemócratas y hasta una parte considerable del aparato socialdemócrata, ya serían ahora arrastrados a los cuadros de los sóviets si la dirección del Partido Comunista no hubiese ayudado, con tanto celo, a los jefes socialdemócratas a paralizar la presión de las masas.

Si el Partido Comunista encuentra inadmisible el acuerdo con los comités de fábrica, con las organizaciones socialdemócratas, con los organismos sindicales, etcétera, sobre la base de un programa de tareas prácticas determinadas, eso significa, en realidad, que encuentra inadmisible la creación de los sóviets en común con los socialdemócratas. Y puesto que sóviets puramente comunistas son imposibles, y por lo demás tales sóviets no servirían para nada, *la renuncia del Partido Comunista a los acuerdos y a las acciones comunes con los demás partidos dentro de la clase obrera significa nada menos que la renuncia a la creación de los sóviets.*

La *Rote Fahne* replicará seguramente a esta reflexión con una salva de injurias, y demostrará, como dos y dos son cuatro, que yo soy un agente electoral de Brüning, un consejero secreto de Wels, etcétera. Estoy dispuesto a asumir la responsabilidad de esos capítulos de cargos, pero con una condición: que la *Rote Fahne*, por su parte, explique a los obreros alemanes cómo, cuándo y bajo qué forma pueden crearse sóviets en Alemania sin política de frente único para con las demás organizaciones obreras.

Para esclarecer el problema de los sóviets como órgano de frente único, es conveniente citar las consideraciones muy instructivas enunciadas a este respecto por un periódico comunista de provincia, el *Klassenkampf* (Halle-Mersenburg): «Todas las organizaciones obreras —ironiza el periódico— tal como son actualmente, con todas sus faltas y todas sus debilidades, deben abarcarse por grandes uniones de defensa antifascista. ¿Qué quiere decir esto? Podemos prescindir de largas explicaciones teóricas; la misma historia fue, en esta cuestión, la ruda maestra de la clase obrera alemana: el frente único amorfo, la mezcolanza de todas las organizaciones obreras han sido pagados por la clase obrera alemana al precio del aplastamiento de la Revolución de los años 1918-1919». ¡He ahí un modelo verdaderamente incomparable de charlatanería superficial!

El frente único en 1918-1919 se realizó sobre todo a través de los sóviets. ¿Los espartaquistas debían formar parte de los sóviets, o no? De acuerdo con el espíritu exacto del pasaje citado anteriormente, debían estar fuera de los sóviets. Ahora bien: puesto que los espartaquistas representaban una pequeña minoría de la clase obrera, y no podían en modo alguno reemplazar los sóviets socialdemócratas por los sóviets suyos, aislarse de los sóviets hubiera significado para ellos aislarse sencillamente de la Revolución. Si el frente único era «amorfo» y tenía aspecto de «mezcolanza de todas las organizaciones», la culpa no fue de los sóviets como órganos de frente único, sino del estado político de la clase obrera misma, de la debilidad del Spartakusbund y de la fuerza extraordinaria de la socialdemocracia. El frente único, en general, no puede sustituir al partido revolucionario fuerte: solo puede ayudarle a fortificarse. Esto se refiere enteramente a los sóviets. El temor del débil Spartakusbund de dejar pasar una situación excepcional le empujaba a dar pasos ultraizquierdistas y a realizar acciones prematuras. Si los espartaquistas se hubiesen quedado fuera del frente único, es decir, fuera de los sóviets, esos rasgos negativos se hubieran manifestado, ciertamente, de una manera todavía mucho más aguda.

¿Es posible que esta gente no haya aprendido nada de la experiencia de la revolución alemana de 1918-1919? ¿Han leído solamente la *Enfermedad infantil del comunismo*? ¡El régimen estalinista ha hecho, verdaderamente, devastaciones espantosas en las cabezas! Después de haber burocratizado los sóviets en la URSS, los epígonos los tratan ahora como instrumentos técnicos en manos del aparato del partido. Se ha olvidado que los sóviets se formaban como parlamentos obreros, y que atraían a las masas porque daban la posibilidad de reunir conjuntamente a todas las partes de la clase obrera, independientemente de las divergencias de partido; se ha olvidado que precisamente en eso consistía la fuerza educadora y revolucionaria de los sóviets. Todo se ha olvidado, todo se ha embrollado, todo se ha desfigurado. ¡Oh, época de epígonos, mil veces maldita!

La cuestión de las relaciones entre el Partido y los sóviets tiene, para la política revolucionaria, una importancia decisiva. Si el curso actual del Partido Comunista se dirige efectivamente hacia la sustitución de los sóviets por el Partido, Urbahns, que no yerra una ocasión para aportar confusión, se apresta a reemplazar al partido por los sóviets. Según la información del S.A.Z.,[8] Urbahns, oponiéndose a las pretensiones del Partido Comunista de dirigir a la clase obrera, decía en la reunión de Berlín, en enero: «La dirección se hallará en manos de los sóviets elegidos por la misma masa, no por la voluntad y la arbitrariedad de un solo y único partido». [*Aprobaciones entusiastas*]. Que, por su ultimatismo, el Partido Comunista irrite a los obreros, que están dispuestos a aplaudir a cada protesta contra la fanfarronada burocrática, es fácil de comprender. Pero esto no impide para que la posición de Urbahns, en esta cuestión igualmente, no tenga nada de común con el marxismo. Que los obreros elegirán «ellos mismos» sus delegados a los sóviets es indiscutible. Pero toda la cuestión está en saber a quiénes eligirán. Nosotros debemos ir a los sóviets con todas las demás organizaciones, cualesquiera que sean, «con todos sus errores y todas sus debilidades». Pero creer que los sóviets pueden «por sí mismos» dirigir la lucha del proletariado por el poder es sembrar el fetichismo sovietista más grosero. Todo depende del partido que dirigen los sóviets. Por eso, los bolcheviques leninistas, contrariamente a Urbahns, no niegan de ninguna manera al Partido Comunista el derecho de dirigir los sóviets; dicen, por el contrario: solo sobre la base del frente único, solo a través de las organizaciones de masas, el Partido Comunista puede conquistar el papel dirigente en los futuros sóviets y arrastrar al proletariado a la conquista del poder.

X
El centrismo «en general» y el centrismo en la burocracia estalinista

Los errores de la dirección de la IC y, por tanto, del PC alemán, corresponden, según la terminología familiar de Lenin, a una serie de «tonterías ultraizquierdistas». Incluso las personas inteligentes pueden hacer tonterías, sobre todo en su juventud. Pero de este derecho, como aconsejaba Heine, no conviene abusar. Si las tonterías políticas de un tipo determinado se repiten sistemáticamente en el curso de un período prolongado, y además en el dominio de los problemas más importantes, entonces cesan de ser simplemente tonterías y se convierten en una «tendencia». ¿Cuál es esta tendencia? ¿A qué exigencias históricas responde? ¿Cuáles son sus raíces sociales?

El ultraizquierdismo posee, en países diferentes y en épocas diferentes, una base social diferente. Las expresiones más determinadas del ultraizquierdismo fueron el anarquismo, el blanquismo y sus diversas combinaciones, comprendida la más reciente: el anarcosindicalismo. La base social de estas corrientes, que se han desarrollado principalmente en los países latinos, fue la vieja y clásica pequeña industria parisina. Su estabilidad dio una indudable significación a los diversos aspectos del ultraizquierdismo francés, y le permitió, hasta un cierto grado influenciar ideológicamente el movimiento obrero de otros países. El desarrollo en Francia de una gran industria, la guerra y la Revolución Rusa destrozaron la espina dorsal del anarcosindicalismo. Rechazado a segundo plano, se convirtió en un oportunismo de mala ley.

En los dos estadíos, el sindicalismo fue dirigido por el mismo Jouhaux; los tiempos cambian, y nosotros con ellos. El anarcosindicalismo español guarda su revolucionarismo aparente solo en una situación de estancamiento político. Al plantear concretamente todos los problemas, la revolución fuerza a los jefes anarcosindicalistas a desprenderse del anarcosindicalismo y a revelar su verdadera naturaleza oportunista. Se puede firmemente tener la seguridad de que la revolución española echará de sus últimos refugios latinos los prejuicios sindicalistas.

Los elementos anarquistas y blanquistas forman parte, igualmente, de otras clases de corrientes y grupos ultraizquierdistas. En la periferia de un gran movimiento revolucionario se pueden observar siempre fenómenos de putschismo y de aventurerismo, cuyos protagonistas son unas veces capas de obreros atrasados, frecuentemente semiartesanos, y otras veces compañeros de ruta intelectuales. Pero este género de ultraizquierdismo no se eleva generalmente hasta una importancia histórica independiente; conserva frecuentemente un carácter episódico. En los países históricamente retardatarios, que tienen que realizar su revolución burguesa en el ambiente mundial de un movimiento obrero desarrollado, los intelectuales de izquierda aportan frecuentemente en el movimiento semiespontáneo de las masas, especialmente de las masas pequeñoburguesas, las fórmulas y los métodos más extremos. Tal es la naturaleza de los partidos pequeñoburgueses del estilo de los «socialistas revolucionarios» rusos, con su tendencia al putschismo, al terror individual, etcétera. Gracias a la presencia de los partidos comunistas en Oriente, es poco probable que allí los grupos aventureristas independientes lleguen a adquirir la importancia de los socialistas revolucionarios rusos. Pero, por el contrario, los jóvenes partidos comunistas de Oriente pueden encerrar en su propio seno los elementos de aventurerismo. En lo que concierne a los socialistas revolucionarios rusos, estos, bajo la influencia de la evolución de la sociedad burguesa, se transforman en un partido imperialista de la pequeña burguesía, y tienen hacia la Revolución de Octubre una posición contrarrevolucionaria.

Es perfectamente evidente que el ultraizquierdismo de la actual IC no corresponde a ninguno de los tipos históricos caracterizados anteriormente. El partido más importante de la IC, el Partido Comunista ruso, se apoya notoriamente sobre el proletariado industrial, y, bien o mal, parte de las tradiciones revolucionarias del bolchevismo. La mayoría de las otras secciones de la IC son organizaciones proletarias. La misma diferencia de las condiciones de los diversos países en los cuales se manifiesta del mismo modo y simultáneamente la política ultraizquierdista del comunismo oficial, ¿no demuestra que esta corriente no puede tener raíces sociales comunes? ¿No vemos el curso ultraizquierdista, del único y mismo carácter «de principios» aplicado en China y en Inglaterra? Pero si es así, ¿dónde es necesario buscar entonces el origen del nuevo ultraizquierdismo?

El problema se complica, pero al mismo tiempo se aclara, debido a una circunstancia de una importancia extremada: el ultraizquierdismo no es de ninguna manera el rasgo invariable y fundamental de la actual dirección de la IC. El mismo aparato, renovado en su composición, llevó a cabo hasta 1928 una política abiertamente oportunista, pasando enteramente en muchas de las cuestiones de mayor importancia por los raíles del menchevismo. En el curso de 1924-1927 no solo los acuerdos con los reformistas fueron estimados obligatorios, sino que se admitía al mismo tiempo la renuncia a la independencia del partido, a su libertad de crítica e incluso a su base proletaria de clase. No se trata, por lo tanto, de ninguna manera de una corriente ultraizquierdista particular, sino de zigzags ultraizquierdistas prolongados de una corriente que, en el pasado, demostró que era igualmente capaz de zigzags ultraderechistas acusados. Nada más que estos signos exteriores son suficientes para sugerirnos que se trata del «centrismo».

Para hablar de una manera formal y descriptiva, el centrismo se forma de todas esas corrientes que en el proletariado y su periferia se colocan entre el marxismo y el reformismo, que representan la mayoría de las veces etapas diferentes de la evolución del reformismo al marxismo, y viceversa. El marxismo, lo mismo que el reformismo, tienen por debajo de ellos un sólido apoyo social. El marxismo expresa los intereses históricos del proletariado. El reformismo corresponde a la posición privilegiada de la burocracia y de la aristocracia proletarias en el Estado capitalista. El centrismo, tal y como le conocíamos en el pasado, no tenía y no podía tener bases sociales independientes. Las diferentes capas del proletariado se desarrollan en la dirección revolucionaria por caminos diferentes y plazos diferentes. En los períodos de éxito industrial prolongado, o en los períodos de reflujo político, después de la derrota, las diferentes capas del proletariado se desplazan políticamente de izquierda a derecha, encontrando otras capas que comienzan a evolucionar hacia la izquierda. Los grupos diferentes se detienen en ciertas etapas de su evolución, encuentran sus jefes temporales, crean sus programas y sus organizaciones. No es difícil de comprender qué variedad de corrientes abraza la noción de «centrismo». Según su origen, su composición social y la tendencia de su evolución, los diversos grupos pueden encontrarse en lucha encarnizada, sin cesar por esto de ser especies diferentes del centrismo.

Si el centrismo, «en general», realiza habitualmente la función de un velo de izquierda para el reformismo, la cuestión de saber a cuál de los campos fundamentales, del reformismo o del marxismo, pertenece una tendencia marxista «dada», no posee solución determinada de una vez para siempre. Aquí más que nunca es necesario analizar cada vez el contenido concreto del proceso y las tendencias interiores de su movimiento. De esta manera, ciertos errores políticos de Rosa Luxemburgo pueden, desde un punto de vista teórico, ser caracterizados como errores centristas de izquierda. Se puede ir más lejos y decir que la mayor parte de las discrepancias entre Rosa Luxemburgo y Lenin son una inclinación más o menos grave del lado del centrismo. Pero solo la gente sin vergüenza, los ignorantes y los charlatanes de la IC pueden clasificar el luxemburguismo, como corriente histórica, en el centrismo. Que los «jefes» actuales de la IC, comenzando por Stalin, no valen, política y moralmente hablando, un pelo de la gran revolucionaria, no es necesario mencionarlo.

Los críticos que no reflexionan en el fondo del problema han acusado más de una vez en estos últimos tiempos al autor de estas líneas de haber abusado de la palabra «centrismo», agrupando bajo esta palabra a corrientes y grupos demasiado diferentes en el seno del movimiento obrero. En realidad, la diversidad de tipos del centrismo se deriva, como ya se ha dicho, de la esencia misma del fenómeno, y de ninguna manera del abuso de la terminología. Recordemos cuántas veces se ha acusado a los marxistas de atribuir los mismos fenómenos multiformes y contradictorios a la pequeña burguesía. Y, efectivamente, bajo la categoría de «pequeña burguesía» es necesario inscribir hechos, ideas y tendencias que, a primera vista, son incompatibles. Poseían un carácter pequeñoburgués el movimiento campesino y el movimiento radical en la reforma comunal; los jacobinos pequeñoburgueses franceses y los populistas rusos; los proudhonianos son pequeñoburgueses, pero también los blanquistas; la actual socialdemocracia, pero también el fascismo, son pequeñoburgueses; los anarcosindicalistas franceses, el «Ejército de Salvación», el movimiento de Gandhi en las Indias, etcétera. Un cuadro más abigarrado todavía se presenta si analizamos el dominio de la filosofía y del arte. ¿Esto quiere decir que el marxismo juegue con la terminología? No; esto quiere decir solo que la pequeña burguesía se caracteriza por una extraordinaria heterogeneidad de su naturaleza social. Abajo se confunde con el proletariado y pasa al lumpenproletariado; arriba se extiende a la burguesía capitalista. Puede apoyarse sobre las antiguas formas productivas; puede enseguida desarrollarse también sobre la base de la industria más moderna (nuevo «estado medio»). No tiene nada de asombroso que se adorne con todos los colores del arco iris.

El centrismo en el seno del movimiento obrero representa, en un cierto sentido, el mismo papel que la ideología pequeñoburguesa de todas clases con relación a la sociedad burguesa en su conjunto. El centrismo refleja el proceso de evolución del proletariado, su desarrollo político, lo mismo que su decadencia revolucionaria, en relación con la opresión ejercida sobre el proletariado por todas las otras clases de la sociedad. No tiene nada de asombroso que la paleta del centrismo se distinga por tanta variedad de colores. Sin embargo, de esto se deriva, no que sea necesario renunciar a la noción del centrismo, sino solo que en cada caso determinado es necesario descubrir, por medio de un análisis social e histórico concreto, la naturaleza real del centrismo de la especie en cuestión. La fracción dominante de la IC no representa un centrismo «en general», sino una formación histórica perfectamente determinada, que tiene poderosas raíces sociales, aunque todavía muy recientes. Se trata, ante todo, de la «burocracia soviética». En los escritos teóricos de Stalin, esta capa social no existe del todo. Se nos habla solo de *leninismo,* de dirección inmaterial, de tradición ideológica, del espíritu del bolchevismo, de «línea general» imponderable; pero del hecho de que el burócrata, en carne y hueso, maneje esta línea general como un bombero su manga, no oís decir una palabra.

Sin embargo, este burócrata no se parece en nada a un espíritu inmaterial. Come, bebe, se reproduce y engorda. Manda con una voz autoritaria, escoge sus fieles, conserva su fidelidad hacia sus superiores, no permite que se le critique, y ve en esto la esencia misma de la línea general. De estos burócratas hay muchos millones —¡muchos millones!— más que hubo obreros industriales en el período de la Revolución de Octubre. La mayor parte de estos burócratas no ha participado nunca en la lucha de clases, que exige sacrificios y ofrece peligros. En su masa predominante, esta gente ha nacido ya en calidad de capa dirigente. Detrás de ellos se encuentra el poder del Estado. Este asegura su existencia, elevándolos considerablemente por encima del resto de la masa. Ellos no conocen el peligro del paro forzoso, con tal de que den muestra de fiero acatamiento. Los errores más groseros les son perdonados si consienten en representar en el momento necesario el papel de burro de carga y salvar la responsabilidad de sus superiores inmediatos. Pues bien: esta capa dirigente de muchos millones, ¿tiene un peso social cualquiera y una influencia política en la vida del país? ¿Sí o no?

Que la burocracia obrera y la aristocracia obrera constituyen la base social del oportunismo, esto es conocido de todo el mundo. En Rusia, el fenómeno ha tomado nuevas formas. Sobre la base de la dictadura del proletariado —en un país atrasado— se crea por primera vez en las capas superiores de los trabajadores un poderoso aparato burocrático, que se eleva por encima de la masa, que le da órdenes, que se aprovecha de enormes privilegios, que está ligado por una solidaridad colectiva interna, y que aporta en la política del Estado obrero sus intereses particulares, sus métodos y sus procedimientos.

Nosotros no somos anarquistas. Comprendemos la necesidad del Estado obrero, y, por lo tanto, la inevitabilidad histórica de la burocracia en el período transitorio. Pero comprendemos también los peligros que comporta este hecho, sobre todo para un país atrasado y aislado. La idealización de la burocracia soviética es el error más vergonzoso que puede cometer un marxista. Lenin trató con todas sus fuerzas de hacer de manera que el partido, como vanguardia autónoma de la clase obrera, se eleve por encima del aparato del Estado, le controle, le vigile, le dirija y depure, colocando los intereses históricos del proletariado —internacional, no solo nacional— por encima de los intereses de la burocracia dirigente. Como primera condición para el control del partido sobre el Estado, Lenin indicaba el control de la masa del partido sobre el aparato del partido. Releed con atención sus artículos, sus discursos y sus cartas del período soviético, especialmente de los dos últimos años de su vida, y veréis con qué angustia su espíritu volvía cada vez sobre esta cuestión candente.

¿Qué pasa en el período postleninista? Toda la capa directora del partido y del Estado, que había hecho la revolución y la guerra civil, fue destituida, alejada, destruida. Fue el burócrata sin personalidad el que ocupó su puesto. Además, la lucha contra la burocracia, que tuvo un carácter tan agudo en vida de Lenin, cuando la burocracia estaba todavía en mantillas, ha cesado por completo ahora que el aparato ha aumentado monstruosamente. ¿Y quién podía llevar a cabo esta lucha? Ahora, el partido, como vanguardia autónoma del proletariado, no existe ya. El aparato del partido se confunde con el del Estado. La GPU[9] se presenta como el instrumento más importante de la línea general dentro del partido. La burocracia no solo no permite la crítica de abajo hacia arriba, sino que incluso impide a sus teóricos hablar, conceder atención a los problemas. El odio encarnizado contra la oposición de izquierda es provocado ante todo por el hecho de que la oposición habla abiertamente de la burocracia, de su papel particular, de sus intereses; descubre el secreto de que la línea general es inseparable de la carne y de la sangre de la nueva capa dirigente nacional, que no se identifica nunca con el proletariado. La burocracia estatal hace deducir su virginidad del carácter obrero del Estado: ¡de qué manera la burocracia de un Estado obrero puede degenerar! El Estado y la burocracia son tomados así no como procesos históricos, sino como categorías eternas: ¡como la Santa Iglesia y sus padres, inspirados por

Dios, pueden pecar! Pero si la burocracia obrera, elevada por encima del proletariado en lucha contra la sociedad capitalista, ha podido degenerar en el partido de Noske, Schedeimann, Ebert y Wels, ¿por qué no puede degenerar elevándose por encima del proletariado victorioso?

La situación dominante y sin control de la burocracia soviética cultiva una psicología que contradice mucho la psicología del proletariado revolucionario. La burocracia coloca sus cálculos y sus combinaciones de política interior, lo mismo que la exterior, por encima de las tareas de educación revolucionaria de las masas y al margen de toda relación con las tareas de la revolución internacional. En el curso de toda una serie de años, la fracción estalinista ha demostrado que los intereses y la psicología del campesino «fuerte», del ingeniero, del administrador, del intelectual burgués chino, del funcionario de las *trade unions* inglesas, le eran más próximos y comprensibles que la psicología y las necesidades del obrero de la base, del campesino pobre, de las masas populares chinas sublevadas, de los huelguistas ingleses, etcétera. Pero, entonces, ¿por qué la fracción estalinista no lleva hasta el fin su línea de oportunismo nacional? Porque es la burocracia del Estado obrero. Si la socialdemocracia internacional defiende los fundamentos de la dominación burguesa, la burocracia soviética, sin proceder al quebrantamiento del Estado, está obligada a adaptarse a las bases sociales echadas por la Revolución de Octubre. De esto se deriva el carácter doble de la psicología y de la política de la burocracia estalinista. El «centrismo», pero el centrismo que se apoya sobre los fundamentos del Estado «obrero», es la única expresión posible de esta duplicidad.

Si los grupos centristas, en los países capitalistas, tienen frecuentemente un carácter temporal transitorio, que refleja la evolución de ciertas capas obreras, a derecha o a izquierda, el centrismo, en las condiciones de la República Soviética recibe una base mucho más sólida y mucho más organizada en la persona de la innumerable burocracia. Representando el medio natural de las tendencias oportunistas y nacionalistas, está forzada, sin embargo, a defender las bases de su dominación en la lucha contra el *kulak*, y a preocuparse al mismo tiempo de su prestigio «bolchevique» en el movimiento obrero internacional. Después de haber buscado la amistad del Kuomintang y de la burocracia de Amsterdam, cuyo espíritu le es tan próximo, la burocracia soviética entra cada vez más en conflicto agudo con la socialdemocracia, la cual refleja la hostilidad de la burguesía mundial hacia el Estado soviético. Tales son los orígenes del actual zigzag de izquierda.

La particularidad de la situación consiste, no en que la burocracia soviética esté revestida de una inmunidad particular contra el oportunismo y el nacionalismo, sino en el hecho de que, no teniendo la posibilidad de adoptar una posición nacional-reformista completa, se ve forzada a describir zigzags entre el marxismo y el nacional-reformismo. Las oscilaciones de este *centrismo burocrático*, según su potencia, sus recursos y las contradicciones de su situación, tuvieron una envergadura completamente inaudita; de la aventura ultraizquierdista en Bulgaria y en Estonia..., a la alianza con Chiang Kai-shek, Raditch y Purcell; de la vergonzosa fraternización con los rompehuelgas ingleses, hasta la renuncia completa de la política de frente único con los sindicatos de masas. La burocracia estalinista transporta sus métodos y sus zigzags en los otros países en la medida en que, a través del partido, no solo dirige la IC, sino que la manda. Thaelmann estuvo a favor del Kuomintang cuando Stalin estaba por el Kuomintang. En el VII Congreso del Comité Ejecutivo de la IC, en otoño de 1926, el delegado del Kuomintang, embajador de Chiang Kai-shek, llamado Shao-Ly-Dsy, se manifestó de pleno acuerdo con Thaelmann, Semard y otros, Remmele contra el trotskismo. El *camarada* Shao-Ly-Dsy decía: «Estamos todos convencidos de que bajo la dirección de la IC el Kuomintang realizará su tarea histórica». ¡Tal es el hecho histórico!

Tomad la *Rote Fahne* del año 1926 y encontraréis una serie de artículos sobre el tema de que Trotski, al exigir la ruptura con el Consejo general británico de los rompehuelgas demuestra con ello su... menchevismo. Y hoy el menchevismo consiste ya en la reivindicación del frente único con las organizaciones de masas, es decir, en la perseverancia en la política que formularon los III y IV Congresos de la IC contra todos los Thaelmann, Thalheimer, Bela Kun, Frossard, etcétera. Todos estos zigzags dolorosos no hubieran sido posibles si en todas las secciones comunistas no se hubiera formado una capa autónoma de la burocracia, es decir, independiente del Partido. En esto reside la raíz del mal. La fuerza de un partido revolucionario consiste en la independencia de la vanguardia que comprueba y selecciona sus cuadros, y que, habiendo educado a sus jefes, los eleva gradualmente mediante su confianza. Esto crea un lazo indisoluble de los cuadros con las masas, de los jefes con los cuadros, comunica a toda la dirección la confianza en ella misma. Los jefes son designados. Escogen ellos mismos sus auxiliares. La base está obligada a aceptar a los jefes designados, alrededor de los cuales se crea una atmósfera artificial de publicidad. Los cuadros dependen de la cúspide, no de la base. Buscan, la mayor parte de las veces, las raíces de su influencia, así como de su existencia, al margen de las masas. No recogen sus consignas políticas de la experiencia de la lucha, sino las reciben por telégrafo. Durante este tiempo, en la cartera de Stalin se acumulan, en caso de necesidad, documentos acusadores.

Cada uno de los jefes sabe que, en todo instante, se le puede complicar.

Así se forma en toda la IC, una capa burocrática hermética, que representa un tubo de cultivo, del cual se nutre el bacilo del centrismo. Muy estable y resistente orgánicamente, porque se apoya en la burocracia del Estado soviético, el centrismo de Thaelmann, Remmele y compañía, se distingue por titubeos extraordinarios en el dominio político. Privados de la certeza, que no se adquiere más que por ligazón orgánica con las masas, el CC infalible es capaz de los más monstruosos zigzags. A medida que está menos preparado en la lucha ideológica seria, más pródigo es en las injurias, las insidias, las calumnias. La imagen de Stalin, «brutal y desleal», según la definición de Lenin, es la personificación de esta capa.

La característica dada aquí del centrismo burocrático determina las relaciones de la oposición de izquierda hacia la burocracia estalinista: apoyo total e ilimitado, en la medida en que la burocracia defiende las fronteras de la República Soviética y las bases de la Revolución de Octubre; crítica abierta en la medida en que la burocracia hace difícil, por sus zigzags administrativos, la defensa de la revolución y de la construcción socialista; oposición irreconciliable en la medida en que, a consecuencia de sus mandatos burocráticos, desorganiza la lucha del proletariado mundial.

XI
La contradicción entre los éxitos económicos de la URSS y la burocratización del régimen

Las bases de una política revolucionaria no pueden elaborarse «en un solo país». El problema de la revolución alemana está, en este momento, ligado indisolublemente al problema de la dirección política de la URSS. Esta ligazón debe ser comprendida a fondo.

La dictadura del proletariado es la respuesta a la resistencia de las clases privilegiadas. La limitación de la libertad deriva del régimen de guerra de la revolución, es decir, de las condiciones de la guerra de clase. Desde este punto de vista, es perfectamente evidente que la consolidación de la República de los sóviets, su desenvolvimiento económico, el debilitamiento de la resistencia de la burguesía y, sobre todo, los éxitos de la «liquidación» de la última clase capitalista, los *«kulaks»*, debería traer la floración de la democracia en el Partido, en los sindicatos y en los sóviets.

Los estalinistas no cesan de repetir que «hemos entrado ya en el socialismo», que la actual colectivización significa, por sí, la liquidación de los *«kulaks»* como clase y que ya el próximo plan quinquenal debe acabar estos procesos. Si es así, ¿por qué este mismo proceso trae la asfixia completa del Partido, de las organizaciones sindicales, de los sóviets? ¿Por qué durante el hambre y la guerra civil se desbordaba la vida en el Partido y a nadie se le ocurría preguntarse: ¿puede o no criticarse a Lenin o a todo el CC, mientras que hoy la menor divergencia con Stalin lleva consigo la expulsión del Partido y las represalias administrativas?

La amenaza de guerra por parte de los Estados capitalistas no puede de ningún modo explicar, y aun menos justificar, el crecimiento de la autocracia de los burócratas. Si en la sociedad socialista nacional las clases están más o menos liquidadas, esto debería significar el comienzo de la atrofia del Estado. La sociedad socialista puede oponer una resistencia victoriosa al enemigo exterior, precisamente como sociedad socialista, no como Estado de dictadura del proletariado, y aun menos como Estado burocratizado.

No hablemos de la atrofia de la dictadura del proletariado; es demasiado pronto, no hemos aún «entrado en el socialismo». Hablemos de otra cosa. Preguntamos: ¿cómo se explica la degeneración burocrática de la dictadura? ¿Dónde está la fuente de la inicua, monstruosa, terrorífica contradicción entre los éxitos de la construcción socialista y el régimen de dictadura personal apoyado en un aparato impersonal que atenaza por el cuello a la clase dominante del país? ¿Cómo explicar que la economía y la política se desarrollen en direcciones completamente opuestas?

Los éxitos económicos son muy grandes. Desde el punto de vista económico, la Revolución de Octubre está completamente justificada desde ahora. Los coeficientes elevados del crecimiento económico expresan irrefutablemente que los métodos socialistas poseen ventajas enormes, incluso para la solución de los problemas de la producción en Occidente que fueron resueltos por medio de métodos capitalistas. ¡Cuán grandiosas serán las ventajas de la economía socialista en los países avanzados!

Sin embargo, el problema planteado por la insurrección de octubre no está aun resuelto ni en su forma esbozada.

La burocracia estalinista califica la economía de «socialista» según sus premisas y sus tendencias. Esto no basta. Los éxitos económicos de la Unión Soviética continúan desarrollándose sobre la base de un nivel económico poco elevado. La industria nacionalizada pasa por estadios que las naciones capitalistas avanzadas pasaron ya hace mucho tiempo. La obrera que guarda cola posee su propio criterio del socialismo, y este criterio, «consumidor», según la expresión despectiva del burócrata, es en esta cuestión decisivo. En el conflicto entre los puntos de vista de la obrera y los del burócrata, nosotros, oposición de izquierda, estamos al lado de la obrera contra el burócrata que exagera los éxitos, disfraza las contradicciones acumuladas y agarra a la obrera por la garganta para que no pueda criticar.

El último año se ha hecho un brusco viraje del salario igual al salario diferencial (trabajo a destajo). Es absolutamente indiscutible que ante un bajo nivel de fuerzas productivas, y, por consecuencia, de la cultura general, la igualdad de salarios es irrealizable. Pero esto significa también que el problema del socialismo no se resuelve solamente por medio de las formas sociales de la propiedad, sino que supone una cierta potencia técnica de la sociedad. Sin embargo, el crecimiento de la potencia técnica hace desbordar automáticamente a las fuerzas productivas de las fronteras nacionales.

Al restablecerse el salario diferencial, que había sido abolido prematuramente, la burocracia calificó al salario igual de principio *kulakista*. Es un disparate evidente que demuestra hasta qué grado de hipocresía y de falsedad han llegado, los estalinistas. En efecto, hubiera debido decirse: «Habíamos ido lejos con los métodos igualitarios del salario»; «estamos aún muy lejos del socialismo»; «puesto que somos aún muy pobres, tenemos que volver hacia atrás, a los métodos de salarios semicapitalistas, *kulakistas*». Lo repetimos: no hay aquí contradicción con los fines socialistas. En ello solo hay una consideración irreconciliable con las falsificaciones burocráticas de la realidad.

La vuelta al salario a destajo fue el resultado de la resistencia de una economía atrasada. Todavía habrá muchos pasos atrás, sobre todo en el dominio de la economía agraria, donde se ha llevado a cabo un salto administrativo demasiado grande.

La industrialización y la colectivización se efectúan con métodos de mando demasiado burocráticos, unilaterales y sin control sobre las masas trabajadoras. Los sindicatos están completamente privados de la posibilidad de actuar en las relaciones entre el consumo y la acumulación. La diferenciación de los campesinos está liquidada por el momento, no tanto económica como administrativamente. Las medidas sociales de la burocracia para la liquidación de las clases preceden extraordinariamente al proceso fundamental, al desenvolvimiento de las fuerzas productivas. Esto trae como consecuencia el alza de precios de costo en la industria, la baja de la calidad de la producción, el alza de los precios, la falta de artículos de consumo y ofrece como perspectiva la amenaza de un nuevo paro.

La tensión extrema de la atmósfera política en el país es el resultado de las contradicciones entre el crecimiento de la economía soviética y la política económica de la burocracia que, o bien se retrasa monstruosamente en relación con las necesidades de la economía (1923-1928), o bien, asustada de su propio retraso, se lanza hacia adelante para recuperar el tiempo perdido, con medidas puramente administrativas (1928-1932). En esto también el zigzag de derecha sigue al zigzag de izquierda. En los dos zigzags la burocracia entra en contradicción con las realidades de la economía, y, en consecuencia, con el estado de espíritu de los trabajadores. No puede permitir que la critiquen ni cuando se retrasa ni cuando se lanza demasiado adelante.

La burocracia no puede ejercer su presión sobre los obreros y campesinos de otra forma que privando a los trabajadores desde la participación en la solución de los problemas de su propio trabajo y de todo su porvenir. ¡En esto reside su mayor peligro! En política, el miedo continuo a la resistencia de las masas conduce a un «cortocircuito» de la dictadura burocrática y personal.

¿Significa esto que es necesario reducir los ritmos de la industrialización y de la colectivización? Por cierto período, sin duda alguna. Pero es posible que este período sea de duración muy corta. La participación de los mismos trabajadores en la dirección del país, de su política y de su economía; el control efectivo sobre la burocracia: el crecimiento del sentido de responsabilidad de los dirigentes hacia los dirigidos, todo esto producirá un efecto indiscutiblemente favorable sobre la producción misma, disminuirá los rozamientos interiores, reducirá al mínimo los zigzags económicos tan costosos, asegurará una distribución más sana de las fuerzas y de los medios y, como último resultado, aumentará el coeficiente general del desarrollo. La democracia soviética es, ante todo, una necesidad de la misma economía. Por el contrario, el burocratismo oculta en su seno sorpresas económicas trágicas.

Observando en conjunto la historia del período de los epígonos en el desenvolvimiento de la URSS, no es difícil llegar a la conclusión de que la premisa política fundamental de la burocratización del régimen fue la fatiga de las masas después de las sacudidas de la Revolución y de la guerra civil. En el país reinaban el hambre y las epidemias. Los problemas políticos fueron relegados a último plano. Todos los pensamientos iban hacia el trozo de pan. En la época del comunismo de guerra todo el mundo tenía una ración igual de hambre. El paso a la NEP trajo las primeras ventajas económicas. La reacción se hizo más abundante; pero todo el mundo se beneficiaba de ello. La instauración de la economía de mercancías trajo el cálculo del precio de costo, la racionalización elemental, el licenciamiento del sobrante de obreros de las fábricas. Los éxitos económicos marcharon mucho tiempo al mismo paso que el crecimiento del paro forzoso.

No hay que olvidarlo un solo instante: el refuerzo de la potencia del aparato se apoyó sobre el paro forzoso. Después de los años de hambre, el ejército de reserva metía miedo a cada obrero ocupado. La expulsión de las fábricas de los obreros independientes y de espíritu crítico, las listas negras de oposicionistas llegaron a ser uno de los instrumentos más importantes y más eficaces en manos de la burocracia estalinista. Sin esta condición nunca hubiera podido ahogar al partido leninista.

Los éxitos económicos ulteriores trajeron gradualmente la liquidación del ejército de reserva de los obreros industriales (la superpoblación agraria enmascarada por la colectivización conserva aun toda su extensión). Hoy ya el obrero industrial no teme ser arrojado a la calle. Sabe por su experiencia diaria que la falta de previsión y la arbitrariedad de la burocracia le dificultaron la solución de los problemas. La prensa soviética denuncia distintos talleres y fábricas que no dan suficiente campo a la iniciativa obrera, al espíritu de invención, etcétera. ¡Como si se pudiera encerrar la iniciativa del proletariado en los talleres, como si los talleres fueran oasis de democracia en la producción rodeados de una asfixia completa del proletariado en el Partido, en los sóviets y en los sindicatos!

La conciencia general del proletariado no es en manera alguna la misma que en 1922-1923. El proletariado ha crecido numérica y culturalmente. Habiendo realizado el trabajo gigantesco del renacimiento y reconstrucción de la economía, los obreros sienten el renacimiento y el reestablecimiento de la confianza en sí mismos. Esta confianza interior en aumento comienza a transformarse en descontento contra el régimen burocrático.

La asfixia del Partido, el triunfo del régimen y de las arbitrariedades personales pueden dar a primera vista la impresión de debilitamiento del sistema soviético. Pero no es así. El sistema soviético está extremadamente consolidado; pero al mismo tiempo la contradicción entre este sistema y su cerco burocrático se ha agudizado extremadamente. El aparato estalinista ve con estupefracción que *los éxitos económicos no fuerzan sus posiciones, sino que las minan*. En la lucha por sus posiciones se ha visto obligado a apretar aun más el torno, prohibiendo cualquier otra forma de «autocrítica» que no sean las adulaciones bizantinas a los jefes.

No es la primera vez en la historia que el desarrollo económico entra en contradicción con las condiciones económicas en el cuadro del cual se realiza. Pero es necesario comprender con claridad cuáles son concretamente las condiciones que provoca el descontento. La ola oposicionista en ascenso no era de ninguna forma dirigida contra las tareas socialistas, las formas soviéticas o el Partido Comunista. El descontento va dirigido contra el aparato y su personificación: Stalin. De aquí la nueva etapa de lucha furiosa contra el llamado «contrabando trotskista».

El adversario amenaza con hacerse inaprehensible: está en todas y en ninguna parte. Surge en los talleres, en las escuelas, penetra en las revistas históricas, en todos los manuales. Esto quiere decir: los hechos y los documentos acusan a la burocracia, descubren sus titubeos y sus errores. No puede recordarse el pasado tranquila y objetivamente; es necesario rehacerle, es necesario tapar todas las hendiduras por las que pueda penetrar la duda en la infabilidad del aparato y de su jefe. Tenemos ante nosotros todos los rasgos de una capa dirigente que ha perdido la cabeza. Yaroslavski, el mismo Yaroslavski, se ha hecho dudoso. No son episodios ocasionales, disputas, choques personales: el fondo del problema está en que los éxitos económicos, que al principio reforzaron la burocracia, se han manifestado hoy, por la dialéctica de su desarrollo, opuestos a la burocracia. He aquí por qué en la última Conferencia del Partido, es decir, en el Congreso del aparato estalinista, el trotskismo, tres o cuatro veces destruido y sepultado, fue declarado «la vanguardia de la contrarrevolución burguesa».

Esta decisión, inocente y políticamente inofensiva, descubre algunos planes bastante «prácticos» de Stalin en el campo de las venganzas personales. Por algo Lenin puso en guardia contra la designación de Stalin para Secretario general: «Este cocinero no hará más que platos picantes». El cocinero no ha agotado aún por completo su ciencia culinaria.

Después de apretar repetidamente los tornillos teóricos y administrativos, la dictadura personal de Stalin se acerca manifiestamente a su fin. El aparato está lleno de grietas. La hendidura llamada Yaroslavski no es más que una entre los cientos de hendiduras que aun hoy no tienen nombre. El hecho de que la nueva crisis política se prepare sobre la base de éxitos evidentes e indiscutibles de la economía soviética, del crecimiento numérico del proletariado y del desenvolvimiento de los primeros éxitos de la colectivización agraria, basta para garantizar suficientemente que la liquidación de la autocracia burocrática coincide, no con la conmoción del sistema soviético (como hubiera podido temerse hace tres o cuatro años), sino, por el contrario, con su liberación, su impulso y su pleno desarrollo.

Pero precisamente en este último período de su vida, la burocracia estalinista puede hacer mucho daño. La cuestión del prestigio ha llegado hoy a ser para ella el problema central de la política. Si se excluye del Partido a historiadores apolíticos por la única razón de no haber sabido celebrar las proezas de Stalin en 1927, ¿podrá el régimen plebiscitario admitir el reconocimiento de los errores aceptados en 1931-1932? ¿Podrá renunciar a la teoría del socialfascismo? ¿Podrá desautorizar a Stalin, que formuló el fondo del problema alemán de la siguiente forma: «Que lleguen primero los fascistas; a continuación llegaremos nosotros»?

Las condiciones objetivas en Alemania son de por sí tan imperiosas, que si la dirección del Partido Comunista alemán dispusiera de la libertad de acción necesaria, se orientaría desde ahora ciertamente hacia nuestro lado. Pero no es libre. Mientras que la oposición de izquierda enuncia las ideas y las consignas del bolchevismo realizadas por la victoria de 1917, la pandilla estalinista, con objetivos de diversión, ordena telegráficamente desencadenar una campaña internacional contra el «trotskismo». La campaña se lleva, no sobre la base de los problemas de la revolución alemana, es decir, de la vida o la muerte del proletariado mundial, sino sobre la base del artículo miserable y mentiroso de Stalin sobre las cuestiones de la historia del bolchevismo. Es difícil imaginarse una desproporción mayor entre las tareas de la época, por un lado, y los miserables recursos ideológicos de la dirección oficial por el otro. Tal es la situación, vergonzosa, indigna y profundamente trágica al mismo tiempo, de la IC.

El problema del régimen estalinista y el de la revolución alemana están enlazados por un nudo indisoluble. Los acontecimientos próximos desenlazarán o cortarán este nudo de intereses, tanto de la Revolución Rusa como de la revolución alemana.

XII
Los brandlerianos (KPDO) y la burocracia estalinista

No hay y no puede haber contradicción entre los intereses del Estado Soviético y los del proletariado internacional. Pero es radicalmente erróneo ampliar esta regla a la burocracia estalinista. Su régimen entra cada vez más en contradicción, tanto con los intereses de la Unión Soviética como con los intereses de la revolución mundial.

Hugo Urbahns no ve las bases sociales del Estado proletario porque se lo impide la burocracia estalinista. Como Otto Bauer, Urbahns construye la noción de un Estado fuera de las clases; pero, a diferencia de Otto Bauer, halla su espécimen en la actual República de los sóviets, en vez de Austria.

Por otra parte, Thalheimer afirma que «la posición trotskista respecto a la Unión Soviética, posición que pone en duda (?) el carácter proletario (?) del Estado Soviético y el carácter socialista de la construcción económica» (10 de enero), tiene un carácter «centrista». Así, Thalheimer solo consigue demostrar cuán lejos ha llevado *la identificación del Estado obrero con la burocracia soviética*. Pide que se mire a la Unión Soviética no con los ojos del proletariado internacional, sino únicamente a través de las gafas de la fracción estalinista. En otros términos: razona, no como el teórico de la revolución proletaria, sino como un lacayo de la burocracia estalinista. Un lacayo descontento, desvalido, pero un lacayo de todas maneras, que espera su gracia. Por eso, aun estando en la «oposición», no se atreve a nombrar a la burocracia en voz alta; como Jehová, la burocracia no le perdonaría: «No invoques mi nombre en vano».

Tales son los dos polos de las agrupaciones comunistas: uno no ve el bosque detrás de los árboles, mientras que al otro el bosque le impide distinguir los árboles. No hay, sin embargo, nada de inesperado en el hecho de que Thalheimer y Urbahns se hayan reconocido un parentesco enternecedor y que hayan hecho bloque contra la apreciación marxista del Estado Soviético.

El «sostén» vago, y que no obliga a nada, de «la experiencia rusa», ha llegado a ser en estos últimos años una mercancía bastante extendida y muy barata. Hay, en todas partes del mundo, no pocos periodistas, turistas, gente de letras, radicales, semirradicales, humanitarios, pacifistas y «socialistas» que manifiestan, hacia la URSS y hacia Stalin, la misma aprobación sin reservas que los brandlerianos. Bernard Shaw, que en otro tiempo criticó ferozmente a Lenin y al autor de estas líneas, aprueba enteramente la política de Stalin. Máximo Gorki, que se hallaba en oposición con el Partido Comunista durante el período de Lenin, está ahora enteramente al lado de Stalin. Barbusse, que camina cogido de la mano con los socialdemócratas franceses, sostiene a Stalin. El semanario americano *New Masses*, edición de los pequeñoburgueses radicales de segundo orden, defiende a Stalin contra Rakovski. En Alemania, Ossietzsky, que citó con simpatía mi artículo, sobre el fascismo, creyó necesario observar que yo soy injusto en mi crítica respecto a Stalin. El viejo Ledebour dice: «En lo que se refiere a la cuestión litigiosa principal entre Stalin y Trotski de saber si se puede emprender la socialización en un solo país y llevarla con éxito a su término, estoy en absoluto al lado de Stalin». El número de estos ejemplos puede multiplicarse hasta el infinito. Todos estos «amigos» de la URSS abordan los problemas del Estado Soviético desde el exterior, como observadores, como simpatizantes, a veces como vagabundos. Ciertamente, es más digno ser amigo del plan quinquenal soviético que de la Bolsa de Nueva York. Pero, no obstante, la simpatía pasiva pequeñoburguesa de izquierda se halla lejos de ser bolchevismo. Bastará el primer fracaso importante de Moscú para dispersar a la mayor parte de este mundo como al polvo el viento.

¿En qué difiere la posición de los brandlerianos respecto al Estado soviético de la posición de todos esos «amigos»? Quizá solamente en menos sinceridad. Semejante sostén no da ni frío ni calor a la República de los sóviets. Y cuando Thalheimer nos enseña a nosotros, oposición de izquierda, bolcheviques leninistas rusos, cómo hay que comportarse con la Unión Soviética, no puede sino provocar un sentimiento de repugnancia.

Rakovski dirigió en persona la defensa de las fronteras de la Revolución soviética, ayudó a dar los primeros pasos a la economía soviética, participó en la elaboración de la política para con los campesinos, fue el iniciador de los comités de campesinos pobres en Ucrania, conoce todos los recovecos de esta política, todavía la sigue ahora en Barnaul diariamente con una tensión apasionada, pone en guardia contra los errores, sugiere vías justas. Kote Zinzadze, el viejo combatiente muerto en la deportación, Muralov, Karl Grünstein, los Eltzin, padre e hijo, Kaspárova, Shúmskaya, Dingelstedt, Solntzev, Stopalov, Posnanski, Sermus, Blumkin, fusilados por Stalin; Bútov, a quien Stalin hizo perecer en la prisión; las decenas, centenas y millares de los dispersados en las prisiones y lugares de deportación, son todos combatientes de la insurrección de octubre, de la guerra civil, que han participado en la construcción socialista, a quienes no asustará ninguna dificultad, y que, a la primera señal de socorro, están dispuestos a ocupar los puestos de combate. ¿Corresponde a ellos enseñar a Thalheimer la fidelidad al Estado obrero?

Todo lo que es progresista en la política de Stalin fue formulado por la oposición de izquierda e infamado por la burocracia. Por haber tomado la iniciativa de la economía planificada, de los ritmos elevados, de la lucha contra el *kulak*, de una colectivización más amplia, la oposición de izquierda pagó y paga aún con años de prisión y deportación. ¿Qué han aportado pues a la política económica de la URSS todos esos partidarios sin reservas, todos esos simpatizantes y amigos, incluidos los brandlerianos? ¡Nada! Detrás de su sostén vago y sin crítica de todo lo que se hace en la URSS no se oculta ningún entusiasmo internacionalista, sino una simpatía tibia: se trata de cosas que pasan fuera de las fronteras de su propia patria. Brandler y Thalheimer creen y lo dicen a veces: «¡El régimen de Stalin no nos convendría, ciertamente, a los alemanes; pero para los rusos aun es bastante bueno!».

El reformista ve en la situación internacional la suma de las situaciones nacionales: el marxista considera la política nacional como función de la política internacional. En esta cuestión fundamental, el grupo PCAO (brandlerianos) ocupa una posición nacional-reformista, es decir, que niega, de hecho, si no en palabras, los principios internacionalistas y los criterios de la política nacional.

El partidario y el colaborador más próximo de Thalheimer fue Roy, cuyo programa político para la India, lo mismo que para China, tiene su origen íntegramente en la idea estalinista de los partidos «obreros y campesinos» para Oriente. Durante una serie de años, Roy hizo propaganda por un partido nacional-democrático en la India. En otros términos: obraba como demócrata nacional pequeñoburgués y no como revolucionario proletario. Ello no impidió de ninguna manera su participación activa en el estado mayor de los brandlerianos.[10] Sin embargo, el oportunismo nacional de los brandlerianos se manifiesta de la forma más grosera para con la Unión Soviética. De creer a los brandlerianos, la burocracia estalinista obra en su país infaliblemente. Pero la dirección de esta misma fracción estalinista resulta funesta, no se sabe por qué, en Alemania. ¿Por qué así? No se trata de errores aislados de Stalin motivados por su desconocimiento de los demás países, sino, realmente, de un curso determinado de errores, de toda una tendencia. Thaelmann y Remmele conocen a Alemania como Stalin a Rusia, como Cachin, Semard o Thorez a Francia. Todos juntos forman una fracción internacional y elaboran su política para los diversos países. Pero resulta que esta política, irreprochable para Rusia, causa la pérdida de la revolución en los demás países.

La posición de Brandler es desdichada, sobre todo cuando se transfiere al interior de la URSS, donde un brandleriano está obligado a sostener a Stalin, sin la menor reserva. Rádek, que de hecho estuvo siempre más cerca de Brandler que de la oposición de izquierda, capituló ante Stalin. Brandler tuvo que aprobar este acto. Pero el capitulante Rádek fue inmediatamente obligado por Stalin a tratar a Brandler y Thalheimer de «socialfascistas». Los adoradores platónicos berlineses del régimen estalinista no intentan salir siquiera de esas contradicciones humillantes. Su finalidad práctica es clara, sin embargo, aún sin comentarios: «Si tú me pones a la cabeza del Partido en Alemania —dice Brandler a Stalin—, yo me comprometo a reconocer tu infalibilidad en los asuntos rusos, con la condición de que tú me permitas aplicar mi política en los asuntos alemanes». ¿Puede uno apreciar a semejantes «revolucionarios»?

Pero hasta la política internacional de la burocracia es criticada por los brandlerianos de una manera excesivamente unilateral y, desde el punto de vista de la teoría, con mala fe. El único vicio de esta política es, al parecer, el «ultraizquierdismo». Ahora bien: ¿se puede acusar al bloque de Stalin con Chiang Kai-shek, bloque que duró cuatro años de ultraizquierdismo? ¿Fue ultraizquierdismo la creación de la Internacional Campesina? ¿Se puede calificar de putschismo al bloque con el consejo general de rompehuelgas? ¿O la creación de partidos obreros y campesinos en Asia y del partido de obreros y colonos en los Estados Unidos?

Y, además, ¿cuál es la naturaleza social del ultraizquierdismo estalinista? ¿Qué es? ¿Un estado de espíritu provisional, un estado enfermizo? Buscaréis en vano la respuesta a esta pregunta en el teórico Thalheimer.

Sin embargo, el enigma fue resuelto hace mucho tiempo por la oposición de izquierda: se trata de un zigzag ultraizquierdista del centrismo. Pero precisamente esta definición, confirmada por el desarrollo de los nueve últimos años, no pueden admitirla los brandlerianos porque los mata. Ellos han participado con la fracción estalinista en todos sus zigzags de *derecha*, pero se han sublevado contra los zigzags de *izquierda*; por eso han demostrado que forman el ala derecha del centrismo. El hecho de que se hayan desprendido como una rama muerta del tronco se halla perfectamente en el orden de las cosas: en sus cambios de rumbo brusco, el centrismo pierde inevitablemente grupos y corrientes de derecha y de izquierda.

Lo dicho anteriormente no significa que los brandlerianos se han engañado *en todo*. No, contra Thaelmann-Remmele han tenido, y tienen, razón frecuentemente. No hay en ello nada de extraordinario; los oportunistas pueden hallarse en una posición justa en lucha contra el aventurerismo. Por el contrario, la corriente ultraizquierdista puede hacerse cargo, justamente, del momento del tránsito de la lucha por las masas a la lucha por el poder. En su crítica contra Brandler, los ultraizquierdistas, a fines de 1923, enunciaron muchas ideas justas, lo que no les impidió en 1924-1925 cometer los errores más burdos. El hecho de que, en la crítica de las contorsiones del «tercer período», los brandlerianos hayan repetido una serie de consideraciones poco nuevas, pero justas, no testimonia de ninguna manera la justeza de su posición general. La política de cada agrupación debe analizarse en sus diversas etapas: en combates defensivos y ofensivos, en los períodos de flujo y de reflujo, en las condiciones de lucha por las masas y en la situación de lucha directa por el poder.

No existe dirección marxista especializada en los problemas de defensiva u ofensiva, de frente único o de huelga general. La aplicación justa de todos estos métodos no es posible más que si uno es capaz de apreciar sintéticamente la situación en su conjunto, si uno sabe analizar sus fuerzas motrices, determinar las etapas y los cambios de rumbo y basar, sobre este análisis, el sistema de acción que corresponde a la situación presente y que prepara la etapa siguiente.

Brandler y Thalheimer se creen casi los especialistas patentados de «la lucha por las masas». Con la mayor seriedad del mundo, esta gente afirma que los argumentos de la oposición de izquierda en favor de la política del frente único representan... un plagio de las posiciones brandlerianas. ¡A nadie puede negársele el derecho a la ambición! Figuraos que en el mismo momento en que explicáis a Heinz Neumann un error de multiplicación, cualquier pedante profesor de Aritmética os declara que le plagiáis porque explica exactamente de la misma manera, desde hace años, los misterios del cálculo.

Las pretensiones de los brandlerianos me han proporcionado, con todo, un minuto de alegría en esta situación triste. La sabiduría estratégica de estos señores data del tercer Congreso de la Internacional Comunista. Yo defendí en él el ABC de la lucha por las masas contra el ala «izquierda» de entonces. En mi libro *Nueva etapa,* destinado a popularizar la política del frente único y editado en su tiempo por la Internacional Comunista en diversas lenguas, se subraya varias veces el carácter elemental de las ideas que en él se defienden. «Todo esto —leemos, por ejemplo, en la página 70 de la edición alemana—, representa una *verdad elemental* desde el punto de vista de la experiencia revolucionaria seria. Pero algunos elementos de "izquierda" del Congreso han visto en esta táctica un deslizamiento hacia la derecha...». Entre estos, algunos, al lado de Zinóviev, de Bujarin, de Rádek, de Baslow, de Thaelmann, se hallaba también Thalheimer.

La acusación de plagio no es la única. Al apoderarse de la propiedad espiritual de Thalheimer, la oposición de izquierda le da al parecer, una interpretación oportunista. Esta extravagancia merece nuestra atención en la medida en que nos permite de paso, esclarecer mejor la cuestión de la política del fascismo.

Yo he enunciado en uno de mis trabajos precedentes la idea de que Hitler no tiene la posibilidad de llegar al poder por la vía parlamentaria: aunque se admita que puede ganar el 51% de los votos, el desarrollo de las contradicciones económicas y políticas tendría que provocar la explosión abierta mucho antes de que tal momento llegase. A este respecto los brandlerianos me atribuyen el pensamiento de que los nacionalsocialistas serían liquidados «sin necesidad de la acción de masa extraparlamentaria de los obreros». ¿En qué aventaja esto a las invenciones de la *Rote Fahne*?

De la imposibilidad para los nacionalsocialistas de llegar «pacíficamente» al poder, yo deducía la inevitabilidad de otros medios para escalar el poder: o bien mediante un golpe de Estado abierto, o bien a través de una etapa de coalición seguida de un golpe de Estado inevitable. La liquidación sin dolor del fascismo no sería posible más que en un solo y único caso: si Hitler aplicase en 1932 la misma táctica que aplicó Brandler en 1923. Sin sobreestimar en nada a los estrategas nacionalsocialistas, yo creo que ven más lejos y son más sólidos que Brandler y compañía.

Más profunda es aún la segunda objeción de Thalheimer: la cuestión de saber si Hitler puede llegar al poder por la vía parlamentaria o por cualquiera otra vía no tiene ninguna importancia, porque no cambia la esencia del fascismo, que de todos modos, no puede consolidar su dominación, sino sobre los despojos de las organizaciones obreras. «Los obreros pueden dejar tranquilamente a los redactores del *Vorwaerts* las investigaciones concernientes a la diferencia entre la llegada constitucional o anticonstitucional de Hitler al poder». (*Arbeiter Politik*, 10 de enero). Si los obreros avanzados escuchasen a Thalheimer, Hitler los degollaría con toda seguridad. Lo que interesa a nuestro sabio maestro de escuela es la «esencia» del fascismo; en cuanto a saber cómo se realizaría esta esencia, deja el cuidado de resolverlo a los redactores del *Vorwaerts*. Pero la esencia «pogromista» del fascismo no puede realizarse enteramente sino después de su llegada al poder. Ahora bien: la tarea consiste precisamente en no dejarlo llegar al poder. Para eso es necesario que uno mismo comprenda la estrategia del enemigo y saber explicársela a los obreros. Hitler hace esfuerzos extraordinarios para introducir, en apariencia, el movimiento en el lecho de la Constitución. Solo un pedante que presume de «materialista» puede creer que tales procedimientos no influyen en la conciencia política de las masas. El constitucionalismo de Hitler no solo sirve para tener una puerta abierta al bloque con el centro, sino además para engañar a la socialdemocracia, o, más bien, para facilitar a los jefes socialdemócratas su traición a las masas. Si Hitler jura que no llegará al poder más que por la vía constitucional, resulta que el peligro del fascismo hoy no es tan grande. En todo caso, habrá todavía tiempo para comprobar varias veces la correlación de fuerzas en elecciones de todas clases. Bajo la cubierta de la perspectiva constitucionalista que aletarga a los adversarios, Hitler quiere tener la posibilidad de asestar el golpe en el momento propicio. Esta estratagema militar, por simple que sea, encierra en sí, sin embargo, una fuerza enorme, porque se apoya no solo en la psicología de los partidos intermedios, que querrían resolver la cuestión pacífica y legalmente, sino, lo que es mucho más peligroso, en la credulidad de las masas populares.

Aun hay que agregar que la maniobra de Hitler es un arma de dos filos: engaña no solamente a los adversarios, sino también a los partidarios. Pero, para la lucha, sobre todo para la lucha ofensiva, hace falta un espíritu combativo. Esta combatividad no se puede mantener sino educando al propio ejército en la comprensión de la inevitabilidad de la lucha franca. Tal consideración hace suponer también que Hitler no podrá, para no desmoralizar a sus filas, prolongar mucho tiempo su dulce quimera con la Constitución de Weimar. Tiene que sacar a tiempo su cuchillo.

No basta comprender solamente la «esencia» del fascismo. Es necesario saber apreciarlo como fenómeno político vivo, como adversario consciente y pérfido. Nuestro maestro de escuela es demasiado «sociólogo» para ser revolucionario. ¿No está claro, en efecto, que los ejercicios profundos de Thalheimer entran también como elementos positivos en los cálculos de Hitler? Porque meter en la misma talega la difusión por el *Vorwaerts* de las ilusiones constitucionales y la denuncia de la estratagema militar del enemigo, estratagema basada en esas ilusiones, significa prestar un servicio al enemigo.

La organización puede ser importante, ya por las masas que comprenda, ya por el contenido de las ideas que es capaz de aportar al movimiento obrero. Unas y otras faltan a los brandlerianos. Sin embargo, ¡con qué desprecio espléndido hablan Brandler y Thalheimer del pantano centrista del SAP! En realidad, si se comparan las dos organizaciones —el SAP y el KPDO—, todas las ventajas están en favor del primero. El SAP no es un pantano, sino una corriente viva. Su tendencia se orienta de derecha a izquierda, hacia el comunismo. La corriente no se ha purificado, contiene muchos detritus y limo, pero no es un pantano. El apelativo de pantano se adapta mucho mejor a la organización de Brandler-Thalheimer, caracterizada por la paralización ideológica completa.

Dentro del grupo KPDO existía desde hace mucho tiempo una oposición descontenta, sobre todo porque los dirigentes intentaban adaptar su política más bien a los sentimientos del estado mayor de Moscú que a las circunstancias objetivas.

Que la oposición de Walcher-Froelich y otros haya tolerado durante años la política de Brandler-Thalheimer, que sobre todo para con la Unión Soviética, tenía no solo un carácter erróneo, sino conscientemente hipócrita y políticamente deshonroso, nadie, ciertamente, inscribirá eso en el activo del grupo que se ha separado. Pero el hecho es que el grupo Walcher-Froelich ha reconocido, al fin la inutilidad total de una organización cuyos jefes se orientan a merced de los superiores. La minoría estima que es necesario tener una política independiente y activa, dirigida, no contra el desgraciado Remmele, sino contra el curso y el régimen de la burocracia estalinista en la URSS y en la Internacional Comunista. Si interpretamos justamente, sobre la base de materiales todavía muy insuficientes, la posición de Walcher-Froelich representa, en esta cuestión, un paso adelante. Pero, después de haber roto con un grupo ostensiblemente muerto, ante la minoría se plantea ahora la tarea de hallar una orientación *nueva*, nacional y, sobre todo, internacional.

Según me es posible apreciar la minoría que se ha separado considera como la tarea principal en el período más inmediato la aproximación al ala izquierda del SAP, para, después de haber conquistado al nuevo partido, aplastar seguidamente con su ayuda al conservadurismo burocrático del Partido Comunista alemán. Es imposible pronunciarse acerca de este plan expuesto en forma tan general y vaga, porque las bases de principio en que se apoya la minoría misma y los métodos que pretende aplicar en la lucha por sus principios permanecen obscuros. ¡Hace falta una plataforma! Nosotros no entendemos por esto un documento que reproduzca los lugares comunes del catecismo comunista, sino respuestas claras y concretas a los problemas de las luchas de la revolución proletaria que han desgarrado las filas del comunismo durante los nueve últimos años y que conservan todavía ahora toda su importancia candente. Sin eso, solo es posible disolverse en el SAP y retrasar su evolución hacia el comunismo en lugar de acelerarla.

La oposición de izquierda seguirá atentamente y sin ninguna opinión preconcebida la evolución de la minoría. La escisión de una organización no viable ha dado, más de una vez en la historia, un impulso al desarrollo progresivo de su parte viable. Nos felicitaremos si tal regla se confirma esta vez más respecto a la suerte de la minoría, pero solo el porvenir dará la respuesta.

XIII
La estrategia de las huelgas

En el dominio sindical, la dirección comunista ha hecho un verdadero lío al Partido. El curso general del «tercer período» se orientaba sobre los sindicatos paralelos. Se suponía que el movimiento de masa sobrepasaría las viejas organizaciones, y que las organizaciones de la ROO (Oposición Sindical Roja) se convertirían en comités de iniciativa de la lucha económica. Para realizar este plan no faltaba más que una cosa insignificante: el movimiento de masas. Durante las inundaciones primaverales, el agua arrastra al pasar todo los cercados. Intentemos quitar los cercados —decidió Lozovski—. ¡Tal vez se provoque la inundación de las aguas primaverales!

Los sindicatos reformistas resistieron. El Partido Comunista quedó fuera de las fábricas. Entonces se empezó a hacer rectificaciones en la política sindical. El Partido Comunista se niega a invitar a los obreros no organizados a que entren en los sindicatos reformistas; pero al mismo tiempo se pronuncia contra el abandono de los sindicatos. Al mismo tiempo que crea las organizaciones paralelas, resucita la consigna de la lucha por la influencia dentro de los sindicatos reformistas. Toda esta mecánica representa en su totalidad un autosabotaje ideal.

La *Rote Fahne* se queja de que muchos comunistas consideran inútil la participación en los sindicatos reformistas. «¿Con qué objeto hay que reanimar esa rienda?». En efecto, ¿con qué objeto? Si se lucha seriamente por la conquista de los viejos sindicatos, es preciso invitar a los obreros no organizados a que entren en ellos; precisamente son las capas nuevas las que son susceptibles de convertirse en el apoyo del ala izquierda. Pero entonces no hay que crear sindicatos paralelos, es decir, crear agencias en competencia para el reclutamiento de obreros.

La política que se debe seguir dentro de los sindicatos reformistas, preconizada desde arriba, está a la altura de la confusión que reina en otras cuestiones. El 28 de enero, la *Rote Fahne* amonestaba a los miembros del sindicato metalúrgico de Düsseldorf por haber lanzado la consigna de: «Lucha implacable contra la participación de los jefes sindicales», en el apoyo prestado al Gobierno Brüning. Reivindicaciones oportunistas de esta categoría son inadmisibles, porque presuponen (!) que los reformistas son capaces de renunciar a apoyar a Brüning y a sus leyes de excepción. ¡Esto parece verdaderamente una broma de mal gusto! La *Rote Fahne* considera que basta con insultar a los jefes, pero que es completamente inadmisible someterlos a la prueba política de las masas.

Y, sin embargo, es en los sindicatos reformistas donde actualmente se encuentra un terreno particularmente partidario de la acción. Si el Partido Socialdemócrata tiene todavía una posibilidad de engañar a los obreros por medio de la politiquería, para los sindicatos el callejón sin salida del capitalismo equivale a un muro infranqueable: los doscientos a trescientos mil obreros organizados en la actualidad en los sindicatos independientes pueden convertirse en un germen inapreciable en el seno de los sindicatos reformistas.

En los últimos días del mes de enero se reunió en Berlín la Conferencia Comunista de los comités de fábrica de todo el país. La *Rote Fahne* reseña: «Los comités de fábrica forjan el frente rojo proletario» (2 de febrero). Pero es inútil que busquemos los datos concernientes a la composición de la Conferencia, el número de empresas y obreros representados. Contrariamente a los métodos bolcheviques, que señalan minuciosa y abiertamente todos los cambios de las relaciones de fuerzas en el seno de la clase obrera, los estalinistas de Alemania, a imitación de los de Rusia, juegan al escondite. No quieren reconocer que los comités de fábrica comunistas suponen el 4%, contra el 84% de los comités de fábrica de los socialdemócratas. En estas proporciones se traduce el balance de la política del «tercer período». ¿Pero es que acaso avanzarán más las cosas, aunque nada más sea una pulgada, si se denomina al aislamiento de los comunistas en las empresas «frente único rojo»?

La crisis persistente del capitalismo traza en el seno del proletariado la línea de separación más dolorosa y más peligrosa: la que lo divide en obreros ocupados y obreros en paro forzoso. El hecho de que sean los reformistas los que dominen en las obras y los comunistas entre los obreros parados paraliza las dos partes del proletariado. Los obreros que trabajan pueden esperar más tiempo, mientras que los parados son más impacientes. Actualmente, su impaciencia tiene un carácter revolucionario. Pero si el Partido Comunista no sabe encontrar la forma y las consignas de lucha que puedan unir a los obreros que trabajan con los sin trabajo y abrir la posibilidad de la salida revolucionaria, la impaciencia de los sin trabajo se dirigirá inevitablemente contra el Partido Comunista.

En 1917, a pesar de la política justa del partido bolchevique y del desarrollo rápido de la revolución, las capas del proletariado menos favorecidas y más impacientes, hasta en el mismo Petrogrado, comenzaron entre septiembre y octubre a volver la espalda a los bolcheviques para acercarse a los sindicalistas y a los anarquistas. Si la Revolución de Octubre no hubiese estallado a tiempo, la desmoralización del proletariado hubiera adquirido un carácter agudo y hubiera conducido a la descomposición de la Revolución. En Alemania no hay cuestión con los anarquistas; pueden ser reemplazados por los nacionalsocialistas, que unen la demagogia anarquista con fines conscientemente reaccionarios.

Los obreros no están en modo alguno garantizados de una vez para siempre contra la influencia de los fascistas. El proletariado y la pequeña burguesía son como vasos comunicantes, principalmente en las condiciones actuales, en que el ejército de reserva de los obreros puede estar integrado por pequeños comerciantes, mozos de cuerda, etcétera, y la pequeña burguesía, por proletarios y lumpenproletarios.

Los empleados, el personal técnico y administrativo, determinados sectores de los funcionarios constituían en el pasado uno de los apoyos importantes de la socialdemocracia. En la actualidad, estos elementos se han pasado, o se pasan, a los nacionalsocialistas. Pueden arrastrar tras sí, si no lo han hecho ya, a la capa aristocrática obrera. En este sentido, el nacionalsocialismo invade al proletariado «desde arriba».

Mucho más peligroso es, sin embargo, su posible invasión «desde abajo», por medio de los obreros en paro forzoso. No hay ninguna clase que pueda vivir mucho tiempo sin perspectivas ni esperanzas. Los obreros sin trabajo no constituyen una clase; pero son una capa social que, por demasiado compacta y firme, tiende vanamente a salir de una situación insoportable. En términos generales, es cierto que solo la revolución proletaria puede salvar a Alemania de la descomposición y la ruina; pero esto es cierto, ante todo, en lo que concierne a los millones de obreros en paro forzoso.

Si el Partido Comunista es débil en las fábricas y en los sindicatos, su fuerza numérica no resuelve nada. En una nación devorada por la crisis y las contradicciones, el partido de la extrema izquierda puede encontrar decenas de miles de nuevos partidarios, sobre todo cuando su aparato está orientado hacia la atracción individual de miembros por el método de la «emulación». Todo depende de las relaciones del partido con la clase. Un solo obrero comunista elegido para el comité de fábricas o para la dirección de un sindicato, tiene mucha más importancia que conseguir mil miembros nuevos recogidos por doquier, que entran hoy en el partido para dejarlo mañana.

Por otra parte, el aflujo individual de miembros al partido no durará tampoco indefinidamente. Si el Partido Comunista continúa retardando la lucha hasta el momento en que haya eliminado definitivamente a los reformistas, pronto llegará un momento en que se dé cuenta de que la socialdemocracia cesará de perder influencia en provecho de los comunistas y de que los fascistas comenzarán a desmoralizar a los obreros en paro forzoso, que constituyen la base principal del Partido Comunista. El hecho de no saber utilizar las fuerzas en las tareas que se desprenden de toda situación no se da nunca impunemente para el partido político que no lo ha hecho.

Con el fin de facilitar el camino hacia la lucha de masas, el Partido Comunista ensaya la táctica de las huelgas parciales. Los éxitos en este dominio no son muy grandes. Como de costumbre, los estalinistas hacen su autocrítica: «todavía no sabemos organizar», «no hemos aprendido todavía a reclutar», «no sabemos entusiasmar», y cuando se dice «nosotros», significa siempre «vosotros». Se resucita la famosa teoría de las jornadas de marzo de 1921: «electrizar» al proletariado por acciones ofensivas realizadas por la minoría. Pero es que los obreros no tienen necesidad de que se les «electrice». Lo que quieren es que se les dé una visión clara y que se les ayude a crear las premisas para un movimiento de masas.

En la estrategia de las huelgas, el Partido Comunista interpreta visiblemente citas fragmentarias de Lenin, interpretadas por Manuilski o Lozovski. «En efecto, hubo un período en que los mencheviques lucharon contra el «huelguismo», mientras que los bolcheviques, por el contrario, se colocaron a la cabeza de cada nueva huelga que estallaba, atrayendo masas cada vez mayores al movimiento. Esta táctica correspondió a un período de despertar de nuevas capas de la clase obrera. Tal fue la táctica de los bolcheviques en 1905, durante la expansión industrial de los años que precedieron a la gran guerra y durante los primeros meses de la Revolución de febrero.

Pero en el período que precedió a octubre, a partir de las jornadas de julio de 1917, la táctica de los bolcheviques tuvo un carácter completamente diferente: no impulsaban las huelgas, las frenaban, en cambio, porque cada huelga importante tenía la tendencia a transformarse en un combate decisivo, cuando las premisas políticas no estaban todavía maduras.

A pesar de todo, aun en estos meses, los bolcheviques continuaron a la cabeza de las huelgas que estallaban, a pesar de sus advertencias, sobre todo en las ramas más atrasadas de la industria (textil, cuero y pieles).

Si en determinadas condiciones los bolcheviques dirigían con todo ardor las huelgas en interés de la revolución, bajo otras circunstancias contenían a los obreros para que no fueran a la huelga, por el propio interés de la Revolución. En esta cuestión, como en tantas otras, no puede haber una receta preparada de antemano. Pero la estrategia de las huelgas de los bolcheviques respondía y formaba parte siempre, en cada período, de la estrategia general, y los obreros avanzados comprendían claramente el lazo que unía cada parte al todo.

¿Qué ocurre en estos momentos en Alemania? Los obreros que trabajan no se oponen a la reducción de salarios, porque temen a los obreros sin trabajo. No tiene nada de sorprendente; con la presencia de varios millones de obreros sin trabajo, la lucha huelguística, organizada sindicalmente, ha sido siempre desesperada. Y todavía es mucho más desesperada si existe un antagonismo entre los obreros que trabajan y los que están en paro forzoso. Esto no excluye la posibilidad de huelgas parciales, sobre todo en las ramas de las industrias menos adelantadas y menos centralizadas. Pero es que son precisamente los obreros de las industrias más importantes los que en una situación de esta clase están dispuestos a escuchar a los jefes reformistas. Las tentativas del Partido Comunista de resolver la lucha huelguística sin cambiar la situación general en el seno del proletariado, no conducen más que a pequeñas campañas de partidarios, que, aun en el caso de éxito, quedan sin porvenir.

Según las informaciones de los obreros comunistas (no hay más que leer *Der Rote Aufbau*), se habla frecuentemente en el trabajo de que las huelgas generales carecen de sentido, que solo la huelga general podría librar a los obreros de la miseria. «La huelga general» quiere decir aquí perspectiva de lucha. Los obreros son tanto menos partidarios de las huelgas aisladas cuanta más relación tienen directamente con el poder del Estado; el capital monopolizador habla a los obreros con el lenguaje de las leyes de excepción de Brüning.[11]

En los orígenes del movimiento obrero, los agitadores se veían obligados a evitar con gran frecuencia las perspectivas revolucionarias y socialistas, con el fin de no ser rechazados por los obreros. Actualmente la situación tiene un carácter diametralmente opuesto. Las capas directoras de los obreros alemanes no pueden decidirse a entrar en la lucha económica defensiva más que en el caso en que vean claramente las perspectivas generales de las luchas posteriores. Estas perspectivas no las encuentran las capas dirigentes de los obreros alemanes en la dirección comunista.

En ocasión de la táctica de las jornadas de marzo de 1921 en Alemania («electrizar» la minoría del proletariado, en vez de conquistar la mayoría), el autor de estas líneas decía en el III Congreso: «Cuando la mayoría aplastante de la clase obrera no comprende el movimiento, no simpatiza con él o duda del éxito, y cuando la minoría, al mismo tiempo, se lanza hacia adelante y ensaya por procedimientos mecánicos a hacer que los obreros se lancen a la huelga, entonces esta pequeña minoría, personificada por el Partido, puede chocar con la clase obrera y romperse la cabeza».

¿Es, pues, preciso renunciar a la lucha huelguística? No, no hay que renunciar, pero hay que crear para esta lucha premisas políticas y organizativas indispensables. Una de estas premisas es el restablecimiento de la unidad de las *organizaciones sindicales*. Claro es que la burocracia sindical no la quiere. La escisión hasta ahora aseguraba, no podía ser por menos, su situación. Pero la amenaza directa del fascismo cambia la situación de los sindicatos en detrimento de la burocracia. La aspiración a la unidad crece. Que intente la chusma de Leipart en las condiciones actuales negarse al restablecimiento de la unidad: eso bastará para que se doble o triplique de un solo golpe la influencia comunista en el seno de los sindicatos. Si la unidad se hace, tanto mejor; ante los comunistas se abre un amplio terreno de actividad. No son las medias tintas las que hacen falta, sino un valiente viraje.

Sin una amplia campaña contra la vida cara, para la reducción de la semana de trabajo, contra la disminución de salarios; sin haber sabido llevar a esta lucha a los obreros sin trabajo mano a mano con los obreros que trabajan; sin la aplicación coronada por el éxito de la política del frente único, las pequeñas huelgas improvisadas no despejarán el largo camino del movimiento.

Los socialdemócratas de izquierda hablan de la necesidad, «en el caso de que los fascistas lleguen al poder», de recurrir a la huelga general. El mismo Leipart debe hacer gala en su propio gabinete de trabajo de estas amenazas. Con este motivo, la *Rote Fahne* habla de luxemburguismo. Lo cual es calumniar a la gran revolucionaria. Si Rosa Luxemburgo, en efecto, sobreestimó la importancia *propia* de la huelga general para la cuestión del poder, ella comprendía muy bien que no se puede provocar arbitrariamente la huelga general, que esta debe estar preparada por toda la marcha anterior del movimiento obrero, por la política del partido y de los sindicatos. Pero en boca de los socialdemócratas de izquierda, la huelga de masas sirve más bien de mito consolador.

Los socialdemócratas franceses prometieron durante muchos años ir a la huelga general en caso de guerra. El Congreso de Basilea de 1912 prometió incluso, recurrir a la insurrección revolucionaria. Pero la amenaza de la huelga general, lo mismo que la amenaza de la insurrección, tenía en este caso el carácter de rayos teatrales. No se trataba en modo alguno, de la oposición entre la huelga y la insurrección, sino de la actitud abstracta, formal, verbal, hacia la huelga y hacia la insurrección. El reformista, armado con la abstracción de la revolución, tal era el tipo en general del socialdemócrata de preguerra, a lo Bebel. El reformista de la postguerra que blandea la amenaza de la huelga general no es nada más que una caricatura animada.

La dirección comunista, desde luego, se comporta, con respecto a la huelga general, con mucha más honestidad. Pero le falta claridad en esta cuestión. La huelga general es un medio de lucha muy importante, pero no un medio universal. Hay casos en que la huelga general puede debilitar a los obreros mucho más que a su enemigo directo. La huelga debe ser un elemento muy importante del cálculo estratégico, y no un impulso en el cual se ahoga toda estrategia.

De forma global, la huelga general es un instrumento de lucha del más débil contra el más fuerte, o para precisar mejor, de aquel que al comienzo de la lucha se cree más débil contra aquel que se cree más fuerte; es decir, si yo no puedo servirme de un instrumento importante, intentaré impedir que mi adversario lo use; si yo no puedo llevarme el cañón haré desaparecer, por lo menos, el disparador. Tal es la «idea» de la huelga general.

La huelga general constituyó siempre un instrumento de lucha contra el poder del Estado establecido, que dispone de los ferrocarriles, de la telegrafía, de la fuerza militar y policiaca, etcétera. Al paralizar el aparato del Estado, la huelga general «asustaba» a las autoridades, o bien creaba las premisas para la solución revolucionaria de la cuestión del poder.

La huelga general se manifiesta como un medio de lucha particularmente eficaz cuando las masas trabajadoras no se mueven más que por la cólera revolucionaria; pero carece de organizaciones y de un estado mayor de combate y, por lo tanto, no puede ni estimar por adelantado la relación de fuerzas ni elaborar un plan de operación. Así, por ejemplo, podemos decir que la revolución antifascista en Italia, que comenzará por tales o cuales encuentros aislados, pasará inevitablemente por el estado de huelga general. Solo por este procedimiento el proletariado disperso de Italia actual se sentirá de nuevo unido como clase y medirá la fuerza de resistencia del enemigo que tiene que derribar.

No se deberá luchar contra el fascismo en Alemania por medio de la huelga general más que en el caso en que el fascismo esté ya en el poder y se haya apoderado del aparato del Estado. Pero si se trata de la tentativa de impedir a los fascistas que tomen el poder, la consigna de la huelga general se convierte por adelantado en un lugar común.

Cuando la marcha de Kornílov sobre Petrogrado, ni los bolcheviques ni los sóviets en su totalidad soñaron ni por un momento declarar la huelga general. Los obreros y los empleados tenían que utilizar los ferrocarriles para el transporte de los ejércitos revolucionarios y para bloquear a las tropas kornilovistas. Las fábricas no dejaban de trabajar más que en la medida en que los obreros tenían que partir para el frente. Las empresas que proveían el frente revolucionario trabajaban con energía redoblada.

Durante la insurrección de octubre, tampoco fue cuestión de huelga general. Las fábricas y los regimientos estaban en su mayoría, la víspera de la insurrección, sometidos a la dirección bolchevique del sóviet. Convocar a la huelga general a las fábricas hubiera significado, en estas condiciones, debilitarse a sí mismos y no debilitar al adversario. En los ferrocarriles, los obreros trabajaban para ayudar a la insurrección; los empleados, bajo la capa de neutralidad, trabajaban para la contrarrevolución. La huelga general de los ferrocarriles hubiera carecido de sentido; la cuestión fue resuelta por la preponderancia de los obreros sobre los empleados.

Si en Alemania surge la lucha por encuentros parciales, originados por la provocación fascista, es dudoso que el llamamiento a la huelga general corresponda a la situación. La huelga general significa, ante todo, aislar una ciudad de otra, un barrio de otro, y al mismo tiempo, una fábrica de otra. Es, pues, más difícil encontrar y reunir a los obreros que no trabajan. En estas condiciones, los fascistas, que no carecen de estado mayor, pueden tener, gracias a la dirección centralizada, una cierta ventaja. Es cierto que sus masas están tan desparramadas, que aun en estas condiciones, el complot de los fascistas puede ser vencido. Pero esta es otra cuestión del problema.

La cuestión de las vías de comunicación, por ejemplo, debe ser enfocada no desde el punto de vista del «prestigio» de la huelga general, que exige que todos paren, sino desde el punto de vista de la necesidad del combate: ¿a quién y contra quién servirían las vías de comunicación durante el conflicto?

Hay, pues, que prepararse, por consiguiente, no para la huelga general, sino para derrotar a los fascistas, lo cual significa: crear por todas partes bases de apoyo, brigadas de choque, reservas, estados mayores locales y centros de dirección, con una buena ligazón entre ellos, y planes elementales de movilización; lo que han hecho las organizaciones locales en un rincón provincial de Bruchsal o de Klingental, donde los comunistas, con el SAP y los sindicatos, boicoteados por la cúspide reformista, han creado una organización de defensa que, a pesar de sus modestas dimensiones, es un ejemplo para todo el país. ¡Oh jefes venerados, oh jefes estrategas, qué ganas da de gritaros: aprended de los obreros de Klingental, imitadlos, extended su ejemplo, precisad las formas, aprended de los obreros de Bruchsal y Klingental!

La clase obrera alemana dispone de organizaciones políticas, económicas y deportivas poderosas. En esto consiste la diferencia entre el «régimen Brüning» y «el régimen Hitler». No hay en ello ningún mérito para Brüning, porque la debilidad burocrática no es ningún mérito. Pero hay que ver lo que es. El hecho principal, el hecho fundamental, el hecho capital consiste en que la clase obrera alemana está todavía armada con todas sus organizaciones. Si es débil es porque su fuerza organizada está mal aplicada. Pero sería suficiente con extender a todo el país la experiencia de Klingental, y Alemania tendría otro aspecto. La clase obrera podrá emplear contra los fascistas, en estas condiciones, medios de lucha mucho más eficaces y más directos que la huelga general. Pero si como consecuencia de una serie de circunstancias se evidenciase que el recurso de la huelga general era indispensable (tal necesidad podría ser provocada por las relaciones determinadas entre los fascistas y los órganos del Estado), el sistema de los comités de defensa sobre la base del frente único podría provocar la huelga general con un éxito que se podría garantizar por adelantado.

La lucha no se detendrá en esta etapa. Porque ¿qué es en el fondo la organización de defensa de Bruchsal y Klingental? Hay que saber discernir lo que hay de grande en los hechos pequeños: es un sóviet local de diputados obreros. No se hace llamar así, y no se siente tampoco así porque se trata de un pequeño rincón provinciano. Aquí también la cantidad determina la calidad. ¡Transportad esta experiencia a Berlín y tendréis el sóviet berlinés de diputados obreros!

XIV
El control obrero y la colaboración con la URSS

Cuando hablamos de consignas del período revolucionario no hay que interpretar esto demasiado estrictamente. No se pueden crear los sóviets más que en un período revolucionario. ¿Pero cuándo comienza este? La fecha no hay que buscarla en el calendario. No se puede obtener más que con la acción. Los sóviets deben crearse en el momento en que *pueden* ser creados.[12]

La consigna del control obrero de la producción se relaciona en su totalidad al mismo período que la creación de los sóviets. Pero esto tampoco debe ser interpretado de una manera mecánica. Pueden existir condiciones especiales que lleven a las masas al control de la producción mucho antes de que estén dispuestas para comenzar la organización de los sóviets.

Brandler y su sombra de izquierda torva —Urbahns— lanzaban por delante la consigna del control de la producción, independientemente de la situación política, lo que no ha dado más resultado que desacreditar la consigna. Pero sería falso renunciar a la consigna ahora, en las condiciones de crisis económica aguda, por la sola razón de que no existe todavía una ofensiva de las masas. Pero es que la ofensiva requiere consignas que determinen la perspectiva del movimiento. El período de propaganda tiene que preceder inevitablemente a la penetración de la consigna en las masas.

La campaña en favor del control obrero puede comenzar, según las circunstancias, no desde el ángulo de la producción, sino desde el del consumo. La reducción de los precios de las mercancías, prometida por el Gobierno Brüning al mismo tiempo que la reducción de salarios, no se ha llevado a cabo. Esta cuestión no puede interesar muy vivamente a las capas más atrasadas del proletariado, que actualmente están aún muy lejos de pensar en la toma del poder. El control obrero sobre los gastos de la producción y sobre los beneficios comerciales es la única forma real de luchar por la reducción de primas. En las condiciones de descontento general, comisiones obreras, en las que participen obreras amas de casa, para controlar las causas del alza de la margarina, pueden convertirse en un comienzo efectivo del control obrero de la producción. Claro está que esto no es más que *uno* de los muchos caminos posibles que hemos citado como ejemplo. No se trata todavía de la dirección de la producción: la obrera no lo quiere, porque este pensamiento está muy lejos de ella. Pero del control del consumo será mucho más fácil pasar al control de la producción, y de aquí a la dirección inmediata, siguiendo el desarrollo general de la revolución.

El control de la producción en Alemania contemporánea, en las condiciones de la crisis actual, significa no solamente el control sobre las empresas que funcionan, sino también de las que funcionan a medias, o de las que permanecen inactivas. Esto presupone, como es natural, la asociación en el control de los obreros que trabajaban en las empresas antes de que se cerrasen. La tarea debe ser la siguiente: hacer funcionar las empresas muertas, bajo la dirección de comités de fábrica y sobre la base de un plan económico. Esto hace surgir inmediatamente la cuestión de la gestión estatal de la producción, es decir, de la expropiación de los capitalistas por el Estado obrero. El control obrero no es, por lo tanto, un estado durable, «normal», como son los contratos colectivos o los seguros sociales. El control es una medida transitoria, en condiciones de una tensión extrema de la lucha de clases, y solo es concebible como un punto hacia la nacionalización revolucionaria de la producción.

Los brandlerianos acusan a la oposición de izquierda de haberles robado la consigna del control de la producción, después de haberse burlado durante varios años de esta consigna. ¡Esta acusación es algo inesperado! La consigna del control de la producción fue lanzada por vez primera, en gran escala, por el partido bolchevique en 1917. En Petrogrado, la dirección de toda la campaña, en este dominio como en todos los demás, se encontraba en manos del sóviet. Observando de cerca este trabajo y tomando parte en él, declaro que no teníamos necesidad de solicitar la iniciativa Thalheimer-Brandler, o de servirnos de sus indicaciones teóricas. La acusación de «plagio» está, pues, formulada con una cierta imprudencia.

Pero el mal no está en esto. La segunda parte de la acusación es mucho más grave. Hasta ahora, los «trotskistas» se oponían a la consigna del control de la producción, y ahora son partidarios de ella. ¡Los brandlerianos ven en esto una prueba de nuestra inconsecuencia! En el fondo, no hacen más que revelar su incomprensión de la dialéctica revolucionaria de que está impregnada la consigna del control obrero de la producción, y que los brandlerianos reducen al valor de una receta técnica para la «movilización de masas». No hacen más que condenarse a sí mismos cuando se envanecen de haber repetido desde hace ya varios años una consigna que solo es aplicable en un período revolucionario. El pájaro que se pasa toda la vida dando con su pico en la corteza del nogal cree también en su fuero interno que el leñador que ha derribado el árbol a golpes de hacha no ha hecho más que plagiarle criminalmente.

De igual manera, para nosotros, la consigna del control está ligada al período de la dualidad de poderes en la producción, que corresponde al tránsito del régimen burgués al régimen proletario. «No, objeta Thalheimer: la dualidad de poder debería significar "igualdad de derecho con los patronos"»; pero es que los obreros luchan por la dirección total de las empresas. Ellos, los brandlerianos, no permiten que se «castre» —así es como lo dicen— la consigna revolucionaria. Para ellos, «el control de la producción significa la dirección de la producción por los obreros» (17 de enero). Pero entonces, ¿por qué llaman control a lo que es dirección? En todas partes se llama control al trabajo de inspección y verificación por una institución del trabajo de otra institución. El control puede ser muy activo, autoritario y general, pero siempre continuará siendo control. La idea misma de esta consigna ha nacido del régimen transitorio en aquellas empresas en las que el capitalista y el administrador no pueden dar un paso sin el consentimiento de los obreros; pero en el que, por otra parte, los obreros no han creado todavía premisas políticas para la nacionalización, no han adquirido todavía la técnica de la dirección, ni han creado todavía las organizaciones necesarias para ello. No olvidemos que no se trata solamente de la dirección de los talleres, sino también de la venta de la producción, del aprovisionamiento de materias primas a la fábrica, de materiales de construcción, de créditos, etcétera.

La relación de las fuerzas en la fábrica está determinada por la potencia del empuje general ejercido por el proletariado sobre la situación burguesa. En general, el control solo se concibe como una preponderancia indudable de las fuerzas políticas del proletariado sobre las del capital. Es falso creer que en una revolución todas las cuestiones se resuelven por la violencia: Puede apoderarse de las fábricas con la ayuda de los guardias rojos; para dirigir estas fábricas es preciso tener premisas jurídicas y administrativas nuevas; hacen falta, además, conocimientos, experiencia y los organismos apropiados. Hace falta un determinado período de aprendizaje. El proletariado está interesado en que durante esta época continúe la dirección en manos de la administración experimentada; pero la obliga a examinar todos los libros y establece una vigilancia activa en todo lo relacionado con su actividad.

El control obrero comienza en una empresa aislada. El órgano de control es el comité de fábrica. Estos órganos de control de las fábricas establecen una relación entre sí, siguiendo los lazos económicos que existen en las empresas. En este Estado no existe todavía un plan económico general. La práctica del control obrero prepara los elementos de este plan.

En cuanto a la gestión obrera de la producción, procede, por el contrario, desde arriba, aun desde sus comienzos, y de una manera mucho más neta, porque está directamente ligada al poder y al plan económico general. No son los «comités de fábrica» los que asumen el papel de órganos de la dirección, sino los «sóviets» centralizados. El papel de los comités de fábrica continúa siendo, qué duda cabe, muy importante; pero el dominio de la dirección de la producción no es un papel director, sino un papel auxiliar.

En Rusia, donde el alto personal técnico estaba persuadido, lo mismo que la burguesía, que los bolcheviques no se mantendrían en el poder más que unas semanas, y que emplearon, por consiguiente, todas las formas posibles de sabotaje, y se negaron a acuerdo alguno, fuera el que fuera, la etapa del control obrero no se desarrolló. Entretanto, la guerra civil arruinó a la economía al transformar a los obreros en soldados. Por esta razón, la experiencia de Rusia es muy poco instructiva en lo concerniente al control obrero como régimen particular de la producción. Pero esta experiencia es tanto más valiosa desde otro punto de vista: demuestra que, aun en un país atrasado, a pesar del sabotaje general, no solamente por parte de los patrones, sino también del personal administrativo y técnico, el joven proletariado, sin ninguna experiencia, rodeado de un círculo de enemigos, ha sabido organizar, más o menos bien, la dirección de la producción. ¡Qué no podría hacer la clase alemana!

El proletariado, como ya lo hemos dicho, está interesado en que el tránsito de la producción capitalista particular a la producción capitalista estatal y socialista se haga con las menores sacudidas económicas posibles, con el menor despilfarro para el bien público. Por esta razón, al aproximarse la conquista del poder, y aun cuando mantenga la lucha más tenaz y decisiva, el proletariado debe demostrar que está preparado para crear el régimen transitorio en los talleres, en las fábricas y en los bancos.

¿Las relaciones de la producción durante la revolución serán distintas en Alemania de como fueron en Rusia? No es fácil responder a esta cuestión, sobre todo desde lejos. La marcha real de la lucha de clases puede no dejar lugar para el control obrero como etapa particular. Con la tensión y el desenvolvimiento extremo de la lucha, con el crecimiento del empuje de los obreros, por una parte, y el sabotaje de los patrones y de la administración, por otra, es posible que no quede lugar para llegar a acuerdos, aun cuando estos no sean más que provisionales. En este caso, la clase obrera tendrá que apoderarse, al mismo tiempo que del poder, de la dirección completa de las empresas. El estado actual de la industria, medio paralizada, y la existencia de un ejército enorme de obreros sin trabajo hacen este «resumen» bastante probable.

Pero, por otra parte, la presencia de organizaciones poderosas en la clase obrera, la educación de los obreros alemanes en el sentido de acciones sistemáticas, y no de improvisaciones, la lentitud de la sacudida revolucionaria de las masas, son otras tantas condiciones que concurren en favor de la primera posibilidad. Por esto sería imperdonable el renunciar por adelantado a la consigna del control de la producción.

De todos modos, es evidente que, mucho más para Alemania que para Rusia, la consigna del control obrero tiene un sentido diferente que el de dirección obrera. Como tantas otras consignas transitorias, conserva una enorme importancia, independientemente de la cuestión de saber en qué medida será realizada y en qué medida será general.

Por el deseo de crear formas transitorias de control obrero, la vanguardia del proletariado se atrae a su lado las capas menos progresistas del proletariado, neutraliza determinadas agrupaciones de la pequeña burguesía, sobre todo los empleados de los servicios técnicos, de las administraciones, del comercio y de los bancos. Si los capitalistas y toda la capa superior de la administración oponen una resistencia, recurren a métodos de sabotaje económico, la responsabilidad de las medidas de rigor que se tomen en consecuencia recaerá, a los ojos del pueblo, sobre las clases enemigas, y no sobre los obreros. Tal es el sentido político complementario de la consigna del control obrero, aparte del sentido económico y administrativo expuesto anteriormente.

En todos los casos, el hecho de que gentes que lanzaron la consigna del control obrero en un momento no revolucionario, y que le imprimieron de esta manera un carácter reformista, nos acusen de vacilación centrista porque nos negamos a identificar el control y la dirección de la producción, hecho que por sí mismo constituye el colmo del cinismo político.

Los obreros que se eleven hasta la comprensión de los problemas de la dirección de la producción no querrán, y no sabrán, emborracharse con fraseología. Están acostumbrados en las fábricas a manejar un material mucho menos dúctil que las frases, y comprenderán nuestro pensamiento mucho mejor que los burócratas; el verdadero espíritu revolucionario consiste, no en emplear la violencia para todo y en todas las ocasiones, y mucho menos en hacer gárgaras con frases sobre la violencia. Cuando la violencia sea necesaria hay que emplearla audaz y decisivamente, y hasta el fin. Pero hay que conocer los límites de la violencia, hay que saber cuándo hay que combinar la violencia con la maniobra, el golpe con el acuerdo. En los aniversarios de Lenin, la burocracia estalinista repite las frases aprendidas sobre el «realismo revolucionario», para después mofarse más a gusto, con mayor libertad, de ella, los 364 días restantes del año.

Los teóricos prostituidos del reformismo intentan descubrir la aurora del socialismo en los decretos de excepción contra los obreros. ¡Del «socialismo de guerra» de los Hohenzollern al socialismo policiaco de Brüning!

Los idealistas burgueses de izquierda sueñan con una economía capitalista planificada. Pero el capitalismo ha logrado demostrar que, según un plan establecido anteriormente, no es capaz más que de impulsar las fuerzas productivas en interés de la guerra. Aparte de esto, ¿cómo queréis regularizar la independencia de Alemania, con sus cifras enormes de importación y exportación, del mercado mundial?

Por nuestra parte, proponemos comenzar por el sector de las relaciones germano-soviéticas, es decir, por la elaboración de un extenso plan de cooperación de las economías soviética y alemana, con vistas a un segundo plan quinquenal, para completarlo. Decenas, centenas de fábricas importantes podrían ponerse en marcha totalmente. El paro forzoso quedaría completamente liquidado en Alemania —sin que para ello fueran necesarios más que dos o tres años— sobre la base del plan económico, que abrazaría todas las ramas de los dos países.

Los dirigentes de la industria capitalista de Alemania no pueden, claro está, elaborar un plan de esta clase, porque esto supondría ponerse en evidencia socialmente a sí mismos. Pero el Gobierno soviético, con la colaboración de las organizaciones obreras alemanas, y, ante todo, con la de los sindicatos y los representantes progresistas de la técnica alemana, puede y debe elaborar un plan completamente real, capaz de abrir de verdad perspectivas grandiosas. ¡Qué lamentables parecerían todos esos «problemas» de reparaciones, los céntimos de recargo aduanero, al lado de las posibilidades que abren la combinación de los recursos de materias primas, de los recursos de la técnica y de la organización de las economías soviética y alemana!

Los comunistas alemanes hacen una gran propaganda en favor de la construcción soviética. Es un trabajo indispensable. Caen, al hacerlo, en exageraciones y embellecimientos apacibles. Esto es perfectamente inútil. Pero lo peor es no saber unir los éxitos y las dificultades de la economía soviética con los intereses inmediatos del proletariado alemán, con el paro forzoso, con la reducción de los salarios y la situación económica general, sin salida alguna, de Alemania. No saben y no quieren plantear la cuestión de la colaboración germano-soviética sobre una base rigurosamente real y, al mismo tiempo, profundamente revolucionaria.

Al principio mismo de la crisis, de esto hace ya dos años, tratamos esta cuestión en la prensa. Los estalinistas empezaron a gritar que éramos partidarios de la coexistencia pacífica del socialismo y del capitalismo, que no pretendíamos más que salvar al capitalismo, etcétera. Pero ellos no han previsto y no han comprendido una cosa: que el plan económico concreto de colaboración puede convertirse en un factor poderoso de la revolución, si este plan es objeto de discusión en los sindicatos, en las reuniones de fábrica, entre los obreros, no solo de las empresas que están en actividad, sino de las empresas cerradas; si se relaciona con la consigna del control obrero de la producción, y, a continuación, con la de la toma del poder. Porque la realización efectiva de una colaboración internacional, según un plan, solo es posible con el monopolio del comercio exterior en Alemania, con la nacionalización de los métodos de producción, en otros términos con la dictadura del proletariado. Por este camino se podría llevar a la lucha por la conquista del poder a millones de obreros sin partido, socialdemócratas y católicos.

Los Tarnow asustan a los obreros diciéndoles que la desorganización de la industria, como consecuencia de la revolución, crearía un caos espantoso, el hambre, etcétera. No olvidemos que esa misma gente apoyó la guerra imperialista que no podía traer al proletariado más que sufrimientos, desastres y humillaciones. ¿Lanzar sobre los hombros del proletariado los sufrimientos de la guerra bajo la bandera de los Hohenzollern? Sí. Pero, ¿sacrificarse por la revolución bajo la bandera del socialismo? No; eso, jamás. Las frases en torno a que «nuestros obreros alemanes» no aceptarán jamás «tales sacrificios», son, al mismo tiempo que una alabanza, una calumnia contra los obreros alemanes. Desgraciadamente, los obreros tienen demasiada paciencia. La revolución socialista no exigirá al proletariado alemán ni una centésima parte de los sacrificios que devoró la guerra de los Hohenzollern-Leipart-Wels.

¿Pero de qué caos hablan los Tarnow? La mitad del proletariado alemán está arrojado en medio de la calle. Aun cuando la crisis se atenuara en un año o dos, se volvería a reproducir de nuevo en unos cinco años, bajo una forma mucho más espantosa, sin hablar de que las convulsiones de la agonía del capitalismo no nos conduzcan a una nueva guerra. ¿Con qué caos quieren atemorizar los Hilferding? Si la revolución socialista surgiese de una industria capitalista próspera —lo que de una manera general es imposible—, es natural que durante los primeros meses y los primeros años, el cambio de los regímenes económicos, con la ruptura de las viejas proporciones y la inestabilidad de las proporciones nuevas, pudiese producir un decrecimiento *provisional* de la economía. Pero el socialismo en la Alemania actual tiene que enfrentarse con una economía en la que las fuerzas productivas no trabajan más que en una mitad. La regularización de la economía, pues, en estas condiciones, tendría desde sus comienzos 50% de reservas. Lo que es suficiente para compensar ampliamente las pérdidas ocasionadas por los tanteos del debut, para amortiguar los choques bruscos del nuevo sistema y para asegurarlo incluso contra el descenso provisional de las fuerzas productivas. En el lenguaje convencional de las cifras, esto quiere decir que si en una economía capitalista en una situación de 100%, la revolución socialista la haría descender en un principio quizás hasta el 75%, incluso el 50%, en una revolución proletaria que parta de una economía capitalista en una situación del 50%, el resultado no puede ser otro que elevar su nivel al 75% y quizás al 100%. Para producir enseguida un auge que no se podría comparar a nada de lo conocido en el pasado.

XV
La situación, ¿es desesperada?

Movilizar de una vez a la mayoría de la clase obrera para la ofensiva es una tarea difícil. Después de las derrotas de los años 1919, 1921 y 1923, después de las aventuras del «tercer período», los obreros alemanes, que están bastante ligados por sus organizaciones conservadoras y poderosas, han visto desarrollarse en ellos centros de retención. Pero, por otra parte, la solidez organizativa de los obreros alemanes, que casi no ha permitido hasta ahora al fascismo penetrar en sus filas, abre las más amplias posibilidades a los combates *defensivos*.

No hay que olvidar que la política de frente único es, en general, mucho más eficaz en la defensiva que en la ofensiva. Las capas conservadoras o atrasadas del proletariado son arrastradas más fácilmente a la lucha por la defensa de lo que ya poseen que por la conquista de nuevas adquisiciones.

Los decretos de excepción de Brüning[13] y las amenazas de Hitler son, en este sentido, una señal de alarma «ideal» para la política de frente único. Se trata de la defensiva en el sentido más elemental y más evidente de la palabra. El frente único puede arrastrar en estas condiciones a las más amplias masas de la clase obrera. Mucho más: los objetivos de la lucha no pueden menos de determinar la simpatía de las capas inferiores de la pequeña burguesía, incluidos los tenderos de los barrios y distritos obreros.

A pesar de todas sus dificultades y peligros, la situación en Alemania encierra en sí ventajas enormes para el partido revolucionario: dicta imperiosamente un plan estratégico claro: de la defensiva a la ofensiva. Sin renunciar un solo instante a su objetivo principal, la conquista del poder, el Partido Comunista adopta, para las acciones inmediatas, una posición de defensiva. «Clase contra clase». ¡Hay que devolver a esta fórmula su significación efectiva!

La resistencia de los obreros contra la ofensiva del capital y del Estado provocará inevitablemente una ofensiva reforzada del fascismo. Por modestos que sean los primeros pasos defensivos, la reacción por parte del adversario cerrará inmediatamente las filas del frente único, ampliará las tareas, forzará a emplear métodos más decisivos, rechazará del frente único a las capas reaccionarias de la burocracia, extenderá la influencia del comunismo, haciendo caer los tabiques que dividen a los obreros y preparando así el paso de la defensiva a la ofensiva.

Si en los combates defensivos el Partido Comunista consigue el papel dirigente —con una política justa lo tiene asegurado—, entonces en el tránsito a la ofensiva no tendrá que pedir su parecer a las cimas reformistas y centristas. Las masas son las que deciden; a partir del momento en que las masas se separan de la dirección reformista, los acuerdos con esta última pierden todo su sentido. Perpetuar el frente único significaría no comprender la dialéctica de la lucha revolucionaria y transformar el frente único de trampolín en barrera.

Las situaciones políticas más difíciles son, en cierto sentido, las más fáciles de resolver, no permiten más que una sola solución. Designar claramente a la tarea por su nombre significa ya, en principio, hallar su solución: del frente único en nombre de la defensiva hacia la conquista del poder bajo la bandera del comunismo.

¿Se logrará esto? La situación es difícil. El ultimatismo ultraizquierdista apoya al reformismo. El reformismo sostiene a la dictadura burocrática de la burguesía. La dictadura burocrática de Brüning prolonga la agonía económica del país y da pábulo al fascismo.

La situación es muy difícil, muy peligrosa, pero de ninguna manera desesperada. Por fuerte que sea el aparato estalinista, incluso armado con la autoridad usurpada y los recursos de la Revolución de Octubre, no es omnipotente. La dialéctica de la lucha de clases es más fuerte. No hay más que ayudarla a tiempo.

Hoy mucha gente de «izquierda» es pesimista por la suerte de Alemania. En 1923, dicen, cuando el fascismo era todavía muy débil y el Partido Comunista tenía una gran influencia en los sindicatos y comités de fábrica, el proletariado no ganó la victoria. ¿Cómo, pues, se puede esperar ahora una victoria, siendo el Partido más débil y el fascismo incomparablemente más fuerte?

Por impresionante que sea a primera vista, este argumento es falso. En 1923 las cosas no se impulsaron hasta la lucha; el Partido evitó el combate ante el fantasma del fascismo. Sin lucha no puede haber victoria. Precisamente la fuerza del fascismo y su empuje excluyen esta vez la posibilidad de renunciar a la lucha. No se evitará la lucha. Y si la clase obrera alemana emprende la lucha puede vencer. Debe vencer.

Todavía ayer los grandes jefes decían: «Que suban los fascistas al poder nosotros no temamos nada; se gastarán rápidamente», etcétera. Este pensamiento dominó en las cumbres del Partido durante varios meses. Si este pensamiento se hubiese enraizado definitivamente, hubiera significado que el Partido Comunista iba a cloroformizar al proletariado antes de que Hitler le cortase la cabeza. Ahí residía todo el peligro. Hoy nadie lo repite ya. Hemos conquistado una primera posición. El pensamiento de que se debe aplastar al fascismo antes de su llegada al poder se ha difundido entre las masas obreras. Es esta una adquisición excelentísima. Es necesario apoyarse en ella para toda la agitación ulterior.

La opinión de las masas obreras está muy atormentada. Las masas están atormentadas por el paro forzoso, por la miseria. Pero lo que las atormenta más es la confusión de la dirección, el embrollo. Los obreros comprenden que no hay que dejar que Hitler suba al poder. Pero ¿cómo? No se sabe. La dirección entorpece en lugar de ayudar. No obstante los obreros quieren la lucha.

He aquí un hecho concluyente que, juzgado de lejos, ha sido apreciado insuficientemente: ¡Los mineros de Hirsch-Dunker han declarado que el régimen capitalista debe reemplazarse por el régimen socialista! Pero eso quiere decir que mañana aceptarán el crear sóviets como órganos de toda clase. Es muy posible que ya hoy los admitan. ¡Solo se necesita saber pedírselos! Este síntoma solo es mil veces más importante y más convincente que todas las apreciaciones impresionistas de los literatos y oradores que se quejan desdeñosamente de las masas.

Se observa, en efecto, en las filas del Partido Comunista una pasividad, a pesar de los aullidos del aparato. Pero ¿por qué? Los militantes de la base van cada vez más raramente a las reuniones de las células, donde solo se les alimenta con paja seca. Las ideas que se dan arriba no son aplicables ni en la fábrica ni en la calle. El obrero siente la contradicción irreconciliable que existe entre lo que necesita cuando está ante las masas y lo que se le da en las reuniones oficiales del Partido. La atmósfera artificial creada por el aparato vocinglero, fanfarrón y que no sufre las objeciones, ha llegado a ser insoportable para los miembros de la base del Partido. De ahí el vacío y la frialdad que reinan en las reuniones del Partido. No se trata de la carencia del deseo de luchar, sino de la confusión política y, al mismo tiempo, de una sorda protesta contra la dirección, omnipotente, pero sin cerebro.

La confusión que existe en las filas del proletariado alienta a los fascistas. Su ofensiva continúa. El peligro aumenta. Pero precisamente la proximidad del peligro fascista aguzará considerablemente el oído y la vista de los obreros avanzados y creará una atmósfera favorable a las proposiciones claras y simples que conducen a la acción.

Refiriéndose al ejemplo de Braunschweig, Münzenberg escribió en noviembre último: «Ya no puede dudarse hoy de que este frente único surgió de un golpe, espontáneamente, bajo la presión del terror y de los ataques fascistas reforzados». Münzenberg no nos explica por qué el CC, del que forma parte, no ha hecho del acontecimiento de Braunschweig el punto de partida de una política audaz de frente único. Poco importa. Sin dejar de ostentar su propia incoherencia, Münzenberg hace, sin embargo, un pronóstico justo.

La proximidad del peligro fascista forzosamente ha de provocar la radicalización de los obreros socialdemócratas y hasta de capas considerables del aparato reformista. El ala revolucionaria del SAP dará ciertamente un paso adelante. Tanto más inevitable es, en estas condiciones, el cambio de rumbo del aparato comunista, aunque sea a costa de fisuras internas y de escisiones. Es menester orientarse únicamente hacia tal tendencia del desarrollo.

El cambio de rumbo de los estalinistas es inevitable. Algunos síntomas que dan la medida de la presión de abajo ya se manifiestan hoy: algunos argumentos son sustituidos por otros, la fraseología es más embrollada, las consignas más ambiguas; al mismo tiempo se excluye del Partido a todos los que fueron bastante imprudentes para comprender las tareas antes que el CC. Todo ello son síntomas seguros de la proximidad del cambio de rumbo, y no solo síntomas.

Hemos visto más de una vez en el pasado que la burocracia estalinista, después de haber malgastado centenares de toneladas de papel en polemizar contra el «trotskismo» contrarrevolucionario, realizaba luego un viraje brusco y trataba de poner en práctica el programa de la oposición de izquierda (a veces, es verdad, con un retraso desesperado).

En China el cambio de rumbo se efectuó demasiado tarde y bajo tal forma que solo sirvió para terminar con la revolución (¡insurrección de Cantón!). En Inglaterra el «viraje» lo llevó a cabo el adversario, es decir, el Consejo General que rompió con los estalinistas cuando ya no lo necesitaba. Pero en la URSS el cambio de rumbo de 1928 llegó aún a tiempo de salvar a la dictadura de la catástrofe que se avecinaba. No es difícil hallar las causas de las diferencias entre estos tres grandes ejemplos. En China el joven Partido Comunista falto de experiencia, creía ciegamente en la dirección moscovita: la voz de la oposición rusa ni siquiera tuvo tiempo de llegar a China. Más o menos, lo mismo se produjo en Inglaterra. En la URSS la oposición de izquierda estuvo en su puesto y prosiguió su campaña contra la política del *kulak* sin interrupción. En China y en Inglaterra, Stalin y compañía se aventuraban a distancia; en la URSS se trataba de su propia cabeza.

La ventaja política de la clase obrera alemana consiste ya en que todas las cuestiones se plantean públicamente y a tiempo; la autoridad de la dirección de la IC está muy debilitada; la oposición marxista obra sobre el terreno en la misma Alemania; en el seno de la vanguardia proletaria hay millares de elementos expertos con sentido crítico y capaces de alzar la voz. Estas voces comienzan a hacerse oír.

Numéricamente, la oposición de izquierda en Alemania es débil. Pero su influencia política puede, en un cambio de rumbo histórico brusco, llegar a ser decisiva. Como el guardagujas, manejando a tiempo la palanca, hace que un tren pesadamente cargado pase de una vía a otra, igualmente una pequeña oposición puede, manejando firme y seguramente la palanca ideológica, obligar al tren del Partido Comunista y al todavía más pesado del proletariado alemán a tomar otra dirección.

La justeza de nuestra posición se manifestará cada día más en los hechos. Cuando el techo comienza a arder sobre las cabezas, los burócratas más obstinados olvidan el prestigio. Hasta los consejeros privados en tales condiciones saltan en calzoncillos por la ventana. La pedagogía de los hechos ayudará a nuestra crítica.

¿El Partido Comunista alemán logrará, sin embargo, cambiar de rumbo a tiempo? Hoy la cuestión del tiempo no puede considerarse sino condicionalmente. Sin el frenesí del «tercer período» el proletariado alemán estaría ya hoy en el poder. Si, después de las últimas elecciones al Reichstag, el Partido Comunista hubiese adoptado el programa de acción propuesto por la oposición de izquierda, la victoria sería cierta. Hablar hoy de una victoria *cierta* es imposible. Un cambio de rumbo ejecutado a tiempo sería hoy el que permitiría a los obreros alemanes emprender la lucha antes de que el fascismo conquiste el poder.

Para arrancar este rumbo hace falta una tensión extrema de las fuerzas. Es necesario que los elementos avanzados del comunismo, de dentro y fuera del Partido, no teman obrar. Hay que luchar abiertamente contra el ultimatismo estúpido de la burocracia, tanto dentro del Partido como ante las masas obreras.

«¡Pero eso es una infracción de la disciplina!», dirá el comunista vacilante. Muy cierto; es una infracción de la disciplina estalinista. Ningún revolucionario serio violaría la disciplina, ni siquiera formal, si no tuviese razones imperiosas para ello. Pero quien tolera la política cuya malignidad le es evidente, justificándose con la disciplina, no es un revolucionario, es un pingajo, un cobarde desprovisto de voluntad.

Sería criminal por parte de los comunistas oposicionistas encaminarse, como Urbahns y compañía, hacia la creación de un nuevo Partido Comunista antes de que se hayan hecho esfuerzos un poco serios para el cambio de curso del antiguo partido. Crear una pequeña organización independiente no es difícil. Crear un nuevo Partido Comunista es una tarea gigantesca. ¿Hay cuadros para realizar semejante tarea? Si existen, ¿por qué no han hecho nada para influir sobre las decenas de millares de obreros que están en el partido oficial? Si estos cuadros se creen capaces de explicar a los obreros la necesidad de un nuevo partido, deben ante todo comprobar su fuerza en el trabajo de regeneración del partido existente.

Plantear hoy la cuestión de un tercer partido significa oponerse, en vísperas de una importante decisión histórica, a los millones de obreros comunistas que están descontentos de la dirección, pero que, por instinto de autoconservación revolucionaria, se aprietan en torno al Partido. Hay que hallar un lenguaje común con estos millones de obreros comunistas. Es necesario, ignorando las injurias, las calumnias, las persecuciones de los burócratas, encontrar un acceso a la conciencia de estos obreros; debemos demostrarles que nosotros queremos lo mismo que ellos, que no tenemos otros intereses que los del comunismo, que el camino que nosotros indicamos es el único camino justo.

Hay que denunciar despiadadamente a los capitulantes ultrarradicales, es necesario exigir de los «jefes» una respuesta clara a la pregunta *¿qué hacer?*, y proponer su respuesta para todo el país, para cada región, para cada ciudad, para cada barrio, para cada fábrica.

Hay que crear dentro del Partido células de bolcheviques leninistas. Estas deben inscribir en su bandera: «Cambio de curso y reforma del régimen del Partido». Donde consigan un apoyo importante deben comenzar la aplicación de la política de frente único en los hechos, aunque no sea más que en una escala local reducida. ¿La burocracia del Partido procederá a las exclusiones? Muy cierto. Pero, en las condiciones actuales, su esplendor no durará mucho tiempo.

Se necesita en las filas del comunismo una discusión abierta —sin sabotaje de las reuniones, sin falsas citas, sin calumnias envenenadas—, un intercambio de puntos de vista honrado sobre la base de la democracia proletaria; así discutimos en Rusia con todos los partidos y en el mismo seno de nuestro Partido durante todo el año 1917. Hay que preparar, a través de una amplia discusión, un congreso extraordinario del Partido con el único orden del día: «¿Y ahora?».

Los oposicionistas de izquierda no son intermediarios entre el Partido Comunista y la socialdemocracia. Son soldados del comunismo, sus agitadores, sus propagandistas, sus organizadores. ¡Frente al Partido! Hay que explicarle, hay que convencerle.

Si el Partido Comunista se ve obligado a aplicar la política de frente único, el ataque del fascismo será rechazado con toda seguridad. Por otra parte, una victoria seria sobre el fascismo facilitará el camino que conduce a la dictadura del proletariado.

Pero aun después de haber tomado la dirección de la revolución, el Partido Comunista tendrá dentro de sí muchas contradicciones. La misión de la oposición de izquierda de ninguna manera habrá terminado. En cierto sentido, esta misión no hará sino comenzar. La victoria de la revolución proletaria en Alemania significaría, ante todo, la liquidación de la dependencia burocrática del Partido Comunista respecto al aparato estalinista.

Al mismo día siguiente de la victoria del proletariado alemán y mucho antes todavía, en el proceso de su lucha por el poder, saltarán los hierros que encadenan a la Internacional Comunista.

La miseria ideológica del centrismo burocrático, la estrechez nacional de su horizonte, el carácter antiproletario de su régimen, todo ello se revelará de un golpe a la luz de la revolución alemana, luz que será incomparablemente más brillante que la de la Revolución de Octubre. Las ideas de Marx y de Lenin triunfarán inevitablemente en el proletariado alemán.

Conclusiones

Un ganadero llevaba a sus bueyes al matadero. Llega el matachín con su cuchillo. «— ¡Cerremos las filas y, con nuestros cuernos, traspasemos a este verdugo!» — propuso uno de los bueyes —. «— ¿Pero en qué es peor el matachín que el ganadero que nos trae aquí a garrotazos?» — replicaron los bueyes educados políticamente en el pensionado de Manuilski —. «— ¡Pero es que luego podremos ajustar cuentas con el ganadero!». «— ¡No! — respondieron los bueyes con principios —. Tú cubres a los enemigos por la izquierda; ¡tú, tú mismo eres un socialmatachín!».
Y se negaron a cerrar las filas.

(De las *Fábulas* de Esopo)

«Poner en primer término la anulación del Tratado de Versalles, incondicionalmente, obligatoriamente, inmediatamente antes que el problema de la liberación de los demás países del yugo imperialista, es un nacionalismo pequeñoburgués (digno de los Kautsky, de los Hilferding, de los Otto Bauer y compañía), pero no internacionalismo revolucionario». (Lenin: *La enfermedad infantil...*).

Es indispensable: la renuncia completa al nacional-comunismo, la liquidación abierta y definitiva de las consignas «revolución popular» y «liberación nacional». Nada de «¡Abajo el Tratado de Versalles!», sino «¡Vivan los Estados Unidos Soviéticos de Europa!».

El socialismo solo es realizable sobre la base del nivel más elevado de la técnica contemporánea y sobre la base de la división internacional del trabajo.

La construcción socialista de la URSS no es un proceso nacional independiente, sino que forma parte integrante de la revolución internacional.

La conquista del poder por el proletariado alemán y europeo es una tarea inconmensurablemente más real y más inmediata que la construcción de una sociedad socialista cerrada e independiente en los límites de la URSS.

¡Defensa heroica de la URSS, del primer Estado obrero, contra los enemigos exteriores e interiores de la dictadura proletaria!

Pero la defensa de la URSS no debe asegurarse con los ojos vendados. Control proletario internacional sobre la burocracia soviética. Descubrimiento implacable de sus tendencias nacional-reformistas y termidorianas que tienen su expresión en la teoría del socialismo en un solo país.

¿Qué necesita el Partido Comunista?

El retorno a la escuela estratégica de los cuatro primeros Congresos de la Internacional Comunista.

La renuncia al ultimatismo para con las organizaciones obreras de masas: la dirección comunista no puede imponerse; solo puede conquistarse.

La renuncia a la teoría del socialfascismo, que ayuda a la socialdemocracia y al fascismo. La utilización perseverante del antagonismo entre la socialdemocracia y el fascismo: a) con el fin de una mayor eficacia de la lucha contra el fascismo; b) con el fin de oponer los obreros socialdemócratas a la dirección reformista.

Los principios de la democracia formal no son para nosotros el criterio de apreciación de los cambios de régimen de la dominación burguesa, sino los intereses vitales de la democracia proletaria.

¡Ni apoyo directo ni apoyo indirecto al régimen Brüning!

Defensa audaz y heroica de las organizaciones proletarias contra el fascismo.

«¡Clases contra clases!». Esto significa: todas las organizaciones del proletariado deben ocupar su puesto en el frente único contra la burguesía.

El programa práctico del frente único se determina entre organizaciones por acuerdos establecidos a la vista de las masas. Cada organización sigue bajo su bandera y bajo su dirección. Cada organización observa en la acción la disciplina del frente único.

«¡Clase contra clase!». Es necesario llevar incansablemente una agitación para que las organizaciones socialdemócratas y los sindicatos reformistas rompan con sus aliados burgueses pérfidos del Frente de Hierro, y para que se coloquen en la fila común de las organizaciones comunistas y de las demás organizaciones del proletariado.

«¡Clase contra clase!». Propaganda y preparación organizativa de los sóviets obreros como forma suprema de frente único proletario.

Independencia completa, orgánica y política del Partido Comunista, siempre y en todas las condiciones. Ninguna combinación de programas o de banderas. Ninguna transacción sin principios. Absoluta libertad de crítica de los aliados provisionales.

La candidatura de Thaelmann a la presidencia de la República es, ni que decir tiene, la de la oposición de izquierda. En la lucha por la movilización de los obreros bajo la bandera de la candidatura comunista oficial, los bolcheviques leninistas deben hallarse en primera fila.

Los comunistas alemanes deben inspirarse no en el régimen actual del Partido Comunista ruso, régimen que refleja la dominación del aparato sobre la base de la revolución victoriosa, sino en el régimen del partido que condujo a la victoria de la Revolución.

La liquidación del mando del aparato en el Partido Comunista alemán es una cuestión de vida o muerte.

La vuelta a la democracia interna del partido es indispensable.

Los obreros comunistas deben instaurar en el partido, ante todo, una discusión honrada y seria sobre todas las cuestiones de la estrategia y de la táctica. La voz de la oposición de izquierda (bolcheviques leninistas) debe ser escuchada por el partido.

Después de esta discusión, que abarca todos los problemas, las decisiones deben pronunciarse por un Congreso extraordinario libremente elegido.

Política justa del Partido Comunista para con el SAP: crítica intransigente (pero honrada, es decir, que corresponda a los hechos reales) de las vacilaciones de la dirección, actitud atenta, amistosa, previsora para con el ala izquierda, estando dispuestos a realizar acuerdos prácticos con el SAP y anudar un enlace político más estrecho con el ala revolucionaria.

Viraje brusco de volante en la política sindical: lucha contra la dirección reformista sobre la base de la unidad sindical.

Política de frente único, llevada sistemáticamente dentro de las empresas. Acuerdos con los comités de fábrica reformistas sobre la base de un programa de reivindicaciones definidas.

Lucha por la baja de los precios. Lucha contra la reducción de salarios. Encaminar esta lucha hacia la campaña por el control obrero de la producción.

Campaña por la colaboración con la URSS sobre la base de un plan económico común.

Elaboración de un proyecto de plan por los organismos de la URSS, con la participación de las organizaciones interesadas del proletariado alemán.

Campaña por el paso de Alemania al socialismo sobre la base de tal plan.

Mienten los que dicen que la situación es desesperada. Los pesimistas y los escépticos deben ser expulsados de las filas proletarias como la peste. Las fuerzas internas del proletariado alemán son inagotables. Estas fuerzas se abrirán camino.

Fuente: L. Trotski: «¿Y ahora?», en *Alemania, la revolución y el fascismo*, vol. I, Introducción, de *Obras de León Trotski*, t. 16, Juan Pablos Editor, México, D.F., 1973.

El desarrollo económico y los zigzags de la dirección, el «comunismo de guerra», la «Nueva Política Económica» (NEP) y la orientación hacia el campesinado acomodado*

La curva del desarrollo de la economía soviética está lejos de ser regularmente ascendente. En los dieciocho años de historia del nuevo régimen se pueden distinguir netamente varias etapas señaladas por crisis agudas. Un breve resumen de la historia económica de la URSS, examinado junto con la política del Gobierno, nos es tan necesario para el diagnóstico como para el pronóstico.

Los tres primeros años que siguieron a la revolución fueron de una guerra civil franca y encarnizada. La vida económica se subordinó por completo a las necesidades del frente. En presencia de una extrema escasez de los recursos, la vida cultural pasaba al segundo plano, caracterizada por la audaz amplitud del pensamiento, sobre todo el de Lenin. Es lo que se llama el período del «comunismo de guerra» (1918-1921), paralelo heroico del «socialismo de guerra» de los países capitalistas. Los objetivos económicos del poder de los sóviets se reducen principalmente a sostener las industrias de guerra y a aprovechar las raquíticas reservas existentes para combatir y salvar del hambre a las poblaciones de las ciudades. El «comunismo de guerra» era en el fondo, una reglamentación del consumo en una fortaleza sitiada.

Hay que reconocer, sin embargo, que sus intenciones primitivas fueron más amplias. El Gobierno de los sóviets intentó y trató de obtener de la reglamentación una economía dirigida, tanto en el terreno del consumo, como

---

* Se terminó de escribir en 1936. Publicado por primera vez en 1937. (*N. del E.*).

en el de la producción. En otras palabras, pensó en pasar poco a poco, sin modificación, del sistema de «comunismo de guerra», al verdadero comunismo. El programa del partido bolchevique adoptado en 1919 decía: «En el terreno de la distribución, el poder de los sóviets perseverará inflexiblemente en la sustitución del comercio por un reparto organizado de los productos a escala nacional, sobre un plan de conjunto».

Pero el conflicto se señalaba cada vez más entre la realidad y el programa del «comunismo de guerra»: la producción no cesaba de bajar y esto no se debía solamente a las consecuencias funestas de las hostilidades, sino también a la desaparición del estímulo del interés individual entre los productores. La ciudad pedía trigo y materias primas al campo, sin darle a cambio más que papel multicolor llamado dinero por una vieja costumbre. El mujik enterraba sus reservas y el Gobierno enviaba destacamentos de obreros armados para que se apoderaran de los granos. El mujik sembraba menos. La producción industrial de 1921, año que siguió al fin de la guerra civil, se elevó, en el mejor de los casos, a una quinta parte de lo que había sido antes de la guerra. La producción de acero cayó de 4,2 millones de toneladas a 183 000, o sea, veintitres veces menos. La cosecha global cayó de 801 millones de quintales a 503 en 1922. Sobrevino un hambre espantosa. El comercio exterior se desmoronó de 2 900 millones de rublos a 30 millones. La ruina de las fuerzas productivas sobrepasa a todo lo que se conoce en la historia. El país y junto con él, el poder, se encontraron al borde del abismo.

Las esperanzas utópicas del «comunismo de guerra» fueron posteriormente sometidas a una crítica extremadamente severa y justa en muchos conceptos. Sin embargo, el error teórico cometido por el partido gobernante sería completamente inexplicable, si se olvidara que todos los cálculos se fundaban, en esa época, en una próxima victoria de la revolución en Occidente. Se consideraba natural que el proletariado alemán victorioso, mediante un reembolso ulterior en productos alimenticios y materias primas, ayudaría a la Rusia soviética con máquinas y artículos manufacturados y le proporcionaría también decenas de miles de obreros altamente calificados, técnicos y organizadores. Es indudable que si la revolución social hubiese triunfado en Alemania —y la socialdemocracia fue lo único que impidió este triunfo— el desarrollo económico de la URSS, así como el de Alemania, hubiera proseguido a pasos de gigante, de tal modo que los destinos de Europa y del mundo entero se presentarían actualmente bajo un aspecto completamente favorable. Sin embargo, se puede decir con toda seguridad, que aun si se hubiera realizado esta feliz hipótesis, hubiese sido necesario renunciar al reparto de los productos y regresar a los métodos comerciales.

Lenin motivó la necesidad de restablecer el mercado para asegurar la existencia de millones de campesinos explotados aislados y acostumbrados a definir por el comercio sus relaciones con el mundo circundante. La circulación de las mercancías debería constituir la «soldadura» entre los campesinos y la industria nacionalizada. La fórmula teórica de la «soldadura» es muy simple: la industria proporcionará al campo las mercancías necesarias, a tales precios que el Estado pueda renunciar a confiscar los productos de la agricultura.

El saneamiento de las relaciones económicas con el campo constituía, sin duda alguna, la tarea más urgente y más espinosa de la NEP. La experiencia demostró rápidamente que la industria misma, aun socializada, necesitaba métodos de cálculo monetario elaborados por el capitalismo. El plan no podía descansar sobre los simples datos de la inteligencia. El juego de la oferta y de la demanda siguió siendo, y lo será por largo tiempo, la base material indispensable y el correctivo salvador.

El mercado legalizado comenzó su obra con el concurso de un sistema monetario reorganizado. Desde 1923, gracias al primer impulso venido del campo, la industria se reanimó y dio pruebas enseguida de una intensa actividad. Basta indicar que la producción se dobló en 1922 y 1923 y alcanzó, en 1926, el nivel anterior a la guerra, lo que significa que se había quintuplicado desde 1921. Las cosechas aumentaron paralelamente, pero de forma más modesta.

A partir del año crucial de 1923, las divergencias de opiniones sobre las relaciones entre la industria y la agricultura, divergencias que ya se habían manifestado antes, se agravaron en el partido dirigente. La industria solo podía desarrollarse en un país que había agotado sus reservas, tomando en empréstito a los campesinos, cereales y materias primas. «Empréstitos forzados» demasiado considerables que sofocaban el estímulo al trabajo; los campesinos no creían en la felicidad futura y respondían a las confiscaciones con la huelga de los sembradores. Empréstitos demasiado reducidos amenazaban con provocar el estancamiento: al no recibir productos industriales, los campesinos no trabajaban más que para la satisfracción de sus propias necesidades y volvían a antiguas fórmulas artesanales. Las divergencias de opiniones comenzaron en el partido con el problema de saber qué había que tomar del campo para la industria, con el objeto de encaminarse hacia un equilibrio dinámico. El debate se complicó con los problemas referentes a la estructura social del campo.

En la primavera de 1923, el representante de la oposición de izquierda —que, por lo demás, aún no llevaba nombre—, al hablar al congreso del partido, demostró el desnivel entre los precios de la agricultura y los de la industria por medio de un diagrama inquietante. Este fenómeno recibió entonces el nombre de «tijeras»; que más tarde debía entrar en el vocabulario mundial. Si, decía el informante, la industria continúa retrasándose, y las tijeras siguen abriéndose cada vez más, la ruptura entre las ciudades y el campo será inevitable.

Los campesinos distinguían claramente entre la revolución agraria democrática realizada por los bolcheviques y su política, tendente a dar una base al socialismo. La expropiación de los dominios privados y de los del Estado aportaba a los campesinos más de 500 millones de rublos al año. Pero ellos perdían esta suma, y mucho más, con los elevados precios de la industria estatalizada. De manera que el balance de las dos revoluciones, la democrática y la socialista, sólidamente unidas por el nudo de Octubre, se saldaba para los cultivadores con una pérdida anual de centenares de millones de rublos; y la unión de las dos clases seguía siendo problemática.

El fraccionamiento de la agricultura, heredado del pasado, crecía con la Revolución de Octubre; el número de parcelas subió en los diez últimos años de dieciséis a veinticinco millones, lo que naturalmente aumentaba la tendencia de los campesinos a no satisfacer más que sus propias necesidades. Esta era una de las causas de la penuria de productos agrícolas.

La pequeña producción de mercancías crea inevitablemente explotadores. A medida que la agricultura se recuperaba, la diferenciación aumentaba en el seno de las masas campesinas; se seguía el antiguo camino del desarrollo fácil. El *kulak* —campesino rico— se enriquecía más rápidamente de lo que progresaba la agricultura. La política del Gobierno, cuya consigna era: «Hacia el campo», se orientaba en realidad hacia los *kulaks*. El impuesto agrícola era mucho más pesado para los campesinos pobres que para los acomodados, los cuales, además, se aprovechaban del crédito del Estado. Los excedentes de trigo, generalmente propiedad de los campesinos ricos, servían para esclavizar a los pobres y eran vendidos a precios especulativos a la pequeña burguesía de las ciudades. Bujarin, teórico en ese momento de la fracción dirigente, dirigía a los campesinos su famoso eslogan: «¡Enriquézcanse!». Esto significaba, en teoría, la asimilación progresiva de los *kulaks* por el socialismo. En la práctica, significó el enriquecimiento de la minoría en detrimento de la inmensa mayoría. El Gobierno, prisionero de su propia política, se vio obligado a retroceder paso a paso ante la pequeña burguesía rural. El empleo de mano de obra asalariada en la agricultura, y el alquiler de tierras, fueron legalizados en 1925. El campesinado se polarizaba entre el pequeño capitalista y el jornalero. Entre tanto, el Estado, desprovisto de mercancías industriales, era eliminado del mercado rural. Como brotado de la tierra, surgía un intermediario entre el *kulak* y el pequeño patrón artesano. Hasta las mismas empresas estatalizadas tenían que recurrir, cada vez con mayor frecuencia, a los comerciantes, en busca de materias primas. Se advertía en todas partes la corriente ascendente del capitalismo. Todos los que reflexionaban podían convencerse fácilmente de que la transformación de las formas de propiedad, lejos de solucionar el problema del socialismo, no hacía más que empeorarlo.

En 1925, mientras la política de orientación hacia el *kulak* alcanzaba su punto álgido, Stalin comienza a preparar la desnacionalización de la tierra. A la pregunta de un periodista soviético: «¿No sería conveniente para la agricultura atribuir su parcela por diez años a cada cultivador?», Stalin responde: «Y aun por cuarenta años». El Comisario del Pueblo para la Agricultura en la República de Georgia, obrando por iniciativa de Stalin, presentó un proyecto de ley sobre la desnacionalización de la tierra. El objetivo era que el agricultor tuviera confianza en su propio porvenir. Ahora bien, desde la primavera de 1926, cerca del 60% del trigo destinado al comercio estaba en manos del 6% de los cultivadores. El Estado carecía de granos para el comercio exterior y aun para las necesidades del país. La insignificancia de las exportaciones obligaba a renunciar a la importación de artículos manufacturados y a restringir al mínimo la de materias primas y máquinas.

Impidiendo la industrialización y perjudicando a la gran mayoría de campesinos, la política de orientación hacia el *kulak* reveló sin equívocos sus consecuencias políticas desde 1924-1926, al inspirar una confianza extraordinaria a la pequeña burguesía de las ciudades y del campo, la condujo a apoderarse de numerosos sóviets locales; acrecentó su fuerza y la seguridad de la burocracia; aumentó su peso respecto a los obreros y provocó la supresión completa de toda democracia en el partido y en la sociedad soviética. El poder creciente del *kulak* atemorizó a dos miembros notables del grupo dirigente, Zinóviev y Kámenev, que eran también —lo que no es, por cierto, una casualidad— los presidentes de los sóviets de los dos centros industriales de mayor importancia, Leningrado y Moscú. Pero la provincia y, sobre todo, la burocracia estaban con Stalin. La política de ayuda al gran agricultor obtuvo la victoria. Zinóviev y Kámenev, seguidos por sus partidarios, se unieron en 1926 a la oposición de 1923 (llamada trotskista).

Desde luego, la fracción dirigente jamás repudió «en principio» la colectivización de la agricultura, pero le asignaba un plazo de decenas de años. El futuro Comisario del Pueblo para la Agricultura, Yákovlev, escribía en 1927 que si la transformación socialista del campo solo podía llevarse a cabo por la colectivización, «no será, naturalmente, en uno, dos o tres años, y probablemente ni en diez ...». «Los koljoses (explotaciones colectivas) y las comunas», escribía más adelante, «ciertamente no son, y no serán durante largo tiempo, más que islotes en medio de las parcelas». En efecto, en esa época solamente el 0,8% de las familias de los cultivadores formaban parte de las explotaciones colectivas. En el partido, la lucha por la pretendida «línea general» se hizo patente en 1923 y revistió, a partir de 1926, una forma particularmente áspera y apasionada. En su vasta plataforma, que abarcaba todos los problemas de la economía y de la política, la oposición escribía: «El partido debe condenar sin piedad a todas las tendencias hacia la liquidación o al debilitamiento de la nacionalización del suelo que constituye una de las bases de la dictadura del proletariado». La oposición alcanzó en este punto la victoria: los atentados directos a la nacionalización de la tierra cesaron. Pero no se trataba únicamente de la forma de la propiedad de la tierra.

«A la importancia creciente de las granjas individuales en el campo —decía además la plataforma de la oposición— se opondrá el crecimiento más rápido de las explotaciones colectivas. Se pueden asignar sistemáticamente, cada año, sumas importantes destinadas al sostenimiento de los campesinos pobres organizados en explotaciones colectivas [...]. Toda la acción de las cooperativas debe estar penetrada de la necesidad de transformar la pequeña producción en gran producción colectiva». Se consideraba obstinadamente como una utopía cualquier amplio programa de colectivización para un porvenir próximo. Durante la preparación del XV Congreso del partido, destinado a excluir a la oposición, el futuro presidente del Consejo de Comisarios del Pueblo, Mólotov, repitió: «No hay que dejarse engañar (!) en las condiciones presentes, por las ilusiones de los campesinos pobres sobre la colectivización de las grandes masas». El calendario señalaba el final de 1927, y la fracción dirigente estaba muy lejos de concebir la política que iba a desarrollar el día siguiente en el campo.

Estos mismos años (1923-1928) fueron los de la lucha de la coalición en el poder (Stalin, Mólotov, Ryzhkov, Tomski y Bujarin; Zinóviev y Kámenev habían pasado a la oposición a principios de 1926) contra los «superindustrialistas» partidarios del plan. El historiador futuro se asombrará al descubrir la malévola suspicacia hacia toda iniciativa económica audaz que dominaba en la mentalidad del Gobierno del Estado socialista. El ritmo de la industrialización se aceleraba empíricamente, según impulsos exteriores; todos los cálculos eran brutalmente rectificados en el curso del trabajo, con un aumento extraordinario de los gastos generales. Cuando la oposición exigió a partir de 1923, la elaboración de un plan quinquenal, fue acogida con burlas al estilo del pequeñoburgués que teme el «salto a lo desconocido». En abril de 1927, Stalin afirmó todavía, en sesión plenaria del CC, que comenzar la construcción de la gran central eléctrica del Dniéper sería para nosotros, así como para el mujik, comprarse un gramófono en lugar de una vaca. Este alado aforismo resumía todo un programa. No es superfluo recordar que toda la prensa burguesa del universo, seguida por la prensa socialista, hacía suyas con simpatías las acusaciones oficiales de romanticismo industrial dirigidas a la oposición de izquierda.

Mientras que el partido discutía ruidosamente, el campesino respondía a la falta de mercancías industriales con una huelga cada vez más testaruda: se abstenía de llevar sus granos al mercado y de aumentar las siembras. La derecha (Ryzhkov, Tomski, Bujarin), que daba el tono, exigía mayor libertad para las tendencias capitalistas del campo: aumentar el precio del trigo, aunque esta medida disminuyera el desarrollo de la industria. La única solución, con esta política de por medio, hubiera sido importar, a cambio de las materias primas entregadas por los agricultores para la exportación, artículos manufacturados. Así se hubiera hecho la «soldadura» entre la economía campesina y la industria socialista, en lugar de hacerla entre el campesino rico y el capitalismo mundial. Para esto, no valía la pena haber hecho la Revolución de Octubre.

> La aceleración de la industrialización —objetaba en la conferencia del partido de 1926 el representante de la oposición—, particularmente por medio de una imposición mayor del *kulak*, proporcionará más mercancías, lo que permitirá disminuir los precios [...]. Los obreros se beneficiarán, así como la mayor parte de los campesinos [...]. Volvernos hacia el campo no quiere decir que debamos volver la espalda a la industria; quiere decir que orientemos la industria hacia el campo, pues los campesinos no tienen ninguna necesidad de contemplar el rostro de un Estado desprovisto de industria.

Stalin, para respondernos, pulverizaba los «planes fantásticos de la oposición»; la industria no debía «adelantarse demasiado, separándose de la agricultura y descuidando el ritmo de la acumulación en nuestro país». Las decisiones del partido continuaban repitiendo las primitivas verdades de la adaptación pasiva a las necesidades de los agricultores enriquecidos. El XV Congreso del Partido Comunista, reunido en diciembre de 1927 para infligir una derrota definitiva a los superindustrialistas, hizo una advertencia relativa al «peligro de invertir demasiados capitales en la gran edificación industrial». La fracción dirigente aún no quería ver otros peligros. El año económico 1927-1928 veía cerrar el período llamado de reconstrucción, durante el cual la industria había trabajado sobre todo con la maquinaria de antes de la revolución y la agricultura con su antiguo material. El progreso ulterior exigía una vasta edificación industrial; ya era imposible gobernar a tientas, sin plan.

Las posibilidades hipotéticas de la industrialización socialista habían sido analizadas por la oposición desde 1923-1925. La conclusión general a la que se había llegado era que, después de haber agotado las posibilidades ofrecidas por la maquinaria heredada de la burguesía, la industria soviética podría, gracias a la acumulación socialista, alcanzar un crecimiento de un ritmo completamente inaccesible al capitalismo. Los jefes de la fracción dirigente se burlaban abiertamente de los coeficientes de 15 a 18%, formulados prudentemente, como de la música fantástica de un porvenir desconocido. En esto consistía, entonces, la lucha contra el «trotskismo».

El primer esquema oficial del plan quinquenal, hecho al fin en 1927, fue de un espíritu irrisoriamente mezquino. El crecimiento de la producción industrial debía variar, siguiendo de año en año una curva decreciente, del 9% al 4%. ¡En cinco años, el consumo individual solo debía aumentar 12%! La inverosímil timidez de este concepto resalta con más claridad, con el hecho de que el presupuesto del Estado no debía abarcar, al finalizar el período quinquenal, más que el 16% de la renta nacional, mientras que el presupuesto de la Rusia zarista, que no pensaba, ciertamente, construir una sociedad socialista, absorbía el 18% de esta renta. No es superfluo añadir que algunos años después, los autores de este plan, ingenieros y economistas, fueron severamente condenados por los tribunales como saboteadores que obedecían las directrices de una potencia extranjera. Si los acusados se hubieran atrevido, hubieran podido responder que su trabajo en la elaboración del plan se había cumplido en perfecto acuerdo con la «línea general» del Buró Político, del que recibían instrucciones.

La lucha de las tendencias se expresó en el lenguaje de las cifras. «Formular para el décimo aniversario de la Revolución de Octubre un plan tan mezquino, tan profundamente pesimista —decía la plataforma de la oposición— es trabajar, en realidad, contra el socialismo». Un año más tarde, el Buró Político sancionó un nuevo proyecto de plan quinquenal, según el cual el crecimiento medio anual de la producción debía ser del 9%. El desarrollo real mostraba una obstinada tendencia a aproximarse a los coeficientes de los «superindustrialistas». Un año después, cuando la política del Gobierno se modificó radicalmente, la Comisión del Plan decretó un tercer proyecto, cuya dinámica coincidía mucho más de lo que se hubiera podido prever con los pronósticos hipotéticos de la oposición en 1925.

La historia verdadera de la política económica de la URSS es muy diferente, ya lo vemos, de la leyenda oficial. Deploremos que honorables autores, como los Webb, no se hayan dado cuenta de ello.

Viraje brusco: «el plan quinquenal en 4 años» y la colectivización completa

La indecisión ante las explotaciones campesinas individuales, la desconfianza ante los grandes planes, la defensa del desarrollo lento, el desdén por el problema internacional, tales son los elementos que, reunidos, formaron la teoría del «socialismo en un solo país», formulada por Stalin por primera vez durante el otoño de 1924, después de la derrota del proletariado en Alemania. No precipitarnos en materia de industrialización, no disgustarnos con el mujik, no contar con la revolución mundial y, sobre todo, preservar al poder burocrático de toda crítica. La diferenciación de los campesinos solo era una invención de la oposición. El Yákovlev que ya hemos mencionado, licenció al Servicio Central de las Estadísticas, cuyos cuadros concedían al *kulak* un lugar mayor de lo que deseaba el poder. Mientras que los dirigentes prodigaban afirmaciones tranquilizadoras sobre la reabsorción de la escasez de mercancías, «el ritmo calmado del desarrollo» próximo, el almacenamiento más «uniforme» de los cereales, etcétera; el *kulak* fortificado arrastró al campesino medio a seguirlo y negó a las ciudades su trigo. En enero de 1928, la clase obrera se encontró frente a un hambre inminente. La historia suele gastar bromas feroces. Precisamente el mismo mes en que los *kulaks* estrangulaban a la revolución, los representantes de la oposición de izquierda eran encarcelados o enviados a Siberia por haber «sembrado el pánico» evocando el espectro del *kulak*.

El Gobierno trató de presentar las cosas como si la huelga del trigo se debiera únicamente a la hostilidad del *kulak* (¿pero de dónde había salido el *kulak*?) hacia el Estado socialista; es decir, a móviles políticos de orden general. Pero el campesino acomodado es poco dado a esta especie de «idealismo». Si ocultaba su trigo, es porque le resultaba desventajoso venderlo. Por iguales razones lograba extender su influencia ampliamente entre los campesinos. Las medidas de represión resultaron manifiestamente insuficientes contra el sabotaje de los campesinos acomodados; había que cambiar de política. Incluso entonces vacilaron durante un tiempo.

Ryzhkov, que aún era jefe del Gobierno, no era el único en declarar, en julio de 1928, que «el desarrollo de las explotaciones campesinas individuales […] constituía la tarea más importante del partido». Stalin le hacía eco: «Hay gente —decía— que piensa que el cultivo de las parcelas individuales ha llegado a su fin y que ya no debe ser alentado […]. Esta gente no tiene nada en común con la línea general del partido».

Menos de un año después, la línea general del partido ya no tenía nada en común con estas palabras: El alba de la colectivización completa apuntaba en el horizonte.

La nueva orientación brotó de una sorda lucha en el seno del bloque gubernamental y se basó en medidas tan empíricas como las precedentes. «Los grupos de la derecha y del centro están unidos por su hostilidad común en contra de la oposición, cuya exclusión precipitaría infaliblemente el conflicto entre ellos» (esta advertencia fue hecha en la plataforma de la oposición). Esto es lo que sucedió. Los jefes del bloque gubernamental en vías de disgregación no quisieron, sin embargo, reconocer a ningún precio que este vaticinio de la oposición se había cumplido como muchos otros. El 19 de octubre de 1928, Stalin aún declaraba: «Es tiempo de acabar con los murmullos sobre la existencia de una derecha con la que el Buró Político de nuestro CC se muestra tolerante». Los dos grupos sondeaban, entre tanto, a los buroes del partido. El partido sofocado vivía de rumores confusos y de conjeturas. Pasaron algunos meses y la prensa oficial, con su acostumbrada imprudencia, declaró que el jefe del Gobierno, Ryzhkov, «especulaba sobre las dificultades del poder de los sóviets»; que el dirigente de la Internacional Comunista, Bujarin, se había revelado como «agente de las influencias liberales burguesas»; que Tomski, presidente del Consejo Central de sindicatos, no era más que un miserable *trade unionist*. Los tres, Ryzhkov, Bujarin y Tomski pertenecían al Buró Político. Si en la lucha anterior contra la oposición de izquierda se habían empleado armas tomadas del arsenal de la derecha, Bujarin podía ahora, sin faltar a la verdad, acusar a Stalin de utilizar contra la derecha fragmentos de la condenada plataforma de la oposición de izquierda.

De una u otra forma se dio el cambio. El eslogan: «¡Enriquézcanse!», y la teoría de la asimilación indolora del *kulak* por el socialismo, fueron reprobadas tardíamente, pero, por lo mismo, con gran energía. La industrialización se puso a la orden del día. La pasiva autosatisfracción fue reemplazada por un pánico impulsivo. La semiolvidada consigna de Lenin, «alcanzar y sobrepasar», fue completada con estas palabras: «en el más breve plazo». El plan quinquenal minimalista, ya aprobado en principio por el congreso del partido, cedió su lugar a un plan nuevo, cuyos elementos principales estaban tomados enteramente de la plataforma de la oposición de izquierda desechada la víspera. El Dniéperstroy, comparado ayer con un gramófono, acaparó toda la atención.

Desde los primeros éxitos, se dio una nueva directiva: acabar la ejecución del plan quinquenal en cuatro años. Los empíricos, trastornados, llegaban a creer que ya todo les era posible. El oportunismo se transformó, como muchas veces ha sucedido en la historia, en su contrario, el espíritu de aventura.

El Buró Político, dispuesto en 1923-1928 a acomodarse a la filosofía del «paso de tortuga» de Bujarin, pasaba hoy fácilmente del 20 al 30% de crecimiento anual, tratando de hacer de todo éxito momentáneo una norma, y perdiendo de vista la interdependencia de las ramas de la economía. Los billetes impresos tapaban las brechas financieras del plan. Durante el primer período quinquenal, el papel moneda en circulación pasó de 1 700 millones de rublos a 5 500 millones, para alcanzar, a principios del segundo período, 8 400 millones. La burocracia no solamente se había sacudido el control de las masas, para las cuales, la industrialización a toda velocidad constituía una carga intolerable, sino que también se había emancipado del control automático del *chervonets*.[1] El sistema financiero, sólido al principio de la NEP, de nuevo se quebrantó profundamente.

Pero los mayores peligros para el régimen, así como para el plan, surgieron del campo.

La población supo con estupor el 15 de febrero de 1928, por un editorial de *Pravda*, que los campos estaban muy lejos de tener el aspecto bajo el cual las autoridades los habían pintado hasta ese momento, y que tenían un fuerte parecido al cuadro que de ellos había trazado la oposición excluida por el congreso. La prensa, que la víspera negaba literalmente la existencia del *kulak*, a una señal venida de arriba, lo descubría hoy no solamente en las aldeas, sino en el partido. Se supo que las células del partido estaban dirigidas frecuentemente por campesinos ricos, propietarios de maquinaria agrícola avanzada, quienes empleaban mano de obra asalariada, que ocultaban como adversarios irreconciliables de la política «trotskista». Los periódicos rivalizaban en informaciones sensacionalistas sobre los *kulaks* secretarios de comités locales, que habían cerrado a los campesinos pobres y a los jornaleros las puertas del partido. Todos los viejos valores fueron derribados. Los signos más y menos se invertían.

Para alimentar a las ciudades, se necesitaba urgentemente tomar de los *kulaks* el pan cotidiano, lo que solo podía hacerse por medio de la fuerza. La expropiación de las reservas de cereales, y esto no solamente al *kulak*, sino al campesino medio, fue calificado de «medida extraordinaria» en el lenguaje oficial. Significaba que el día de mañana se regresaría a las viejas rutinas. Pero el campo no creyó, y con razón, en las buenas palabras. La confiscación forzada del trigo, quitaba a los cultivadores acomodados todo deseo de extender las sementeras. El jornalero agrícola y el cultivador pobre se encontraban sin trabajo. La agricultura estaba de nuevo en un callejón sin salida y, junto con ella, el Estado. Se necesitaba, a cualquier precio, transformar la «línea general».

Stalin y Mólotov, sin dejar de atribuir el primer lugar a los cultivos parcelarios, subrayaron la necesidad de aumentar rápidamente las explotaciones agrícolas del Estado (sovjoses) y las explotaciones colectivas de los campesinos (koljoses). Pero como la gravísima penuria de víveres no permitía renunciar a las expediciones militares a los campos, el programa de recuperación de los cultivos parcelarios se encontró suspendido en el vacío. Había que «deslizarse sobre la pendiente» de la colectivización. Las «medidas extraordinarias» adoptadas para adquirir trigo dieron lugar, sin que nadie se lo esperara, a un programa de «liquidación de los *kulaks* como clase». Las órdenes contradictorias, más abundantes que las raciones de pan, pusieron en evidencia la ausencia de todo programa agrario, no solo para cinco años, ni siquiera para cinco meses.

Según el plan elaborado, bajo el aguijón de la crisis de abastecimiento, la agricultura colectiva debía abarcar, al cabo del quinto año, cerca del 20% de las familias campesinas. Este programa, cuyo aspecto grandioso se revela si se toma en cuenta que la colectivización había abarcado durante los diez años anteriores menos del 1% de las familias, fue ampliamente sobrepasado a mediados del período quinquenal. En noviembre de 1929, Stalin, rompiendo con sus propias vacilaciones, anunció el fin de la agricultura parcelaria: «por aldeas enteras, por cantones, aun por cuarteles, los campesinos entran en los koljoses». Yákovlev, quien dos años antes había demostrado que los koljoses durante largo tiempo no serían «más que oasis en medio de innumerables parcelas», recibió, en calidad de Comisario de Agricultura, la misión de «liquidar a los campesinos ricos como clase» y de implantar la colectivización completa «en el plazo más breve». En 1929, el número de familias que había entrado en los koljoses pasa de 1,7% a 3,9%, alcanza el 23,6% en 1930; 52,7% en 1931 y 61,5% en 1932.

Verdaderamente no se encontrará a nadie que repita el galimatías liberal de que la colectivización haya sido, por completo, fruto de la violencia. En la lucha por la tierra que necesitaban, los campesinos se rebelaban antiguamente en contra de los señores y, algunas veces, iban a colonizar regiones vírgenes en las que formaban sectas religiosas que compensaban al mujik de la falta de tierras con el vacío de los cielos. Después de la expropiación de los grandes dominios y de la fragmentación extrema de las parcelas, la reunión de estas en cultivos más extensos había llegado a ser un asunto de vida o muerte para los campesinos, para la agricultura, para la sociedad entera.

Esta consideración histórica general no resolvía, sin embargo, el problema. Las posibilidades reales de la colectivización no estaban determinadas ni por la situación sin salida de los cultivadores, ni por la energía administrativa del Gobierno; lo estaban, ante todo, por los recursos productivos dados, es decir, por la medida en que la industria podría proporcionar maquinaria a la gran explotación agrícola. Estos datos materiales hacían falta; los koljoses fueron organizados frecuentemente con equipos solo adecuados para las parcelas. En estas condiciones, la colectivización exageradamente apresurada se transformaba en una aventura.

El Gobierno, sorprendido por la amplitud de su viraje, no pudo ni supo preparar en el sentido político su nueva evolución. Como los campesinos, las autoridades locales no sabían lo que se exigía de ellas. Los campesinos se exasperaron con los rumores de «confiscación» del ganado, lo que no estaba muy lejos de la verdad como se verá enseguida. La intención, que antaño se atribuía a la oposición para caricaturizar sus planes, se realizaba: la burocracia «saqueaba los campos». Para el campesino la colectivización fue, por lo pronto, una expropiación completa. No solamente se socializaban los caballos, las vacas, los corderos, los cerdos, sino hasta los polluelos. «Se expropiaba a los *kulaks* —un testigo ocular lo ha escrito en el extranjero— hasta botas de fieltro que arrebataban a los niños». El resultado de todo esto fue que los campesinos vendieran en masa su ganado a bajo precio, o que lo sacrificaran para obtener carne y cuero.

En enero de 1930, Andréyev, miembro del CC, trazaba en el congreso de Moscú el siguiente cuadro de la colectivización: por una parte, el poderoso movimiento de colectivización que ha ganado el país entero «barrerá de su camino todos los obstáculos»; por otra, la venta que hicieron los campesinos, en vísperas de entrar en el koljós, con un espíritu brutal de lucro, de su equipo, del ganado y aun de las semillas, «adquiere proporciones francamente amenazadoras…». Por contradictorias que fuesen, estas dos afirmaciones definían justamente, desde dos puntos de vista opuestos, el carácter epidémico de la colectivización, medida desesperada. «La colectivización completa —escribía el observador crítico que ya hemos citado— ha sumido a la economía en una miseria tal como no se había visto desde hacía largo tiempo; es como si una guerra de tres años se hubiera desencadenado allí».

Con un solo gesto, la burocracia trató de sustituir a veinticinco millones de hogares campesinos aislados y egoístas, que ayer todavía eran los únicos motores de la agricultura —débiles como el jamelgo del mujik, pero motores a pesar de todo—, por el mando de 200 000 consejos de administración de koljoses, desprovistos de medios técnicos, de conocimientos agrónomos y de apoyo por parte de los campesinos. Las consecuencias destructivas de esta aventura no tardaron en dejarse sentir, para durar años. La cosecha global de cereales, que había alcanzado en 1930, 835 millones de quintales, cayó en los dos años siguientes a menos de 700 millones. Esta diferencia no parece catastrófica en sí misma, pero significaba justamente la pérdida de la cantidad de trigo necesaria para las ciudades, antes de que estas se habituasen a las raciones de hambre. Los cultivos técnicos estaban en peor situación. En vísperas de la colectivización, la producción de azúcar había alcanzado cerca de 109 millones de puds (el pud equivale a 16,8 kg) para caer dos años más tarde, en plena colectivización, como consecuencia de la falta de remolacha, a 48 millones de puds, o sea, menos de la mitad. Pero el huracán más devastador fue el que azotó al ganado del campo. El número de caballos disminuyó el 55%; de 34,6 millones en 1929, a 15,6 en 1934; el ganado vacuno bajó de 30,7 millones a 19,5, o sea, el 40%; los cerdos el 55%; los corderos el 66%. Las pérdidas humanas —a consecuencia del hambre, del frío, de las epidemias y de la represión— por desdicha no han sido registradas con la misma exactitud que las del ganado, pero también se calculan por millones. La responsabilidad de todo esto no incumbe a la colectivización sino a los métodos ciegos, aventureros y violentos con los que se aplicó. La burocracia no había previsto nada. El estatuto mismo de los koljoses, que trataba de unir el interés individual del campesino con el interés colectivo, no se publicó sino después de que los campos fueran cruelmente asolados.

La precipitación de esta nueva política era un resultado de la necesidad de escapar a las consecuencias de la de 1923-1928. La colectivización podía y debía, sin embargo, tener un ritmo más razonable y formas mejor calculadas.

Dueña del poder y de la industria, la burocracia podía reglamentar la colectivización sin colocar al país al borde del abismo. Se podía y se debía adoptar un ritmo que correspondiera mejor a los recursos materiales y morales del país. En condiciones internas e internacionales satisfactorias —escribía en 1930 el órgano de la oposición de izquierda en el extranjero—, la situación material y técnica de la agricultura puede transformarse radicalmente en unos diez o quince años y asegurar a la colectivización una base en la producción. Pero durante los años que nos separan de esta situación, se puede derrocar varias veces al poder de los sóviets...

Esta advertencia no era exagerada: nunca el soplo de la muerte había estado tan cerca de la tierra de la Revolución de Octubre, como durante los años de la colectivización completa. El descontento, la inseguridad y la represión desgarraban el país. Un sistema monetario desorganizado; la superposición de los precios máximos fijados por el Estado, precios «convencionales» y precios de mercado libre; el paso de un simulacro de comercio entre el Estado y los campesinos a impuestos en cereales, carne y leche; la lucha a muerte contra los robos innumerables del haber de los koljoses y la ocultación de estos robos; la movilización puramente militar del partido para combatir el sabotaje de los *kulaks* después de su «liquidación» como clase y al mismo tiempo, el regreso al sistema de cartillas de racionamiento y a las raciones de hambre, el restablecimiento, en fin, de los pasaportes interiores: todas estas medidas devolvían al país a la atmósfera de la guerra civil terminada hacía largo tiempo.

El abastecimiento de materias primas a las fábricas empeoraba de trimestre en trimestre. Las intolerables condiciones de existencia provocaban el desplazamiento de la mano de obra, las faltas de asistencia al trabajo, su descuido, la rotura de máquinas, el elevado porcentaje de las fabricaciones defectuosas, la mala calidad de los productos. El rendimiento medio del trabajo bajó el 11,7% en 1931. Según una confesión escapada a Mólotov, reproducida por toda la prensa soviética, la producción industrial solo aumentó en 1933 el 8,5%, en lugar del 36% previsto por el plan. Es cierto que el mundo supo un poco después que el plan quinquenal había sido ejecutado en cuatro años y tres meses, lo que significaba solamente que el cinismo de la burocracia con respecto a las estadísticas y a la opinión pública no tiene límites. Pero esto no es lo más importante: la apuesta en esta operación no era el plan quinquenal, sino la suerte del régimen.

El régimen se sostuvo, mérito que hay que reconocerle, pues ha echado profundas raíces en el suelo popular. El mérito corresponde también a circunstancias exteriores favorables. En esos años de caos económico y de guerra civil en el campo, la URSS se encontró en realidad paralizada ante el enemigo exterior. El descontento de los campesinos se extendía al ejército. La inseguridad y la inestabilidad desmoralizaban la burocracia y a los cuadros dirigentes. Una agresión por el oeste o por el este, podía ser de fatales consecuencias.

Felizmente, los primeros años de la crisis sumían al mundo capitalista en una expectativa desorientada. Nadie estaba listo para la guerra, nadie osaba arriesgarse. Por lo demás, ninguno de sus adversarios se daba cuenta claramente de la gravedad de las convulsiones que trastornaban el país de los sóviets bajo los sonidos ensordecedores de la música oficial en honor de la «línea general».

Por breve que sea, esperamos que nuestro resumen histórico muestre cuán lejos está del desarrollo real del Estado obrero el cuadro idílico de una acumulación progresiva y continua de éxitos. Sacaremos más tarde, de un pasado rico en crisis, importantes indicaciones para el porvenir. El estudio histórico de la política económica del Gobierno de los sóviets y de los zigzags de esta política, nos parece también necesario para destruir el fetichismo individualista que busca las causas de los éxitos reales o falsos en las cualidades extraordinarias de sus dirigentes y no en las condiciones de la propiedad socializada, creadas por la revolución.

Las ventajas objetivas del nuevo régimen social también encuentran naturalmente su expresión en los métodos de dirección; pero dichos métodos expresan igualmente, y no en menor medida, el estado atrasado en lo económico y lo cultural del país, y el ambiente pequeñoburgués provinciano en el que se formaron sus cuadros dirigentes.

Se cometería uno de los más groseros errores al deducir de esto que la política de los dirigentes soviéticos es un factor de tercer orden. No hay otro Gobierno en el mundo que en tal grado tenga en sus manos el destino del país. Los éxitos y los fracasos de un capitalista dependen, aunque no enteramente, de sus cualidades personales. *Mutatis mutandis* [es decir, salvando las diferencias], el Gobierno soviético se ha puesto, respecto al conjunto de la economía, en la situación del capitalista respecto a una empresa aislada. La centralización de la economía hace del poder un factor de enorme importancia. Justamente por esto, la política del Gobierno no debe ser juzgada por balances sumarios, por las cifras desnudas de la estadística, sino de acuerdo con el papel específico de la previsión consciente y de la dirección planificada en la obtención de los resultados.

Los zigzags de la política gubernamental reflejan, al mismo tiempo, las contradicciones de la situación y la insuficiente capacidad de los dirigentes para comprenderlas y aplicar medidas profilácticas. Los errores de estimación no se prestan fácilmente a estimaciones de contabilidad, pero la simple exposición esquemática de los zigzags permite deducir con seguridad que han impuesto a la economía soviética enormes gastos generales.

Sigue estando sin explicar, es cierto, sobre todo si se aborda la historia desde un punto de vista racionalista, cómo y por qué la fracción menos rica en ideas y más cargada de errores pudo vencer a los demás grupos y concentrar en sus manos un poder ilimitado. El análisis posterior nos dará la clave de este enigma. Veremos también cómo los métodos burocráticos del gobierno absoluto entran cada vez más en contradicción con las necesidades de la economía y de la cultura; y cómo, necesariamente, derivan de allí nuevas crisis y nuevas sacudidas en el desarrollo de la URSS.

Pero antes de abordar el estudio del doble papel de la burocracia «socialista», tendremos que responder a la siguiente pregunta: «¿Cuál es, pues, el balance general de lo obtenido?». «¿El socialismo se ha realizado realmente?». O, con mayor prudencia: ¿Los éxitos económicos y culturales realizados nos inmunizan contra el peligro de una restauración capitalista, así como la sociedad burguesa por sus conquistas se encontró inmunizada, en cierta etapa, contra la restauración del feudalismo y de la servidumbre?

Fuente: L. Trotski: «El desarrollo económico y los zigzags de la dirección», en *La revolución traicionada*, cap. II, Pathfinder Press, Estados Unidos, 1992.

El socialismo y el Estado*

El régimen de transición

¿Es cierto, como lo afirman las autoridades oficiales, que el socialismo ya se ha realizado en la URSS? Si la respuesta es negativa, ¿puede decirse, cuando menos, que los éxitos obtenidos garantizan la realización del socialismo en las fronteras nacionales, independientemente del curso de los acontecimientos en el resto del mundo? La apreciación crítica de los principales índices de la economía soviética debe darnos un punto de partida para buscar una respuesta justa. Pero no podemos pasar por alto una observación histórica preliminar.

El marxismo considera el desarrollo de la técnica como el resorte principal del progreso y construye el programa comunista sobre la dinámica de las fuerzas de producción. Suponiendo que una catástrofe cósmica destruyera en un futuro más o menos próximo nuestro planeta, tendríamos que renunciar a la perspectiva del comunismo como a muchas otras cosas. Fuera de este peligro, poco probable por el momento, no tenemos la menor razón científica para fijar de antemano cualquier límite a nuestras posibilidades técnicas, industriales y culturales. El marxismo está profundamente penetrado del optimismo del progreso y esto basta, digámoslo de pasada, para oponerlo irreductiblemente a la religión.

La base material del comunismo deberá consistir en un desarrollo tan alto del poder económico del hombre que el trabajo productivo, al dejar de

---

* Se terminó de escribir en 1936. Publicado por primera vez en 1937. (*N. del E.*).

ser una carga y un castigo, no necesite de ningún aguijón, y que el reparto de los bienes, en constante abundancia, no exija —como actualmente en una familia acomodada o en una pensión «conveniente»— más control que el de la educación, el hábito, la opinión pública. Hablando francamente, es necesaria una gran dosis de estupidez para considerar como utópica una perspectiva a fin de cuentas tan modesta.

El capitalismo ha preparado las condiciones y las fuerzas de la revolución social: la técnica, la ciencia y el proletariado. Sin embargo, la sociedad comunista no puede suceder inmediatamente a la burguesa; la herencia cultural y material del pasado es demasiado insuficiente. En sus comienzos, el Estado obrero aún no puede permitir a cada uno «trabajar según su capacidad», o en otras palabras, lo que pueda y quiera; ni recompensar a cada uno «según sus necesidades», independientemente del trabajo realizado. El interés del crecimiento de las fuerzas productivas obliga a recurrir a las normas habituales del salario, es decir, al reparto de bienes según la cantidad y la calidad del trabajo individual.

Marx llamaba a esta primera etapa de la nueva sociedad «la etapa inferior del comunismo», a diferencia de la etapa superior en la que desaparece, al mismo tiempo que el último espectro de la necesidad, la desigualdad material. «Naturalmente que aún no hemos llegado al comunismo completo —dice la actual doctrina soviética oficial—, pero ya hemos realizado el socialismo, es decir, la etapa inferior del comunismo». E invoca en su apoyo la supremacía de los *trusts* de Estado en la industria, de los koljoses en la agricultura, de las empresas estatalizadas y cooperativas en el comercio. A primera vista, la concordancia es completa con el esquema a priori —y por tanto, hipotético— de Marx. Pero, desde el punto de vista del marxismo, el problema no se refiere precisamente a las simples formas de la propiedad, independientemente del rendimiento obtenido por el trabajo. En todo caso, Marx entendía por «etapa inferior del comunismo» la de una sociedad cuyo desarrollo económico fuera, desde un principio, superior al del capitalismo avanzado. En teoría, esta manera de plantear el problema es irreprochable, pues el comunismo, considerado a escala mundial, constituye, aun en su etapa inicial, en su punto de partida, un grado superior con relación a la sociedad burguesa. Marx esperaba, por otra parte, que los franceses comenzaran la revolución socialista, que los alemanes continuaran y que terminaran los ingleses. En cuanto a los rusos, quedaban en la lejana retaguardia. La realidad fue distinta. Tratar, por tanto, de aplicar mecánicamente al caso particular de la URSS en la fase actual de su evolución la concepción histórica universal de Marx, es caer bien pronto en inextricables contradicciones.

Rusia no era el eslabón más resistente, sino el más débil del capitalismo. La URSS actual no sobrepasa el nivel de la economía mundial, no hace más que alcanzar a los países capitalistas. Si la sociedad que debía formarse sobre la base de la socialización de las fuerzas productivas de los países más avanzados del capitalismo representaba para Marx la «etapa inferior del comunismo», esta definición no se aplica seguramente a la URSS que sigue siendo, a ese respecto, mucho más pobre en cuanto a técnica, a bienes y a cultura que los países capitalistas. Es más exacto pues, llamar al régimen soviético actual, con todas sus contradicciones, transitorio entre el capitalismo y el socialismo, o preparatorio al socialismo, y no socialista.

Esta preocupación por una justa terminología no implica ninguna pedantería. La fuerza y la estabilidad de los regímenes se miden, en última instancia, por el rendimiento relativo del trabajo. Una economía socialista, en vías de sobrepasar en el sentido técnico al capitalismo, tendría asegurado realmente un desarrollo socialista, en cierto modo automático, lo que desdichadamente no puede decirse de la economía soviética.

La mayor parte de los apologistas vulgares de la URSS, tal como sucede en la actualidad, están inclinados a razonar más o menos así: aun reconociendo que el régimen soviético actual todavía no es socialista, el desarrollo ulterior de las fuerzas productivas sobre las bases actuales, debe, tarde o temprano, conducir al triunfo completo del socialismo. Solo el factor tiempo es discutible. ¿Vale la pena hacer tanto ruido por eso? Por victorioso que parezca este razonamiento en realidad es muy superficial. El tiempo no es, de ninguna manera, un factor secundario cuando se trata de un proceso histórico: es infinitamente más peligroso confundir el presente con el futuro en política que en gramática. El desarrollo no consiste, como se lo representan los evolucionistas vulgares del género de los Webb,[1] en la acumulación planificada y en la «mejora» constante de lo que es. Implica transformaciones de cantidad en calidad, crisis, saltos hacia adelante, retrocesos. Justamente porque la URSS aún no está en la primera etapa del socialismo, sistema equilibrado de producción y consumo, su desarrollo no es armonioso, sino contradictorio. Las contradicciones económicas hacen nacer los antagonismos sociales que despliegan su propia lógica sin esperar el desarrollo de las fuerzas productivas. Acabamos de verlo en el problema del *kulak*, que no ha permitido dejarse «asimilar» por el socialismo[2] y que ha exigido una revolución complementaria que los burócratas y sus ideólogos no se esperaban.[3] ¿Consentirá la burocracia, en cuyas manos se concentra el poder y la riqueza, en dejarse asimilar por el socialismo? Nos permitimos dudarlo. Sería imprudente, en todo caso, confiar en su palabra. ¿En qué sentido evolucionará durante los tres, cinco o diez años próximos el dinamismo de las contradicciones económicas y de los antagonismos sociales de la sociedad soviética? Aún no hay respuesta definitiva e indiscutible a esta pregunta. La solución depende de la lucha de las fuerzas vivas de la sociedad, no solamente a escala nacional, sino a escala internacional. Cada nueva etapa nos impone, desde luego, el análisis concreto de las tendencias y de las relaciones reales, en su conexión y en su constante interdependencia. Veremos ahora la importancia de tal análisis en el caso del Estado soviético.

Programa y realidad

Siguiendo a Marx y a Engels, Lenin ve el primer rasgo distintivo de la revolución en que al expropiar a los explotadores suprime la necesidad de un aparato burocrático que domine a la sociedad y, sobre todo, de la policía y del ejército permanente. «El proletariado necesita del Estado, todos los oportunistas lo repiten —escribía Lenin en 1917, dos o tres meses antes de la conquista del poder—, pero olvidan añadir que el proletariado solo necesita un Estado agonizante; es decir, que comience inmediatamente a agonizar y que no pueda dejar de agonizar» (*El Estado y la revolución*).

En su tiempo, esta crítica fue dirigida en contra de los socialistas reformistas del tipo de los mencheviques rusos, de los fabianos ingleses, etcétera; actualmente, se vuelve en contra de los idólatras soviéticos y de su culto por el Estado burocrático que no tienen la menor intención de «agonizar».

La burocracia es socialmente necesaria cada vez que se presentan antagonismos ásperos que hay que «atenuar», «acomodar», «reglamentar» (siempre en interés de los privilegiados y de los poseedores, y siempre en interés de la burocracia misma). El aparato burocrático se consolida y se perfecciona a través de todas las revoluciones burguesas por democráticas que sean. «Los funcionarios y el ejército permanente —escribe Lenin—, son "parásitos" en el cuerpo de la sociedad burguesa, parásitos engendrados por las contradicciones internas que desgarran a esta sociedad, pero son precisamente estos parásitos los que le tapan los poros...».

A partir de 1917, es decir, en el momento en que el partido tuvo que considerar la toma del poder como un problema práctico, Lenin trató incesantemente de eliminar a estos «parásitos». Después de la subversión de las clases explotadoras —explica y demuestra en *El Estado y la revolución*—, el proletariado romperá la vieja máquina burocrática y formará su propio aparato de obreros y empleados, y para impedirles que se transformen en burócratas, tomará «medidas estudiadas en detalle por Marx y Engels: 1. Elegibilidad y también revocabilidad en cualquier momento;[4] 2. Retribución no superior al salario de un obrero; 3. Paso inmediato a una situación en la cual todos desempeñarán funciones de control y vigilancia, de tal forma que todos serán rotativamente "burócratas" y, por lo mismo, nadie sería burócrata». Sería un error pensar que Lenin creía que esta obra iba a exigir decenas de años; no, es el primer paso: «se puede y se debe comenzar por ahí, haciendo la revolución proletaria».

Las mismas audaces concepciones sobre el Estado de la dictadura del proletariado encontraron, año y medio después de la toma del poder, su expresión acabada en el programa del partido bolchevique y particularmente en los párrafos referentes al ejército. Un Estado fuerte, pero sin mandarines; una fuerza armada, pero sin samurais. La burocracia militar y civil no es un resultado de las necesidades de la defensa, sino de una transferencia de la división de la sociedad en clases, en la organización de la defensa. El ejército no es más que un producto de las relaciones sociales. La lucha en contra de los peligros exteriores supone, en el Estado obrero, claro está, una organización militar y técnica especializada que no será en ningún caso una casta privilegiada de oficiales. El programa bolchevique exige la sustitución del ejército permanente por la nación armada.

Desde su formación, el régimen de la dictadura del proletariado deja así, de ser un «Estado» en el viejo sentido de la palabra, es decir, una máquina hecha para mantener en la obediencia a la mayoría del pueblo. Con las armas, la fuerza material pasa inmediatamente a las organizaciones de trabajadores como los sóviets. El Estado, aparato burocrático, comienza a agonizar desde el primer día de la dictadura del proletariado. Esto es lo que dice el programa que hasta ahora no ha sido derogado. Cosa extraña, se creería oír una voz de ultratumba, salida del mausoleo...

Cualquiera que sea la interpretación que se dé a la naturaleza del Estado soviético, una cosa es innegable: al terminar sus veinte primeros años está lejos de haber «agonizado»; ni siquiera ha comenzado a «agonizar»; peor aún, se ha transformado en una fuerza incontrolada que domina a las masas; el ejército, lejos de ser reemplazado por el pueblo armado, ha formado una casta de oficiales privilegiados en cuya cima han aparecido los mariscales, mientras que al pueblo que «ejerce armado la dictadura», se le ha prohibido hasta la posesión de un arma blanca. La fantasía más exaltada difícilmente concebiría un contraste más vivo que el que existe entre el esquema del Estado obrero de Marx-Engels-Lenin y el Estado a cuya cabeza se halla Stalin actualmente. Mientras continúan reimprimiendo las obras de Lenin (censurándolas y mutilándolas, es cierto), los jefes actuales de la URSS y sus representantes ideológicos ni siquiera se preguntan cuáles son las causas de una separación tan flagrante entre el programa y la realidad. Tratemos de hacerlo nosotros en su lugar.

El doble carácter del Estado soviético

La dictadura del proletariado es un puente entre la sociedad burguesa y la socialista. Su esencia misma le confiere un carácter temporal. El Estado que realiza la dictadura tiene como tarea derivada, pero absolutamente primordial, la de preparar su propia abolición. El grado de ejecución de esta tarea «derivada» verifica en cierto sentido el éxito con que se ha llevado a cabo la idea básica: la construcción de una sociedad sin clases y sin contradicciones materiales. El burocratismo y la armonía social están en proporción inversa el uno de la otra.

Engels escribía en su célebre polémica contra Dühring: «Cuando desaparezcan, al mismo tiempo que el dominio de clases y la lucha por la existencia individual engendrada por la anarquía actual de la producción, los choques y los excesos que nacen de esta lucha, ya no habrá nada que reprimir, y la necesidad de una fuerza especial de represión no se hará sentir en el Estado.

El filisteo cree en la eternidad del gendarme. En realidad, el gendarme dominará al hombre en tanto que este no haya dominado suficientemente a la naturaleza. Para que el Estado desaparezca, es necesario que desaparezcan «el dominio de clase y la lucha por la existencia individual». Engels reúne estas dos condiciones en una sola: en la perspectiva de la sucesión de los regímenes sociales, unas decenas de años no cuentan mucho. Las generaciones que soportan la revolución sobre sus propias espaldas, lo ven de otra manera. Es exacto que la lucha de todos contra todos nace de la anarquía capitalista. Pero la socialización de los medios de producción no suprime automáticamente «la lucha por la existencia individual». Este es el eje del asunto.

El Estado socialista, aun en América sobre las bases del capitalismo más avanzado, no podría dar a cada uno lo necesario, y se vería obligado, por tanto, a incitar a todo el mundo a que produjera lo más posible. La función del excitador le corresponde naturalmente en estas condiciones y no puede dejar de recurrir, modificándolos y suavizándolos, a los métodos de retribución del trabajo elaborados por el capitalismo. En este sentido, Marx escribía en 1875 que el «derecho burgués [...] es inevitable en la primera fase de la sociedad comunista, bajo la forma que reviste al nacer de la sociedad capitalista después de prolongados dolores de parto. El derecho jamás puede elevarse por encima del régimen económico y del desarrollo cultural condicionado por este régimen».

Lenin, comentando estas líneas notables, añade: «El derecho burgués en materia de reparto de artículos de consumo supone naturalmente al Estado burgués, pues el derecho no es nada sin un aparato de coerción que imponga sus normas. Resulta, pues, que el derecho burgués subsiste durante cierto tiempo en el seno del comunismo, y aun, que subsiste el Estado burgués sin burguesía».

Esta conclusión significativa, completamente ignorada por los actuales teóricos oficiales, tiene una importancia decisiva para la comprensión de la naturaleza del Estado soviético de hoy o, más exactamente, para una primera aproximación en este sentido. El Estado que se impone como tarea la transformación socialista de la sociedad, como se ve obligado a defender la desigualdad, es decir los privilegios de la minoría, sigue siendo, en cierta medida, un Estado «burgués», aunque sin burguesía. Estas palabras no implican alabanza ni censura, simplemente llaman a las cosas por su nombre.

Las normas burguesas de reparto, al precipitar el crecimiento del poder material, deben servir a fines socialistas. Pero el Estado adquiere inmediatamente un doble carácter: socialista en la medida en que defiende la propiedad colectiva de los medios de producción; burgués, en la medida en que el reparto de los bienes se lleva a cabo por medio de medidas capitalistas de valor, con todas las consecuencias que se derivan de este hecho. Una definición tan contradictoria asustará, probablemente, a los escolásticos y a los dogmáticos; no podemos hacer otra cosa que lamentarlo.

La fisonomía definitiva del Estado obrero debe definirse por la relación cambiante entre sus tendencias burguesas y socialistas. La victoria de las últimas debe significar la supresión irrevocable del gendarme o, en otras palabras, la reabsorción del Estado en una sociedad que se administre a sí misma. Esto basta para hacer resaltar la inmensa importancia del problema de la burocracia soviética, hecho y síntoma.

Justamente porque debido a toda su formación intelectual, dio a la concepción de Marx su forma más acentuada, Lenin revela la fuente de las dificultades venideras, comprendiendo las suyas, aunque no haya tenido tiempo para llevar su análisis hasta el fondo. «El Estado burgués sin burguesía» se reveló incompatible con una democracia soviética auténtica. La dualidad de las funciones del Estado no podía dejar de manifestarse en su estructura. La experiencia ha demostrado que la teoría no había sabido prever con claridad suficiente: si «el Estado de los obreros armados» responde plenamente a sus fines cuando se trata de defender la propiedad socializada en contra de la contrarrevolución, no sucede lo mismo cuando se trata de reglamentar la desigualdad en la esfera del consumo. Los que carecen de privilegios no se sienten inclinados a crearlos ni a defenderlos. La mayoría no puede respetar los privilegios de la minoría. Para defender el «derecho burgués», el Estado obrero se ve obligado a formar un órgano del tipo «burgués», o, dicho brevemente, se ve obligado a volver al gendarme, aunque dándole un nuevo uniforme.

Hemos dado, así, el primer paso hacia la comprensión de la contradicción fundamental entre el programa bolchevique y la realidad soviética. Si el Estado, en lugar de agonizar, se hace cada vez más despótico, si los mandatarios de la clase obrera se burocratizan, si la burocracia se erige por encima de la sociedad renovada, no se debe a razones secundarias como las supervivencias psicológicas del pasado, etcétera; se debe a la inflexible necesidad de formar y de sostener a una minoría privilegiada mientras no sea posible asegurar la igualdad real.

Las tendencias burocráticas que sofocan al movimiento obrero también deberán manifestarse por doquier después de la revolución proletaria. Pero es evidente que, mientras más pobre sea la sociedad nacida de la revolución, esta «ley» deberá manifestarse de manera más severa, sin rodeos, y mientras más brutales sean las formas que debe revestir, el burocratismo será más peligroso para el desarrollo del socialismo. No son los «restos», impotentes por sí mismos, de las antiguas clases dirigentes los que impiden, como lo declara la doctrina puramente policiaca de Stalin, que el Estado soviético perezca, pues aunque se liberara de la burocracia parasitaria, permanecerían factores infinitamente más potentes, como la indigencia material, la falta de cultura general y el dominio consiguiente del «derecho burgués» en el terreno que interesa más directa y vivamente a todo hombre: el de su conservación personal.

Gendarme e indigencia socializada

El joven Marx escribía dos años antes del *Manifiesto comunista*: «[...] el desarrollo de las fuerzas productivas es prácticamente la primera condición absolutamente necesaria (del comunismo) por esta razón: que sin él sí se socializaría la indigencia y esta haría resurgir la lucha por lo necesario y rebrotaría, consecuentemente, todo el viejo caos [...]». Esta idea no la desarrolló Marx en ninguna parte, y no se debió a una casualidad: no preveía la victoria de la revolución en un país atrasado. Tampoco Lenin se detuvo en ella, y tampoco esto se debió al azar: no preveía un aislamiento tan largo del Estado soviético.[5] Pero el texto que acabamos de citar, que no fue para Marx más que una suposición abstracta, un argumento por oposición, no ofrece una clave teórica única para abordar las dificultades absolutamente concretas y los males del régimen soviético. Sobre el terreno histórico de la miseria, agravado por las devastaciones de la guerra imperialista y de la guerra civil, «la lucha por la existencia individual» lejos de desaparecer con la subversión de la burguesía, lejos de atenuarse en los años siguientes, revistió un encarnizamiento sin precedentes: ¿tenemos que recordar que en dos ocasiones se produjeron actos de canibalismo en ciertas regiones del país?

La distancia que separa a Rusia del Occidente, no se mide verdaderamente sino hasta ahora. En las condiciones más favorables, es decir, en ausencia de convulsiones internas y de catástrofes exteriores, la URSS necesitaría varios lustros para asimilar completamente el acervo económico y educativo que ha sido, para los primogénitos del capitalismo, el fruto de siglos. La aplicación de métodos socialistas a tareas presocialistas es el fondo del actual trabajo económico y cultural de la URSS.

Es cierto que la URSS sobrepasa, actualmente, por sus fuerzas productivas, a los países más avanzados del tiempo de Marx. Pero, en primer lugar, en la competencia histórica de dos regímenes, no se trata tanto de niveles absolutos como de niveles relativos: la economía soviética se opone al capitalismo de Hitler, de Baldwin y de Roosevelt, no al de Bismarck, Palmerston y Abraham Lincoln. En segundo lugar, la amplitud misma de las necesidades del hombre se modifica radicalmente con el crecimiento de la técnica mundial: los contemporáneos de Marx no conocían el automóvil ni la radio, ni el avión. Una sociedad socialista sería inconcebible en nuestro tiempo sin el libre uso de todos esos bienes.

«El estado inferior del comunismo», para emplear el término de Marx, comienza en el nivel más avanzado al que ha llegado el capitalismo, y el programa real de los próximos períodos quinquenales de las repúblicas soviéticas consiste en «alcanzar a Europa y América». Para la creación de una red de gasolineras y de autopistas en la URSS se necesita mucho más tiempo y dinero que para importar de América fábricas de automóviles listas, y para apropiarse de su técnica. ¿Cuántos años se necesitarán para dar a todo ciudadano la posibilidad de usar un automóvil en todas direcciones y sin encontrar dificultades para obtener gasolina? En la sociedad bárbara, el peatón y el caballero formaban dos clases. El automóvil no diferencia menos a la sociedad que el caballo de silla. Mientras que el modesto Ford continúe siendo el privilegio de una minoría, todas las relaciones y todos los hábitos propios de la sociedad burguesa siguen en pie. Con ellos subsiste el Estado, guardián de la desigualdad.

Partiendo únicamente de la teoría marxista de la dictadura del proletariado, Lenin no pudo, ni en su obra capital sobre el problema (*El Estado y la revolución*), ni en el programa del partido, obtener sobre el carácter del Estado todas las deducciones impuestas por la condición atrasada y el aislamiento del país. Al explicar la supervivencia de la burocracia por la inexperiencia administrativa de las masas y las dificultades nacidas de la guerra, el programa del partido prescribe medidas puramente políticas para vencer las «deformaciones burocráticas» (elegibilidad y revocabilidad en cualquier momento de todos los mandatarios, supresión de los privilegios materiales, control activo de las masas). Se pensaba que con estos medios, el funcionario cesaría de ser un jefe para transformarse en un simple agente técnico, por otra parte provisional, mientras que el Estado poco a poco abandonaba la escena sin ruido.

Esta subestimación manifiesta de las dificultades se explica porque el programa se fundaba enteramente y sin reservas sobre una perspectiva internacional. «La Revolución de Octubre ha realizado en Rusia la dictadura del proletariado [...]. La era de la revolución proletaria, comunista, universal, se ha abierto». Estas son las primeras líneas del programa. Los autores de este documento no se asignaban como único fin «la edificación del socialismo en un solo país» —semejante idea no se le ocurría a nadie, y a Stalin menos que a nadie—, y no se preguntaban qué carácter revestiría el Estado soviético si tuviera que realizar solo, durante veinte años, las tareas económicas y culturales desde hacía largo tiempo realizadas por el capitalismo avanzado. Sin embargo, la crisis revolucionaria de posguerra no produjo la victoria del socialismo en Europa, la socialdemocracia salvó a la burguesía. El período que para Lenin[6] y sus compañeros de armas debía ser una corta «tregua» se convirtió en toda una época de la historia. La contradictoria estructura social de la URSS y el carácter ultra burocrático del Estado soviético, son las consecuencias directas de esta singular «dificultad» histórica imprevista, que al mismo tiempo arrastró a los países capitalistas al fascismo o a la reacción prefascista.

Si la tentativa primitiva —crear un Estado libre de burocracia— tropezó, en primer lugar, con la inexperiencia de las masas en materia de autoadministración, con la falta de trabajadores calificados leales al socialismo, etcétera, no tardarían en dejarse sentir otras dificultades posteriores. La reducción del Estado a funciones «de censo y de control», mientras que las funciones coercitivas debían debilitarse sin cesar, como lo exigía el programa, suponía cierto bienestar. Esta condición necesaria faltaba. El socorro de Occidente no llegaba. El poder de los sóviets democráticos resultaba molesto y hasta intolerable cuando se trataba de servir a los grupos privilegiados más indispensables para la defensa, para la industria, para la técnica y para la ciencia. Una poderosa casta de especialistas del reparto se formó y se fortificó gracias a la maniobra nada socialista de quitarles a diez personas para darle a una. ¿Cómo y por qué los inmensos progresos económicos de los últimos tiempos en lugar de suavizar la desigualdad la han agravado, aumentando más todavía la burocracia, cómo una «deformación» se ha transformado en un sistema de gobierno? Antes de responder a esta pregunta, escuchemos lo que los jefes más autorizados de la burocracia soviética dicen de su propio régimen.

«La victoria completa del socialismo» y «la consolidación de la dictadura»

La victoria completa del socialismo ha sido anunciada varias veces en la URSS y bajo una forma particularmente categórica, después de la «liquidación de los *kulaks* como clase». El 30 de enero de 1931, al comentar un discurso de Stalin, *Pravda* escribía: «El segundo plan quinquenal liquidará los últimos vestigios de los elementos capitalistas en nuestra economía». Desde este punto de vista, el Estado debería desaparecer sin remedio en el mismo lapso, pues ya nada hay que hacer en donde los «últimos vestigios del capitalismo» han sido liquidados. «El poder de los sóviets —declara a este respecto el programa del partido bolchevique— reconoce francamente el ineludible carácter de clase de todo Estado, en tanto que no haya desaparecido enteramente la división de la sociedad en clases, y con ella, toda "autoridad gubernamental"». Pero tan pronto como algunos imprudentes teóricos moscovitas trataron de deducir de la liquidación de los «últimos vestigios del capitalismo» —admitida por ellos como una realidad— el fin del Estado, la burocracia declaró sus teorías «contrarrevolucionarias».

¿El error teórico de la burocracia consiste entonces en la proposición principal o en la deducción? En ambas partes. Respecto a las primeras declaraciones sobre la «victoria total», la oposición de izquierda contestó: no puede limitarse a considerar las simples formas jurídico-sociales de las relaciones aún contradictorias y poco maduras de la agricultura, haciendo abstracción del criterio principal: el nivel alcanzado por el rendimiento del trabajo. Las formas jurídicas mismas tienen un contenido social que varía profundamente según el grado de desarrollo de la técnica: «El derecho no puede jamás elevarse sobre el régimen económico y el desarrollo cultural de la sociedad condicionada por este régimen» (Marx). Las formas soviéticas de la propiedad, fundadas sobre las adquisiciones más recientes de la técnica americana y extendidas a todas las ramas de la economía producirían el primer período del socialismo. Las formas soviéticas, ante el bajo rendimiento del trabajo, no significan más que un régimen transitorio cuyos destinos aún no han sido sopesados definitivamente por la historia.

«¿No es monstruoso?» —escribíamos en marzo de 1932—. El país no sale de la penuria de mercancías, el avituallamiento se interrumpe a cada instante, los niños carecen de leche y los oráculos oficiales proclaman que «el país ha entrado en el período socialista». ¿Es posible comprometer más torpemente el socialismo? Karl Rádek,[7] entonces unos de los publicistas en boga de los medios dirigentes soviéticos, replicaba a esta objeción en un número especial del *Berliner Tageblatt* dedicado a la URSS (mayo de 1932), en los términos siguientes, dignos de ser conservados para la posteridad: «La leche es el producto de la vaca, no socialismo; y se necesita realmente confundir el socialismo con la imagen del país en que corren ríos de leche para no comprender que un país puede elevarse a un grado superior de desarrollo sin que, momentáneamente, la situación material de las masas populares no mejore sensiblemente». Estas líneas fueron escritas en un momento en que el país era azotado por un hambre terrible.

El socialismo es el régimen de la producción planificada para la mejor satisfracción de las necesidades del hombre, sin lo cual no merece ese nombre. Si las vacas se declaran propiedad colectiva, pero si hay demasiado pocas o si su producto es insuficiente, comienzan los conflictos por la falta de leche: entre la ciudad y el campo, entre los koljoses y los cultivadores independientes, entre las diversas capas del proletariado, entre la burocracia y el conjunto de trabajadores. Y justamente a causa de la socialización de las vacas, los campesinos las sacrificaron en masa. Los conflictos sociales engendrados por la indigencia pueden, a su vez, hacer que se regrese a «todo el antiguo caos». Tal fue el sentido de nuestra respuesta.

En su resolución del 20 de agosto de 1935, el VII Congreso de la Internacional Comunista certifica solemnemente que «la victoria definitiva e irrevocable del socialismo y la consolidación, en todos los aspectos, del Estado de la dictadura del proletariado» son en la URSS el resultado de los éxitos de la industria nacionalizada, de la eliminación de los elementos capitalistas y de la liquidación de los *kulaks* como clase. A pesar de su apariencia categórica, la afirmación de la Internacional Comunista es profundamente contradictoria: si el socialismo ha vencido «definitiva e irrevocablemente», no como principio, sino como organización social viva, la nueva «consolidación de la dictadura» es un absurdo evidente. Inversamente, si la consolidación de la dictadura responde a las necesidades reales del régimen, es porque aún estamos lejos de la victoria del socialismo. Todo político capaz de pensar de un modo realista, para no hablar de los marxistas, debe comprender que la necesidad misma de «consolidar» la dictadura, es decir, la imposición gubernamental, no prueba el triunfo de una armonía social sin clases, sino el crecimiento de nuevos antagonismos sociales. ¿Cuál es su base? La penuria de los medios de existencia, resultado del bajo rendimiento del trabajo.

Lenin caracterizó un día al socialismo con estas palabras: «El poder de los sóviets más la electrificación». Esta definición epigramática, cuya estrechez respondía a fines de propaganda, suponía, en todo caso, como punto de partida mínimo, el nivel capitalista —cuando menos— de electrificación. Pero todavía en la actualidad la URSS dispone por habitante de tres veces menos energía eléctrica que los países capitalistas avanzados. Teniendo en cuenta que mientras tanto los sóviets han cedido el lugar a un aparato independiente de las masas, no queda a la Internacional Comunista más que proclamar que el socialismo es el poder de la burocracia más una tercera parte de la electrificación capitalista. Esta definición será de una exactitud fotográfica, pero el socialismo tiene poco sitio en ella. En su discurso a los estajanovistas,[8] en noviembre de 1935, Stalin, de acuerdo con el fin empírico de esta conferencia, declaró bruscamente: «¿Por qué el socialismo puede, debe vencer y vencerá al sistema capitalista? Porque puede y debe dar [...] un rendimiento más elevado del trabajo». Refutando incidentalmente la resolución de la Internacional Comunista adoptada tres meses antes, así como sus propias declaraciones reiteradas sobre este asunto, Stalin habla esta vez de la «victoria» futura: el socialismo vencerá al sistema capitalista, cuando lo sobrepase en el rendimiento del trabajo. Vemos que no solamente los tiempos del verbo cambian con las circunstancias, los criterios sociales evolucionan también. Seguramente para el ciudadano soviético no es fácil seguir «la línea general».

En fin, el 1ro. de marzo de 1936, en su conversación con Roy Howard, Stalin da una nueva definición del régimen soviético: «La organización social que hemos creado, llámese soviética o socialista, no está completamente terminada, pero en el fondo es una organización socialista de la sociedad». Esta definición, intencionalmente difusa, encierra casi tantas contradicciones como palabras. La organización social es calificada de «soviética socialista». Pero los sóviets representan una forma de Estado y el socialismo es un régimen social. Estos términos, lejos de ser idénticos, desde el punto de vista que nos ocupa, son opuestos: los sóviets deben desaparecer a medida que la organización social se haga socialista, así como los andamios se retiran cuando la construcción está terminada. Stalin introduce una corrección: «el socialismo no está completamente terminado». ¿Qué quiere decir este «no completamente»? ¿Falta el 5% o el 75%? No lo dice, así como se abstiene de decirnos lo que hay que entender por el «fondo» de la organización socialista de la sociedad. ¿Las formas de la propiedad o la técnica? La oscuridad misma de esta definición significa un retroceso con relación a las fórmulas infinitamente más categóricas de 1931 y 1935. Un paso más en este camino y habría que reconocer que la raíz de toda organización social está en las fuerzas productivas, y que esta raíz soviética es justamente demasiado débil aun para la planta socialista y para la felicidad humana que es su coronación.

Fuente: L. Trotski: «El socialismo y el Estado», en *La revolución traicionada*, cap. III, Pathfinder Press, Estados Unidos, 1992.

El aumento de la desigualdad y de los antagonismos sociales*

Miseria, lujo, especulación

Después de haber comenzado por el «reparto socialista»,[1] el poder de los sóviets se vio obligado, en 1921, a recurrir de nuevo al mercado. La extrema penuria de recursos en la época del primer plan quinquenal, condujo nuevamente a la distribución estatal, es decir, a renovar la experiencia del «comunismo de guerra» a escala más amplia. Esta base también fue insuficiente. En 1935, el sistema del reparto planificado cedió de nuevo su lugar al comercio. Se vio, en dos ocasiones, que los métodos vitales del reparto de productos dependen del nivel de la técnica y de los recursos materiales dados, más que de las formas de la propiedad.

El aumento del rendimiento del trabajo, debido especialmente al trabajo a destajo, promete un crecimiento de la masa de mercancías y una baja de los precios, de lo que resultaría un aumento del bienestar de la población. Este no es más que un aspecto del problema que ya pudo observarse, como se sabe, bajo el antiguo régimen, en la época de su plenitud económica. Los fenómenos y los procesos sociales deben considerarse en sus relaciones y en su interdependencia. El aumento del rendimiento del trabajo sobre la base de la circulación de mercancías significa, también, un aumento de la desigualdad. El aumento del bienestar de las capas dirigentes comienza a sobrepasar

---

* Se terminó de escribir en 1936. Publicado por primera vez en 1937. (*N. del E.*).

sensiblemente al del bienestar de las masas. Mientras que el Estado se enriquece, la sociedad se diferencia.

Por las condiciones de la vida cotidiana, la sociedad soviética actual se divide en una minoría privilegiada que tiene asegurado el porvenir y en una mayoría que vegeta en la miseria, pues la desigualdad de que hablamos produce en los dos polos contrastes marcadísimos. Los productos destinados al consumo de las masas son, habitualmente y a pesar de sus altos precios, de muy baja calidad y cuanto más lejos se está del centro más difícil es conseguirlos. En estas condiciones, la especulación y el robo llegan a ser verdaderas plagas y si ayer completaban al reparto planificado, aportan actualmente un correctivo al comercio soviético.

Los «amigos» de la URSS tienen la costumbre de anotar sus impresiones con los ojos cerrados y los oídos tapados. No es posible contar con ellos. Los enemigos esparcen algunas veces calumnias. Consultemos a la burocracia misma. Como no es su propia enemiga, las acusaciones que se hace a sí misma, motivadas siempre por necesidades urgentes y prácticas, merecen infinitamente más crédito que sus frecuentes y ruidosas habladurías.

El plan industrial para 1935 ha sido sobrepasado, como es sabido. Pero en lo que se refiere a la construcción de habitaciones obreras es la más lenta, la más defectuosa y la más descuidada. Los campesinos de los koljoses viven, como antiguamente en las isbas —viviendas de madera—, con sus becerros y sus polillas. Por otra parte, los notables soviéticos se quejan de que en las habitaciones construidas para ellos no siempre hay «cuarto de criados».

Todo régimen se expresa por su arquitectura y sus monumentos. La época soviética actual está caracterizada por los palacios y las casas de los sóviets construidos, verdaderos templos de la burocracia (que cuestan algunas veces decenas de millones), por teatros lujosos, por casas del Ejército Rojo, principalmente clubes militares reservados a los oficiales, por un metropolitano[2] para uso de los que pueden pagarlo, mientras que la construcción de las habitaciones obreras, así sean del tipo de los cuarteles, está invariable y terriblemente atrasada.

Se han obtenido éxitos reales en las vías férreas, pero el simple ciudadano soviético no ha ganado gran cosa con ello. Innumerables informes de los jefes denuncian continuamente «la suciedad de los vagones y de los locales destinados al público», la «irritante falta de cuidado en la atención a los viajeros», el «número considerable de abusos, de robos y de estafas con motivo de la venta de boletos [...], la ocultación de los asientos para especular con ellos [...], el robo de equipajes durante el trayecto». Estos hechos «deshonran la transportación socialista». De hecho, la transportación capitalista también los considera crímenes o delitos de derecho común. Las quejas repetidas de nuestro elocuente administrador demuestran, sin duda alguna, la insuficiencia de los medios de transporte para la población y la penuria extrema de los artículos confiados a esos fines y, en fin, el cínico desdén profesado por los dirigentes de los ferrocarriles, como por todos los otros, hacia el simple mortal. En cuanto a sí misma, la burocracia sabe muy bien hacerse servir en la tierra, en el agua y en los aires, lo que se comprueba por el gran número de vagones-salones, de trenes especiales y de buques de que dispone, reemplazándolos cada vez más por autos y aviones más confortables.

Caracterizando los éxitos de la industria soviética, el representante del CC en Leningrado, Zhdánov, aplaudido por un auditorio directamente interesado, le promete que «el año entrante, nuestros activistas ya no irán a las asambleas en los modestos Fords de hoy, sino en limusinas». La técnica soviética, en la medida en que se vuelve hacia el hombre, trata, ante todo, de satisfacer las necesidades acrecentadas de la minoría privilegiada. Los tranvías —donde los hay— van repletos, como antiguamente.

Cuando el Comisario del Pueblo para la Industria Alimenticia, Mikoyán, se alegra de que las clases inferiores de bombones son eliminadas poco a poco por las clases superiores, y de que «nuestras mujeres» exigen mejores perfumes, esto significa solamente que la industria se adapta, a consecuencia de la vuelta al comercio, a consumidores más calificados. Esta es la ley del mercado, en la que las mujeres de los altos personajes no son las menos influyentes. Se sabe, al mismo tiempo, que 68 cooperativas de 95 registradas en Ucrania (1935) carecían completamente de bombones y que, de manera general, la demanda de confitería solo es satisfecha en la proporción de 15% y gracias a la ayuda de las clases más bajas. *Izvestia* deplora que «las fábricas no tengan en cuenta las exigencias del consumidor» cuando se trata, naturalmente, de un consumidor capaz de defenderse.

El académico Bach, al plantear el problema desde el punto de vista de la química orgánica, encuentra que «nuestro pan es algunas veces de calidad detestable». Los obreros y las obreras no iniciados en los misterios de la fermentación, están completamente de acuerdo; con la diferencia de que no pueden, como el honorable académico, dar su opinión a la prensa.

El trust de la confección en Moscú hace publicidad para modelos de vestidos de seda diseñados para la Casa de Modelos; pero en provincias, y aun en los grandes centros industriales, los obreros no pueden conseguir una camisa de tela regular sin hacer cola. Faltan igual que antes. Es mucho más difícil asegurar lo necesario a un gran número, que lo superfluo a unos cuantos. Toda la historia lo demuestra.

Enumerando sus adquisiciones, Mikoyán nos hace saber que «la industria de la margarina es nueva». El antiguo régimen no la conocía, es cierto. No deduzcamos de eso que la situación ha empeorado: el pueblo tampoco veía entonces la manteca. Pero la aparición de un sucedáneo significa, en todo caso, que en la URSS hay dos clases de consumidores: el que prefiere la manteca y el que se conforma con la margarina. «Proporcionamos a voluntad el tabaco grueso en granos, la majorca», declara Mikoyán, olvidando añadir que ni en Europa ni en América se consume tabaco de tan triste calidad.

Una de las manifestaciones más notorias, por no decir más provocativa, de la desigualdad, es la apertura en Moscú y en otras ciudades importantes de almacenes que venden mercancías de calidad superior y que llevan el nombre expresivo, aunque extranjero, de *luxe*. Pero las quejas incesantes sobre los robos en las tiendas de comestibles en Moscú y en las provincias, muestran que solo hay productos para la minoría y que, sin embargo, todo el mundo quisiera alimentarse.

La obrera que tiene un hijo conoce bien al régimen social y su criterio «de consumo», como dicen desdeñosamente los grandes personajes, muy atentos a su propio consumo, que es en definitiva el que decide. En el conflicto entre la obrera y la burocracia nos colocamos, con Marx y Lenin, al lado de la obrera contra el burócrata que exagera los éxitos alcanzados, disfraza las contradicciones y amordaza a la obrera. Admitamos que la margarina y el tabaco en grano sean tristes necesidades, pero en este caso no hay por qué enorgullecerse y maquillar la realidad. Limusinas para los «activistas», buenos perfumes para sus mujeres; para los obreros, margarina; almacenes de lujo para los privilegiados; el espectáculo de los manjares finos expuestos en la vitrina para la plebe. Este socialismo no puede ser, ante los ojos de las masas, más que un capitalismo que regresa. Apreciación que no es del todo falsa. En el terreno de la «miseria socializada», la lucha por lo necesario amenaza con resucitar «todo el antiguo caos», y lo resucita parcialmente a cada paso.

El mercado actual difiere del de la NEP (1921-1928) en que se debe desarrollar sin intermediarios ni comercio privado, poniendo frente a frente a las organizaciones del Estado, las cooperativas, los koljoses y los ciudadanos. Pero esto solo sucede en principio. El aumento rápido del comercio minorista (Estado y cooperativas), debe llevarlo a 100 000 millones de rublos en 1936. El comercio de los koljoses, que se estima en 16 000 millones de rublos en 1935, debe crecer sensiblemente este año. Es difícil decir cuál es el lugar que ocupan en esta cifra de operaciones los intermediarios ilegales y semilegales; lugar que en ningún caso es insignificante. Así como los cultivadores, los koljoses, y más aún, ciertos miembros de estos últimos se inclinan por recurrir a los intermediarios, los artesanos, los cooperativistas, las industrias locales que tratan con los campesinos, siguen los mismos métodos. De vez en cuando se sabe repentinamente que en un amplio radio, el comercio de la carne, de la mantequilla, de los huevos, ha caído en manos de los «mercaderes». Los artículos más necesarios como la sal, las cerillas, la harina, el petróleo, que abundan en los almacenes del Estado, faltan durante semanas y meses en las cooperativas rurales burocratizadas; está claro que los campesinos los adquieren en otras partes. La prensa soviética menciona constantemente a los revendedores, como si fueran naturalmente necesarios.

Los otros aspectos de la iniciativa y de la acumulación privadas desempeñan visiblemente un papel menos importante. Los cocheros que poseen un tiro y los artesanos independientes, así como los cultivadores independientes, apenas son tolerados. Numerosos talleres de reparación, propiedad de particulares, existen en Moscú y el Gobierno cierra los ojos ante ellos porque llenan importantes lagunas. Un número infinitamente mayor de particulares trabaja bajo las falsas insignias de los carteles (asociaciones) y de las cooperativas, o se resguarda en los koljoses. Mientras tanto, el servicio de investigaciones criminales, como si tuviera un placer especial en hacer salir a los lagartos de la economía, detiene de vez en cuando en Moscú, en calidad de especuladores, a pobres mujeres hambrientas que venden gorros que ellas mismas han tejido y camisas corrientes que han cosido.

«La base de la especulación ha sido destruida en nuestro país — proclamaba Stalin (otoño de 1935) — y si aún tenemos mercaderes, esto solo se explica por la insuficiente vigilancia de clase de los obreros y por el liberalismo de ciertas instancias soviéticas respecto a los especuladores». ¡Razonamiento burocrático típico! ¿La base económica de la especulación ha sido destruida? En ese caso no hay necesidad de vigilancia. Si por ejemplo, el Estado pudiera proporcionar gorros en número suficiente, ¿qué necesidad habría de detener a las desdichadas vendedoras callejeras? Es muy dudoso, por lo demás, que aun sin que eso suceda, sea necesario encarcelarlas.

Las categorías de la iniciativa privada que acabamos de enumerar no son temibles por sí mismas, ni por la calidad ni por la amplitud de sus operaciones. No es posible temer que cocheros, vendedores de gorros, relojeros, vendedores de huevos, ataquen las murallas de la propiedad estatalizada. Pero el problema no se resuelve con la simple ayuda de las proporciones aritméticas. La profusión y la variedad de los especuladores de todas clases, que surgen a la menor tolerancia administrativa como las manchas de fiebre en un cuerpo enfermo, atestiguan la constante presión de las tendencias pequeñoburguesas. El grado de nocividad de los bacilos de la especulación para el porvenir socialista, está determinado por la capacidad general de resistencia del organismo económico y político del país.

El estado de espíritu y la conducta de los obreros y de los trabajadores de los koljoses, es decir, de cerca del 90% de la población, están determinados en primer lugar por las modificaciones de su salario real. Pero la relación entre sus ingresos y los de las capas sociales más favorecidas, no tiene la menor importancia. La ley de la relatividad se deja sentir más directamente en el dominio del consumo. La expresión de todas las relaciones sociales en términos de contabilidad-dinero revela la parte real de las diversas capas sociales en la renta nacional. Aun admitiendo la necesidad histórica de la desigualdad durante un tiempo bastante largo, el problema de los límites tolerables de esta desigualdad queda planteado, así como el de su utilidad social en cada caso concreto. La lucha inevitable por la parte de la renta nacional se transformará necesariamente en una lucha política.[3] Si el régimen actual es socialista o no, es un problema que no será resuelto por los sofismas de la burocracia, sino por la actitud de las masas, es decir, de los obreros y de los campesinos de los koljoses.

La diferenciación del proletariado

Parece que los datos referentes al salario real deberían ser objeto de un estudio particularmente atento en un Estado obrero, la estadística de los ingresos por categorías de población, debería ser límpida y accesible a todos. En realidad, este dominio, que es el que toca más de cerca los intereses vitales de los trabajadores, está cubierto por una densa bruma. Por increíble que sea, el presupuesto de una familia obrera en la URSS constituye para el observador una magnitud mucho más enigmática que en cualquier país capitalista. En vano trataríamos de trazar la curva de los salarios reales de las diversas categorías de obreros durante el segundo período quinquenal. El silencio obstinado de las autoridades y de personas competentes en la materia es tan elocuente como su exhibición de cifras sumarias y desprovistas de significado.

Según un informe del Comisario del Pueblo para la Industria pesada, Ordzhonikidze, el rendimiento medio mensual de un obrero ha aumentado 3,2 veces en diez años, de 1925 a 1935, mientras que el salario ha aumentado 4,5 veces. ¿Qué parte de este último coeficiente, tan bello en apariencia, es devorado por los especialistas y los obreros bien pagados? ¿Cuál es el valor efectivo de este salario nominal —cosa no menos importante? No sabemos nada por el informe ni por los comentarios de la prensa. En el Congreso de la Juventud Soviética en abril de 1936, el secretario general de las juventudes comunistas, Kosarev, decía: «A partir de enero de 1931 hasta diciembre de 1935, el salario de los jóvenes ha aumentado el 340%». Pero aun entre los jóvenes condecorados, cuidadosamente escogidos y dispuestos a prodigar ovaciones, esta fanfarronada no provocó aplausos: el auditorio sabía demasiado bien, igual que el orador, que el brusco paso a los precios de mercado agravaba la situación de la gran mayoría de los obreros.

El salario medio anual, que se determina reuniendo los salarios del director del trust y los de la barrendera, era, en 1935, de 2 300 rublos y debe alcanzar en 1936 cerca de 2 500 rublos, o sea, al tipo nominal del cambio, 7 500 francos franceses y algo así como 3 500 a 4 000 francos franceses, según la capacidad de compra. Esta cifra modestísima disminuye aun más si se toma en cuenta que el aumento de los salarios de 1936 no es más que una compensación parcial por la supresión de los precios de favor y de algunos servicios gratuitos. Pero lo principal de todo esto es que el salario de 2 500 rublos al año, o sea 208 rublos al mes, no es más que un promedio, es decir, una ficción aritmética destinada a enmascarar la realidad de una cruel desigualdad en la retribución del trabajo.

Es indiscutible que la situación de la capa superior de la clase obrera, y sobre todo de los llamados estajanovistas, ha mejorado sensiblemente durante el año pasado; la prensa relata detalladamente cuántos trajes, cuántos pares de zapatos, cuántos gramófonos, bicicletas y latas de conserva han podido comprar los obreros condecorados. Al mismo tiempo se descubre que pocos de estos bienes son accesibles al obrero ordinario. Stalin dice las causas que han hecho nacer el movimiento estajanovista: «Se vive mejor, más alegremente. Y cuando se vive más alegremente, el trabajo mejora». Hay algo de verdad en esta manera optimista, propia de los dirigentes, de presentar el trabajo a destajo. En efecto, la formación de una aristocracia obrera solo ha sido posible gracias a los éxitos económicos anteriores. El estímulo de los estajanovistas no consiste, sin embargo, en la «alegría», sino en el deseo de ganar más. Mólotov ha modificado en este sentido la afirmación de Stalin: «El anhelo de alcanzar un alto rendimiento del trabajo ha sido inspirado a los estajanovistas por el simple deseo de aumentar su salario». En efecto, en unos cuantos meses se han formado toda una categoría de obreros, apodada los «mil» porque su salario es superior a mil rublos al mes. Hay algunos que ganan más de 2 000 rublos, mientras que el trabajador de las categorías inferiores gana frecuentemente menos de 100 rublos.

La simple amplitud de estas variaciones de salarios establecería, según parece, una diferencia suficiente entre el obrero «notable» y el obrero «ordinario». Pero esto no basta a la burocracia. Los estajanovistas están literalmente colmados de privilegios. Se les dan habitaciones nuevas, se hacen reparaciones en sus casas, disfrutan de vacaciones fuera de tiempo en las casas de descanso y en los sanatorios, se les envía gratuitamente, a domicilio, maestros de escuela y médicos, tienen entradas gratuitas al cine; llega a suceder que se les brinda el servicio de barbería gratuitamente fuera de turno. Muchos de estos privilegios parecen inventados especialmente para herir y ofender al obrero medio. La obsequiosa benevolencia de las autoridades tiene su causa tanto en el arribismo como en la mala conciencia: los dirigentes locales aprovechan ávidamente la ocasión de salir de su aislamiento favoreciendo con privilegios a una aristocracia obrera. El resultado es que el salario real de un estajanovista sobrepasa frecuentemente de veinte a treinta veces al de las categorías inferiores. Los sueldos de los especialistas más favorecidos bastarían en muchas circunstancias para pagar de ochenta a cien peones. Por la magnitud de la desigualdad en la retribución del trabajo, la URSS ha alcanzado y sobrepasado ampliamente a los países capitalistas.

Los mejores estajanovistas, los que se inspiran realmente en móviles socialistas, lejos de alegrarse con los privilegios, se sienten descontentos. Es de comprender: el goce individual de diversos bienes en una atmósfera de miseria general, los rodea de un círculo de hostilidad y de envidia que les envenena la existencia. Estas relaciones entre los obreros están más alejadas de la moral socialista que las de los obreros de una fábrica capitalista, reunidos por la lucha común contra la explotación.

Resulta que la vida cotidiana no es fácil para el obrero calificado, sobre todo en provincias. Además de que la jornada de siete horas es sacrificada progresivamente al aumento del rendimiento del trabajo, muchas horas se dedican a la lucha complementaria por la existencia. Se indica como un signo particular del bienestar que los mejores obreros de los sovjoses —explotaciones agrícolas del Estado—, los conductores de tractores y de máquinas combinadas, que forman ya una aristocracia ostensible, tienen vacas y puercos. Así pues, la teoría según la cual era preferible el socialismo sin leche que la leche sin socialismo, se ha abandonado. Se reconoce ahora que los obreros de las empresas agrícolas del Estado, en las que parece que no faltan vacas ni cerdos, necesitan tener, para asegurar su existencia, su propio rebaño minúsculo. El comunicado triunfal según el cual 96 000 obreros de Járkov tienen huertas individuales, no es menos asombroso. Las otras ciudades han sido invitadas a imitar a Járkov. ¡Qué terrible desperdicio de fuerza humana significan la «vaca individual», el «huerto individual», y qué fardo para el obrero, y aun más para su mujer y sus hijos, el trabajo medieval de la pala, del estiércol y de la tierra!

La gran mayoría de los obreros carece, como es natural, de vacas y de hortalizas y, con frecuencia, de albergue. El salario de un peón es de 1 500 rublos al año, algunas veces menos, lo que con los precios soviéticos equivale a la miseria. Las condiciones de alojamiento, índice de los más característicos de la situación material y cultural, son de las peores; algunas veces intolerables.

La inmensa mayoría de los obreros se amontona en habitaciones comunes peor instaladas, mucho menos habitables que los cuarteles. ¿Se trata de justificar los fracasos en la producción, las faltas al trabajo, los defectos de la producción? La administración misma, por medio de sus periodistas, describe las condiciones de alojamiento de los obreros: «Los obreros duermen sobre el suelo, pues la madera de los lechos está infestada de chinches, las sillas están destruidas, no hay un recipiente para beber, etcétera». «Dos familias viven en un cuarto. El techo está agujereado. Cuando llueve, entra el agua a cántaros». «Los escusados son indescriptibles...». Detalles de este género, relacionados con el país entero, podrían citarse hasta el infinito. A consecuencia de las condiciones de existencia intolerables, «la fluidez del personal —escribe, por ejemplo, un dirigente de la industria petrolera— alcanza grandes proporciones [...]. Numerosos pozos no son explotados por falta de mano de obra...». En ciertas regiones poco favorecidas, solo los obreros despedidos de otras partes por indisciplina consienten en trabajar. Así se forma en los bajos fondos del proletariado una categoría de miserables privados de todo derecho, parias soviéticos, que una rama de la industria tan importante como el petróleo se ve obligada a emplear abundantemente.

A consecuencia de las desigualdades notables en el régimen de los salarios, agravadas además por los privilegios arbitrariamente creados, la burocracia logra que nazcan ásperos antagonismos en el seno del proletariado. Recientes informaciones de la prensa pintaban el cuadro de una guerra civil disimulada. «El sabotaje de las máquinas constituye el medio preferido (!) para combatir el sistema estajanovista», escribía, por ejemplo, el órgano de los sindicatos. «La lucha de clases» se evoca a cada paso. En esta lucha de «clases», los obreros están de una parte; los sindicatos de otra. Stalin recomendaba públicamente «romperles la cabeza» a los insumisos. Otros miembros del CC amenazan en diversas ocasiones a «los enemigos desvergonzados» con anularlos totalmente. La experiencia del movimiento estajanovista hace ver claramente el abismo que existe entre el poder y el proletariado y la obstinación desenfrenada de la burocracia para aplicar la regla: «Divide y vencerás». En revancha, el trabajo a destajo, forzado de este modo, se transforma, para consolar al obrero, en «estímulo socialista». Estas simples palabras son una burla. La emulación, cuyas raíces se hunden en la biología, indudablemente seguirá siendo en el régimen comunista —depurada del espíritu de lucro, del deseo de privilegios— el motor más importante de la civilización. Pero en una fase más próxima, preparatoria, la consolidación real de la sociedad socialista no debe hacerse con los métodos humillantes del capitalismo retrasado a los que recurre el Gobierno soviético, sino por medios más dignos del hombre liberado y, ante todo, sin el garrote del burócrata, pues este garrote es la herencia más odiosa del pasado; habrá que romperlo y quemarlo públicamente para que sea posible hablar de socialismo sin que la vergüenza nos enrojezca la frente.

Contradicciones sociales de la aldea colectivizada

Si los *trusts* industriales son «en principio» empresas socialistas, no podría decirse otro tanto de los koljoses que no reposan sobre la propiedad del Estado, sino sobre la de los grupos. Constituyen un gran progreso con relación a la agricultura parcelaria. ¿Conducirán al socialismo? Esto depende de una serie de circunstancias; unas de orden interno, y externas las otras, que se refieren al sistema soviético en su conjunto; existen, además, las de carácter internacional, que no son las menos importantes.

La lucha entre los campesinos y el Estado está lejos de haber terminado. La organización actual de la agricultura, aún muy inestable, no es más que un compromiso momentáneo de los dos adversarios después de una ruda explosión de guerra civil. Es cierto que el 90% de los hogares están colectivizados y que los campos de los koljoses han proporcionado el 94% de la producción agrícola. Aun si no se toma en cuenta cierto número de koljoses ficticios que en realidad disimulan intereses privados, hay que reconocer que, según parece, los cultivos parcelarios han sido vencidos en la proporción de sus nueve décimas partes. Pero la lucha real de las fuerzas y de las tendencias en las aldeas sobrepasa, de todas maneras, a la simple oposición de los cultivadores individuales y de los koljoses.

Para pacificar los campos, el Estado ha tenido que hacer grandes concesiones al espíritu de propiedad de los campesinos, comenzando por la devolución solemne de la tierra a los koljoses, en goce perpetuo, es decir, por la liquidación de la nacionalización del suelo. ¿Ficción jurídica? Según la relación de fuerzas puede transformarse en una realidad y constituir próximamente un grave obstáculo para la economía planificada. Sin embargo, es mucho más importante que el Estado se haya visto obligado a permitir la resurrección de las empresas campesinas individuales en parcelas minúsculas, con sus vacas, sus puercos, sus corderos, sus aves de corral, etcétera. A cambio de este golpe a la socialización y de esta limitación de la colectivización, el campesino consiente en trabajar apaciblemente, aunque sin gran celo por el momento, en los koljoses que le dan la posibilidad de cumplir con sus obligaciones con el Estado y de disponer de algunos bienes. Estas nuevas relaciones tienen todavía formas tan imprecisas que sería difícil expresarlas en cifras, aun cuando la estadística soviética fuera más honrada. Sin embargo, muchas razones permiten suponer que para el campesino es más importante su minúsculo bien personal que el koljós. Es decir, que la lucha entre la tendencia individualista y la colectivista, impregna todavía la vida del campo y que su resultado aún no está decidido. ¿En qué sentido se inclinan los campesinos? Ellos mismos no lo saben bien. El Comisario del Pueblo para la Agricultura decía a fines de 1935: «Hasta en los últimos tiempos hemos tropezado con una viva resistencia de los *kulaks* para ejecutar el plan de almacenamiento de los cereales». Es decir, que «hasta en los últimos tiempos» la mayor parte de los *koljosniki*[4] han considerado la entrega de trigo al Estado como una operación desventajosa y se han inclinado al comercio privado. Las leyes draconianas que defienden los bienes de los koljoses muestran lo mismo, pero en otro plano. Uno de los hechos más instructivos es que el haber de los koljoses está asegurado por el Estado en 20 000 millones de rublos, mientras que la propiedad privada de los miembros de los koljoses lo está en 21 000 millones. Si esta diferencia no indica necesariamente que los campesinos, considerados individualmente, son más ricos que los koljoses, demuestra en todo caso, que los cultivadores aseguran con más cuidado sus bienes privados que los bienes colectivos.

No menos interesante, desde el punto de vista que nos ocupa, es el desarrollo de la cría de ganado. Mientras que el número de caballos continuó bajando hasta 1935, y solo comenzó a aumentar ligeramente este año, como consecuencia de las medidas tomadas por el Gobierno, el aumento del ganado vacuno el año pasado ya se elevaba a cuatro millones de cabezas. Durante el favorable año de 1935 el plan no se ha ejecutado, en lo que se refiere a los caballos, más que en una proporción del 94%, en tanto que ha sido fuertemente superado para el ganado vacuno. El significado de estos datos se desprende del hecho de que los caballos son propiedad de los koljoses, mientras que las vacas son propiedad privada del mayor número de campesinos. Hay que añadir que en las estepas, en donde los campesinos de los koljoses están autorizados, a título excepcional, a poseer un caballo en propiedad privada, el aumento del número de estos animales es mucho más rápido que en los koljoses, los que, por otra parte, superan a este respecto a las explotaciones del Estado (sovjoses). Sería un error deducir de lo anterior que la pequeña explotación individual sea superior a la gran explotación colectiva. Pero el paso de la primera a la segunda, paso de la barbarie a la civilización, presenta numerosas dificultades que no es posible alejar con la simple ayuda de medios administrativos.

«El derecho jamás puede elevarse sobre el régimen económico y el desarrollo cultural de la sociedad, condicionada por ese régimen...». El alquiler de las tierras, prohibido por la ley, se practica en realidad a amplia escala y bajo las formas nocivas de alquiler pagado en trabajo. Algunos koljoses alquilan tierra a otros, algunas veces a particulares, a sus miembros más emprendedores, en fin. Por inverosímil que sea esto, los sovjoses, empresas «socialistas», también alquilan tierras, y lo más instructivo es que los koljoses de la GPU son los que se distinguen en esto. Bajo la égida de la alta institución que vela sobre las leyes, hay directores de sovjoses que imponen a sus arrendatarios campesinos condiciones que parecen tomadas de los antiguos contratos de servidumbre dictados por los señores. Y estamos en presencia de casos de explotación de los campesinos por los burócratas, que no obran en calidad de agentes del Estado, sino en calidad de *landlords* semilegales.

Sin querer exagerar la importancia de hechos monstruosos de este género, que naturalmente no pueden ser registrados por la estadística, no podemos desentendernos de su enorme significado sintomático. Demuestran infaliblemente la fuerza de las tendencias burguesas en la rama atrasada de la economía que abarca a la gran mayoría de la población. La acción del mercado refuerza inevitablemente las tendencias individualistas y agrava la diferenciación social en los campos, a pesar de la nueva estructura de la propiedad.

Los ingresos medios de un hogar, en los koljoses, se elevaban en 1935 a cuatro mil rublos. Pero los promedios son aun más engañosos para los campesinos que para los obreros. Se informaba, por ejemplo, al Kremlin, que los pescadores colectivos habían ganado en 1935 dos veces más que en 1934; precisamente, 1 919 rublos por trabajador. Los aplausos que saludaron esta cifra demuestran en qué proporción superaba la ganancia media de los koljoses. Por otra parte, hay koljoses en los que los ingresos se han elevado a tres mil rublos por familia, sin contar la relación en dinero y en especie de las explotaciones individuales ni del conjunto de la explotación colectiva: los ingresos de un gran cultivador de koljós de esta categoría sobrepasan generalmente, de diez a quince veces, el salario de un trabajador «mediano» o inferior de los koljoses. La escala de los ingresos solo está determinada parcialmente por la aplicación al trabajo y las capacidades. Los koljoses, igual que las parcelas individuales, están colocados necesariamente en condiciones muy desiguales, según el clima, el género de cultivo, la situación con relación a las ciudades y a los centros industriales. La oposición entre las ciudades y el campo, lejos de atenuarse durante los períodos quinquenales, se ha desarrollado hasta el extremo a consecuencia del crecimiento febril de nuevas regiones industriales. Esta antinomia fundamental de la sociedad soviética engendra ineludiblemente contradicciones entre los koljoses y en el seno de ellos, a causa sobre todo, de la renta diferencial.

El poder ilimitado de la burocracia no es una causa de diferenciación menos poderosa. La burocracia dispone de palancas como los salarios, el presupuesto, el crédito, los precios, los impuestos. Los beneficios exagerados de ciertas plantaciones de algodón colectivizadas dependen más bien de las relaciones entre los precios fijados por el Estado que del trabajo de los campesinos. La explotación de unas capas de la población por otras, no ha desaparecido, sino que ha sido disimulada. Los primeros koljoses «acomodados» —algunas decenas de millares— han adquirido sus bienes en detrimento del conjunto de koljoses y de los obreros. Asegurar el bienestar de todos los koljoses es mucho más difícil y exige mucho más tiempo que ofrecer privilegios a la minoría en detrimento de la mayoría. La oposición de izquierda señalaba en 1927 que «los ingresos del *kulak* han aumentado sensiblemente más que los del obrero» y esta situación persiste hoy, aunque bajo una forma modificada: los ingresos de la minoría privilegiada de los koljoses han aumentado infinitamente más que los de la masa de koljoses y de centros obreros. Probablemente, la diferencia es aun mayor que la que existía en vísperas de la liquidación de los *kulaks*.

La diferenciación que existe en el seno de los koljoses se expresa, en parte, en el dominio del consumo individual y, en parte, en la economía privada de la familia, ya que los principales medios de producción están socializados. La diferenciación entre los koljoses tiene desde ahora consecuencias más profundas, pues el koljós rico puede usar más abonos, más máquinas y, en consecuencia, puede enriquecerse más rápidamente. Sucede con frecuencia que los koljoses ricos alquilan la mano de obra de los pobres sin que las autoridades lo impidan. La atribución definitiva a los koljoses de tierras de un valor desigual, facilita en su mayor grado la diferenciación ulterior y, como consecuencia, la formación de una especie de «koljoses burgueses» o de «koljoses millonarios» como ya se les llama.

El Estado tiene, es cierto, la posibilidad de intervenir en la diferenciación social en calidad de regulador. Pero, ¿en qué sentido y en qué medida? Atacar a los koljoses-*kulaks* sería provocar un nuevo conflicto con los elementos más «progresistas» del campo, que sobre todo después de un doloroso intervalo, anhelan ávidamente «buena vida». Además, y esto es lo principal, el Estado cada vez es menos capaz de ejercer un control socialista. En la agricultura, como en la industria, busca el apoyo y la amistad de los fuertes, de los favorecidos por el éxito, de los «estajanovistas del campo», de los «koljoses millonarios». Después de comenzar preocupándose por las fuerzas productivas, termina invariablemente pensando en sí mismo.

Justamente en la agricultura, en donde el consumo se relaciona tan de cerca con la producción, la colectivización ha abierto inmensas posibilidades al parasitismo burocrático que comienza a arrastrar a los dirigentes de los koljoses. Los «regalos» que los trabajadores de los koljoses llevan a los jefes en las sesiones solemnes del Kremlin, no hacen más que representar bajo una forma simbólica el tributo nada simbólico que pagan a los poderes locales.

De este modo, en la agricultura incluso más que en la industria, el bajo nivel de la producción entra constantemente en conflicto con las formas socialistas y aun cooperativistas (koljosianas) de la propiedad. A su vez la burocracia nacida, en última instancia, de esta contradicción, la agrava.

Fisonomía social de los medios dirigentes

Con frecuencia vemos que las obras soviéticas condenan al «burocratismo» como una mala manera de pensar o de trabajar (estas condenas son formuladas siempre por los superiores contra los inferiores y constituyen para los primeros un procedimiento defensivo). Pero lo que no se encontrará en ninguna parte es un estudio consagrado a la burocracia como medio dirigente, a su magnitud numérica, a su estructura, a su carne y a su sangre, a sus privilegios y a sus apetitos y a la parte de la renta nacional que absorbe. Sin embargo, la burocracia tiene estos aspectos, y el hecho de que disimule tan atentamente su fisonomía social demuestra que posee una conciencia específica de «clase» dirigente, que aún se siente insegura en lo que se refiere a sus derechos al poder.

Es completamente imposible dar cifras precisas sobre la burocracia soviética, por dos razones: desde luego, porque en un país donde el Estado es casi el único amo, es difícil decir dónde termina el aparato administrativo; en segundo lugar, porque los estadistas, los economistas y los publicistas soviéticos guardan sobre este problema, como ya hemos dicho, un silencio particularmente concentrado, siendo imitados en esto por los «amigos» de la URSS. Notemos de pasada, que en las 1 200 páginas de su pesada compilación, los Webb no han considerado un solo instante a la burocracia soviética como una categoría social. ¿Qué tiene esto de asombroso? ¿No escribían, en realidad, bajo su dictado?

Las oficinas centrales del Estado contaban el 1ro. de noviembre de 1933, según datos oficiales, con cerca de 550 000 individuos pertenecientes al personal dirigente. Pero esta cifra, fuertemente acrecentada durante los últimos años, no comprende los servicios del ejército, de la flota, de la GPU, de la dirección de las cooperativas ni de las llamadas sociedades, Aviación, Química (Osoaviajim) y otras. Cada república posee, además, su aparato gubernamental propio. Paralelamente a los estados mayores del Estado, de los sindicatos, de las cooperativas y otros, y confundiéndose parcialmente con él hay en fin, el poderoso estado mayor del partido. No exageramos, ciertamente, al estimar en 400 000 personas a los medios dirigentes de la URSS y de las repúblicas que pertenecen a la Unión. Es posible que en la actualidad lleguen al medio millón. No son simples funcionarios, sino altos funcionarios, «jefes» que forman una casta dirigente en el sentido propio de la palabra, dividida jerárquicamente por importantísimos cortes horizontales.

Esta capa social superior está sostenida por una pesada pirámide administrativa de base amplia y multifacética. Los comités ejecutivos de los sóviets regionales, de las ciudades, de los barrios, duplicados por los órganos paralelos del partido, de los sindicatos, de las juventudes comunistas, del transporte, del ejército, de la flota, de la seguridad general, deben dar una cifra de dos millones de personas. No olvidemos tampoco a los presidentes de los sóviets de 600 000 burgos y aldeas.

En 1933, la dirección de las empresas industriales estaba en manos de 17 000 directores y directores adjuntos. El personal administrativo y técnico de las fábricas y de las minas, comprendiendo los cuadros inferiores y hasta los contramaestres, se componía de 250 000 personas (de ellas, 54 000 especialistas no desempeñaban funciones administrativas en el sentido propio de la palabra). Hay que agregar a esta cifra el personal del partido, de los sindicatos y de las empresas, administradas, como se sabe, por el «triángulo» (dirección, partido, sindicato). No será exagerado estimar en medio millón de hombres el personal administrativo de las empresas de primera importancia. Habría que añadir el personal de empresas dependientes de las repúblicas nacionales y de los sóviets locales.

Desde otro punto de vista, la estadística oficial indica para 1933 más de 860 000 administradores y especialistas en toda la economía soviética. De este número, más de 480 000 están en la industria, más de 100 000 en el transporte, 93 000 en la agricultura y 25 000 en el comercio. Estas cifras comprenden a los especialistas que no ejercen funciones administrativas, pero no al personal de las cooperativas y de los koljoses; además, han sido sensiblemente superadas durante los últimos dos años.

Para 250 000 koljoses, si solo se cuenta a los presidentes y los organizadores del partido, hay un millón de administradores. Realmente, en la actualidad el número es muchísimo más elevado. Si se añaden los sovjoses y las estaciones de maquinaria y tractores, la cifra general de dirigentes de la agricultura socializada excede del millón.

El Estado disponía en 1935 de 113 000 establecimientos comerciales; la organización cooperativa tenía 200 000. Los gerentes de unos y otros no son, en realidad, agentes, sino funcionarios, y funcionarios de un monopolio del Estado. La misma prensa soviética se queja de vez en cuando de que «los cooperativistas han dejado de considerar a los campesinos de los koljoses como a sus electores». ¡Como si el mecanismo de las cooperativas pudiera distinguirse cualitativamente de los sindicatos, de los sóviets y del partido!

La categoría social que, sin proporcionar un trabajo productivo directo, manda, administra, dirige, distribuye los castigos y las recompensas (no comprendemos a los profesores) debe ser estimada en cinco o seis millones de personas. Esta cifra global, lo mismo que sus componentes, no pretende, de ningún modo, la precisión: es válida como primera aproximación y nos prueba que la «línea general» no tiene nada de un espíritu descarnado.

En los diversos grados de la jerarquía, examinada de abajo a arriba, los comunistas varían en la proporción de 20 a 90%. En la masa burocrática, los comunistas y los jóvenes comunistas forman un bloque de millón y medio a dos millones de hombres, quizás menos en este momento, a consecuencia de las incesantes purgas. Este es el esqueleto del poder. Los mismos hombres constituyen la osamenta del partido y de las Juventudes Comunistas. El expartido bolchevique ha dejado de ser la vanguardia del proletariado, para transformarse en la organización política de la burocracia. El conjunto de los miembros del partido y de las juventudes no sirve más que para proporcionar activistas; es, en otras palabras, la reserva de la burocracia. Los activistas sin partido desempeñan el mismo papel.

Se puede admitir como una hipótesis que la aristocracia obrera y koljosiana es casi igual en número a la burocracia: o sea, de cinco a seis millones de personas (estajanovistas, activistas sin partido, hombres de confianza, parientes y compadres). Junto con sus familias, estas dos capas sociales que se penetran pueden abarcar de veinte a veinticinco millones de hombres. Damos una estimación modesta de las familias, tomando en cuenta que la mujer y el marido, a veces también el hijo o la hija, forman parte, frecuentemente, del aparato burocrático. Por lo demás, la mujer de los medios dirigentes limita mucho más fácilmente su descendencia que la obrera y, sobre todo, que la campesina. La campaña actual en contra de los abortos, hecha por la burocracia, no la afecta a ella misma. El 12%, probablemente el 15%, es la base social auténtica de los medios dirigentes absolutistas.

Cuando una alcoba individual, una alimentación suficiente, un vestido adecuado aún no son accesibles más que a una pequeña minoría, millones de burócratas, grandes o pequeños, tratan de aprovecharse del poder para asegurar su propio bienestar. De ahí el inmenso egoísmo de esta capa social, su fuerte cohesión, su miedo al descontento de las masas, su obstinación sin límites en la represión de toda crítica y, por fin, su adoración hipócritamente religiosa al «jefe» que encarna y defiende los privilegios y el poder de los nuevos amos.

La misma burocracia es aún menos homogénea que el proletariado o que el campesinado. Hay un abismo entre el presidente del sóviet de aldea y el alto personaje del Kremlin. Los funcionarios subalternos de diversas categorías tienen en realidad un nivel de vida muy primitivo, inferior al del obrero calificado de Occidente. Pero todo es relativo: el nivel de la población circundante es mucho más bajo. La suerte del presidente del koljós, del organizador comunista, del cooperativista, así como la del funcionario un poco más elevado, no depende para nada de los «electores». Todo funcionario puede ser sacrificado en cualquier momento por su superior jerárquico con el objeto de calmar el descontento. En revancha, cualquier funcionario puede elevarse un grado, cuando llegue la ocasión. Todos están ligados —hasta el primer choque importante, en todo caso— por una responsabilidad colectiva con el Kremlin.

Por sus condiciones de existencia, los medios dirigentes comprenden todas las gradaciones, desde la pequeña burguesía más provinciana hasta la gran burguesía de las ciudades. A las condiciones materiales corresponden los hábitos, los intereses y la manera de pensar. Los dirigentes de los sindicatos soviéticos de hoy no difieren mucho del tipo psicológico de los Citrine, Jouhaux, Green. Tienen tradiciones diferentes, otra fraseología, pero la misma actitud de tutores desdeñosos hacia las masas, la misma habilidad desprovista de escrúpulos en las pequeñas maniobras, el mismo conservadurismo, la misma estrechez de horizontes, la misma preocupación egoísta por su propia paz y, en fin, la misma veneración de las formas triviales de la cultura burguesa. Los coroneles y los generales soviéticos difieren poco de los de las cinco partes del mundo; en todo caso, tratan de parecérseles lo más posible. Los diplomáticos soviéticos han adoptado de nuevo, más que el frac, las maneras de pensar de sus colegas de Occidente. Los periodistas soviéticos, aunque a su manera, engañan a los lectores como los periodistas de otros países.

Si es difícil proporcionar estimaciones numéricas sobre la burocracia, apreciar sus ingresos lo es aun más. Desde 1927, la oposición protestaba contra el hecho de que «el aparato administrativo inflado y privilegiado devoraba una parte importantísima de la plusvalía». La plataforma de la oposición indicaba que el simple aparato comercial «devoraba una enorme

parte de la renta nacional: más de la décima parte de la producción global».
El poder tomó inmediatamente sus precauciones para imposibilitar tales cálculos. Esto hizo precisamente que los gastos generales aumentaran en lugar de disminuir.

Las cosas no marchan mejor en otros dominios. Se necesitó, como escribía Rakovski[5] en 1930, un disgusto momentáneo entre los burócratas del partido y los sindicatos para que la población supiera que 80 millones de rublos, de un presupuesto sindical total de 400, son devorados por las oficinas. Subrayemos que solo se trataba del presupuesto legal. Además, la burocracia sindical recibe de la burocracia industrial, en señal de amistad, dádivas en dinero, alojamientos, medios de transporte, etcétera.

¿Cuánto cuesta el mantenimiento de las oficinas del partido, de las cooperativas, de los koljoses, de los sovjoses, de la industria, de la administración en todas sus ramas?, preguntaba Rakovski, y respondía: «Ni siquiera tenemos datos hipotéticos sobre este asunto».

La ausencia de todo control tiene como consecuencia inevitable los abusos y, en primer lugar, los gastos exagerados. El 29 de septiembre de 1935, el Gobierno, obligado a plantear una vez más el problema del trabajo defectuoso de las cooperativas, comprobaba, bajo la firma de Stalin y Mólotov «los robos y las dilapidaciones al por mayor, y el trabajo deficitario de muchas cooperativas rurales». En la sesión del Comité Ejecutivo de la URSS, en enero de 1936, el Comisario del Pueblo para las Finanzas se quejaba de que los ejecutivos locales hiciesen un empleo completamente arbitrario de los recursos del Estado. El Comisario del Pueblo guardaba silencio sobre los organismos centrales, porque él formaba parte de ellos.

No tenemos ninguna posibilidad de calcular la parte de la renta nacional que se apropia la burocracia. Esto no solamente se debe a que esta disimula sus ingresos legalizados, y a que, rozando sin cesar el abuso para caer en él francamente, tiene grandes ingresos ilícitos, sino, sobre todo, porque el progreso social en su conjunto, urbanismo, bienestar, cultura, artes, se realiza principalmente, si no exclusivamente, en beneficio de los medios dirigentes.

De la burocracia como consumidora se puede decir con algunos correctivos lo que se ha dicho de la burguesía: no tenemos razones para exagerar su consumo de artículos de primera necesidad. El aspecto del problema cambia radicalmente si consideramos que monopoliza todas las conquistas antiguas y nuevas de la civilización. Desde el punto de vista formal, estas conquistas son accesibles a toda la población, a las de las ciudades cuando menos, pero en realidad la población no las disfruta más que excepcionalmente. La burocracia, en cambio, dispone como quiere y cuando quiere de sus bienes personales. Si añadimos a los emolumentos todas las ventajas materiales, todos los beneficios complementarios semilícitos y, para terminar, las ventajas de la burocracia en los espectáculos, las vacaciones, los hospitales, los sanatorios, las casas de descanso, los museos, los clubes y las instalaciones deportivas, estaremos obligados a deducir que ese 15 o 20% de la población disfruta de tantos bienes como el 80 o el 85% restante.

¿Los «amigos de la URSS» tratarán de refutar estas cifras? Que proporcionen otras más precisas. Que obtengan de la burocracia la publicación de los ingresos y de los gastos de la sociedad soviética. Mantendremos desde aquí nuestra opinión. El reparto de los bienes de la tierra es mucho más democrático en la URSS que en el antiguo régimen zarista e incluso que en los países más democráticos del Occidente, pero todavía no tiene nada de común con el socialismo.

Fuente: L. Trotski: «El aumento de la desigualdad y los antagonismos sociales», en *La revolución traicionada*, cap. VI, Pathfinder Press, Estados Unidos, 1992.

¿Qué es la URSS?*

Relaciones sociales

La propiedad estatalizada de los medios de producción domina casi exclusivamente en la industria. En la agricultura solo está representada por los sovjoses, que no abarcan más que el 10% de las superficies sembradas. En los koljoses, la propiedad cooperativa o la de asociaciones se combina en proporciones variables con las del Estado y las del individuo. El suelo perteneciente jurídicamente al Estado, pero concedido «a goce perpetuo» a los koljoses, difiere poco de la propiedad de las asociaciones. Los tractores y las máquinas pertenecen al Estado; el equipo de menor importancia, a la explotación colectiva. Todo campesino de koljós tiene, además, su empresa privada. El 10% de los campesinos permanecen aislados. Según el censo de 1934, el 28,1% de la población estaba compuesto por obreros y empleados del Estado. Los obreros de la industria y de la construcción eran 7,5 millones en 1935, sin incluir a sus familias. Los koljoses y los oficios organizados en cooperativas constituían, en la época del censo, el 45,9% de la población. Los estudiantes, los militares, los pensionistas y otras categorías que dependen inmediatamente del Estado, el 3,4%. En total, el 74% de la población pertenecía al «sector socialista» y disponía del 95,8% del capital del país. Los campesinos aislados y los artesanos representaban todavía (en 1934) el 22,5% de la población, pero apenas poseían un poco más del 4% del capital nacional.

---

* Se terminó de escribir en 1936. Publicado por primera vez en 1937. (*N. del E.*).

No ha habido censo desde 1934 y el próximo se efectuará en 1937. Sin embargo, es indudable que el sector privado de la economía ha sufrido nuevas limitaciones en favor del «sector socialista». Los cultivadores individuales y los artesanos constituyen en la actualidad, según los órganos oficiales, cerca del 10% de la población, o sea diecisiete millones de personas; su importancia económica ha caído mucho más bajo que su importancia numérica. Andréyev, secretario del CC, declaraba en abril de 1936: «En 1936 el peso específico de la producción socialista en nuestro país debe constituir el 98,5%, de manera que no le quedará al sector no socialista más que un insignificante 1,5%...». Estas cifras optimistas parecen, a primera vista, probar irrefutablemente la victoria «definitiva e irrevocable» del socialismo, pero desdichado del que detrás de la aritmética no vea la realidad social.

Estas mismas cifras son un poco forzadas. Basta indicar que la propiedad privada de los miembros de los koljoses está comprendida en el «sector socialista». Sin embargo, el eje del problema no está allí. La indiscutible y enorme superioridad estadística de las formas estatales y colectivas de la economía, por importante que sea para el porvenir, no aleja otro problema igualmente importante: el del poder de las tendencias burguesas en el seno mismo del «sector socialista», y no solamente en la agricultura, sino también en la industria. La mejora del nivel de vida obtenida en el país basta para provocar un crecimiento de las necesidades, pero de ninguna manera basta para satisfacerlas. El propio dinamismo del desarrollo económico implica cierto despertar de los apetitos pequeñoburgueses y no únicamente entre los campesinos y los representantes del trabajo «intelectual», sino también entre los obreros privilegiados. La simple oposición de los propietarios individuales a los koljoses y de los artesanos a la industria estatalizada, no dan la menor idea de la potencia explosiva de estos apetitos que penetran en toda la economía del país y se expresan, en otras palabras, en la tendencia de todos y de cada uno, de dar a la sociedad lo menos que pueden y sacar de ella lo más.

La solución de los problemas de consumo y de competencia por la existencia, exige la misma energía e ingenio, cuando menos, que la edificación socialista en el sentido propio de la palabra, de allí proviene, en parte, el débil rendimiento del trabajo social. Mientras que el Estado lucha incesantemente contra la acción molecular de las fuerzas centrífugas, los propios medios dirigentes constituyen el lazo principal de la acumulación privada lícita o ilícita. Enmascaradas por las nuevas normas jurídicas, las tendencias pequeñoburguesas no se contabilizan fácilmente por la estadística. Pero la burocracia «socialista», esta asombrosa *contradiction in adjecto*, monstruosa excrecencia social, siempre creciente y que se transforma, a su vez, en enfermedades malignas de la sociedad, demuestra su claro predominio en la vida económica.

La nueva constitución, construida enteramente, tal como veremos, sobre la identificación de la burocracia y del Estado —así como del pueblo y del Estado—, dice: «La propiedad del Estado, en otras palabras, la de todo el pueblo...». Sofisma fundamental de la doctrina oficial. No es discutible que los marxistas, comenzando por el mismo Marx, hayan empleado con relación al Estado obrero los términos de propiedad «estatal», «nacional» o «socialista» como sinónimos. A grandes escalas históricas, esta manera de hablar no presentaba inconvenientes, pero se transforma en fuente de groseros errores y de engañifas al tratarse de las primeras etapas, aún no aseguradas, de la evolución de la nueva sociedad aislada y retrasada, desde el punto de vista económico, con relación a los países capitalistas.

Para que la propiedad privada pueda llegar a ser social, tiene que pasar ineludiblemente por la estatalización, del mismo modo que la oruga para transformarse en mariposa tiene que pasar por la crisálida. Pero la crisálida no es una mariposa. Miríadas de crisálidas perecen antes de ser mariposas. La propiedad del Estado no es la de «todo el pueblo» más que en la medida en que desaparecen los privilegios y las distinciones sociales y en que, en consecuencia, el Estado pierde su razón de ser. Dicho de otra manera: la propiedad del Estado se hace socialista a medida que deja de ser propiedad del Estado. Por el contrario, mientras el Estado soviético se eleva más sobre el pueblo, más duramente se opone, como el guardián de la propiedad, al pueblo dilapidador y más claramente se declara contra el carácter socialista de la propiedad estatalizada.

«Aún estamos lejos de la supresión de las clases», reconoce la prensa oficial y se refiere a las diferencias que subsisten entre la ciudad y el campo, entre el trabajo intelectual y el manual. Esta confesión puramente académica tiene la ventaja de justificar como trabajo «intelectual» los ingresos de la burocracia. Los «amigos», para quienes Platón es más caro que la verdad, también se limitan a admitir en estilo académico la existencia de vestigios de desigualdad, pero estos vestigios están muy lejos de bastar para dar una explicación a la realidad soviética. Si la diferencia entre la ciudad y el campo se ha atenuado desde distintos puntos de vista, en cambio desde otros se ha profundizado a causa del rápido crecimiento de la civilización y del confort en las ciudades, es decir, de la minoría ciudadana. La distancia social entre el trabajo manual y el intelectual, en lugar de disminuir ha aumentado durante los últimos años, a pesar de la formación de cuadros científicos salidos del pueblo. Las barreras milenarias de las castas que aíslan al hombre —al ciudadano educado del mujik inculto, al mago de la ciencia del peón—, no solamente se han mantenido bajo formas más o menos atenuadas, sino que renacen abundantemente y revisten un aspecto provocativo.

La famosa consigna «Los cuadros lo deciden todo», caracteriza mucho más de lo que quisiera Stalin a la sociedad soviética. Por definición, los cuadros están llamados a ejercer la autoridad. El culto a los cuadros significa, ante todo, el de la burocracia, de la administración, de la aristocracia técnica. En la formación y en la educación de los cuadros, como en otros dominios, el régimen soviético realiza una labor que la burguesía ha terminado desde hace largo tiempo. Pero como los cuadros soviéticos aparecen bajo el estandarte socialista, exigen honores casi divinos y emolumentos cada vez más elevados. De manera que la formación de cuadros «socialistas» va acompañada por un renacimiento de la desigualdad burguesa.

Puede parecer que no existe ninguna diferencia, desde el punto de vista de la propiedad de los medios de producción, entre el mariscal y la criada, entre el director del trust y el peón, entre el hijo del comisario del pueblo y el vagabundo. Sin embargo, los unos ocupan bellos apartamentos, disponen de varias villas en diversos rincones del país, tienen los mejores automóviles y, desde hace largo tiempo, ya no saben cómo se limpia un par de zapatos; los otros viven en barracas, en las que frecuentemente faltan los tabiques, están familiarizados con el hambre y no se limpian los zapatos porque andan descalzos. Para el dignatario, esta diferencia no tiene importancia; para el peón, es de las más importantes.

Algunos «teóricos» superficiales pueden consolarse diciéndose que el reparto de bienes es un factor de segundo orden en comparación con la producción. Sin embargo, la dialéctica de las influencias recíprocas guarda toda su fuerza. El destino de los medios nacionalizados de producción se decidirá, a fin de cuentas, según la evolución de las diferentes condiciones personales. Si un vapor se declara propiedad colectiva y los pasajeros quedan divididos en primera, segunda y tercera clase, es comprensible que la diferencia de las condiciones reales terminará por tener, a los ojos de los pasajeros de tercera, una importancia mucho mayor que el cambio jurídico de la propiedad. Por el contrario, los pasajeros de primera expondrán gustosamente, entre café y cigarrillos, que la propiedad colectiva es todo, que comparativamente la comodidad de los camarotes no es nada. Y el antagonismo resultante de estas situaciones asestará rudos golpes a una colectividad inestable.

La prensa soviética ha relatado con satisfacción que un chiquillo al visitar el zoológico de Moscú, preguntó a quién pertenecía el elefante y al oír decir «al Estado», concluyó inmediatamente: «Entonces, también es un poco mío». Si en realidad hubiera que repartir el elefante, los valiosos colmillos irían a los privilegiados, algunos dichosos apreciarían el jamón del paquidermo y la mayoría tendría que contentarse con las tripas y las sobras. Los chiquillos perjudicados en el reparto se sentirían poco inclinados a confundir su propiedad con la del Estado. Los jóvenes vagabundos no tienen como propiedad más que lo que acaban de robar al Estado. Es muy probable que el chiquillo del zoológico fuese el hijo de un personaje influyente habituado a pensar que «el Estado soy yo».

Si traducimos, para expresarnos mejor, las relaciones socialistas en términos de Bolsa, los ciudadanos serían los accionistas de una empresa que poseyera las riquezas del país. El carácter colectivo de la propiedad supone un reparto «igualitario» de las acciones y, por tanto, un derecho a dividendos iguales para todos los accionistas. Los ciudadanos, sin embargo, participan en la empresa como «accionistas» y como productores. En la fase inferior del comunismo, que hemos llamado socialismo, la remuneración del trabajo se hace aún según las normas burguesas, es decir, de acuerdo con la calificación del trabajo, su intensidad, etcétera.

Los ingresos teóricos de un ciudadano se forman, pues, de dos partes: $a + b$, el dividendo más el salario. Cuanto más desarrollada es la técnica y la organización económica está más perfeccionada, mayor será la importancia del factor a con relación a b y será menor la influencia ejercida sobre la condición material por las diferencias individuales del trabajo. El hecho de que las diferencias de salario en la URSS no sean menores, sino mayores que en los países capitalistas, nos impone la conclusión de que las acciones están repartidas desigualmente y que los ingresos de los ciudadanos implican, al mismo tiempo que un salario desigual, partes desiguales del dividendo. Mientras que el peón no recibe más que b, salario mínimo que recibiría en idénticas condiciones en una empresa capitalista, el estajanovista y el funcionario reciben $2a + b$ o $3a + b$ y así sucesivamente. Por otra parte, b puede transformarse en $2b$, $3b$, etcétera. En otras palabras, la diferencia de los ingresos no solo está determinada por la simple diferencia del rendimiento individual, sino por la apropiación enmascarada del trabajo de otros. La minoría privilegiada de los accionistas vive a costa de la mayoría expoliada.

Si se admite que el peón soviético recibe más de lo que recibiría, con el mismo nivel técnico y cultural, en una empresa capitalista, es decir, que es un pequeño accionista, su salario debe considerarse como $a + b$. Los salarios de las categorías mejor pagadas serán expresados, en este caso, por la fórmula $3a + 2b$; $10a + 15b$, etcétera, lo que significaría que mientras que el peón posee una acción, el estajanovista tiene tres y el especialista diez y que, además, sus salarios, en el sentido propio de la palabra, están en la proporción de uno a dos y a quince. Los himnos a la sagrada propiedad socialista parecen, bajo estas condiciones, mucho más convincentes para el director de fábrica o de trust o el estajanovista, que para el obrero ordinario o para el campesino del koljós. Ahora bien, los trabajadores no calificados constituyen la inmensa mayoría en la sociedad y el socialismo debe contar con ellos y no con una nueva aristocracia.

«El obrero no es, en nuestro país, un esclavo asalariado, un vendedor de trabajo-mercancía. Es un trabajador libre» (*Pravda*). En la actualidad esta fórmula elocuente no es más que una inadmisible fanfarronada. El paso de las fábricas al poder del Estado no ha cambiado más que la situación jurídica del obrero; de hecho, vive en medio de la necesidad, trabajando cierto número de horas por un salario dado. Las esperanzas que el obrero fundaba antes en el partido y en los sindicatos, las ha trasladado después de la revolución sobre el Estado que él mismo ha creado. Pero el trabajo útil de ese Estado se ha visto limitado por la insuficiencia de la técnica y de la cultura. Para mejorar una y otra, el nuevo Estado ha recurrido a los viejos métodos: agotamiento de los nervios y de los músculos de los trabajadores. Se ha formado todo un cuerpo de aguijoneadores. La gestión de la industria se ha hecho extremadamente burocrática. Los obreros han perdido toda influencia en la dirección de las fábricas. Trabajando a destajo, viviendo en medio de un malestar profundo, privado de la libertad de desplazarse, sufriendo hasta en la misma fábrica un terrible régimen policiaco, el obrero difícilmente podrá sentirse un «trabajador libre». Para él, el funcionario es un jefe; el Estado, un amo. El trabajo libre es incompatible con la existencia del Estado burocrático.

Todo lo que acabamos de decir se aplica al campo, con algunos correctivos necesarios. La teoría oficial erige la propiedad de los koljoses en propiedad socialista. *Pravda* escribe que los koljoses «ya son en realidad comparables a las empresas de Estado del tipo socialista». Agrega inmediatamente que la «garantía del desarrollo socialista de la agricultura reside en la dirección de los koljoses por el partido bolchevique»; esto es trasladarnos de la economía a la política. Es decir, que las relaciones socialistas están establecidas, por el momento, no en las verdaderas relaciones entre los hombres, sino en el corazón tutelar de los superiores. Los trabajadores harán bien en desconfiar de este corazón. La verdad es que la economía de los koljoses está a medio camino entre la agricultura parcelaria individual y la economía estatal; y que las tendencias pequeñoburguesas en el seno de los koljoses son completadas, de la mejor manera, por el rápido crecimiento del haber individual de los campesinos. Con solo cuatro millones de hectáreas contra 108 millones de hectáreas colectivas, o sea menos del 4%, las parcelas individuales de los miembros de los koljoses, sometidas a un cultivo intensivo, proporcionan al campesino los artículos más indispensables para su consumo. La mayor parte del ganado mayor, de los corderos, de los cerdos, pertenece a los miembros de los koljoses y no a los koljoses. Sucede frecuentemente que los campesinos den a sus parcelas individuales el principal cuidado y releguen a segundo término los koljoses de flojo rendimiento. Los koljoses que pagan mejor la jornada de trabajo ascienden, por el contrario, un escalón, formando una categoría de granjeros acomodados. Las tendencias centrífugas no desaparecen aún, por el contrario, se fortifican y extienden. En cualquier caso, los koljoses por el momento no han logrado más que transformar las formas jurídicas de la economía en el campo, particularmente en el modo de reparto de los ingresos. Casi no han afectado a la antigua isba, a los huertos, a la cría de ganado, al ritmo del penoso trabajo de la tierra, ni aun a la antigua manera de considerar al Estado, que si ya no sirve a los propietarios territoriales y a la burguesía, toma demasiado al campo para la ciudad y mantiene a demasiados funcionarios voraces.

Las categorías siguientes figurarán en el censo del 6 de enero de 1937: obreros, empleados, trabajadores de koljoses, cultivadores individuales, artesanos, profesiones libres, servidores del culto, no trabajadores. El comentario oficial precisa que no se incluyan otras rúbricas porque no hay clases en la URSS. En realidad tal estadística está concebida para disimular la existencia de medios privilegiados y de bajos fondos desheredados. Las verdaderas capas sociales a las que se hubiera debido señalar, por medio de un censo honrado, son estas: altos funcionarios, especialistas y otras personas que viven como burgueses; capas medias e inferiores de funcionarios y especialistas que viven como pequeñoburgueses; aristocracia obrera y koljosiana, situada casi en las mismas condiciones que los anteriores; obreros medios; campesinos medios de los koljoses; obreros y campesinos próximos al *lumpen proletariat* o *proletariado déclassé*; jóvenes vagabundos, prostitutas y otros.

Cuando la nueva constitución declara que «la explotación del hombre por el hombre se ha abolido en la URSS», dice lo contrario de la verdad. La nueva diferenciación social ha creado las condiciones para un renacimiento de la explotación bajo las formas más bárbaras, como son la compra del hombre para el servicio personal de otro. El servicio doméstico no figura en las hojas del censo, debiendo comprenderse, evidentemente bajo la clasificación de «obreros». Los problemas siguientes no se plantean: ¿El ciudadano soviético tiene sirvientes y cuáles (camarera, cocinera, nodriza, niñera, chofer)? ¿Tiene un auto a su servicio? ¿De cuántas habitaciones dispone? No se habla de la magnitud de su salario. Si volviera a ponerse en vigor la regla soviética que priva de derechos políticos a quien explote el trabajo de otro, se vería que las cumbres dirigentes de la sociedad soviética debían ser privadas del beneficio de la constitución. Felizmente, se ha establecido una igualdad completa de los derechos… entre el amo y los criados.

Dos tendencias opuestas se desarrollan en el seno del régimen. Al desarrollar las fuerzas productivas —al contrario del capitalismo estancado—, ha creado los fundamentos económicos del socialismo. Al llevar hasta el extremo —con su complacencia para los dirigentes— las normas burguesas del reparto, prepara una restauración capitalista. La contradicción entre las formas de la propiedad y las normas de reparto no puede crecer indefinidamente.

De manera que las normas burguesas tendrán que extenderse a los medios de producción o las normas de distribución tendrán que corresponderse con el sistema de propiedad socialista.

La burocracia teme la revelación de esta alternativa. En todas partes: en la prensa, en la tribuna, en la estadística, en las novelas de sus escritores y en los versos de sus poetas, en el texto de su nueva constitución, emplea las abstracciones del vocabulario socialista para ocultar las relaciones reales tanto en la ciudad como en el campo. Esto es lo que hace tan falsa, tan mediocre y tan artificial la ideología oficial.

¿Capitalismo de Estado?

Ante fenómenos nuevos, los hombres suelen buscar refugio en las palabras viejas. Se ha tratado de disfrazar el enigma soviético con el término capitalismo de Estado, que presenta la ventaja de no ofrecerle a nadie un significado preciso. Sirvió primero para designar los casos en que el Estado burgués asume la gestión de los medios de transporte y de determinadas industrias. La necesidad de medidas semejantes es uno de los síntomas de que las fuerzas productivas del capitalismo superan al capitalismo y lo niegan parcialmente en la práctica. Pero el sistema se sobrevive y sigue siendo capitalista, a pesar de los casos en que llega a negarse a sí mismo. En el plano de la teoría, podemos representarnos una situación en la que la burguesía entera se constituyera en sociedad por acciones para administrar, por medio del Estado, toda la economía nacional. El mecanismo económico de un régimen de esta especie no ofrecería ningún misterio. El capitalista, lo sabemos, no recibe bajo forma de beneficio la plusvalía creada por sus propios obreros, sino una fracción de la plusvalía de un país entero, proporcional a su parte de capital. En un «capitalismo de Estado» integral, la ley del reparto igual de los beneficios se aplicaría directamente, sin concurrencia de los capitales, por medio de una simple operación de contabilidad. Jamás ha existido un régimen de este género, ni lo habrá jamás, a causa de las contradicciones profundas que dividen a los poseedores entre sí, y tanto más cuanto que el Estado, representante único de la propiedad capitalista, constituiría para la revolución social un objeto demasiado tentador.

Después de la guerra, y sobre todo después de las experiencias de la economía fascista, se entiende por «capitalismo de Estado» un sistema de intervención y de dirección económica por el Estado. Los franceses usan en tal caso una palabra mucho más apropiada: el estatismo. El capitalismo de Estado y el estatismo indudablemente se tocan: pero como sistemas, serían más bien opuestos. El capitalismo de Estado significa la sustitución de la propiedad privada por la propiedad estatalizada, y conserva, por esto mismo, un carácter parcial. El estatismo —así sea la Italia de Mussolini, la Alemania de Hitler, los Estados Unidos de Roosevelt o la Francia de León Blum—, significa la intervención del Estado sobre las bases de la propiedad privada, para salvarla. Cualesquiera que sean los programas de los gobiernos, el estatismo consiste, inevitablemente, en trasladar las cargas del sistema agonizante de los más fuertes a los más débiles. Salva del desastre a los pequeños propietarios, únicamente porque su existencia es necesaria para el sostenimiento de la gran propiedad. El estatismo, en sus esfuerzos de economía dirigida, no se inspira en la necesidad de desarrollar las fuerzas productivas, sino en la preocupación de conservar la propiedad privada en detrimento de las fuerzas productivas que se rebelan contra ella. El estatismo frena el desarrollo de la técnica, al sostener a empresas no viables y al mantener capas sociales parasitarias: en una palabra, es profundamente reaccionario.

La frase de Mussolini: «Las tres cuartas partes de la economía italiana, industrial y agrícola, están en manos del Estado» (26 de mayo de 1934), no debe tomarse al pie de la letra. El Estado fascista no es propietario de las empresas, no es más que intermediario entre los capitalistas. ¡Diferencia apreciable! *El Popolo d'Italia* dice a ese respecto: «El Estado corporativo une y dirige la economía, pero no la administra *(dirige e porta alla unitá l'economia, ma non fa l'economia, non gestice)*, lo que no sería otra cosa, con el monopolio de la producción, que el colectivismo» (11 de junio de 1936). Con los campesinos en general, con los pequeños propietarios, la burocracia interviene como un poderoso señor; con los magnates del capital, como su primer poder. «El Estado corporativo —escribe precisamente el marxista italiano Feroci— no es más que el agente del capital monopolista [...]. Mussolini hace que el Estado corra con todos los riesgos de las empresas y deja a los capitalistas todos los beneficios de la explotación». En este aspecto, Hitler sigue las huellas de Mussolini. La dependencia de clase del Estado fascista determina los límites de la nueva economía dirigida y también su contenido real; no se trata de aumentar el poder del hombre sobre la naturaleza en interés de la sociedad, sino de explotar a la sociedad en interés de una minoría: «Si yo quisiera —se alababa Mussolini— establecer en Italia el capitalismo de Estado o el socialismo de Estado, lo que no sucederá, encontraría en la actualidad todas las condiciones necesarias». Salvo una: la expropiación de la clase capitalista. Y para realizar esta condición, el fascismo tendría que colocarse del otro lado de la barricada, «lo que no sucederá» se apresura a añadir Mussolini, y con razón, pues la expropiación de los capitalistas necesita otras fuerzas, otros cuadros y otros jefes.

La primera concentración de los medios de producción en manos del Estado conocida por la historia, la realizó el proletariado por medio de la revolución social, y no los capitalistas por medio de los *trusts* estatalizados. Este breve análisis bastará para mostrar cuán absurdas son las tentativas de identificar el estatismo capitalista con el sistema soviético. El primero es reaccionario, el segundo realiza un gran progreso.

¿Es la burocracia una clase dirigente?

Las clases se definen por el sitio que ocupan en la economía social y, sobre todo, con relación a los medios de producción. En las naciones civilizadas, la ley fija las relaciones de propiedad. La nacionalización del suelo, de los medios de producción, de los transportes y de los cambios, así como el monopolio del comercio exterior, forman las bases de la sociedad soviética. Para nosotros, esta adquisición de la revolución proletaria define a la URSS como un Estado proletario.

Por la función de reguladora y de intermediaria, por el cuidado que tiene en mantener la jerarquía social, por la explotación, con estos mismos fines, del aparato del Estado, la burocracia soviética se parece a cualquier otra y, sobre todo, a la del fascismo. Pero también se distingue de esta en caracteres de una extrema importancia. Bajo ningún otro régimen, la burocracia alcanza semejante independencia. En la sociedad burguesa, la burocracia representa los intereses de la clase poseedora e instruida que dispone de gran número de medios de control sobre sus administraciones. La burocracia soviética se ha elevado por encima de una clase que apenas salía de la miseria y de las tinieblas y que no tenía tradiciones de mando y de dominio. Mientras que los fascistas, una vez llegados al poder, se alían con la burguesía por los intereses comunes, la amistad, los matrimonios, etcétera, etcétera, la burocracia de la URSS asimila las costumbres burguesas sin tener a su lado una burguesía nacional. En este sentido, no se puede negar que es algo más que una simple burocracia. Es la única capa social privilegiada y dominante, en el sentido pleno de estas palabras, en la sociedad soviética.

Otra particularidad presenta igual importancia. La burocracia soviética ha expropiado políticamente al proletariado para defender con sus propios métodos las conquistas sociales de este. Pero el hecho mismo de que se haya apropiado del poder en un país en donde los medios de producción más importantes pertenecen al Estado, crea entre ella y las riquezas de la nación relaciones enteramente nuevas. Los medios de producción pertenecen al Estado. El Estado «pertenece», en cierto modo, a la burocracia. Si estas relaciones completamente nuevas se estabilizaran, se legalizaran, se hicieran normales, sin resistencia o contra la resistencia de los trabajadores, concluirían por liquidar completamente las conquistas de la revolución proletaria. Pero esta hipótesis es prematura. El proletariado aún no ha dicho su última palabra. La burocracia no le ha creado una base social a su dominio, bajo la forma de condiciones particulares de propiedad. Está obligada a defender la propiedad del Estado, fuente de su poder y de sus rentas. Desde este punto de vista, sigue siendo el instrumento de la dictadura del proletariado.

Las tentativas de presentar a la burocracia soviética como una clase «capitalista de Estado», no resiste crítica. La burocracia no tiene títulos ni acciones. Se recluta, se completa y se renueva gracias a una jerarquía administrativa, sin tener derechos particulares en materia de propiedad. El funcionario no puede transmitir a sus herederos su derecho de explotación del Estado. Los privilegios de la burocracia son abusos. Oculta sus privilegios y finge no existir como grupo social. Su apropiación de una inmensa parte de la renta nacional es un hecho de parasitismo social. Todo esto hace la situación de los dirigentes soviéticos altamente contradictoria, equívoca e indigna, a pesar de la plenitud de poder y de la cortina de humo de las adulaciones.

En el curso de su carrera, la sociedad burguesa ha cambiado muchas veces de regímenes y de castas burocráticas, sin modificar, por eso, sus bases sociales. Se ha inmunizado contra la restauración del feudalismo y de sus corporaciones, por la superioridad de su modo de producción. El poder solo podía secundar o estorbar el desarrollo capitalista; las fuerzas productivas, fundadas sobre la propiedad privada y la concurrencia, trabajan por su cuenta. Al contrario de esto, las relaciones de propiedad establecidas por la revolución socialista están indisolublemente ligadas al nuevo Estado que las sostiene. El predominio de las tendencias socialistas sobre las tendencias pequeñoburguesas no está asegurado por el automatismo económico —aún estamos lejos de ello—, sino por el poder político de la dictadura. Así es que el carácter de la economía depende completamente del poder.

La caída del régimen soviético provocaría infaliblemente la de la economía planificada y, por tanto, la liquidación de la propiedad estatalizada. El lazo obligado entre los *trusts* y las fábricas en el seno de los primeros, se rompería. Las empresas más favorecidas serían abandonadas a sí mismas. Podrían transformarse en sociedades por acciones o adoptar cualquier otra forma transitoria de propiedad, tal como la participación de los obreros en los beneficios. Los koljoses se disgregarían al mismo tiempo y con mayor facilidad. La caída de la dictadura burocrática actual, sin que fuera reemplazada por un nuevo poder socialista, anunciaría también, el regreso al sistema capitalista con una baja catastrófica de la economía y de la cultura.

Pero si el poder socialista es aún absolutamente necesario para la conservación y el desarrollo de la economía planificada, el problema de saber sobre qué se apoya el poder soviético actual y en qué medida el espíritu socialista de su política está asegurado, se hace cada vez más grave. Lenin, hablando al XI Congreso del partido como si le diera sus adioses, decía a los medios dirigentes: «La historia conoce transformaciones de todas clases; en política no es serio contar con las convicciones, la devoción y las bellas cualidades del alma...». La condición determina la conciencia. En unos quince años, el poder modificó la composición social de los medios dirigentes más profundamente que sus ideas. Como la burocracia es la capa social que ha resuelto mejor su propio problema social, está plenamente satisfecha de lo que sucede y, por eso mismo, no proporciona ninguna garantía moral en la orientación socialista de su política. Continúa defendiendo la propiedad estatalizada por miedo al proletariado. Este temor saludable lo mantiene y alimenta el partido ilegal de los bolcheviques leninistas, que es la expresión más consciente de la corriente socialista contra el espíritu de reacción burguesa que penetra profundamente a la burocracia termidoriana. Como fuerza política consciente, la burocracia ha traicionado a la revolución, pero por fortuna, la revolución victoriosa no es solamente una bandera, un programa, un conjunto de instituciones políticas; es también un sistema de relaciones sociales. No basta traicionarla, es necesario, además, derrumbarla. Sus dirigentes han traicionado a la Revolución de Octubre, pero no la han derrumbado, y la revolución tiene una gran capacidad de resistencia que coincide con las nuevas relaciones de propiedad, con la fuerza viva del proletariado, con la conciencia de sus mejores elementos, con la situación sin salida del capitalismo mundial, con la inevitabilidad de la revolución mundial.

El problema del carácter social de la URSS aún no está resuelto por la historia

Para comprender mejor el carácter social de la URSS de hoy, formulemos dos hipótesis para el futuro. Supongamos que la burocracia soviética es arrojada del poder por un partido revolucionario que tenga todas las cualidades del viejo partido bolchevique y que, además, esté enriquecido con la experiencia mundial de los últimos tiempos. Este partido comenzaría por restablecer la democracia en los sindicatos y en los sóviets. Podría y debería restablecer la libertad de los partidos soviéticos. Con las masas, a la cabeza de las masas, procedería a una limpieza implacable de los servicios del Estado; aboliría los grados, las condecoraciones, los privilegios y restringiría la desigualdad en la retribución del trabajo en la medida que lo permitieran la economía y el Estado. Daría a la juventud la posibilidad de pensar libremente, de aprender, de criticar, en una palabra, de formarse. Introduciría profundas modificaciones en el reparto de la renta nacional, conforme a la voluntad de las masas obreras y campesinas. No tendría que recurrir a medidas revolucionarias en materia de propiedad. Continuaría y ahondaría la experiencia de la economía planificada. Después de la revolución política, después de la caída de la burocracia, el proletariado realizaría en la economía importantísimas reformas sin que necesitara una nueva revolución social.

Si, por el contrario, un partido burgués derribara a la casta soviética dirigente, encontraría no pocos servidores entre los burócratas actuales, los técnicos, los directores, los secretarios del partido y los dirigentes en general. Una depuración de los servicios del Estado también se impondría en este caso; pero la restauración burguesa tendría que deshacerse de menos gente que un partido revolucionario. El objetivo principal del nuevo poder sería restablecer la propiedad privada de los medios de producción. Ante todo, debería dar la posibilidad de formar granjeros fuertes a partir de granjas colectivas débiles y transformar a los koljoses fuertes en cooperativas de producción de tipo burgués o en sociedades anónimas agrícolas. En la industria, la desnacionalización comenzaría por las empresas de la industria ligera y las de alimentación. En los primeros momentos, el plan se reduciría a compromisos entre el poder y las «corporaciones», es decir, los capitanes de la industria soviética, sus propietarios potenciales, los antiguos propietarios emigrados y los capitalistas extranjeros. Aunque la burocracia soviética haya hecho mucho por la restauración burguesa, el nuevo régimen se vería obligado a llevar a cabo, en el régimen de la propiedad y el modo de gestión, una verdadera revolución y no una simple reforma. Sin embargo, admitamos que ni el partido revolucionario ni el contrarrevolucionario se adueñen del poder. La burocracia continúa a la cabeza del Estado. La evolución de las relaciones sociales no cesa. Es evidente que no puede pensarse que la burocracia abdicará en favor de la igualdad socialista. Ya desde ahora se ha visto obligada, a pesar de los inconvenientes que esto presenta, a restablecer los grados y las condecoraciones; en el futuro, será inevitable que busque apoyo en las relaciones de propiedad. Probablemente se objetará que poco importan al funcionario elevado las formas de propiedad de las que obtiene sus ingresos. Esto es ignorar la inestabilidad de los derechos de la burocracia y el problema de su descendencia. El reciente culto de la familia soviética no ha caído del cielo. Los privilegios que no se pueden legar a los hijos pierden la mitad de su valor, y el derecho de testar es inseparable del derecho de la propiedad. No basta ser director de trust, hay que ser accionista. La victoria de la burocracia en ese sector decisivo crearía una nueva clase poseedora. Por el contrario, la victoria del proletariado sobre la burocracia señalaría el renacimiento de la revolución socialista. La tercera hipótesis nos conduce así, a las dos primeras, que citamos inicialmente para mayor claridad y simplicidad.

Calificar de transitorio o de intermediario al régimen soviético, es descartar las categorías sociales acabadas como el capitalismo (incluyendo al «capitalismo de Estado») y el socialismo. Pero esta definición es en sí misma insuficiente y susceptible de sugerir la idea falsa de que la única transición posible del régimen soviético conduce al socialismo. Sin embargo, un retroceso hacia el capitalismo sigue siendo perfectamente posible. Una definición más completa sería, necesariamente, más larga y más pesada.

La URSS es una sociedad intermedia entre el capitalismo y el socialismo, en la que: a) las fuerzas productivas son aún insuficientes para dar a la propiedad del Estado un carácter socialista; b) la tendencia a la acumulación primitiva, nacida de la necesidad, se manifiesta a través de todos los poros de la economía planificada; c) las normas del reparto, de naturaleza burguesa, están en la base de la diferenciación social; d) el desarrollo económico, al mismo tiempo que mejora lentamente la condición de los trabajadores, contribuye a formar rápidamente una capa de privilegiados; e) la burocracia, al explotar los antagonismos sociales, se ha convertido en una casta incontrolada, extraña al socialismo; f) la revolución social, traicionada por el partido gobernante, vive aún en las relaciones de propiedad y en la conciencia de los trabajadores; g) la evolución de las contradicciones acumuladas puede conducir al socialismo o lanzar a la sociedad hacia el capitalismo; h) la contrarrevolución en marcha hacia el capitalismo tendrá que romper la resistencia de los obreros; i) los obreros, al marchar hacia el socialismo, tendrán que derrocar a la burocracia. El problema será resuelto definitivamente por la lucha de dos fuerzas vivas en el terreno nacional y el internacional.

Naturalmente que los doctrinarios no quedarán satisfechos con una definición tan hipotética. Quisieran fórmulas categóricas; sí y sí, no y no. Los fenómenos sociológicos serían mucho más simples si los fenómenos sociales tuviesen siempre contornos precisos. Pero nada es más peligroso que eliminar, para alcanzar la precisión lógica, los elementos que desde ahora contrarían nuestros esquemas y que mañana pueden refutarlos. En nuestro análisis tememos, ante todo, violentar el dinamismo de una formación social sin precedentes y que no tiene analogía. El fin científico y político que perseguimos no es dar una definición acabada de un proceso inacabado, sino observar todas las fases del fenómeno y desprender de ellas las tendencias progresistas y las reaccionarias, revelar su interacción, prever las diversas variantes del desarrollo ulterior y encontrar en esta previsión un punto de apoyo para la acción.

Fuente: L. Trotski: «¿Qué es la URSS?», en *La revolución traicionada*, cap. IX, Pathfinder Press, Estados Unidos, 1992.

La URSS en guerra*
(Fragmento)

El pacto germano-soviético y el carácter de la URSS

¿Es posible, una vez concluido el acuerdo germano-soviético, seguir considerando a la URSS como un Estado obrero? El futuro del Estado soviético ha suscitado, una y otra vez, discusiones entre nosotros.[1] Tenemos ahora el primer caso histórico de Estado obrero. Nadie ha podido analizar antes este fenómeno. En el problema del carácter social de la URSS, los errores proceden, como ya habíamos previsto, de reemplazar el hecho histórico por la norma programática. El hecho concreto se aleja de la norma. Esto no significa sin embargo que la anule, por el contrario, la reafirma en su aspecto negativo. La degeneración del primer Estado obrero, verificada y explicada por nosotros, ha demostrado gráficamente lo que puede y debe ser un Estado obrero bajo determinadas condiciones históricas. La contradicción entre la norma y el hecho concreto no nos obliga a rechazar la norma, sino, al contrario, a luchar para construir un camino verdaderamente revolucionario. El programa para abordar el problema de la revolución en la URSS está determinado, por un lado, por el hecho histórico objetivo de la existencia de la URSS y, por otro, por la norma del Estado obrero. No decimos: «Todo se ha perdido, debemos empezar de cero otra vez», sino que indicamos claramente los elementos del Estado obrero que, en el momento actual, pueden salvarse, preservarse e incluso desarrollarse.

---

* Se terminó de escribir en 1939. Publicado por primera vez en 1942 en el libro *In Defense of Marxism*. (N. del E.).

Los que hoy afirman que el pacto germano-soviético debe cambiar nuestra posición respecto al Estado soviético se basan en la postura del Comintern[2] —o mejor dicho, de la antigua postura del Comintern—. De acuerdo con esta lógica, la misión histórica del Estado obrero es la lucha a favor de la democracia imperialista. La «traición» de las democracias a favor del fascismo despoja a la URSS de su condición de Estado obrero. De hecho, el tratado con Hitler no es sino un dato más del grado de degeneración de la burocracia soviética y de su desprecio por la clase trabajadora internacional, incluido el Comintern, pero no la base para una reevaluación de nuestra concepción sociológica de la URSS.

¿Se trata de un cáncer o de un nuevo órgano?

Nuestros críticos han argüido más de una vez que la burocracia soviética actual se parece muy poco a las burocracias burguesas o sindicales en las sociedades capitalistas: que representan una nueva formación social, en mayor medida que la burocracia fascista. Esto es casi verdad y nunca nos hemos negado a reconocerlo. Pero si consideramos a la burocracia soviética como una «clase», debemos reconocer inmediatamente que no se parece a ninguna de las clases basadas en la propiedad que hemos conocido en el pasado. Frecuentemente llamamos «casta» a la burocracia soviética, tratando de simbolizar así su carácter cerrado, su gestión arbitraria y la altanería de su estrato dirigente, que considera que sus progenitores proceden de los divinos labios de Brahma, mientras que las clases populares han nacido de sus partes más mezquinas. Pero esta definición no es estrictamente científica. Su relativa superioridad se basa únicamente en que el sentido general del término es claro para todo el mundo, sin que a nadie se le ocurra identificar la oligarquía de Moscú con la casta hindú de Brahma. La vieja terminología sociológica no posee un término adecuado para un nuevo acontecimiento social que está en evolución (degeneración) y que no ha tomado todavía formas estables. Para nosotros, sin embargo, la burocracia soviética puede seguir llamándose así, burocracia, sin privarla de sus peculiaridades históricas. En nuestra opinión, esto es suficiente por el momento.

Científica y políticamente —y no solo terminológicamente—, la cuestión central es: ¿es la burocracia un crecimiento temporal en un organismo social o se ha transformado ya en un órgano históricamente indispensable? Las excrecencias sociales pueden ser el producto de un conjunto «accidental» (por tanto, temporal y extraordinario) de circunstancias históricas. Un órgano social (y esto son las clases, incluidas las clases dominantes) solo puede comprenderse como el resultado necesario del desarrollo de las necesidades de la producción. Si no respondemos a esta pregunta, la discusión se convertirá en un mero juego de palabras.

La temprana degeneración de la burocracia

La justificación histórica de toda clase dominante consiste en afirmar que el sistema de explotación que capitanea lleva el desarrollo de las fuerzas productivas a un nuevo nivel. Fuera de toda duda, el régimen soviético ha dado un gran impulso a la economía. Pero la fuente de este impulso fue la nacionalización de los medios de producción y la planificación económica y no el hecho de que la burocracia usurpara el mando de la economía. Por el contrario, el burocratismo, como sistema, ha sido el peor enemigo del desarrollo técnico y cultural del país. Durante algún tiempo, esto estuvo oculto por el hecho de que la economía soviética tuvo que dedicar dos décadas a asimilar la tecnología y la organización de la producción de los países capitalistas avanzados.[3] Este período de imitación y trasplante se ha podido cubrir, para bien o para mal, con el automatismo burocrático. La aguda y constante contradicción entre ambos elementos conduce a constantes convulsiones políticas y a la eliminación sistemática de los elementos más creativos en todas las esferas de actividad. De este modo, antes de que la burocracia haya conseguido producir una «clase dominante», ha entrado en contradicción irreconciliable con las exigencias del desarrollo. La explicación de esto debe basarse precisamente en el hecho de que la burocracia no es el portador de un nuevo sistema económico peculiar e imposible sin ella, sino un parásito que crece en un Estado obrero.

Las condiciones para la omnipotencia y caída de la burocracia

La oligarquía soviética posee todos los vicios de las antiguas clases dominantes, pero carece de su misión histórica. En la degeneración burocrática del Estado soviético no se expresan las leyes generales de transición de la sociedad moderna del capitalismo al socialismo, sino una refracción especial, excepcional y temporal de dichas leyes bajo las condiciones de un país atrasado y revolucionario en un contexto capitalista. La escasez de bienes de consumo y la lucha generalizada por conseguirlos da lugar a un policía que se arroga la función de la distribución. La hostilidad exterior confiere al policía el papel de «defensor» del país, le dota de autoridad nacional y le permite saquear el país por partida doble.

Las dos condiciones de la omnipotencia de la burocracia —el atraso del país y el entorno imperialista— tienen, sin embargo, un carácter temporal y transitorio y deben desaparecer con el triunfo de la revolución mundial. Incluso los economistas burgueses han calculado que, con una economía planificada, los EE.UU. alcanzarían rápidamente un producto nacional de 200 billones de dólares, que sería suficiente para asegurar a la población, no solo la cobertura de sus necesidades primarias, sino un elevado nivel de confort. De otra parte, la revolución mundial suprimiría la amenaza exterior, que es otra de las causas de la burocratización. La eliminación de la necesidad de gastar una parte enorme del producto nacional en armamento elevaría aun más el nivel cultural y de vida de las masas. En estas condiciones, la necesidad de un policía distribuidor caería por sí misma. Una administración similar a una cooperativa gigante suplantaría rápidamente el poder del Estado. No habría lugar para una nueva clase dominante o para un nuevo régimen explotador, situado entre el capitalismo y el socialismo.

¿Y qué pasará si no tiene lugar la revolución socialista?

La desintegración del capitalismo y de la vieja clase dominante ha alcanzado límites extremos. La supervivencia de este sistema es imposible. Las fuerzas productivas deben organizarse de acuerdo con un plan. Pero, ¿quién cumplirá esta tarea, el proletariado o una nueva clase dominante de «comisarios», políticos, administradores y técnicos? En opinión de algunos racionalistas, la experiencia histórica demuestra que no se debe depositar ninguna confianza en el proletariado. El proletariado se demostró incapaz de impedir la última guerra mundial, aunque las precondiciones materiales para una revolución socialista ya existían en aquel momento. Los éxitos del fascismo tras la guerra serían una nueva muestra de la «incapacidad» del proletariado para sacar a la sociedad capitalista de su callejón sin salida. La burocratización de la URSS sería una nueva prueba de la «incapacidad» del proletariado para dirigir la sociedad por medios democráticos. La revolución española ha sido estrangulada por las burocracias fascista y estalinista ante los mismísimos ojos del proletariado mundial. El último eslabón de esta cadena es la nueva guerra imperialista, que se prepara abiertamente, ante la impotencia del proletariado internacional. Si se adopta esta concepción, esto es, si se reconoce que el proletariado no tiene fuerza suficiente para llevar a cabo la revolución socialista, la urgente tarea de la estatalización de las fuerzas productivas deberá realizarse por otros. ¿Por quién? Por una nueva burocracia que reemplazará a la caduca burguesía como clase dominante a escala mundial. Así están empezando a plantear el problema algunos «izquierdistas» que no se contentan con discutir sobre terminología.

La guerra actual y el destino de la sociedad moderna

Dada la marcha de los acontecimientos, este problema se plantea ahora muy concretamente. La Segunda Guerra Mundial ha comenzado. Esto confirma incontrovertiblemente el hecho de que la sociedad no puede subsistir más tiempo sobre bases capitalistas. Además, somete al proletariado a una prueba nueva y quizá decisiva.

Si esta guerra provoca, como creemos firmemente, una revolución proletaria, se producirá la ruptura de la burocracia de la URSS y la regeneración de la democracia soviética sobre bases económicas y culturales más sobresalientes que en 1918. En este caso, la cuestión de si la burocracia estalinista es una «clase» o un cáncer del Estado obrero se resolverá automáticamente. Quedará claro que la burocracia soviética era solo un episodio en el proceso de desarrollo de la revolución mundial.

Podemos suponer, sin embargo, que la presente guerra no va a provocar la revolución, sino la decadencia del proletariado. Queda, en ese caso, su progresiva fusión con el Estado y la suplantación de la democracia, allí donde todavía existe, por un régimen totalitario. La incapacidad del proletariado para tomar en sus manos la dirección de la sociedad podría conducirnos, en las actuales condiciones, al crecimiento de una nueva clase dominante, de la burocracia fascista bonapartista. Sería, según todos los indicios, un régimen de decadencia, destinado al eclipse de la civilización.

Se produciría un resultado similar si el proletariado de los países capitalistas avanzados, una vez conquistado el poder, se muestra incapaz de retenerlo y lo entrega, como en la URSS, a una burocracia privilegiada. En ese caso, nos veríamos obligados a reconocer que las causas del burocratismo no son el atraso del país ni el imperialismo circundante, sino una incapacidad congénita del proletariado para llegar a ser la clase dominante. Entonces tendríamos que reconsiderar los rasgos característicos que hacen de la URSS la precursora de un nuevo régimen de explotación a escala mundial.

Nos hemos alejado mucho de la controversia inicial sobre cómo denominar al Estado soviético. Pero no nos critiquen; solo de una perspectiva histórica adecuada se puede uno proveer de elementos de juicio suficientes para decidir sobre una cuestión como la sucesión de un régimen social por otro. La alternativa histórica, llevada al límite, es la siguiente: ¿es el Estado estalinista un desgraciado incidente en el proceso de transformación de una sociedad del capitalismo al socialismo, o es el primer paso hacia un nuevo tipo de sociedad basada en la explotación? Si la segunda afirmación es cierta, la burocracia se convertirá en una nueva clase explotadora. Si el proletariado del mundo se muestra incapaz de cumplir la misión que le ha asignado el curso del desarrollo histórico, no nos quedará más remedio que reconocer que el programa socialista, basado en las contradicciones internas de la sociedad capitalista, es una utopía. Sería necesario, en ese caso, elaborar un nuevo programa «mínimo», para la defensa de los intereses de los esclavos de la sociedad burocrática totalitaria.

¿Nos obligarán los datos objetivos a renunciar ya al proyecto de la revolución socialista? Este es el problema que se nos plantea.

La teoría del «colectivismo burocrático»

Poco después de la toma del poder por Hitler, un comunista de izquierda alemán, Hugo Urbahns, llegó a la conclusión de que el capitalismo iba a ser reemplazado por un nuevo «capitalismo de Estado». Los primeros ejemplos eran Alemania, la URSS e Italia. Urbahns, sin embargo, no elaboró las conclusiones políticas de esta teoría. Recientemente, un comunista de izquierda italiano, que formalmente se adhiere a la IV Internacional, ha llegado a la conclusión de que el «colectivismo burocrático» reemplazará al capitalismo (Bruno R.: *La bureaucratisation du monde*, París, 1939, p. 350). La nueva burocracia es una clase, su relación con los trabajadores es la explotación colectiva, los proletarios se han transformado en los esclavos de los explotadores totalitarios.

Bruno R. da igual trato a la economía planificada de la URSS, el fascismo, el nacionalsocialismo y el *New Deal* de Roosevelt. Todos estos regímenes poseen, indudablemente, rasgos comunes que se basan, en último análisis, en las tendencias colectivistas de la economía moderna. Lenin, antes de la Revolución de Octubre, formuló así las características más importantes del capitalismo imperialista: concentración gigantesca de las fuerzas productivas, fusión progresiva del capital monopolista con el Estado, tendencia orgánica a la franca dictadura como resultado de esta fusión. La centralización y la colectivización determinan tanto la política revolucionaria como la contrarrevolucionaria, pero esto no significa que el termidor, el fascismo o el reformismo americano sean equivalentes a la revolución. Bruno R. queda atrapado en el hecho de que, a causa de la postración política de la clase trabajadora, las tendencias a la colectivización hayan tomado la forma de «colectivismo burocrático». El fenómeno en sí es irrefutable, pero, ¿cuáles son sus límites y su peso histórico? Lo que nosotros consideramos una malformación en un período de transición, el resultado del desarrollo desigual de los múltiples factores que intervienen en un proceso social, es para Bruno R. una formación social independiente en la que la burocracia es la clase dominante. Bruno R. tiene el mérito de llevar el asunto desde el círculo reducido de los ejercicios terminológicos al terreno de las generalizaciones históricas. Esto nos hace más fácil la tarea de divulgar su error.

Como muchos ultraizquierdistas, Bruno R. identifica esencialmente estalinismo y fascismo. Por un lado, la burocracia soviética ha adoptado los métodos políticos del fascismo; por el otro, la burocracia fascista, que de momento se contenta con una intervención «parcial» de la economía, está evolucionando rápidamente hacia la total estatificación de la economía. La primera afirmación es absolutamente correcta. Pero la creencia de Bruno de que el «anticapitalismo» fascista será capaz de expropiar por completo a la burguesía es errónea. La intervención «parcial» del Estado difiere de la economía planificada en la misma medida en que «reforma» difiere de «revolución». Mussolini y Hitler están «coordinando» los intereses de los propietarios privados y «regulando» la economía capitalista y, además, principalmente por razones de guerra. La oligarquía del Kremlin es algo más: tiene la oportunidad de dirigir la economía como un cuerpo, porque la clase trabajadora de Rusia fue capaz de dar el mayor vuelco conocido en la historia a las relaciones de propiedad. Es una diferencia que no podemos olvidar.

Pero aunque aceptemos que el estalinismo y el fascismo, desde polos opuestos, llegarán algún día a ser el mismo tipo de sociedad («colectivismo burocrático», según la terminología de Bruno R.), la humanidad continuará ante un callejón sin salida. La crisis del sistema capitalista es tanto el resultado del papel reaccionario de la propiedad privada como del no menos reaccionario del Estado nacional. Aunque los distintos gobiernos fascistas triunfasen en su empeño de construir una economía planificada en sus respectivos países, al margen de los inevitables movimientos revolucionarios del proletariado imprevisibles para todo plan, la lucha de los Estados totalitarios por el dominio del mundo continuará e incluso se recrudecerá. Las guerras devorarán los frutos de las economías planificadas y destruirán la civilización. Bertrand Russell cree, es cierto, que algún Estado victorioso puede, como resultado de la guerra, unificar el mundo bajo un régimen totalitario. Pero incluso si esta hipótesis se realizara, lo que es muy dudoso, la «unificación militar» no sería más estable que el Tratado de Versalles. Los levantamientos nacionales llevarían a una nueva guerra mundial que sería la tumba de la civilización. Los hechos objetivos y no nuestros deseos subjetivos, nos muestran que la única posibilidad de salvación de la humanidad es la revolución socialista mundial. La alternativa es la vuelta a la barbarie.

El proletariado y sus dirigentes

Dedicaremos muy pronto un artículo entero a la cuestión de la clase y su dirección. Nos limitamos aquí a decir lo más indispensable. Solo los «marxistas vulgares»,[4] que interpretan la política como un simple y directo «reflejo» de la economía, pueden pensar que la dirección refleja directa y simplemente a la clase. En realidad, la dirección, que se ha alzado sobre la clase oprimida, sucumbe inevitablemente a la presión de la clase dominante. La dirección de los sindicatos americanos, por ejemplo, «refleja» no tanto al proletariado como a la burguesía. La selección y educación de una dirección verdaderamente revolucionaria, capaz de soportar la presión de la burguesía, es una tarea extraordinariamente difícil. La dialéctica del proceso histórico nos ha mostrado claramente cómo el proletariado del país más atrasado del mundo, Rusia, ha sido capaz de engendrar la dirección más clarividente y valerosa que hayamos conocido. Por el contrario, el proletariado del país con un capitalismo más antiguo, Inglaterra, tiene hasta el momento la dirección más servil y lerda.

La crisis de la sociedad capitalista, que tomó un carácter manifiesto en julio de 1914, produjo, desde el primer día de guerra, una profunda crisis en la dirección del proletariado. Durante los veinticinco años transcurridos, el proletariado de los países avanzados todavía no ha sido capaz de producir una dirección a la altura de las tareas históricas de nuestro tiempo. El ejemplo de Rusia nos revela, sin embargo, que es posible (lo que no significa que haya sido inmune a la degeneración). Por lo tanto la pregunta a la que ahora hemos de responder es la siguiente: ¿se engendrará, en el proceso de esta guerra y de las profundas convulsiones que se van a producir, una dirección auténticamente revolucionaria capaz de dirigir al proletariado en la conquista del poder?

La IV Internacional ha respondido afirmativamente a esta pregunta no solo a través de su programa, sino, y sobre todo, a través del hecho de su existencia. Los desilusionados y aterrorizados seudomarxistas de todo tipo responden, por el contrario, que la bancarrota de la dirección «refleja» simplemente la incapacidad del proletariado para cumplir su misión histórica. No todos nuestros oponentes expresan con claridad su pensamiento, pero todos ellos —ultraizquierdistas, centristas, anarquistas, por no hablar de los estalinistas y los socialdemócratas— cargan el peso de sus propios errores sobre las espaldas del proletariado. Ninguno de ellos expresan claramente bajo qué condiciones será capaz el proletariado de llevar a cabo la revolución socialista.

Si aceptamos como válido que la causa de los errores es consustancial a las cualidades sociales del proletariado como tal, hemos de reconocer que el futuro de la sociedad moderna se nos presenta sin esperanza. Bajo las condiciones del capitalismo en decadencia, el proletariado no crece ni numérica ni culturalmente. No hay razones, por tanto, para creer que alcance algún día la altura de su misión revolucionaria. Hemos clarificado el profundo antagonismo entre la necesidad orgánica, insoslayable y creciente de las masas trabajadoras de escapar del caos sangriento del capitalismo y el carácter conservador, patriótico y totalmente burgués de las direcciones sindicales existentes. Debemos elegir entre una de estas dos alternativas irreconciliables.

Las dictaduras totalitarias, consecuencia de una crisis aguda, y no de regímenes estables

La Revolución de Octubre no fue un accidente. Fue un anticipo del futuro. Los acontecimientos lo confirmaron y su degeneración no lo desmintió, porque los marxistas no creyeron nunca que un Estado obrero aislado pudiera mantenerse indefinidamente en Rusia. A decir verdad, esperábamos la caída del Estado soviético, no su degeneración; más exactamente, no habíamos hecho diferencias entre estas dos posibilidades. Pero no son contradictorias. La degeneración ha de acabar necesariamente en caída al llegar a un determinado punto.

Un régimen totalitario, sea del tipo estalinista o fascista, puede ser, esencialmente, un régimen temporal y transitorio. La crasa dictadura ha sido, a lo largo de la historia, el producto y el síntoma de una crisis social especialmente severa, nunca un régimen estable. Las crisis profundas no pueden ser una condición permanente de la sociedad. Un régimen totalitario es capaz de suprimir las contradicciones sociales durante cierto tiempo, pero es incapaz de autoperpetuarse. Las monstruosas purgas de la URSS son el mejor testimonio de que la sociedad soviética rechaza orgánicamente la burocracia. Es asombroso que Bruno R. vea en estas purgas la prueba de que la burocracia soviética se ha convertido en clase dominante, pues, en su opinión, solo una clase dominante es capaz de medidas de tal envergadura.[5] Olvida, sin embargo, que el zarismo, que no era una «clase», también realizó grandes purgas y precisamente cuando estaba cerca de su fin. Stalin testifica mejor que nadie, con sus monstruosas purgas, síntoma inequívoco de su agonía, la incapacidad de la burocracia para convertirse en una clase dirigente estable. ¿No hubiésemos quedado en ridículo si hubiésemos dicho que la oligarquía bonapartista era una clase dominante, pocos años o incluso pocos meses, antes de su vergonzosa caída? Con esta pregunta quisiéramos advertir a los camaradas entregados a experimentos terminológicos y generalizaciones apresuradas.

La orientación hacia la revolución mundial y la regeneración de la URSS

Un cuarto de siglo es muy poco tiempo para el rearme de la vanguardia proletaria mundial y demasiado para mantener intacto el sistema soviético en un país aislado y atrasado. La humanidad está pagando esto con una nueva guerra imperialista, pero la misión fundamental de nuestra época no ha cambiado, por la sencilla razón de que no se ha realizado. La gran ventaja que tenemos ahora y la gran promesa para el futuro es que un destacamento del proletariado nos ha mostrado ya cómo llevar a la práctica esa misión.

La segunda guerra imperialista concede a esta tarea por cumplir un rango histórico muy elevado. Pone de nuevo a prueba no solo la estabilidad de los regímenes existentes, sino además la capacidad del proletariado para reemplazarlos. Los resultados de esta prueba tendrán una importancia decisiva a la hora de considerar la época moderna como la época de la revolución proletaria. Si contra todo pronóstico, la Revolución de Octubre encuentra algún continuador en los países desarrollados durante la guerra o tras ella; o si, por el contrario, el proletariado es derrotado en todos los frentes, tendremos que replantearnos nuestra concepción de la época actual y sus fuerzas motoras. No se trataría solo de un ejercicio literario sobre la denominación de la URSS y de la banda de Stalin, sino de tener en cuenta los cambios en la perspectiva histórica del mundo en las próximas décadas, quizá en los próximos siglos: ¿hemos entrado en la época de la revolución social y la sociedad socialista o, por el contrario, en la de la decadencia de la sociedad y el totalitarismo burocrático?

El doble error de simplistas como Hugo Urbahns y Bruno R. consiste, en primer lugar, en considerar este último régimen (el totalitario) definitivamente instalado; en segundo término, en creer necesario un largo período de transición entre el capitalismo y el socialismo. Ahora es absolutamente evidente que, si el proletariado internacional, a pesar de la experiencia adquirida y de la guerra en curso, se muestra incapaz de llegar a ser el director de la sociedad, nos encontraríamos sin ninguna esperanza de que la revolución socialista llegase a realizarse porque no podemos esperar condiciones mejores; en cualquier caso, nadie parece preverlas o ser capaz de especificarlas en el momento actual. Los marxistas no tenemos el menor derecho (a no ser que el cansancio y la desilusión se consideren «derechos») a llegar a la conclusión de que el proletariado ha agotado todo su potencial revolucionario y debe renunciar a sus aspiraciones de conquistar la hegemonía en los próximos años. Veinticinco años de historia, cuando se trata de profundos cambios económicos y culturales, pesan menos que una hora en la vida de un hombre. ¿Qué podemos pensar de un individuo que, por contratiempos de un día o una hora, renuncia a metas que se había propuesto en base al análisis de la experiencia de toda su vida anterior? En los años de la peor reacción rusa (1907-1917), nosotros nos apoyábamos en la idea de que el proletariado ruso había mostrado sus posibilidades revolucionarias en 1905. La IV Internacional no se denomina por casualidad «el partido mundial de la revolución socialista». Dirigimos nuestro rumbo hacia la revolución mundial y, como consecuencia, hacia la regeneración de la URSS como verdadero Estado obrero. Nuestro camino no variará.

La política exterior es la continuación de la política interna

¿Qué defendemos de la URSS? No precisamente aquello en lo que se parece a los países capitalistas, sino en lo que se diferencia. En Alemania apoyamos la ofensiva contra la burocracia dominante, pero solo para destruir la propiedad capitalista. En la URSS, la destrucción de la burocracia es indispensable para preservar la propiedad estatal. Solo en este sentido defendemos a la URSS.

Ninguno de nosotros duda de que los trabajadores soviéticos deban defender la propiedad estatal no solo contra el parasitismo de la burocracia, sino también de todo tipo de tendencia hacia la propiedad privada, por ejemplo, por parte de la aristocracia de los koljoses. Pero en definitiva, la política exterior es la continuación de la política interna. Si en política interna consideramos que la defensa de las conquistas de la Revolución de Octubre implica una lucha a muerte contra la burocracia, debemos hacer lo mismo en política exterior. Bruno R., tras asegurarnos que el «colectivismo burocrático» ha triunfado en toda la línea, nos quiere hacer creer que nadie va a atacar la propiedad estatal, porque Hitler (y hasta Chamberlain) están tan interesados en mantenerla, sabe usted, como Stalin. Aunque nos duela, las afirmaciones de Bruno son frívolas. Si Hitler gana la guerra, empezará por devolver a los capitalistas alemanes todo lo expropiado, luego hará lo mismo con los capitalistas ingleses, franceses o belgas, a cambio de un acuerdo con ellos a expensas de la URSS; por último, hará de Alemania el mayor cliente de las principales empresas estatales de la URSS, de acuerdo con los intereses de la maquinaria bélica alemana. Hoy Hitler es amigo y aliado de Stalin, pero en cuanto consiga una victoria en el Frente Occidental con la ayuda de Stalin, volverá sus armas contra la URSS. Y Chamberlain, en circunstancias similares, haría lo mismo que Hitler.

La defensa de la URSS y la lucha de clases

Los malentendidos en torno al asunto de la defensa de la URSS nacen frecuentemente de una comprensión incorrecta de los métodos de «defensa». Defender la URSS no significa una aproximación a la burocracia del Kremlin, la aceptación de su política o conciliar con sus aliados. En este tema, como en todos los demás, permanecemos totalmente dentro del campo de la lucha de clases internacional.

En el pequeño periódico francés *Que Faire* se decía no hace mucho que los «trotskistas» eran tan derrotistas con respecto a Francia e Inglaterra como con respecto a la URSS. En otras palabras: si usted quiere defender a la URSS, debe dejar de ser derrotista respecto a sus aliados imperialistas. *Que Faire* calculaba que las «democracias» podrían ser los aliados de la URSS. No sé qué dirán hoy estos «listos». Pero esto no es importante, porque significa que su método está podrido. Renunciar al derrotismo respecto al campo imperialista con el que la URSS debe aliarse más pronto o más tarde significa empujar a los trabajadores del campo enemigo a ayudar a sus gobiernos, significa renunciar al derrotismo en general. Renunciar al derrotismo bajo las condiciones de una guerra imperialista que implica el rechazo de la revolución socialista —el rechazo de la revolución en nombre de «la defensa de la URSS»— sentenciaría a esta a la descomposición final y a la tumba.

El Comintern interpreta la «defensa de la URSS», como ayer interpretaba la «lucha contra el fascismo», en base a la renuncia a una política de clase independiente. El proletariado se ha transformado —por diferentes causas y bajo circunstancias diversas— en una fuerza auxiliar de un campo burgués contra otro. En contradicción con este hecho, algunos de nuestros camaradas dicen: como no queremos convertirnos en instrumento de Stalin y sus aliados, renunciamos a la defensa de la URSS. Pero con esto solo demuestran que entienden «defensa» igual que lo hacen los oportunistas: no piensan en términos de una política independiente del proletariado. Como cuestión de principio, defendemos la URSS como defendemos las colonias, como resolvemos todos nuestros asuntos, no apoyando unos gobiernos imperialistas contra otros, sino por el método de la lucha de clases internacional, tanto en las colonias como en las metrópolis. No somos un partido de Gobierno: somos el partido de la oposición irreconciliable no solo en los países capitalistas, sino también en la URSS. Realizaremos nuestras tareas, entre ellas «la defensa de la URSS» no a través de los gobiernos burgueses ni del Gobierno de la URSS, sino a través de la agitación y la educación de las masas, explicando a los trabajadores lo que deben defender y lo que deben destruir. Esta «defensa» no va a dar resultados milagrosos ni inmediatos. Pero no pretendemos hacer milagros. Tal y como están las cosas, somos una minoría revolucionaria. Nuestro trabajo debe consistir en hacer ver las cosas correctamente a los trabajadores sobre los que tenemos influencia, en enseñarles a no dejarse engañar y en preparar un sentimiento general de clase, para que en su día sea capaz de enfrentarse revolucionariamente a la tarea que le corresponde.

La defensa de la URSS coincide, para nosotros, con la preparación de la revolución mundial. Solo podemos permitirnos métodos que no están en conflicto con la revolución. La defensa de la URSS se relaciona con la revolución socialista mundial como una táctica a una estrategia. La táctica debe subordinarse siempre al fin estratégico y en ningún caso pueden llegar a ser contradictorias en el futuro.

La cuestión de los territorios ocupados

Mientras escribo estas líneas, no está clara todavía la cuestión de los territorios ocupados por el Ejército Rojo.[6] Las noticias son contradictorias, las actuales relaciones en esa zona son, sin duda, muy inestables. Muchos de los territorios ocupados se convertirán en parte de la URSS. ¿De qué manera? ¿Cómo?

Supongamos por un momento que, de acuerdo con el tratado firmado con Hitler, el Gobierno de Moscú deja intacto el derecho de propiedad en los territorios ocupados y se autolimita a «controlarlos» según el modelo fascista. Esta concesión supondría un importante paso y podría tener un carácter decisivo en la historia del régimen soviético; consecuentemente, sería un nuevo punto de partida para reelaborar nuestra concepción del Estado soviético.

Es más probable, sin embargo, que Moscú proceda a la expropiación de los grandes terratenientes y a la estatificación de los medios de producción en los territorios ocupados. Y es más probable no porque la burocracia permanezca fiel al programa socialista, sino porque no desea ni es capaz de compartir el poder con las viejas clases dominantes de los territorios ocupados. Salta a la vista una analogía histórica. El primer Bonaparte detuvo la revolución mediante una dictadura militar. Sin embargo, cuando las tropas de Napoleón entran en Polonia dicta un decreto aboliendo la servidumbre de la gleba. Napoleón no tomó esta medida por simpatía a los campesinos o por sentimientos democráticos, sino porque su dictadura se basaba en las relaciones de propiedad burguesas, no en las del feudalismo. Como la dictadura estalinista se basa en la propiedad estatal y no en la privada, el resultado de la invasión de Polonia por el Ejército Rojo será la abolición de la propiedad capitalista, para poner el régimen de los territorios ocupados de acuerdo con el régimen de la URSS.

La medida, de carácter revolucionario —«la expropiación de los expropiadores»—, será llevada a cabo por métodos burocrático-militares. La llamada a la actividad independiente de las masas en los nuevos territorios —y sin esta llamada, aunque se oculte con gran cuidado, es imposible construir un nuevo régimen— será sustituida por duras medidas policíacas destinadas a asegurar la preponderancia de la burocracia sobre las desilusionadas masas revolucionarias. Esta es una parte del asunto. Pero hay otra. Para conseguir la posibilidad de ocupar militarmente Polonia mediante un acuerdo con Hitler, el Kremlin ha decepcionado una y otra vez a las masas rusas y del mundo entero y ha conseguido la total desorganización de su propia Internacional Comunista. Nuestro criterio político primordial no es el cambio de las relaciones de propiedad en tal o cual área, por muy importante que sea, sino el cambio en la conciencia y organización del proletariado mundial, el aumento de su capacidad para defender sus conquistas y proponerse otras nuevas. Desde este punto de vista, los políticos de Moscú, en conjunto, constituyen el principal obstáculo para la revolución mundial.

Nuestra concepción general del Kremlin y el Comintern no debe, sin embargo, modificar nuestra idea de que el hecho particular de los cambios en las relaciones de propiedad en los territorios ocupados es una medida progresista. Debemos reconocerlo abiertamente. Cuando Hitler vuelva sus ejércitos hacia el Este para defender «la ley y el orden» en la Polonia oriental, la vanguardia obrera deberá defender contra Hitler las nuevas formas de propiedad impuestas por la burocracia bonapartista soviética.

¡No cambiamos nuestro rumbo!

La estatificación de los medios de producción es una medida progresista. Pero su carácter progresista es relativo: su peso depende de la suma de toda una serie de factores. Por lo tanto, debemos dejar sentado desde ahora que la extensión del territorio dominado por la burocracia autocrática y parásita, disfrazada de «medidas socialistas», puede aumentar el prestigio del Kremlin, engendrar ilusiones sobre la posibilidad de sustituir la revolución por medidas burocráticas, etcétera. Esto contrapesaría con mucho el carácter progresista de las medidas estalinistas en Polonia. Ya que la nacionalización de la propiedad en las zonas ocupadas, igual que en la URSS, provee las bases para un desarrollo germinalmente aventajado, es decir, socialista, se hace más necesario destruir la burocracia de Moscú. Nuestro programa sigue siendo, por tanto, totalmente válido. Los acontecimientos no nos cogen desprevenidos. Solo es preciso interpretarlos correctamente. Es necesario comprender de manera clara que la contradicción más profunda está en el carácter de la URSS y en su posición internacional. Es imposible librarse de esta contradicción con artilugios terminológicos (Estado obrero-no Estado obrero). Tenemos que tomar las cosas como son. Debemos construir nuestra política sobre la base de las contradicciones y los hechos reales.

No creemos que el Kremlin tenga ninguna misión histórica. Estábamos y estamos contra la apropiación de nuevos territorios por el Kremlin. Estamos por la independencia de Ucrania soviética y, si los bielorrusos lo desean, por una Bielorrusia soviética independiente. Al mismo tiempo, en los sectores de

Polonia ocupados por el Ejército Rojo, los partidarios de la IV Internacional desempeñan un papel decisivo: expropiando a los terratenientes y a los capitalistas, repartiendo la tierra entre los campesinos, creando sóviets y comités obreros, etcétera. Mientras tanto, deben perseverar en su independencia política, luchar en las elecciones de los sóviets y comités de fábrica para que en el futuro sean independientes de la burocracia, hacer propaganda revolucionaria contra la oligarquía del Kremlin y sus agentes locales.

Pero supongamos que Hitler dirige sus armas hacia el este y ocupa los territorios en que se encuentra ahora el Ejército Rojo. En esas condiciones, los partidarios de la IV Internacional, sin cambiar para nada su actitud hacia la oligarquía del Kremlin, serán los primeros en el frente porque considerarán que la tarea más urgente del momento es la resistencia frente a Hitler. Los trabajadores dirán: «No podemos ceder a Hitler la destrucción de Stalin: esa es misión nuestra». Durante la lucha armada contra Hitler, los trabajadores revolucionarios tratarán de establecer una camaradería lo más estrecha posible con los soldados del Ejército Rojo. Mientras luchan contra Hitler con las armas en la mano, los bolchevique-leninistas deben hacer propaganda contra Stalin, preparando su derrota en la próxima y quizá muy cercana batalla.

Esta clase de «defensa de la URSS» es diferente, tan diferente como el cielo de la tierra, de la defensa oficial, que se está haciendo bajo el eslogan: «¡Por la Patria! ¡Por Stalin!» Nuestra defensa de la URSS se lleva a cabo bajo el eslogan: «¡Por el socialismo! ¡Por la Revolución Mundial! ¡Contra Stalin!». Para no confundir estos dos tipos de «defensa de la URSS» en la conciencia de las masas es preciso elaborar eslóganes que correspondan a la situación concreta. Pero, sobre todo, es preciso establecer claramente qué se está defendiendo, cómo y contra quién lo estamos defendiendo. Nuestros eslóganes crearán confusión entre las masas solo si nosotros no tenemos claras nuestras tareas.

Conclusiones

Por el momento, carecemos de razones para modificar nuestra posición de principio con respecto a la URSS.

La guerra acelera los distintos procesos políticos. Puede apresurar el proceso de regeneración revolucionaria de la URSS. Por eso es preciso que sigamos cuidadosamente y sin prejuicios las modificaciones que la guerra va introduciendo en la vida interna de la URSS y que seamos conscientes de ellas en el momento en que se produzcan.

Nuestras tareas en los territorios ocupados son básicamente las mismas que en la URSS, pero como se derivan de acontecimientos planteados en forma muy aguda, nos permiten clarificar mejor nuestras tareas respecto a la URSS.

Debemos formular nuestros eslóganes de forma que los trabajadores vean claramente lo que estamos defendiendo de la URSS (propiedad estatal y economía planificada) y contra quién dirigimos nuestra lucha sin cuartel (la burocracia parasitaria y el Comintern). No debemos perder de vista ni por un momento, el hecho de que para nosotros la eliminación de la burocracia soviética está subordinada a la preservación de la propiedad estatal de los medios de producción en la URSS, pero que la cuestión de preservar la propiedad estatal de los medios de producción en la URSS está subordinada a la revolución proletaria mundial.

25 de septiembre de 1939.

Fuente: L. Trotski: «La URSS en guerra», *En defensa del marxismo*, Pathfinder Press, Estados Unidos, 2000.

Una y otra vez sobre la naturaleza de la URSS*

Psicoanálisis y marxismo

Algunos camaradas, o antiguos camaradas, como Bruno R., olvidando pasadas discusiones y decisiones de la IV Internacional, intentan explicar psicoanalíticamente mi estimación hacia la URSS. «Como Trotski participó en la Revolución Rusa, le resulta difícil renunciar al concepto de Estado obrero que implica para él la razón de su vida», etcétera. Creo que el viejo Freud, que era muy perspicaz, hubiese fruncido el ceño ante un psicoanálisis de esta especie. Yo no me atrevería nunca a hacerlo. No obstante puedo asegurar a mis críticos que el subjetivismo y el sentimentalismo están en ellos y no en mí.

La conducta de Moscú, que ha sobrepasado todos los límites de la abyección y el cinismo, provoca fácilmente la rebelión en cada revolucionario proletario. La repugnancia engendra necesidad de rechazo. Cuando no disponen de fuerza para la acción inmediata, los revolucionarios impacientes suelen recurrir a métodos artificiales. Así nace, por ejemplo, la táctica del terrorismo individual. Más frecuentemente se recurre a los insultos y las imprecaciones. En el caso que nos ocupa, algunos de nuestros camaradas se inclinan manifiestamente por el terrorismo «terminológico». Sin embargo, e incluso desde este punto de vista, el mero hecho de calificar de «clase» a la burocracia es inútil. Si la gentuza bonapartista es una clase, resulta que no es un aborto, sino un hijo de la historia. Si su saqueo parasitario es «explotación» en el sentido

---

* Se terminó de escribir en 1939. Publicado por primera vez en 1942 en el libro *In Defense of Marxism*. (N. del E.).

científico del término, significa que la burocracia es «explotación» en el sentido científico del término, significa que la burocracia tiene un futuro como clase indispensable para determinado modo de producción. ¡He aquí el final feliz con que se encuentran los rebeldes impacientes que se alejan de la disciplina marxista!

Cuando un mecánico emocionado examina un auto en el que, pongamos por caso, unos gánsters han escapado de la policía por una mala carretera, y se encuentra con los neumáticos reventados, el chasis roto y el motor dañado, puede exclamar: «Esto no es un coche, ¡vete a saber lo que es esto!». Una estimación de este tipo carecerá de carácter técnico o científico, pero expresará muy bien la legítima reacción del mecánico ante la obra de los gánsters. Supongamos que el mecánico tiene que reconstruir ese objeto que ha denominado «vete a saber qué es esto». En ese caso, tendrá que empezar por reconocer que lo que tiene delante es un auto estropeado. Determinará qué partes están todavía bien y cuáles es preciso reparar para decidir por dónde empezar el trabajo. El trabajador con conciencia de clase debe adoptar una actitud similar hacia la URSS. Tiene perfecto derecho a decir que los gánsters de la burocracia han transformado el Estado obrero en un «vete a saber lo que es». Pero en cuanto supera la primera reacción y se enfrenta políticamente con el problema, se ve obligado a reconocer que tiene ante sí un Estado obrero estropeado, con el motor de la economía roto, pero que todavía anda y que puede arreglarse solo con cambiar algunas piezas. Claro que esto es solo una analogía. Pero no la peor que se puede hacer.

«Un Estado obrero contrarrevolucionario»

Dicen algunos: «Si seguimos considerando a la URSS como un Estado obrero, tendremos que crear una nueva categoría: el Estado obrero contrarrevolucionario». Este argumento intenta excitar nuestra imaginación contraponiendo una buena norma programática a una realidad miserable, repugnante incluso. ¿No estamos hartos de ver cómo, desde 1923, la URSS desempeña un papel cada vez más contrarrevolucionario en la arena internacional? ¿Hemos olvidado la experiencia de la Revolución China, de la huelga general inglesa de 1926 o la tan reciente de la Revolución Española?[1] Hay dos

Internacionales obreras completamente contrarrevolucionarias.[2] Algunos parecen haberlo olvidado. Los sindicatos franceses, ingleses y norteamericanos apoyan totalmente la política contrarrevolucionaria de sus burguesías respectivas. Esto no nos impide llamarlos «sindicatos», apoyar sus avances y defenderlos contra la burguesía. ¿Por qué no podemos utilizar el mismo método con el «Estado obrero contrarrevolucionario»? En última instancia, un Estado obrero es un sindicato que ha conseguido el poder. La diferencia de actitud entre ambos casos es que los sindicatos tienen una larga historia, y ya nos hemos acostumbrado a considerarlos como realidades, no como «categorías» de nuestro programa. Y el Estado obrero es ya una realidad, que no depende para nada de nuestro programa.

¿Imperialismo?

¿Debemos llamar «imperialismo» la actual expansión del Kremlin? Primero, hemos de establecer el contenido social de este término. La historia ha conocido el «imperialismo» romano basado en el esclavismo, el imperialismo de los señores feudales, el del comercio y la industria capitalistas, el imperialismo de la monarquía zarista… La fuerza motora de la oligarquía de Moscú es indudablemente el ansia de aumentar su poder, su prestigio, sus ganancias. Este es un elemento del «imperialismo», en el amplio sentido de la palabra, que caracterizó a las monarquías, oligarquías, castas dominantes, estamentos medievales y clases en el pasado. Sin embargo, en la literatura contemporánea, al menos en la marxista, el imperialismo se define como una política expansionista del capital financiero, con un contenido económico muy determinado. Emplear el término «imperialismo» para la política exterior del Kremlin, sin especificar claramente lo que significa, equivale a equiparar la política de la burocracia bonapartista con la del capital monopolista, sobre la base de que ambos utilizan la fuerza militar como medio de expansión. Semejante identificación, que solo puede crear confusión, es mucho más propia de socialdemócratas pequeñoburgueses que de marxistas. Continuación de la política imperialista de los zares.

El Kremlin participa en una nueva partición de Polonia, el Kremlin se apodera de los países bálticos, el Kremlin se vuelve sobre los Balcanes, Persia y Afganistán; en otras palabras, el Kremlin continúa la política imperialista de los zares. ¿No tenemos derecho, por tanto, a calificar de imperialista la política del Kremlin? Pero este argumento histórico-geográfico no es más convincente que los otros. La revolución proletaria, nacida en el imperio de los zares, intentó desde el principio, y lo consiguió durante un tiempo, conquistar los países bálticos, intentó penetrar en Rumania y en Persia y una vez llegó con sus ejércitos hasta Varsovia (1920). Las líneas de expansión de la revolución fueron las mismas que las del zarismo, porque la revolución no cambió las condiciones geográficas. Precisamente por esto, los mencheviques de entonces hablaron del «imperialismo bolchevique», calcado de la diplomacia zarista. Los demócratas pequeñoburgueses repiten hoy este argumento. Repito: no tenemos ninguna razón para imitarlos.

¿Agentes del imperialismo?

Sin embargo, junto al problema de cómo denominar la política expansionista de la URSS, queda analizar el apoyo que el Kremlin está prestando al imperialismo de Berlín. Ante todo, es preciso establecer aquí que —en ciertas condiciones, hasta un cierto punto y de determinada forma— hasta un Estado obrero sano tendría que apoyar inevitablemente el imperialismo, porque le sería imposible por completo romper las cadenas de relaciones de un mundo imperialista. El tratado de paz de Brest-Litovsk reforzó de manera temporal a Alemania contra Francia y Gran Bretaña. Un Estado obrero aislado no tiene más remedio que maniobrar entre los campos imperialistas hostiles. Maniobrar implica apoyar temporalmente a uno contra el otro. Saber en cada momento a quién puede resultar más provechoso o menos peligroso apoyar, no es una cuestión de principio, sino de cálculo práctico y de visión de conjunto. Las inevitables desventajas de prestar apoyo a un Estado burgués contra otro se equilibran con mucho por el hecho de que esto permite al Estado obrero aislado continuar existiendo.

Pero hay maniobras y maniobras. En Brest-Litovsk el Gobierno soviético sacrificó la independencia nacional de Ucrania a cambio de salvar el Estado obrero. Nadie hablaría de sacrificio de Ucrania, porque todos los trabajadores conscientes comprendieron su carácter forzoso.[3] El caso de Polonia es completamente diferente. El Kremlin no ha planteado nunca la cuestión de que estuviese obligado a sacrificar Polonia. Por el contrario, se jacta cínicamente de su confabulación, lo que atenta contra los más elementales sentimientos democráticos de las clases oprimidas de todo el mundo y debilita mucho la situación internacional de la Unión Soviética. ¡La transformación económica de los territorios ocupados no compensa esto ni en la décima parte!

Toda la política exterior del Kremlin se basa, por lo general, en una pérfida idealización del imperialismo «amigo» y esto significa sacrificar los intereses fundamentales del movimiento obrero mundial a cambio de ventajas secundarias e inestables. Después de haber mentido durante cinco años a los trabajadores con eslóganes como la «defensa de las democracias»,[4] Moscú es hoy cómplice de la política de pillaje de Hitler. Esto no convierte a la URSS en un Estado imperialista, pero Stalin y su Comintern son, sin duda, los agentes más valiosos con que cuenta el imperialismo.[5]

Si queremos definir exactamente la política exterior del Kremlin, debemos decir que es la política de la burocracia bonapartista de un Estado obrero degenerado, en un entorno imperialista. Esta definición no es tan corta ni tan sonora como «política imperialista», pero en cambio es más precisa.

El mal menor

La ocupación de Polonia del este por el Ejército Rojo es seguramente un mal menor en comparación con la ocupación de ese mismo territorio por los nazis. Pero este «mal menor» se obtuvo porque Hitler se aseguró previamente un mal mucho mayor. Si alguien prende fuego, o ayuda a prender fuego a una casa y luego salva a cinco de sus diez ocupantes para convertirlos en sus propios semiesclavos, se produce un «mal menor» que si se hubiesen quemado los diez. Pero no está claro que este pirómano merezca una medalla por el rescate. Y si se la dieran, debería tirarla inmediatamente y fusilarlo después, como el héroe de una novela de Víctor Hugo.

«Misioneros armados»

Robespierre dijo una vez que a la gente no le gustan los misioneros con bayonetas. Pero lo que quería decir es que es imposible imponer a un pueblo ideas o instituciones revolucionarias por la fuerza de las armas. Esto no significa, sin embargo, que sea inadmisible intervenir militarmente en un país para cooperar con la revolución.

Pero una intervención de este tipo, derivada de una política revolucionaria internacional, debe ser entendida por el proletariado internacional y debe corresponder a los deseos de las masas trabajadoras en cuyo territorio entran las tropas revolucionarias. La teoría del socialismo en un solo país[6] no puede crear esta solidaridad internacional activa, la única capaz de justificar y preparar la intervención armada. El Kremlin plantea y resuelve el problema de la intervención militar como hace toda su política; completamente al margen de las ideas y sentimientos de la clase trabajadora internacional. Por ello, los últimos «éxitos diplomáticos» del Kremlin le comprometen monstruosamente y han creado la confusión en las filas del proletariado de todo el mundo.

Insurrección en dos frentes

Pero, planteando así la cuestión —dicen algunos camaradas— ¿es adecuado hablar de la defensa de la URSS y de las provincias ocupadas? ¿No sería más correcto llamar a los obreros y campesinos de toda Polonia a luchar, tanto contra Hitler, como contra Stalin? Naturalmente, eso es muy atractivo. Si surge simultáneamente la revolución en Alemania y en la URSS, incluidas las nuevas provincias ocupadas, se resolverían muchos problemas de un golpe. Pero no podemos basar nuestra política solo en lo más favorable, en la mejor combinación de circunstancias. El problema es: ¿qué hacemos si Hitler, antes de ser aplastado por la revolución, ataca Ucrania antes de que la revolución haya destruido a Stalin? ¿Deberán luchar en este caso los partidarios de la IV Internacional contra Hitler, lo mismo que lucharon en las filas de la España republicana contra Franco? Estamos totalmente, y en el más amplio sentido, por una Ucrania soviética independiente tanto de Hitler, como de Stalin. Pero, ¿qué hacer si, antes de haber obtenido esa independencia, Hitler intenta apoderarse de esa Ucrania que está bajo el dominio de la burocracia estalinista?[7] La IV Internacional contesta: defenderemos de Hitler la Ucrania esclavizada por Stalin.

«Defensa incondicional de la URSS»

¿Qué significa defensa «incondicional» de la URSS? Significa que no le ponemos condiciones a la burocracia. Significa que, independientemente de los motivos o causas de la guerra, defendemos las bases sociales de la URSS, si se ven amenazadas por el imperialismo. Algunos camaradas preguntan: ¿y si mañana la URSS invade la India y empieza a reprimir un movimiento revolucionario allí, la apoyaremos? Esta pregunta no es del todo coherente. En primer lugar, no está claro por qué implicar a la India. Es más sencillo preguntar: ¿y si el Ejército Rojo amenaza a los obreros y campesinos de la URSS que se pongan en huelga contra la burocracia, lo apoyaremos o no? La política exterior es una continuación de la interna. Nunca hemos prometido apoyar todas las acciones del Ejército Rojo, que es un instrumento en manos de la burocracia bonapartista. Hemos prometido defender la URSS en tanto que Estado obrero y solo lo que hay dentro de ella, que es característico de un Estado obrero.

Un casuista ingenioso puede argumentar: Si el Ejército Rojo, independientemente de la clase de «tarea» que esté realizando en la India, es derrotado por los insurgentes indios, esto debilitaría a la URSS. Le responderíamos: La derrota de un movimiento revolucionario en la India, con la cooperación del Ejército Rojo, significaría un peligro mucho mayor para las bases sociales de la URSS que un contratiempo episódico de un destacamento contrarrevolucionario del Ejército Rojo en la India. La IV Internacional debe distinguir en cada caso cuándo el Ejército Rojo no es más que un arma en manos de la reacción bonapartista y cuándo está defendiendo las bases sociales de la URSS.[8] Un sindicato dirigido por reaccionarios organiza una huelga para impedir el acceso de los negros a una determinada rama de la industria, ¿apoyaríamos una huelga tan vergonzosa? Naturalmente, no. Pero imaginemos que los amos, aprovechándose de esta huelga, tratan de aplastar los sindicatos y de impedir toda defensa organizada de los trabajadores. En este caso, defenderemos los sindicatos como cuestión de principio, a pesar del carácter reaccionario de su dirección. ¿Por qué no podemos aplicar a la URSS esta misma política?

La norma fundamental

La IV Internacional ha establecido definitivamente que, en todos los países imperialistas, estén aliados o en contra de la URSS, los partidos proletarios deben desarrollar durante la guerra la lucha de clases con el propósito de tomar el poder. Al mismo tiempo, el proletariado de los países imperialistas no debe perder de vista los intereses de la defensa de la URSS (y de las revoluciones en las colonias) y, en caso necesario, pronunciarse por la acción más decisiva, por ejemplo, huelgas, sabotaje, etcétera. Las relaciones de poder han cambiado sensiblemente desde que la IV Internacional formuló esta norma, pero su validez permanece. Si mañana Inglaterra o Francia amenazan Leningrado o Moscú, los trabajadores ingleses y franceses deben tomar las medidas más decisivas para impedir los envíos de armas y soldados. Si Hitler, obligado por la lógica de la situación, tiene que mandar ayuda militar a Stalin, los trabajadores alemanes, por el contrario, no deberán recurrir a las huelgas y los sabotajes. No creo que haya otra solución.

«¿Revisión del marxismo?»

A algunos camaradas les sorprendió que yo hablase en mi artículo («La URSS en guerra») del «colectivismo burocrático» como de una posibilidad teórica. Han visto en ello una completa revisión del marxismo. Se trata de un malentendido aparente. La concepción marxista de la necesidad histórica no tiene nada que ver con el fatalismo. El socialismo no se va a realizar «por sí mismo», sino que será el resultado de la lucha de fuerzas vivas, clases y partidos. La ventaja crucial del proletariado en esta lucha reside en que él representa el progreso histórico, mientras que la burguesía encarna la reacción y la decadencia. Esta es la fuente de nuestra fe en la victoria. Pero tenemos perfecto derecho a preguntarnos: ¿qué carácter tendrá la sociedad si vencen las fuerzas de la reacción?

Los marxistas han formulado un número incalculable de veces la alternativa: o el socialismo o la vuelta a la barbarie. Tras la «experiencia» italiana, se ha repetido miles de veces: o fascismo o comunismo. El paso al socialismo no puede dejar de parecernos más complicado, más heterogéneo, más contradictorio, de lo que se previó en el esquema histórico general. Marx habló de la dictadura del proletariado y su superación posterior, pero no dijo nada sobre su degeneración burocrática. Hemos observado y analizado por primera vez la experiencia de tal degeneración. ¿Es esto revisionismo?

La marcha de los acontecimientos ha demostrado que el retraso de la revolución socialista engendra indudables fenómenos de barbarie: desempleo crónico, pauperización de la pequeña burguesía, fascismo y guerras de exterminio que no abren ningún camino viable. ¿Qué nuevas formas sociales y políticas puede adoptar esta barbarie, si aceptamos teóricamente que la humanidad es incapaz de elevarse hasta el socialismo? Estamos en mejores condiciones que Marx para responder a esta pregunta. La nueva era bárbara está delineada por el fascismo y por la degeneración del Estado soviético. Una alternativa de este tipo —socialismo o servidumbre totalitaria— no solo tiene una enorme importancia teórica, sino también de movilización, pues a su luz la necesidad del socialismo aparece con mayor claridad.

Si tenemos que hablar de revisión de Marx, es realmente la de esos camaradas que hablan de un nuevo tipo de Estado «ni burgués ni obrero». Precisamente porque la alternativa que yo planteo les obliga a llevar su pensamiento hasta las últimas consecuencias lógicas, algunos de estos críticos, asustados por las conclusiones de su propia teoría, me acusan... de revisionismo. Prefiero creer que es una broma amistosa. El derecho al optimismo revolucionario.

Demostraba claramente en mi artículo «La URSS en guerra» que la perspectiva de un sistema de explotación ni obrero ni burgués, es decir, «colectivismo burocrático», es la perspectiva de la total derrota y decadencia del proletariado internacional, la perspectiva del más profundo pesimismo histórico. ¿Existen razones auténticas para adoptar esta perspectiva? No está de más inquirir sobre el asunto entre nuestros enemigos de clase.

En el número semanal del bien conocido periódico *France Soir*, del 31 de agosto de 1939, hay un reportaje muy instructivo sobre una entrevista entre Hitler y el embajador francés Coulondre, celebrada el 25 de agosto (la fuente de información debe ser el propio Coulondre). Hitler se jacta del pacto que ha firmado con Stalin («un pacto realista») y «lamenta» la sangre francesa y alemana que se derramará.

«Pero —objeta Coulondre— Stalin demuestra su duplicidad. El verdadero ganador (en caso de guerra) va a ser Trotski, ¿no cree usted?».

«Lo sé —responde el Führer—, pero ¿por qué Francia e Inglaterra dan a Polonia completa libertad de acción?», etcétera.

Estos caballeros gustan nombrar como personas al espectro de la revolución. Pero esta no es la esencia de tan dramática conversación, justo en el momento en que se rompían las relaciones diplomáticas. «La guerra va a provocar inevitablemente la revolución», dice el representante de la democracia imperialista, desalentando y atemorizando a su adversario. «Lo sé —responde Hitler—, lo sé», como si se tratara de una cuestión decidida hace ya mucho tiempo. ¡Sorprendente diálogo!

Los dos, Hitler y Coulondre, representan la barbarie que avanza sobre Europa. Ninguno de ellos duda que su barbarie será derrotada por la revolución socialista. Las clases dominantes de todos los países capitalistas del mundo son hoy conscientes de ello. Su total desmoralización es uno de los elementos más importantes de la correlación de fuerzas. El proletariado tiene una dirección joven y aún débil. Pero la dirección de la burguesía apenas se mantiene. Al principio de una guerra que no pueden impedir, estos caballeros están convencidos de antemano del colapso de su régimen. ¡Este hecho debe ser para nosotros fuente de un invencible optimismo revolucionario!

18 de octubre de 1939.

Fuente: L. Trotski: «Una y otra vez sobre la naturaleza de la URSS», *En defensa del marxismo*, Pathfinder Press, Estados Unidos, 2000.

Balance de los acontecimientos en Finlandia*

No podían prever...

«Nosotros» previmos la alianza con Hitler —dicen Schatman y Burnham—[1] pero, ¿cómo íbamos a prever la invasión de Polonia del este?, ¿o la de Finlandia? No, «nosotros» no podíamos prever estos acontecimientos. Acontecimientos tan improbables e inesperados supondrían, insisten, un verdadero cataclismo para nuestra política. Aparentemente, estos políticos sabían que Stalin necesitaba aliarse con Hitler para decorar huevos de Pascua. Previeron la alianza (¿dónde?, ¿cuándo?), pero no previeron el porqué, ni para qué.

Reconocen el derecho del Estado obrero a maniobrar entre los bandos imperialistas y aliarse uno contra el otro. Estas alianzas deben tener como meta la defensa del Estado obrero, la adquisición de ventajas económicas, estratégicas y de otro tipo y, si las circunstancias lo permiten, la expansión del Estado obrero. El Estado obrero degenerado intenta conseguir estos fines por medios burocráticos y a cada paso entra en conflicto con los intereses del proletariado internacional. Pero, ¿qué tiene de inesperado e imprevisible que Stalin intente sacarle todo el jugo posible a su alianza con Hitler? Si nuestros desdichados políticos no pudieron prever esto, es porque son incapaces de pensar un asunto hasta sus últimas consecuencias. En el verano de 1939, durante las prolongadas negociaciones con la delegación anglo-francesa, Stalin exigió el control militar de los Estados bálticos. Como Francia e Inglaterra

---

* Este artículo se terminó de escribir en 1939. Publicado en junio de 1940 en la *IV Internacional*, y en 1942 en el libro *In Defense of Marxism*. (N. del E.).

se lo negaron, rompió las negociaciones. Solo este hecho pone de manifiesto que una alianza con Hitler garantizaría a Stalin el control de los Estados bálticos. Las personas con instinto político abordaron el asunto precisamente desde este punto de vista, y se preguntaron: ¿cuándo empezará?, ¿utilizará la fuerza?, etcétera. El curso de los acontecimientos depende, sin embargo, más de Hitler que de Stalin. Como norma general, los acontecimientos concretos no se pueden prever. Pero, en líneas generales, se mantienen en la misma dirección que antes.

Gracias a la degeneración del Estado obrero, la URSS llegó a la segunda guerra imperialista más débil de lo que hubiera podido hacerlo. El pacto de Stalin con Hitler tenía como fin proteger a la URSS de un ataque alemán y, en general, proteger a la URSS de una guerra mayor. Al ocupar Polonia, Hitler necesitaba protegerse en el este. Stalin se vio obligado, autorizado por Hitler, a invadir Polonia oriental, lo que proporcionaba a la URSS una garantía suplementaria en su frontera occidental contra Hitler. Pero, en consecuencia, la URSS y Alemania pasaban a tener una frontera común, lo que implicaba un mayor peligro para el país y una mayor dependencia de Stalin para con Hitler.

La partición de Polonia tuvo sus secuelas en los países escandinavos. Hitler debió comunicar a su «amigo» Stalin que pensaba ocupar Escandinavia. A Stalin debieron entrarle sudores fríos. Esto implicaba el total dominio alemán sobre el mar Báltico y de Finlandia, es decir, constituía una amenaza directa sobre Leningrado. Una vez más, Stalin tuvo que buscar garantías suplementarias contra su aliado, esta vez en Finlandia. Sin embargo, se tropezó con seria resistencia. El «paseo militar» no acababa. Mientras tanto, Escandinavia empezaba a convertirse en el teatro de guerra mayor. Hitler, que había hecho ya sus preparativos contra Dinamarca y Noruega, le exigió a Stalin firmar rápidamente la paz. Stalin tuvo que renunciar a sus planes, es decir, a la sovietización de Finlandia. Estos son los acontecimientos más importantes en Europa noroccidental.

Las pequeñas naciones en la guerra imperialista[2]

En una guerra mundial, enfocar el tema del destino de las naciones pequeñas en términos de «independencia nacional», «neutralidad» es mantenerse dentro de la mitología imperialista. La lucha implica el dominio del mundo.

La supervivencia de la URSS también está involucrada. Este problema, de momento oscurecido, puede saltar a primer plano en cualquier momento. Los países pequeños o de segunda fila son ahora mismo peones en manos de las grandes potencias. No les queda más libertad, y esto hasta cierto punto, que la de elegir entre dos amos.

Luchan dos gobiernos en Noruega por cierto tiempo: el nazi, protegido por las tropas alemanas en el sur, y el socialdemócrata, con su rey a la cabeza, en el norte. ¿Deberían apoyar los obreros noruegos al bando democrático contra el fascista? Siguiendo la analogía con España, puede parecer que sí. Pero esto sería un tremendo desatino. En España se trataba de una guerra civil aislada, la intervención de las potencias imperialistas extranjeras, aunque importante, era de carácter secundario. En Noruega se trata del choque frontal de los dos bandos imperialistas, en cuyas manos los dos gobiernos noruegos no son más que marionetas. Y nosotros no apoyamos ni a los alemanes ni a los aliados. Por tanto, no hay ninguna razón para que los apoyemos temporalmente en Noruega.

Debemos aplicar el mismo enfoque a Finlandia. Desde el punto de vista del proletariado internacional, la resistencia finlandesa no es un acto de defensa de la independencia nacional, como tampoco lo es la noruega. Esto lo demostró claramente el Gobierno finlandés cuando prefirió cesar toda resistencia a ver convertida Finlandia en una base militar de Francia, Inglaterra y EE.UU. La independencia de Finlandia o Noruega, la defensa de la democracia, etcétera, aunque sean cuestiones importantes por sí mismas, están ahora supeditadas a la lucha de las fuerzas más poderosas del mundo. Debemos descartar estos factores secundarios y construir nuestra política en base a los factores principales.

Las tesis programáticas de la IV Internacional, para caso de guerra, respondieron ampliamente a estas preguntas hace ya seis años. Las tesis mantenían: La idea de la defensa nacional, especialmente si va unida a la idea de la defensa de la democracia, no debe utilizarse nunca más para embaucar a los trabajadores de países pequeños y neutrales (Suiza, Bélgica, los países escandinavos…). Más aún: «Solo un pequeñoburgués con la cabeza cuadrada (como Robert Grimm), de una aldea suiza olvidada de Dios, puede creer que la guerra mundial es un medio para defender la independencia de Suiza». Otro pequeñoburgués igual de estúpido imaginó que la guerra mundial era un medio para defender la independencia de Finlandia, que es posible establecer la estrategia proletaria sobre un episodio táctico, como es la invasión de Finlandia por el Ejército Rojo.

Georgia y Finlandia

Igual que en una huelga contra un gran capitalista, los obreros pueden destruir negocios pequeñoburgueses muy respetables, un Estado obrero —aunque esté completamente sano y sea totalmente revolucionario— puede, en su lucha contra el imperialismo, o al buscar garantías contra él, verse obligado a violar la independencia de algún país pequeño. Los filisteos demócratas pueden llorar por la rudeza de la lucha de clases o de la guerra mundial, pero no los proletarios revolucionarios.

En 1921 la URSS sovietizó a la fuerza Georgia porque era un paso abierto para el imperialismo en el Cáucaso. Se podrían haber hecho muchas objeciones a esa sovietización desde el punto de vista del principio de autodeterminación nacional. Desde el punto de vista de la expansión de la revolución socialista, la intervención militar en un país de campesinos era un acto más que dudoso, pero la sovietización forzosa se justificaba desde el punto de vista de la defensa de un Estado obrero rodeado de enemigos; la salvaguarda de la revolución socialista está por encima de los principios democráticos formales.

El mundo imperialista ha utilizado durante mucho tiempo la violencia en Georgia. La II Internacional encabezó esta campaña. La Entente tenía en la mira otra posible intervención militar contra los sóviets.

Exactamente de igual forma que en el caso de Georgia, la burguesía utilizó la invasión a Finlandia para movilizar a la opinión pública mundial contra la URSS. También en este caso, la socialdemocracia ha estado a la cabeza del imperialismo democrático. A la cola iban los pequeñoburgueses del desdichado «tercer campo».[3]

Sin embargo, existe una profunda diferencia entre las dos intervenciones: la URSS de hoy está lejos de ser la de 1921. Las tesis de 1934 de la IV Internacional declaran: «El crecimiento monstruoso de la burocracia soviética y las pésimas condiciones de vida de los trabajadores han reducido extraordinariamente el atractivo de la URSS para la clase obrera del mundo».

La guerra entre Finlandia y la URSS revela clara y gráficamente cómo, a tiro de fusil de Leningrado, la cuna de la Revolución de Octubre, la URSS es incapaz de ejercer ninguna fuerza atractiva. De esto no debemos deducir que la URSS deba ser entregada a los imperialistas, sino arrancada de las manos de la burocracia.

«¿Dónde está la guerra civil?»

«Pero, ¿dónde está la guerra civil que nos había prometido en Finlandia?», me preguntan los líderes de la antigua oposición, hoy líderes del «tercer campo». Yo no prometí nada. Solo analicé una de las variantes posibles en el desarrollo posterior de la guerra entre Finlandia y la URSS. La ocupación de bases aisladas era tan probable como la total invasión del país. La ocupación de las bases ha supuesto el mantenimiento del régimen burgués en el resto del territorio. La ocupación total suponía una revolución social, imposible sin la colaboración de los trabajadores y los campesinos más pobres en una guerra civil. Las negociaciones diplomáticas iniciales entre Helsinki y Moscú hacían suponer que la cuestión iba a resolverse como en el caso de los otros Estados bálticos. La resistencia finlandesa obligó al Kremlin a lograr sus fines a través de medidas militares; Stalin solo podría justificar la guerra ante las masas mediante la sovietización de Finlandia. El nombramiento del Gobierno de Kuusinen indicó que el destino de Finlandia no era el de los países bálticos, sino el de Polonia, donde —digan lo que quieran los columnistas aficionados del «tercer campo»— Stalin se vio obligado a provocar la guerra civil y a modificar las relaciones de propiedad.

He especificado varias veces que si la guerra de Finlandia no se sumergía en la guerra general y si Stalin no se veía obligado a retirarse por un ataque exterior, tendría que sovietizar Finlandia. Esta tarea era mucho más difícil que la sovietización de Polonia del este. Más difícil desde el punto de vista militar, puesto que Finlandia estaba mejor preparada. Más difícil desde el punto de vista nacional, pues Finlandia posee una larga tradición de lucha por la independencia nacional contra Rusia, mientras que los ucranianos o los bielorrusos lucharon contra Polonia. Más difícil desde el punto de vista social, pues la burguesía finlandesa ha resuelto a su manera el problema precapitalista agrario, mediante la creación de una pequeña burguesía campesina. Solo la victoria militar de Stalin sobre Finlandia hubiera hecho posible la ruptura de las relaciones de propiedad, con mayor o menor apoyo de los trabajadores y pequeños agricultores fineses.

¿Por qué Stalin no llevó a término este plan? Porque empezó una colosal movilización de la opinión pública burguesa contra la URSS. Porque Francia e Inglaterra se tomaron en serio la intervención militar. Y, por último —aunque no menos importante—, porque Hitler no podía esperar más. La aparición de las tropas francesas e inglesas en Finlandia hubieran dado al traste con los planes de Hitler para Escandinavia, basados en la conspiración y la sorpresa. Atrapado entre dos bandos —por un lado los aliados, por el otro Hitler— Stalin tuvo que renunciar a la sovietización de Finlandia, limitándose a ocupar algunas bases estratégicas aisladas.

Los partidarios del «tercer campo» (el campo de los pequeñoburgueses despavoridos) se hacen ahora la siguiente composición de lugar; Trotski dedujo la guerra civil en Finlandia de la naturaleza de clase de la URSS; puesto que no hubo guerra civil, la URSS no es un Estado obrero. En realidad, no había necesidad de deducir lógicamente la guerra de la definición sociológica de la URSS, bastaba con basarse en la experiencia polaca. El cambio en las relaciones de propiedad que se produjo allí solo podía haber sido llevado a cabo por el Estado nacido de la Revolución de Octubre. Este cambio le fue impuesto al Kremlin producto de su lucha por sobrevivir en condiciones especiales. No cabe duda de que, bajo las mismas condiciones, se habría visto obligado a repetirlo en Finlandia. Esto es todo lo que dije. Pero las condiciones cambiaron en el curso de la lucha. La guerra, como la revolución, da a veces saltos bruscos. Tras el cese de las operaciones del Ejército Rojo, ya no se puede hablar, naturalmente, del estallido de la guerra civil en Finlandia.

Todo pronóstico histórico es condicional. No se puede utilizar como dato. Un pronóstico no hace más que delinear los principales rasgos del desarrollo posterior. Pero a lo largo de estos rasgos operan diferentes fuerzas y tendencias, que pueden empezar a predominar en un momento o en otro. Los que quieran pronósticos de hechos concretos, deben consultar con el astrólogo. El pronóstico marxista no es más que una orientación. Frecuentemente, he condicionado mi pronóstico a una o más variantes posibles. Agarrarse ahora como a un clavo ardiendo al hecho histórico de décima categoría de que el destino temporal de Finlandia se parezca más al de Letonia, Lituania y

Estonia que al de Polonia, solo se le ocurriría a un académico estéril... o a los líderes del «tercer campo».

La defensa de la Unión Soviética

Es obvio que la invasión de Finlandia por Stalin no fue solo un acto en defensa de la URSS. La política de la Unión Soviética es dirigida por la burocracia bonapartista. Esta burocracia se preocupa, por encima de todo, de su poder, su prestigio y sus ingresos. Se defiende a sí misma mucho mejor de lo que defiende a la URSS. Se defiende a sí misma a costa de la URSS y del proletariado mundial. Se ha puesto de manifiesto a lo largo del desarrollo del conflicto entre Finlandia y la URSS. Por tanto, no podemos, ni directa ni indirectamente, responsabilizarnos de la invasión de Finlandia, que no representa otra cosa más que un eslabón en la cadena de la política de la burocracia bonapartista.

Una cosa es solidarizarse con Stalin, defender su política, asumir la responsabilidad de ella —como hace la triplemente infame Internacional Comunista— y otra muy distinta explicar al proletariado internacional que, por muchos crímenes que pueda cometer Stalin, no podemos permitir que el imperialismo invada la Unión Soviética, restablezca el capitalismo y convierta al país de la Revolución de Octubre en una colonia. Esta explicación es la base de nuestra defensa de la URSS.

Los derrotistas coyunturales, es decir, los derrotistas aventureros, tratan de tranquilizar su conciencia diciendo que, si los aliados intervienen en la URSS, abandonarían su derrotismo y se convertirían en defensistas. Pero esto es solo una evasiva. En general, es difícil establecer la propia política con un cronómetro, y mucho menos, en tiempo de guerra. En los días críticos de la guerra entre Finlandia y la URSS, el cuartel general de los aliados llegó a la conclusión de que la única manera seria y rápida de ayudar a Finlandia era bombardear desde el aire el ferrocarril de Murmansk. Desde el punto de vista estratégico, esta decisión era correcta. La intervención o no intervención de las fuerzas aéreas aliadas estuvo pendiente de un hilo. Al parecer, del mismo hilo pendía la posición de principio del «tercer campo». Nosotros, desde el primer momento, establecimos la necesidad de adoptar una postura respecto a la guerra según la naturaleza de clase de los bandos en discordia. Esto es mucho más fiable.

No rindamos al enemigo posiciones ya conquistadas

La política de derrotismo no es un castigo a tal o cual Gobierno por los crímenes que ha cometido, sino una conclusión derivada de las relaciones de clase. Los marxistas no guían una guerra basándose en consideraciones morales o sentimentales, sino en su concepción social de un régimen y de sus relaciones con los otros. Apoyamos a Abisinia no porque el Negus fuera «moral» o políticamente superior a Mussolini, sino porque la defensa de un país atrasado contra la opresión colonial es un duro ataque al imperialismo, que es el principal enemigo de la clase trabajadora de todo el mundo.[4] Defendemos a la URSS, independientemente de la política del Negus de Moscú, por dos razones. En primer lugar, porque la derrota de la URSS proveería al imperialismo de nuevos y colosales recursos y prolongaría durante muchos años la agonía de la sociedad capitalista. Y, en segundo, porque las bases sociales de la URSS, una vez limpias del parásito burocrático, son capaces de asegurar un progreso económico y cultural ilimitado, mientras que la estructura capitalista solo puede decaer cada vez más.

Lo que deja más claro el carácter de nuestros ruidosos críticos es que, mientras Stalin destruía el partido bolchevique, mientras estrangulaba la revolución proletaria en España, mientras traicionaba a la revolución mundial en nombre de los «Frentes Populares» y la «seguridad colectiva», siguieron considerando a la URSS un Estado obrero. ¡En todas esas condiciones, consideraron necesario seguir defendiendo a la URSS! Pero en cuanto Stalin invade la «democrática» Finlandia, en cuanto la opinión pública burguesa de las democracias imperialistas —que había encubierto los crímenes de Stalin contra los comunistas, los obreros y los campesinos— pone el grito en el cielo, nuestros «innovadores» declaran inmediatamente: «¡Esto es intolerable!». E, igual que Roosevelt, declaran el embargo moral contra la URSS.

El razonamiento de Burnham, el médico-brujo con educación universitaria, según el cual defender a la URSS implica defender a Hitler, es un ejemplo típico de estupidez pequeñoburguesa, que intenta forzar realidades contradictorias en el entramado de un silogismo bidimensional. ¿Cuando defendieron a la República soviética en la paz de Brest-Litovsk, apoyaban los trabajadores a los Hohenzollern? ¿Sí o no? Las tesis programáticas de la IV Internacional sobre la guerra, establecen categóricamente que los acuerdos entre el Estado soviético y tal o cual país capitalista no comprometen para nada al partido revolucionario de ese Estado. Los intereses de la revolución mundial están por encima de cualquier combinación diplomática aislada, por muy justificable que sea. Defendiendo la URSS luchamos más seriamente contra Stalin y contra Hitler de lo que lo hacen Burnham y compañía.

Es verdad que Schatman y Burnham no están solos. Leon Jouhaux, el famoso agente del capitalismo francés, también estaba indignado de que «los trotskistas apoyasen a la URSS». Pero nuestra actitud hacia la URSS es la misma que hacia la CGT (Confederación General del Trabajo); la defendemos contra la burguesía a pesar de estar dirigida por bribones como Leon Jouhaux, que decepcionan y traicionan a los trabajadores a cada paso. Los mencheviques rusos dicen que la IV Internacional está en un callejón sin salida porque considera todavía a la URSS como un Estado obrero. Estos mismos caballeros son miembros de la II Internacional, que cuenta entre sus filas a traidores tan eminentes como el típicamente alcalde burgués Huysmans y Leon Blum que, en junio de 1936, traicionaron una situación revolucionaria especialmente favorable, y, por tanto, hicieron posible esta guerra.[5] Los mencheviques reconocen que los partidos de la II Internacional son «partidos obreros», pero consideran que la URSS no es un Estado obrero porque a su cabeza hay una burocracia de traidores. Esto llega al cinismo y al descaro. Stalin, Mólotov y los demás, como capa social, no son mejores ni peores que los Blums, Jouhaux, Citrines, Thomases, etcétera. La única diferencia es que Stalin y compañía explotan y estropean las bases económicas viables del desarrollo socialista y los Blums se aferran a las podridas bases de la sociedad capitalista.

El Estado obrero debe tomarse tal y como emerge del implacable laboratorio de la historia, y no como lo imaginó un profesor «socialista», mientras se hurgaba reflexivamente la nariz. El deber de todo revolucionario es defender cada conquista de la clase trabajadora, por mucho que la hayan deformado las fuerzas hostiles. Los que no son capaces de defender las posiciones ya conquistadas, nunca conquistarán ninguna más.

25 de abril de 1940.

Fuente: L. Trotski: «Balance de los acontecimientos en Finlandia», *En defensa del marxismo*, Pathfinder Press, Estados Unidos, 2000.

Testamento*

27 de febrero de 1940

Mi presión arterial alta (que sigue aumentando) engaña a los que me rodean sobre mi estado de salud real. Me siento activo y en condiciones de trabajar, pero evidentemente se acerca el desenlace. Estas líneas se publicarán después de mi muerte.

No necesito refutar una vez más las calumnias estúpidas y viles de Stalin y sus agentes; en mi honor revolucionario no hay una sola mancha. Nunca entré, directa ni indirectamente, en acuerdos ni negociaciones ocultas con los enemigos de la clase obrera. Miles de adversarios de Stalin fueron víctimas de acusaciones igualmente falsas. Las nuevas generaciones revolucionarias rehabilitarán su honor político y tratarán como se lo merecen a los verdugos del Kremlin.

Agradezco calurosamente a los amigos que me siguieron siendo leales en las horas más difíciles de mi vida. No nombro a ninguno en especial porque no puedo nombrarlos a todos. Sin embargo, creo que se justifica hacer una excepción con mi compañera, Natalia Iványovna Sedova. El destino me otorgó, además de la felicidad de ser un luchador de la causa del socialismo, la felicidad de ser su esposo. Durante los casi 40 años que vivimos juntos ella fue siempre una fuente inextinguible de amor, bondad y ternura. Soportó grandes sufrimientos, especialmente en la última etapa de nuestras vidas. Pero en algo me reconforta el hecho de que también conoció días felices.

---

* «Testamento» dictado por Trotski meses antes de ser asesinado. (N. del E.).

Fui revolucionario durante mis 43 años de vida consciente y durante 42 luché bajo las banderas del marxismo. Si tuviera que comenzar todo de nuevo trataría, por supuesto, de evitar tal o cual error, pero en lo fundamental mi vida sería la misma. Moriré siendo un revolucionario proletario, un marxista, un materialista dialéctico y, en consecuencia, un ateo irreconciliable. Mi fe en el futuro comunista de la humanidad no es hoy menos ardiente, aunque sí más firme, que en mi juventud.

Natasha se acerca a la ventana y la abre desde el patio para que entre más aire en mi habitación. Puedo ver la brillante franja de césped verde que se extiende tras el muro, arriba el cielo claro y azul y el sol que brilla en todas partes. La vida es hermosa. Que las futuras generaciones la libren de todo mal, opresión y violencia y la disfruten plenamente.

L. Trotski

Todas mis pertenencias, mis derechos literarios (los ingresos que producen mis libros, artículos, etcétera) serán puestos a disposición de mi esposa Natalia Ivánovna Sedova. En caso de que ambos perezcamos [el resto de la página está en blanco].

3 de marzo de 1940

La índole de mi enfermedad es tal (presión arterial alta y en avance) —según yo lo entiendo— que el fin puede llegar de súbito, probablemente —nuevamente, es una hipótesis personal— por un derrame cerebral. Este es el mejor fin que puedo desear. Es posible, sin embargo, que me equivoque (no tengo ganas de leer libros especializados sobre el tema y los médicos, naturalmente, no me dirán la verdad). Si la esclerosis se prolongara y me viera amenazado por una larga invalidez (en este momento me siento, por el contrario, lleno de energías espirituales a causa de la alta presión, pero no durará mucho), me reservo el derecho de decidir por mi cuenta el momento de mi muerte. El «suicidio» (si es que cabe el término en este caso) no será, de ninguna manera, expresión de un estallido de desesperación o desaliento. Natasha y yo dijimos más de una vez que se puede llegar a tal condición física que sea mejor interrumpir la propia vida o, mejor dicho, el proceso demasiado lento de la muerte... Pero cualesquiera que sean las circunstancias de mi muerte, moriré con una fe inquebrantable en el futuro comunista. Esta fe en el hombre y su futuro me da aun ahora una capacidad de resistencia que ninguna religión puede otorgar.

L.T.

Fuente: León Trotski: «Testamento», en *Diario de Trotski en el exilio*. Tomado de: http://www.marxists.org/espanol/trotsky/ceip/escritos/libro6/TXIV132.htm

El triunfo de Stalin
A manera de epílogo*

En 1936, la URSS proclamó la segunda constitución, la tercera del poder soviético si se toma en cuenta la de 1918, cuando la Unión no existía.

El Partido Bolchevique y su jefe ya indiscutible, Iosif Stalin, habían resuelto a contrapelo de Marx y Engels, la manera en que un Estado socialista aislado podía crear riqueza y desarrollar unas poderosas fuerzas productivas. El régimen que se consagraba constitucionalmente era muy homogéneo en su composición social —a partir de transformaciones emprendidas «desde arriba» y con métodos coercitivos, si bien aún no criminales— y tenía los niveles de distribución de la renta nacional más igualitarios de toda la historia conocida.

Es inútil buscar en los textos de Lenin las claves de estos resultados. De hecho, tanto Stalin como sus adversarios de la década anterior (años veinte), apelaban a la actitud del difunto líder para justificar sus posiciones, contrarias y hasta antagónicas. La base social e ideológica del triunfo de Stalin anda por otra parte y ni siquiera es atribuible solo a la arbitrariedad reinante en el Estado y el partido desde el proceso iniciado con la derrota de los bujarinistas hacia 1930. De hecho, la arbitrariedad fue «usada» por todas las fracciones bolcheviques en mayor o menor grado —si bien es cierto, que, excepto los estalinistas, todos los demás fueron rehusándola unos tras otros—, y en los grados en que es consustancial a cualquier revolución.

---

* Este texto, con sus notas, es de la autoría de Fernando Rojas, compilador del volumen. (*N. del E.*).

Se olvida con frecuencia, cada vez más intencionalmente, que las expresiones de arbitrariedad de la Revolución Bolchevique, en su etapa ascendente (1917-fines de los años veinte)[1] fueron muchas menos y mucho menos graves que las de las revoluciones burguesas tan glorificadas hasta hace poco (hoy es conveniente a los amos del mundo y sus satélites voluntarios o inconscientes no glorificar revolución alguna).

La clave del triunfo de Stalin hay que buscarla en los anhelos de prosperidad creciente y rápida, y de paz y estabilidad que inspiran a la masa de la población a participar en cualquier revolución.

Isaac Deutscher reconoce esta condición en la primera mitad de los años veinte, si bien matiza su conclusión con la denuncia de la intención manipuladora de la historiografía antisoviética para contraponer esa época idílica a la sangrienta década del treinta. León Trotski aplica creativamente la noción de la dialéctica opresor-oprimido a la relación de la burocracia soviética con el conjunto de la población en los años treinta. Se puede coincidir con ambos pero, al mismo tiempo, los hechos, los documentos y la prensa —aun la occidental— confirman que la sensación de bonanza y estabilidad acompañó a importantes y amplios sectores de la sociedad soviética hasta el inicio de la guerra en 1941, si bien desde mediados de los años treinta esa sensación se combinó contradictoriamente con el miedo.

Sucedió que la arbitrariedad dio paso al crimen. En el mismo año en que se proclama la flamante constitución soviética, la más avanzada legislación social conocida hasta entonces, tenían lugar los primeros «célebres» procesos de Moscú —célebres para todos excepto para los que nos educamos en la fidelidad a la Unión Soviética—, que permitieron a Stalin liquidar a la flor y nata de los jefes de la revolución y el partido. Antes de ser fusilados, los jefes bolcheviques fueron desmoralizados, obligados a proferir confesiones que escondían al país y al mundo su lamentable condición de perdedores políticos y dejaban en suspenso su credibilidad como revolucionarios. De esa pérfida manera, Stalin se aseguraba de que sus adversarios no pudieran ceñirse la aureola de mártir.[2] El terror golpeó a cualquier disidente y a sus familias, y se estableció como norma.

Trotski y Deutscher afirman que Stalin no se sentía seguro, a pesar de su poder absoluto. La dinámica de su explicación conduce a suponer que, sucesivamente, la clase sustituyó al pueblo, el partido a la clase, la fracción al partido y el líder a la fracción, y —añado desde su lectura— ello no significaba seguridad alguna, pues siempre quedaban adversarios reales o potenciales en el tránsito de una a otra sustitución. En mi percepción tales sustituciones no se suceden una tras otra, sino que tienen lugar concomitantemente y, muchas veces, con arreglo a la lógica de cualquier revolución.

Una cuestión esencial es que los bolcheviques, Stalin más que ninguno pues resultó el vencedor en la lucha por el poder, no habían resuelto la cuestión de la democracia. Sabían que la versión burguesa del poder popular —presentada hasta hoy como «democrática»— fue y es una farsa redomada, pero no habían podido, a pesar de sus largos debates sobre el asunto y de las justas reconvenciones de Rosa Luxemburgo, vertebrar una alternativa al mismo tiempo reconocida y verificable.

Las premoniciones y reconvenciones de Lenin quedaron en el papel. De haberse tomado seriamente en cuenta —algunas de ellas eran propuestas muy concretas— la clase obrera hubiera tenido desde 1924 un papel mucho más importante en el país y frente al partido que se burocratizaba, que el que tenía al triunfo de la revolución. Dicho sea de paso en la propaganda sí que lo tuvo. Pero no fue así en los hechos. Sin embargo, hasta la derrota de Bujarin en 1930, el telón de fondo de discusiones ideológicas trascendentales sobre los destinos de la mayor parte de la población del planeta, ignoradas intencional o inconscientemente hasta hoy, no fue la apatía como Deutscher supone, sino una participación masiva espontánea en la conquista de un futuro promisorio para centenares de millones de personas, a contrapelo de unos sóviets que languidecían, pues apenas habían sido diseñados para movilizar a los agentes de la toma del poder en 1917.

Stalin sabía todo eso. Sabía que no había tal apatía, que la gente seguía apoyando la revolución, pero no lo hacía desde una institucionalidad nueva, lo hacía desde la democracia real que siempre habían clamado los oprimidos. Y no solo porque, como Lenin previó, la tradición burocrática zarista había permeado la institución soviética, sino porque esa misma institución no era *aún* —hoy nos quieren convencer de que dejó de serlo— la institución definitivamente democrática.

Pero Stalin necesitaba un triunfo. Necesitaba consagrar políticamente los avances en la economía y la distribución de la renta, necesitaba, Maquiavelo consumado, consagrar la construcción del socialismo, con lo que haría muy poco favor al ideal de Marx y Lenin, pues el socialismo presume los más altos niveles de bienestar colectivo y democracia política. Y para prevenir cataclismos, decidió consagrar los sóviets existentes. Consultó, sí, consultó, y el acuerdo fue generalizado: todos quieren consagrar la noción de bienestar. Sabía que habría adversarios y decidió enlodar a la revolución en el crimen, eliminando todo lo que recordara el fracaso en construir la democracia y la perspectiva de que el socialismo es el crecimiento de la calidad de vida en todos los órdenes.

Y, mientras tanto, el régimen renunciaba a la práctica internacionalista consecuente que lo había caracterizado hasta el deceso de Lenin. Bujarin estableció el dogma de la estabilización del capitalismo al exagerar tendencias reales, que en rigor apuntaban a la clara percepción que tenía la burguesía de la existencia de una alternativa a su dominación. Tras sus pasos, Stalin instauró una geopolítica de la coexistencia con los grandes centros de poder capitalista, despojada de la perspectiva tercermundista de Lenin, con el exclusivo propósito de asegurar los intereses de su política interna. En esa creación se adelantó varios años a la socialdemocracia internacional. La lógica de su perspectiva internacional conducía indefectiblemente a la idea de que la extensión de la experiencia socialista se produciría, de manera exclusiva, desde las extendidas fronteras de la URSS.

La Internacional Comunista resultó no pocas veces un instrumento de la política del Estado soviético. Las líneas que seguían los partidos miembros eran consecuencia de elaboraciones teóricas lastradas por la perspectiva de la práctica de la construcción socialista en la URSS o del traslado mecánico de la experiencia bolchevique a la valoración de otros procesos sociales, de lo que resultaban conclusiones erróneas y orientaciones confusas privadas del contacto con la realidad. Los años treinta vieron pasar a la Internacional de la proclamación de la estabilidad del capitalismo, a la política de clase contra clase, que no dejaba el más mínimo espacio a las alianzas con otras fuerzas progresistas ni al reconocimiento a otros actores sociales,[3] para terminar en el extremo opuesto exhortando a formar frentes populares sin distinguir el carácter de las múltiples alianzas posibles o el perfil de los potenciales aliados. El origen de tantas idas y venidas no era otro que la cautela de Stalin, su indisposición fundamental a arriesgar la posición de poder conquistada, que se asentaba en el anhelo de estabilidad de los soviéticos.

Los zigzags bolcheviques dieron alas al fascismo, estimularon la ignorancia del potencial transformador de los movimientos de liberación nacional, contribuyeron a desenlaces fatales de las luchas populares en varias partes del mundo y asentaron una perspectiva dogmática del análisis de las relaciones de clase y las posibilidades revolucionarias.

La cautela no sirvió de mucho: la URSS terminó los años treinta amenazada, aislada, obligada a pactar con Hitler y revolcándose en el oprobio de una innecesaria invasión a Polonia y, lo que es peor, escasamente preparada para una guerra monstruosa e inevitable. La paradoja reside en que los propios excesos de principios de la década ayudaron a aquel gran país a resistir y vencer.

Pero eso ya son los años cuarenta.

Trotski y la oposición comunista

Isaac Deutscher concluía uno de sus mejores pasajes con la apoteosis de la rivalidad de Trotski y Stalin como última expresión de la evolución de la política soviética en los treinta. En cuanto a Stalin, he añadido más arriba precisiones de orden objetivo a la percepción bien conocida del formidable biógrafo. Se trata de no reducir el análisis a las actitudes personales, tanto de las figuras principales, como de la masa de activistas y militantes bolcheviques.

En el caso de Trotski, habría que hacer un ejercicio similar desde la visión de la oposición.[4] Está la evidente dificultad de la escasez de fuentes documentales para aquilatar la actividad de la oposición dentro de la URSS, que condiciona utilizar como fuente principal los testimonios y estudios anteriores.

En un punto principal hay sobradas coincidencias: la oposición, aplastada por el terror, desacreditada en los medios de difusión, privada de contactos directos con la gente, aislada de su jefe, confundida y manipulada por la burocracia, perdió ya a inicios de los años treinta cualquier influencia en los hombres y mujeres soviéticos. Andando un poco el tiempo, sencillamente desapareció, no solo de la realidad, sino sobre todo de la memoria.

La influencia de Trotski y de la oposición comunista no puede ser valorada a partir de su impacto directo en la vida de la URSS. Tiene un significado historiográfico y tuvo cierta importancia para la política contemporánea, fuera de la URSS. Y sobre todo, y esa es una clave que no puede escaparse, la actividad de Trotski y sus partidarios fue celosamente estudiada, vigilada y contrarrestada por Stalin y sus adláteres.

Hasta 1936 Trotski y sus partidarios se habían considerado miembros del Partido que criticaban por sus desviaciones burocráticas y afiliados a la III Internacional. Los procesos de Moscú, que consagraron al crimen de Estado como política del estalinismo, convencieron a Trotski de la imposibilidad de seguirse considerando militante del Partido Comunista de la URSS y de la Cominternn. *La revolución traicionada* consagra en el orden teórico y político esta ruptura, aunque Trotski se cuida especialmente de dejar clara constancia de la condición de *Estado obrero* de la URSS, y, en medio de una crítica demoledora, no puede evitar constatar determinados avances en la mejoría de la situación de la población.

En torno a la condición —*naturaleza*— y a la defensa de la URSS contra el fascismo tiene lugar el último debate que involucra a Trotski. El conjunto de textos en torno a esta cuestión merecería un estudio detallado, del tipo de los dedicados a las últimas cartas de Lenin. Tanto más porque con la postura que asumió Trotski convenció a Stalin de preparar su asesinato.

En el debate con los militantes del Partido Socialista de los Trabajadores de Estados Unidos, Trotski reitera su inveterada confianza en el triunfo de la revolución socialista en los países desarrollados y la convicción, cada vez más evidente en nuestros días, de que la alternativa al socialismo es la barbarie. Como sucediera hace mucho tiempo la perspectiva de la *revolución permanente* en un solo país ha desaparecido de las discusiones.

Es especialmente notable el rigor del análisis. Trotski se pregunta varias veces la posibilidad de replantear el enfoque de la época actual y de la revolución. Curiosamente, aunque evoca a Lenin con acentos que recuerdan las múltiples, diversas y disparatadas apelaciones al muerto ilustre de las discusiones de los años veinte, no se identifica con las conclusiones de su antiguo compañero respecto a la reevaluación de las perspectivas de la revolución mundial. En la polémica, Trotski enfatiza su apego a la más estricta disciplina en el Partido. Otra similitud notable con las discusiones de los años veinte es el cierto tono escolástico de las argumentaciones.

En definitiva, Trotski quedó todavía más aislado. Y sin embargo, su aislamiento, su destierro, su tragedia personal —perdió a sus hijos—, su derrota, revisten tintes de grandeza que su rival y vencedor, responsable en buena medida de que el socialismo se haya enlodado para muchos años en el dogma y el crimen, no podrá nunca ostentar, con independencia de la capacidad que Stalin demostrara para adaptarse a situaciones reales y de la potencialidad que la URSS de los años treinta indudablemente adquirió para vencer al fascismo y reconstruir el país.

El mismo hombre que presentara las *Tesis sobre la Industria* al XII Congreso de los bolcheviques, por encargo del Buró Político, califica su propia actividad de ese mismo año (1923) como oposicionista. Esta paradoja, que encierra sin dudas el enorme conjunto de circunstancias y de ideas que origina la lucha dentro del Partido por el poder y por los destinos de la Revolución —fatal coincidencia—, es fundamental para comprender la trayectoria vital de Trotski y la historia del socialismo en la URSS.

Más allá de su extraordinaria y controvertida ejecutoria política, en cualquier caso esencial para el establecimiento y la consolidación del poder soviético, León Trotski sigue siendo el mejor historiador del proceso de 1917, el más riguroso y cabal crítico de la URSS del «socialismo en un solo país» y el más importante crítico de la literatura rusa de los años veinte.[5] Por estas razones, trasciende como pensador, a pesar de su terco apego a la ortodoxia marxista del siglo XIX, o quizás gracias a ello. En tanto la lectura crítica de la experiencia socialista del siglo XX siga pendiente, su obra es imprescindible.

Fernando Rojas
La Habana, 23 de febrero de 2008.

Notas

Introducción

1. La traducción es difícil pues «pacificador» se entiende, en castellano, con un sentido más peyorativo que en ruso, que implica determinada(s) acción(es) de todo tipo (hasta represivas) para lograr la «paz». Literalmente desde el ruso se traduciría «el que crea la paz». (*Las notas del presente texto son del antologador*).
2. En 1856 británicos, franceses y turcos derrotaron al ejército de Nicolás I en Crimea, terminando así la preponderancia rusa en la ultra reaccionaria Santa Alianza postnapoleónica.
3. Ese fue el caso, por ejemplo, de Rosa Luxemburgo, quien se mantuvo durante la Revolución equidistante de las dos fracciones socialdemócratas rivales.
4. Como se aprecia en la propia explicación que, a posteriori, ofrecerá Trotski sobre esta misma polémica.
5. Curiosamente, el revisionismo marxista de fines del siglo XIX, «ortodoxo» de dientes para afuera, se daba la mano con un exasperante didactismo escolástico.
6. Lenin dejó claro el asunto en el II Congreso de los sóviets, evento que consagró la base jurídica de la Revolución de Octubre de 1917 en Petrogrado, al proclamar que se «había consumado la revolución obrero-campesina [que no socialista, F.R.], de la que tanto habían hablado los bolcheviques». La «sutileza» ha pasado casi inadvertida hasta hoy.
7. El texto de Trotski «Resultados y perspectivas», en el que fundamenta sus tesis, fue publicado después de «Dos tácticas...».
8. En ello también influyó su extraordinario talento literario.
9. Cf. Informe sobre la Revolución de 1905. Escrito en alemán antes del 9 (22) de enero de 1917. Publicado por primera vez el 22 de enero de 1925 en el no. 18 de *Pravda*.
10. A pesar de que a los ojos de la población rusa en los años veinte, Stalin parecía plantear los problemas más cerca de sus intereses vitales que Trotski.
11. Fragmento de la biografía de Stalin, de Trotski. Citado en León Trotski: *Resultados y perspectivas / Tres concepciones de la Revolución Rusa*, El Yunque Editora, Argentina, 1973, pp. 123-124. La insistencia de Lenin en la «revolución *socialista* en el Oeste» es una idea de los tiempos de la Primera Guerra Mundial, más que de 1905.

12. Es una traducción literal de la expresión rusa que utilizó Trotski.
13. En favor de Trotski hay que decir que en la reedición de su principal texto sobre la Revolución de 1905, publicado en 1919, afirmó que la polémica acerca de la alternativa entre la posición de Lenin y la «revolución permanente», «estaba archivada hacía tiempo». La polémica reapareció bajo otra luz en los años veinte, cuando se enfrentaron, de manera un tanto artificial en un principio, la «revolución permanente» y el «socialismo en un solo país».
14. Daba lo mismo que fueran Zinóviev, Kámenev, Bujarin o Stalin.
15. La propia idea de las etapas tiene un exquisito sabor teleológico.
16. Cf. Informe sobre la Revolución de 1905. Escrito en alemán antes del 9 (22) de enero de 1917. Publicado por primera vez el 22 de enero de 1925 en el no. 18 de *Pravda*. Este párrafo está tachado en el original.
17. Irónica y contradictoriamente dándole la razón a los mencheviques, si bien de manera que estos nunca pudieran entenderlo.
18. A la luz de esta afirmación, el efecto de la ley del valor, existente, sin dudas, disminuye su trascendencia.
19. En realidad, todos los jefes bolcheviques hacia 1921 coincidían en la necesidad de las relaciones monetario-mercantiles —habían llegado en diciembre de 1920 hasta un proyecto de decreto sobre la eliminación del dinero— y poco a poco junto con la NEP se impuso la noción de la acumulación —Preobrazhenski— como vía a la creación de las condiciones materiales del socialismo. Antes de la victoria de la fracción de Stalin alrededor de 1930, solo Kámenev propuso algunas hipótesis sobre la convivencia del mercado y el socialismo que, en rigor, pasaron sin penas ni glorias como consecuencia de la efímera permanencia de su autor al timón del Partido. El resto de los jefes bolcheviques consideraban comúnmente a la NEP y a las relaciones monetario-mercantiles como transitorias, en tanto herramientas de la acumulación. Hay una singular coherencia entre esta postura y las ideas de Trotski sobre la industrialización. La discusión de los años veinte se inició desde distintas posturas sobre cómo realizar el tránsito y concluyó con la perversión del ideal socialista —conciencia más producción de bienes materiales, escribió muy bien Ernesto Guevara— y la perpetuación de las relaciones monetario-mercantiles.
20. No tiene esto nada que ver con la trampa gorbachoviana de los «valores universales», expresión que no decía absolutamente nada.
21. La satisfacción de Lenin con su descubrimiento es evidente: «[...] ahora hemos encontrado el grado de conexión del interés privado, del interés mercantil privado con su verificación y control por el Estado; el grado de subordinación de ese interés a los intereses generales, ese grado que fue la roca contra la que antes se estrellaron muchísimos socialistas». Cf. V.I. Lenin: «Sobre la cooperación» [con reservas, puede entenderse como «cooperativización», F.R.], *Obras escogidas*, Editora Política, Moscú, 1976, p. 712 (en ruso). La traducción es del autor de este texto. El texto de Lenin está fechado el 6 de enero de 1923.

Resultados y perspectivas

1. P. Miliúkov: *Esbozos para la historia de la civilización rusa*, San Petersburgo, 1896.
2. Basta con tener presente los rasgos característicos de la relación originaria entre Estado y escuela para hacer constar que la escuela ha sido un producto por lo menos

igual de «artificial» que la fábrica. Los esfuerzos estatales para la instrucción ilustran esta «artificialidad». A los alumnos que no gustaban de frecuentar la escuela se les ataba con cadenas; toda la escuela estaba en cadenas. Las clases eran un servicio. Los alumnos recibían sueldos, etcétera.

3. D. Mendeléyev: *Para la comprensión de Rusia*, San Petersburgo, 1906, p. 84.
4. Incluso un burócrata tan reaccionario como el profesor Mendeléyev no puede menos de reconocerlo. En su descripción del desarrollo industrial dice: «Aquí los socialistas reconocían algo e incluso, en parte, lo comprendían pero, siguiendo a su latinismo [!], se extraviaron al aconsejar el empleo de la violencia, al dejar manifestarse libremente los instintos animales del populacho y al aspirar a la subversión y al poder». (D. Mendeléyev: *Para la comprensión de Rusia*, ed. cit., p. 120).
5. Hemos tomado estas cifras de *Esbozos...* de Miliúkov. La población urbana de Rusia entera, incluyendo Siberia y Finlandia, se calculó en 17 122 000 o sea 13,25% según el censo de 1897. (D. Mendeléyev: *Para la comprensión de Rusia*, 1906, 2da. edición, p. 90).
6. Pequeña industria campesina que tuvo gran importancia económica, inclusive después de la Revolución de Octubre, especialmente en los gobiernos nórdicos poblados de bosques. (*N. de la Red.*).
7. En un tiempo en que la equiparación indiscriminada entre la Revolución Rusa y la Revolución Francesa de 1789 había llegado a ser un lugar común, el general Parvus vislumbró con toda sagacidad que precisamente esta circunstancia constituía la causa del carácter específico de la revolución. [Parvus Helfant, socialdemócrata alemán, contribuyó con Trotski, en 1904-1905, a la elaboración de la teoría de la revolución permanente. *N. de la Red.*].
8. Este Ministerio Witte, en el que P.N. Durnovo era Ministro del Interior, existió desde octubre 1905 hasta mayo 1906. (*N. de la Red.*).
9. *Lutetia*, carta del 30 de abril de 1840, en H. Heine: *Obras y correspondencia*, t. 6, Berlín, 1962, p. 268. (*N. de la Red.*).
10. Интллигенция (*intelligentsia*) en ruso significa intelectualidad. (*N. del E.*).
11. F. Lassalle: *Cartas y escritos* póstumos, G. Mayer, t. 3, Stuttgart-Berlín, 1922, p. 14. (*N. de la Red.*).
12. B. King: *Istoria obedinenia Italii [Historia de la unidad italiana]*, t. 1, Moscú, p. 220.
13. *El Estado constitucional*, 1ra. edición, p. 49.
14. Después de la publicación, en 1913, de la correspondencia Marx-Engels, se sabe que estos artículos fueron escritos por F. Engels. (*N. de la Red.*).
15. K. Marx: *Gemanija v 1848-1850*, traducción rusa, Alexeieva, 1905, pp. 8 y 9 [«Revolution und Kontrarrevolution in Deutschland», Marx-Engels-Werke, t. 8, Berlín, 1960, p. 10 c. *N. de la Red.*].
16. D. Mendeléyev: *Para la comprensión de Rusia*, 1906.
17. K. Kautsky: *El obrero americano y el ruso*, San Petersburgo, 1906.
18. D. Mendeléyev: *Para la comprensión de Rusia*, 1906.
19. Socialdemócrata reformista alemán. (*N. de la Red.*).
20. Sobre la exigencia de Lenin de una «dictadura revolucionario-demócrata del proletariado y del campesinado» en «Dos tácticas de la socialdemocracia en la revolución demócrata» (julio de 1905). (*N. de la Red.*).

21. ¿Podría refutar esta y las siguientes reflexiones el hecho del nacimiento y evolución —primero— de la Liga Campesina y —luego— del grupo de los trudoviki en la Duma? En absoluto. ¿Qué es la Liga Campesina? Es la unión de unos pocos elementos radical-demócratas —a la búsqueda de las masas— con los elementos más conscientes del campesinado, pero no con sus capas más bajas, en aras de una transformación democrática y de una reforma agraria.

    En cuanto al programa agrario de la Liga Campesina («iguales derechos a la explotación de la tierra»), que es lo que da sentido a su existencia, hay que decir lo siguiente: Cuanto más amplio y profundo sea el desarrollo del movimiento agrario, cuanto más pronto llegue a la confiscación y al reparto de tierras, tanto más rápidamente se desmoronará a consecuencia de las innumerables contradicciones entre las diferentes clases, regiones, costumbres de vida y diferentes niveles técnicos. Sus miembros ejercerán influencia en los comités campesinos, los órganos locales de la revolución agraria, pero estos, como instituciones económico-administrativas, evidentemente no podrán eliminar la dependencia política de la aldea respecto de la ciudad, por ser esta precisamente una de las características principales de la sociedad moderna.

    El grupo de los trudoviki expresó, dada su ideología radical y su amorfismo, el carácter contradictorio de las aspiraciones revolucionarias del campesinado. En la época de las ilusiones constitucionales seguía desamparadamente a los cadetes, mientras que en el momento de la disolución de la Duma, se habían sometido, naturalmente, a la dirección de la fracción socialdemócrata. La falta de iniciativa de la representación campesina aparecerá especialmente cuando haga falta la iniciativa más decidida: en los días del traspaso del poder a manos de la revolución.
22. W. Shakespeare: *El mercader de Venecia*, 1er. acto, escena tercera. (*N. de la Red.*)
23. N. Rozkov: *K agrarnomu voprosu [Sobre la cuestión agraria]*, San Petersburgo, 1904, pp. 21 y 22. [Rozkov (1968-1927), profesor de Historia en la Universidad de Moscú, bolchevique en 1905. *N. de la Red.*].
24. *Estudios para la teoría y la historia de las crisis comerciales en Inglaterra*, Jena, 1901 (1ra. edición rusa, San Petersburgo, 1894); *Bases teóricas del marxismo*, Leipzig, 1905. (*N. de la Red.*)
25. Bellers no era diputado. Terrateniente cuáquero, presentó su proyecto en forma de mensaje al parlamento. (*N. de la Red.*)
26. Seudónimo de Karl Ballod. (*N. de la Red.*)
27. Atlanticus: *Gosudarstvo budusheva [El Estado futuro]*, San Petersburgo, 1906, pp. 22 y 23.
28. *La guerra civil en Francia.* (*N. de la Red.*)
29. C. Peredel: Repartición espontánea de las tierras de propietarios rurales por los campesinos. (*N. de la Red.*)
30. Después de la liberación en 1861 los campesinos tenían que pagar grandes redenciones por las tierras que recibían. (*N. de la Red.*)
31. K. Kautsky: *Revoliucionniya perspektivi [Perspectivas revolucionarias]*, Kiev, 1906.
32. Véase mi prefacio a la obra de F. Lassalle: *Discurso ante el tribunal.* [Se trata de un proceso contra Lassalle y Weyer por incitación a armarse contra la autoridad real, celebrado en Colonia el 3 de mayo, de 1849. *N. de la Red.*].
33. Ministerio del conde Witte, designado primer ministro por el zar el día de la publicación del manifiesto del 17 de octubre de 1905. (*N. de la Red.*)
34. Comienzo de la dictadura de Stolipin, 21 de julio de 1906. (*N. de la Red.*)
35. En la edición de 1919, esta frase está subrayada. (*N. de la Red.*)

36. En la edición de 1919, esta frase está subrayada. (*N. de la Red.*).
37. Diario ruso publicado en París de 1904 hasta 1917, sobre el que Trotski ejerció una gran influencia, desde su llegada a París (1914) hasta su expulsión (1916). (*N. de la Red.*).

Tres concepciones de la Revolución Rusa

1. Koba, seudónimo de Stalin (Iósiv Visariónovich Dzhugachvili). (*N. del E.*).

Los bolcheviques y Lenin

1. De 1917. (*Todas las notas del presente texto son de esta edición*).
2. Distrito de la región de Petrogrado.
3. Se refiere al primer número en el sentido de que el periódico circulaba legalmente.
4. Se refiere al Comité Ejecutivo del Sóviet.
5. Es una definición común a mencheviques y socialrevolucionarios, a partir de su respaldo a la guerra (a la defensa de la patria).
6. Líder menchevique.
7. Líder menchevique.
8. Integrantes del primer Gobierno provisional burgués de Rusia.
9. El Comité del Sóviet.
10. Líder comunista alemán.
11. Agrupamiento de dirigentes de varios partidos socialistas que, disintiendo de las mayorías de los órganos partidarios, repudiaron la guerra imperialista y la posición de apoyo a esta de los partidos socialistas de Europa y América. Se configuró hacia 1915.
12. En el gran trabajo colectivo publicado bajo la dirección del profesor Pokrovski, *Apuntes para la historia de la Revolución de Octubre* (t. II, Moscú, 1927), se dedica a la «desorientación» de abril un escrito apologético de un tal Baievski, que por falta absoluta de escrúpulos con que maneja los hechos y los documentos habría que calificar de cínico, si su pueril impotencia no apareciera tan al desnudo.

Tesis sobre la industria

1. El Comunismo Militar, o como se conoce comúnmente en español, Comunismo de Guerra, es el nombre dado al sistema de regulación estatal centralizada de la economía implementado para satisfacer las necesidades del ejército y del país durante la guerra civil (1918-1921). (*Las notas de este artículo son de la edición fuente*).
2. La Comisión de Planificación del Estado (Gosplan) fue la agencia de planificación estatal establecida en 1921 bajo la presidencia de Gleb Krzhizhanovski.
3. El XI Congreso del Partido se reunió en marzo de 1922, y el V Congreso de los Sindicatos en septiembre de 1922.

Discurso en el XIII Congreso del Partido

1. En el original en ruso dice *margarinovoye*, que en español significa *de margarina*. Al parecer, es una metáfora para denotar algo resbaladizo. (*N. del E.*).
2. Se realizó en 1921. (*N. de F.R.*).
3. Se le había endilgado este calificativo, en los debates previos al XIII Congreso, a las críticas de Trotski y otras afines. (*N. de F.R.*).

Discurso a la XV Conferencia

1. Oposición unificada: se forma tras un acuerdo entre Trotski, Zinóviev y Kámenev en 1926. La oposición unificada durará dieciocho meses, al cabo de los cuales Zinóviev y Kámenev se someten a Stalin. (*Las notas de este discurso son de la edición fuente*).
2. James Thomas (1874-1949): dirigente de los ferroviarios, encarnó la derecha, abiertamente burguesa, del movimiento sindical, fue secretario de Estado para las colonias en 1924.
3. NEP (Nueva Política Económica): se introdujo en 1921 para reemplazar al comunismo de guerra, que predominó durante la guerra civil y llevó a una reducción drástica de la producción agrícola e industrial. La adopción de la NEP fue una medida circunstancial que se tomó para revivir la economía después de la guerra civil; se permitió el resurgimiento limitado del libre comercio dentro de la Unión Soviética y las concesiones al capital extranjero paralelas a los sectores nacionalizados y estatizados considerados como una base potencial de apoyo para la restauración del capitalismo. En 1928, sucedió a la NEP el Primer Plan Quinquenal y la consiguiente colectivización forzosa de la tierra, aunque el régimen de Stalin continuó afirmando hasta 1930 que la NEP estaba en vigencia. Véase León Trotski: *Naturaleza y dinámica del capitalismo y la economía de transición*, Ed. CEIP, 1999.
4. «¿Hacia el capitalismo o hacia el socialismo?», véase León Trotski: *Naturaleza y dinámica del capitalismo y la economía de transición*, Ed. CEIP, 1999, p. 313.
5. Oposición de 1923: la oposición de izquierda (bolcheviques-leninistas) se formó en 1923 como fracción del Partido Comunista ruso en lucha contra los elementos de «deformación burocrática» del Estado obrero. Se transformará después, tras la deportación de Trotski, en una corriente internacional en lucha contra la burocratización del Estado obrero y la política internacional del estalinismo. La oposición de izquierda internacional surgirá en 1930 como fracción de la Comintern.
6. Néstor Majno (1884-1934): encabezó las bandas campesinas que lucharon contra los reaccionarios ucranianos y las fuerzas de ocupación alemana en la guerra civil de Rusia, pero alrededor de 1919 se volvió contra los sóviets; fue finalmente derrotado en 1921.
7. X Congreso del PCUS se realizó en marzo de 1921 en situación de gran tensión social, en él se propone, junto a la NEP, la prohibición temporal de fracciones internas.
8. Informe al IV Congreso: presentado el 14 de noviembre de 1922 al IV Congreso de la Internacional Comunista. Véase León Trotski: *Naturaleza y dinámica del capitalismo y la economía de transición*, Ed. CEIP, 1999, p. 233.
9. El XIV Congreso del PCUS fue realizado en diciembre de 1925.

¿Y ahora? (Fragmento)

1. «La palabra libre».
2. El artículo está firmado modestamente con las iniciales E.H. Deben quedar grabadas en la memoria de las generaciones. Las generaciones obreras de diferentes países no han trabajado en vano. Los grandes pensadores y luchadores revolucionarios no han vivido en nuestra tierra sin dejar huellas. E.H. existe, vela y muestra la vía al proletariado alemán.

    Malas lenguas afirman que E.H. se parece a E. Heilmann, que se distinguió durante la guerra por su chovinismo particularmente inmundo. Es increíble: ¿una cabeza tan lúcida?... Un partido de masas que arrastra tras de sí millones de hombres (¡hacia el socialismo!) cree que la cuestión de saber qué clase estará en el poder en la Alemania actual, profundamente quebrantada no depende ni de la fuerza combativa del proletariado alemán ni de las columnas de asalto del fascismo, ni siquiera de la composición de la Reichswehr, sino de la pureza del espíritu de la Constitución de Weimar (con una cantidad necesaria de alcanfor y naftalina) que se instale en el palacio presidencial. ¿Y qué ocurrirá si el espíritu de Weimar considera en una situación dada, como Bettmann-Holhweg, que «la necesidad no conoce leyes»? ¿Y qué ocurrirá si la materia mortal que envuelve el espíritu de Weimar se reduce a polvo, a pesar de la naftalina y del alcanfor, en el momento menos propicio? ¿Y qué ocurrirá?... Pero preguntas como estas podrían hacerse sin fin.

Los políticos del reformismo, estos hábiles negociantes, estos intrigantes y arribistas enfeudados, estos combinadores parlamentarios y ministeriales experimentados, tan pronto como la marcha de las cosas los arroje de su esfera habitual y los coloque ante grandes acontecimientos, se convierten —es difícil encontrar un calificativo más tierno— en imbéciles rematados.

La esperanza que ponen en el Presidente es la esperanza de encontrar la salvación en el «Estado». Ante el choque que se aproxima entre el proletariado y la pequeña burguesía fascista —estos dos campos constituyen entre los dos la mayoría aplastante de la nación alemana—, los marxistas del *Worwaerts* piden auxilio al sereno: «¡Estado, intervén!» («Staat, greif zu!»). Eso significa: «¡Brüning, no nos obligues a defendernos por medio de las organizaciones obreras, porque eso despertaría a todo el proletariado, y, entonces, el movimiento pasaría por encima de los cráneos calvos de la dirección del partido: empezando como antifascista, el movimiento acabaría como comunista!».

3. Entre los metafísicos (gente que piensa antidialécticamente), una misma abstracción tiene dos o tres funciones y más, frecuentemente, hasta funciones directamente opuestas. «La democracia» en general y «el fascismo» en general no se diferencian en nada uno del otro, como se nos dice. En compensación, hay en el mundo una dictadura de obreros y campesinos (para China, India, España). ¿Una dictadura proletaria? ¡No! ¿Una dictadura capitalista? ¡No! ¿Cuál, pues? ¡¡Una dictadura «democrática»!! Parece que existe en el mundo una democracia pura fuera de las clases. Pero el XI Pleno ha explicado que la democracia no difiere del fascismo. En ese caso, ¿la «dictadura democrática» difiere de la... dictadura fascista?

Solo gente demasiado ingenua puede esperar de los estalinistas una respuesta seria y honrada a esta cuestión principal: algunas injurias más: he ahí todo lo que puede esperarse. Y, sin embargo, a esta cuestión está ligada la suerte de la revolución en Oriente.

4. «Par la voie froide», que hemos traducido literalmente respetando lo gráfico de la frase, puede tomarse por «insensiblemente». *(N. de la Red.).*

5. SAP (Partido Socialista de los Trabajadores). Grupo centrista que se separó del Partido Socialdemócrata de Alemania; en 1934 se unió brevemente al llamado para formar la Cuarta Internacional, y después viró hacia el reformismo. *(N. de la Red.).*

6. Otzovistas, del verbo ruso «otzyvat», que significa volver a llamar, retirar. *(N. de la Red.).*

7. En la revista francesa *Les Cahiers du bolchevisme*, el órgano más cínico y más ignorante de todas las ediciones de la burocracia estalinista, se han agarrado con avidez a esta alusión a la abuela del diablo, sin darse cuenta, claro está, de que tiene en la *Prensa*

marxista un pasado muy antiguo. Esperamos que los obreros revolucionarios no tardarán en enviar a esta misma abuela, para que terminen su educación, a todos estos profesores ignorantes y de mala fe. (*N. de la Red.*).
8. Periódico del SAP (Partido Socialista de los Trabajadores). Véase el capítulo IX. (*N. del E.*).
9. Literalmente «Dirección Política Estatal», en realidad, Seguridad del Estado, órgano del Interior. La GPU, originalmente conocida como Checa, fue organizada después de la Revolución de Octubre para combatir el terror y el sabotaje contrarrevolucionarios; se transformó en policía política secreta y brigada terrorista de Stalin; más tarde se convirtió en el KGB. (*N. del E.*).
10. Roy está condenado ahora para muchos años por el Gobierno Mac Donald. La *Prensa* de la IC no se cree obligada a protestar contra esto: se puede hacer un bloque íntimo con Chiang Kai-shek, pero no se debe defender al brandleriano hindú. Roy contra los verdugos imperialistas.
11. Algunos ultraizquierdistas (por ejemplo, el grupo italiano de los bordiguistas), considera que el frente único solo es posible en la lucha económica. La tentativa de separar la lucha económica de la lucha política es, en nuestra época, menos realizable que nunca. El ejemplo de Alemania, donde los contratos colectivos son anulados y los salarios disminuidos por medio de decretos gubernamentales, debía ser bastante para convencer de esta verdad hasta a los niños de pecho. Recordemos, de pasada, que en su estado actual, los estalinistas hacen renacer ciertos prejuicios originales del bordiguismo. No es, pues, sorprendente que el grupo de «Prometo», que no aprende ni avanza un paso, se encuentre actualmente, en el período de los zigzags ultraizquierdista de la IC, más cerca de los estalinistas que de nosotros.
12. ¡Recordemos que en China se oponían los estalinistas a la creación de los sóviets en un período de resurgimiento revolucionario, y cuando se decidió organizar la insurrección en Cantón, durante la ola de reflujo, se dio a las masas la consigna de la creación de los sóviets el mismo día de la insurrección!
13. El presente trabajo constituye el contenido del capítulo XV del folleto *¿Y ahora?* Está escrito, pues, con antelación a la dimisión de Brüning y la constitución del Gobierno de Von Papen. Esta circunstancia no hace desmerecer ni perder actualidad a las ideas que aquí se exponen, por el contrario, las refuerza y evidencia aun más. (*N. de la Red.*).

El desarrollo económico y los zigzags de la dirección, el «comunismo de guerra», la «Nueva Política Económica» (NEP) y la orientación hacia el campesinado acomodado

1. Червонец (chervonets), antigua moneda rusa. En la Unión Soviética, unidad monetaria que equivalía a diez rublos. (*N. del E.*).

El socialismo y el Estado

1. S.J. Webb y Beatrice Webb, socialistas ingleses, admiradores y partidarios del régimen soviético en los años treinta. (*Las notas del presente texto son de esta edición*).
2. Este fue el pronóstico de algunos de los seguidores de N. Bujarin a finales de los años veinte. La idea tuvo importancia en las polémicas dentro del Partido Bolchevique.
3. Se refiere a la colectivización de fines de los años veinte e inicios de los treinta.

4. El propio Trotski matizó este criterio después de la Revolución de Octubre, si el asunto se trataba de la administración estatal. Se enfatizaba entonces en la revocabilidad, pero no necesariamente en la elegibilidad.
5. La frase es tan exacta que revela incluso la diferencia de grados en una idea básica que Lenin y Trotski compartían: Trotski preveía en 1923 un aislamiento menos largo que Lenin.
6. Para el Lenin de 1918.
7. Se había formado en los años veinte en la oposición trotskista.
8. Obreros de avanzada, innovadores de la producción.

El aumento de la desigualdad y de los antagonismos sociales

1. La frase entrecomillada encierra la inexactitud y aun la ironía de la frase misma, con toda intención. Se repartía lo que había, a partes iguales y míseras, como consecuencia de la guerra mundial devastadora y en condiciones de guerra civil. Otra cosa fue que aparecieron teorías que hacían suponer que ese tipo de distribución era el ideal y se especulara incluso sobre el tránsito directo a formas comunistas de distribución. (*Las notas del presente texto son de esta edición*).
2. El Metro de Moscú. No es exacto que no estuviera al alcance de las mayorías.
3. Este pronóstico no se cumplió nunca. La lucha política, si es que se le puede llamar así a algún elemento del proceso desatado con la perestroika, no fue una lucha de masas por la renta nacional.
4. Cooperativistas en el campo.
5. Cristian Rakovski, periodista, dirigente bolchevique, destacado representante de la oposición trotskista.

La URSS en guerra (Fragmento)

1. Se refiere a las discusiones entre los dirigentes y teóricos bolcheviques —primero— y trotskistas —después—, que datan de comienzos de los años treinta. En el momento en que se escribe el texto, ya eran discusiones dentro de la IV Internacional y de sus órganos teóricos y de prensa. (*N. del E.*)
2. Abreviatura, en lengua rusa y transcrita al alfabeto latino, de «Internacional Comunista», nombre que se daba comúnmente, en el movimiento comunista y en otras corrientes socialistas, al movimiento internacional fundado por los bolcheviques, Lenin y Trotski en primer término, en 1919, en Rusia. La Internacional Comunista o III Internacional llegó a agrupar a más de un centenar de organizaciones comunistas de todo el mundo. Los estalinistas la convirtieron en un apéndice de la política del Partido Comunista de la URSS y la disolvieron en 1943, en un claro gesto concesivo hacia los aliados capitalistas de la URSS en la lucha contra el fascismo. En Occidente se le conocía comúnmente como Comintern. (*N. del E.*).
3. Sin lograr resolver totalmente esta necesidad. (*N. del E.*).
4. Con ese nombre identificaban los bolcheviques en Rusia, desde principios del siglo XX, al tipo de marxista que Trotski describe a continuación. (*N. del E.*).
5. En realidad, en la última sección de su libro, pleno de contradicciones fantásticas, Bruno R., de forma bastante consciente y precisa, rechaza su propia teoría del «colectivismo burocrático» desarrollada en la primera sección del libro, y declara que el

estalinismo, el fascismo y el nazismo son formaciones pasajeras y parásitas, castigos históricos debidos a la impotencia del proletariado. En otras palabras, tras haber sometido los puntos de vista de la IV Internacional a las críticas más tajantes posibles, Bruno R. de manera inesperada retorna a esos puntos de vista, pero solo para dar toda una nueva serie de tropezones ciegos. No vemos razón para seguirle los pasos a un escritor que obviamente ha perdido el balance. Sí nos interesan aquellos de sus argumentos mediante los cuales intenta substanciar sus opiniones de que la burocracia es una clase.

6. El 17 de septiembre de 1939, dos semanas y media después de que las tropas alemanas invadieran Polonia, fuerzas soviéticas invadieron y ocuparon la parte oriental de ese país; luego, Moscú se anexó formalmente el territorio ocupado. Durante septiembre y octubre, los países bálticos de Estonia, Letonia y Lituania fueron obligados a aceptar la presencia de bases soviéticas, lo que condujo a su ocupación total para mediados de 1940. Poco después, estos países también fueron anexados. (*N. de la Red.*).

Una y otra vez sobre la naturaleza de la URSS

1. En China, entre 1925 y 1927, el Partido Bolchevique y casi automáticamente —los partidarios de Trotski y los de Zinóviev se opusieron con cierto éxito por muy poco tiempo— la Internacional Comunista apoyó al Kuomintang, partido nacionalista burgués encabezado por Chiang Kai-shek, y exigió a los comunistas aliarse con este. A la vez, según variaba la zigzagueante táctica del Partido en los asuntos internacionales, lo que se correspondía con la evolución de la lucha partidista interna entre los bolcheviques, alentó intentonas prematuras de los comunistas chinos. En Inglaterra, el bolchevismo en el Gobierno pactó con los líderes reformistas de los sindicatos contra los intereses inmediatos más radicales de importantes sectores del proletariado. En España la cuestión fue mucho más compleja. Ni estalinistas ni trotskistas fueron capaces de promover una política unitaria en el frente republicano. Este último asunto merece, sin embargo, un tratamiento más cuidadoso, que la presente selección no puede resolver. (*Las notas del presente texto son de la edición fuente*).
2. Se refiere, además de a la Internacional Comunista, a la II Internacional, dominada por la socialdemocracia.
3. Esto, aunque deseable y políticamente correcto, no es cierto. En realidad se reforzó el sentimiento nacionalista ucraniano, aun a costa de la mentalidad de los trabajadores y con claro provecho para la burguesía nacional de Ucrania. Sí es cierta la transparencia del Gobierno soviético durante Brest-Litovsk, bien distinta de la actitud del círculo estalinista en 1939.
4. Una referencia a la política oficial del Partido Comunista de la URSS y de la III Internacional desde 1935 y hasta el Pacto de Munich de 1938 entre Hitler, Mussolini, Chamberlain y Daladier, en el que se aceptó el statu quo de una Europa oriental alemana a cambio de que Hitler virara sus ejércitos contra Moscú. Hasta ese momento los estalinistas apoyaban las demandas de Occidente de defenderse en conjunto del fascismo, renunciando a cualquier respaldo a las fuerzas que pretendieran alterar la estabilidad de las «democracias» en Europa. España fue la excepción que confirmó la regla.
5. De acuerdo a lo anterior, el aserto debe entenderse en dos sentidos (para los dos bloques imperialistas).

6. El principal instrumento teórico de Stalin en su lucha contra las otras fracciones bolcheviques. Partía del criterio de que se podía concluir la construcción del socialismo en un solo país —la URSS— a pesar de las desventajas del aislamiento internacional y del relativamente escaso grado de desarrollo de las fuerzas productivas. Suponía —aunque no se declarara— una geopolítica de entendimiento con las potencias imperialistas.
7. Al lector de nuestros días podrá parecer este aserto tomado por los pelos. Sin embargo, ese era el tenor de las discusiones entre los partidarios de Trotski, y aun entre muchos opositores no trotskistas de Stalin.
8. Este pasaje, con independencia del tono absurdo de la imprecación a Trotski, que este cita, demuestra indirectamente que el autor no consideró con la seriedad necesaria el papel de las luchas antiimperialistas en el llamado Tercer Mundo.

Balance de los acontecimientos en Finlandia

1. Dirigentes del WSP, opositores de Trotski en la discusión acerca de la «defensa de la URSS». (*Las notas del presente texto, salvo indicación de lo contrario, son de esta edición*).
2. Este pasaje resultará muy incomprensible para los luchadores anticapitalistas de los países subdesarrollados. Sin embargo, fue una visión muy común en el pensamiento marxista, particularmente en teóricos y líderes tan respetados como el propio Trotski, Federico Engels y Rosa Luxemburgo. Marx fue especialmente cuidadoso en este punto, como lo demuestran sus memorables series de artículos sobre Irlanda y España. El gran disidente de esta postura en el movimiento comunista histórico es Lenin, cuestión que permanece muy poco estudiada hasta hoy y no puede resolverse en esta recopilación. La visión aquí expuesta resultó a la larga tan resistente, que sus ecos marcaron definitivamente la política exterior del extinto «campo socialista».
3. Se refiere al mismo grupo de Schatman y Burnham.
4. En octubre de 1935, tropas italianas invadieron Etiopía (anteriormente Abisinia), regida entonces por el emperador (Negus) Hailé Selassie. Para mayo de 1936, el país se encontraba bajo ocupación militar. Trotski y otros comunistas apoyaron a Etiopía en la guerra. (*N. de la Red.*).
5. En mayo y junio de 1936, una ola masiva de huelgas y ocupaciones de fábricas azotó Francia. En su apogeo, el movimiento involucró a 2 millones de obreros, un cuarto de todos los asalariados. Los escritos de Trotski sobre estos acontecimientos se encuentran en «¿A dónde va Francia?», *Obras de León Trotsky*, Juan Pablos Editor, México, 1975, t. 22; en inglés en *Leon Trotsky on France*, Pathfinder, Nueva York, 1979. (*N. de la Red.*).

El triunfo de Stalin

1. Utilizo, si bien extendiéndola unos cinco años —decisivos— en el tiempo, la periodización que formulara aproximadamente León Trotski. (*Las notas del presente texto, salvo indicación de lo contrario, son de esta edición*).
2. Ello explica en parte que Trotski, desterrado en 1929, y sobreviviente por esa causa, hasta su asesinato en 1940, después de un largo acoso, sí haya podido «ceñirse» esa

aureola, con todas las consecuencias previsibles.
3. Esa política influyó, sin dudas, en los errores del Partido Comunista de Cuba en la Revolución de 1933. Sin embargo, no fue su única causa, ni la más importante. En ese sentido el estudio de Lionel Soto sobre la «Revolución del 30» en Cuba es muy abarcador y confirma lo que ha sido pauta de estas evocaciones: la singularidad de cada proceso.
4. Aquí es oportuno recordar al lector que en sus últimos textos Trotski llama con naturalidad *oposición* a los agrupamientos que él mismo encabezara desde 1923.
5. Esta antología no incluye sus textos sobre la literatura y el arte. (*N. del E.*).

Bibliografía general

¿A dónde va Francia?, Editorial Pluma, Buenos Aires, 1974.
El derecho de las naciones a la autodeterminación, Editorial Progreso, Moscú, 1980.
El programa de transición, Editorial El Yunque, Buenos Aires, 1973.
En defensa del marxismo. Las contradicciones sociales y políticas de la Unión Soviética, Pathfinder Press, New York, 2000.
Entre el imperialismo y la revolución, Editorial R. Torres, Barcelona, 1976.
¿Hacia el capitalismo o hacia el socialismo?, Pathfinder Press, New York, 1975.
Historia de la Revolución Rusa, Juan Pablos Editor, México D.F., 1986.
La guerra y la Internacional, Editorial del Siglo, Buenos Aires, 1973.
La Internacional Comunista después de Lenin, Ediciones V, México, 1972.
La juventud de Lenin, Editorial El Yunque, Buenos Aires, 1972.
La lucha contra el fascismo,* Editorial Fundación Federico Engels, Madrid, 2004.
La lucha contra el fascismo en Alemania, Editorial Pluma, Buenos Aires, 1973.
La Revolución española. Selección de escritos,* Editorial Fundación Federico Engels, Madrid, 2006.
La revolución permanente, Editorial El Yunque, Buenos Aires, 1973.
La revolución traicionada. ¿Qué es y a dónde se dirige la Unión Soviética?, Pathfinder Press, New York, 1992.
Lecciones de Octubre, Editorial Fundación Federico Engels, Madrid, 2000.
Literatura y revolución, Editorial El Yunque, Buenos Aires, 1974.
Mi vida, Editorial Pluma, Bogotá, 1979.
Obras de León Trotski, Juan Pablos Editor, México, D.F., 1973.

---

* Los títulos señalados con asterisco (*) se refieren a obras que reúnen textos escritos en diferentes momentos.

Problemas de la vida cotidiana, Editorial Fundación Federico Engels, Madrid, 2004.

Resultados y perspectivas / Tres concepciones de la Revolución Rusa, El Yunque Editora, Buenos Aires, 1973.

Sobre los sindicatos,* Editorial Pluma y Ed. Avanzada, Buenos Aires-Caracas, 1974.

Stalin, Editorial El Yunque, Buenos Aires, 1974.

Su moral y la nuestra. Qué es el marxismo, Editorial Fundación Federico Engels, Madrid, 2003.

Terrorismo y comunismo, Editorial Fundación Federico Engels, Madrid, 2005.

Personas mencionadas
(Breve selección)*

BAKUNIN, MIJAÍL ALEXÁNDROVICH (1814-1876). Contemporáneo de Carlos Marx, es posiblemente el más conocido de la primera generación de filósofos anarquistas rusos, y ha sido considerado uno de los «padres del anarquismo», dentro del cual defendió la tesis colectivista. Perteneció también a la francmasonería.

BAUER, OTTO (1881-1938). Fue ministro de Asuntos Exteriores de Alemania. Su obra más importante es *La cuestión de las nacionalidades y la socialdemocracia*, donde desarrolló una integración del socialismo y el nacionalismo y definió la nación como «una colectividad unida por una comunidad de destino en una comunidad de carácter».

BERNSTEIN, EDUARD (1850-1932). Miembro prominente del Partido Socialdemócrata de Alemania, después de 1896 abogó por la colaboración de clases.

BLUM, LEÓN (1872-1950). Dirigente del Partido Socialista de Francia, fue primer ministro en el primer Gobierno del Frente Popular, 1936-1937.

BOGDÁNOV, A.A. (1873-1928). Dirigente de una corriente ultraizquierdista y filosóficamente idealista dentro del Partido Bolchevique después de las revoluciones de 1905, fue expulsado del partido en 1909.

---

* Esta selección no tiene otro interés que contribuir a la mayor comprensión de los textos escogidos de Trotski. No constituye en modo alguno un estudio sobre estos autores. De hecho, las fuentes de estas fichas se encuentran todas disponibles en la web, de donde han sido tomadas para su redacción. *(N. del E.).*

Brandler, Heinrich (1881-1967). Comunista alemán. Ingresó al PSD en 1901. Se opuso a la guerra y perteneció a la Liga Espartaco. Cofundador del Partido Comunista alemán en 1918, en 1921 sustituyó a Rosa Luxemburgo en la dirección del partido. Miembro de la presidencia de la Internacional Comunista, 1922-1923, desde 1930 integró la oposición comunista internacional. Exiliado en 1933 regresa a Alemania en 1949 y funda la revista *Arbeiter Politik*.

Bujarin, Nikolai (1888-1938). Prominente líder bolchevique, dirigente central en la Internacional Comunista, director de *Pravda*, 1919-1929; encabezó la oposición de derecha por lo que fue expulsado del Partido Comunista en 1929; después se retractó y fue readmitido; finalmente se le ejecutó durante los procesos de Moscú.

Burnham, James (1905-1987). Profesor de Filosofía en la Universidad de Nueva York, participó como dirigente del Partido Estadounidense de los Trabajadores (American Workers Party) en la fusión con la Liga Comunista en 1934, miembro del Comité Político del PST, dirigente de la fracción minoritaria en la escisión de abril de 1940. Renunció al Partido Obrero (Workers Party) en mayo de 1940. Autor del libro *The Managerial Revolution* (*La revolución gerencial*), 1941. Más tarde se convirtió en un anticomunista declarado y trabajó para la Agencia Central de Inteligencia (CIA). Fue director de la revista *National Review* (*Reseña Nacional*).

Chamberlain, Arthur Neville (1869-1940). Primer ministro británico del Partido Conservador, 1937-1940, en 1938 firmó con Hitler el Pacto de Munich.

Dan, Fiódor Ilich (1871-1947). Dirigente central de los mencheviques rusos, importante adversario de la Revolución de Octubre, más tarde se desempeñó como director de un periódico de mencheviques emigrados.

Engels, Federico (1820-1895). Colaborador de Carlos Marx durante toda la vida, con él fundó el Movimiento Obrero Comunista moderno.

Fourier, Charles (1772-1837). Socialista francés de la primera parte del siglo XIX y uno de los padres del cooperativismo, Fourier fue un mordaz crítico de la economía y el capitalismo de su época. Fue adversario de la industrialización, de la civilización urbana, el liberalismo y de la familia basada en el matrimonio y la monogamia.

GANDHI, MAHATMA (1869-1948). Dirigente en India del movimiento independentista contra la dominación británica, abogó por la desobediencia civil pacífica como estrategia política.

GORKI, MÁXIMO (1868-1936). Novelista, autor teatral y ensayista soviético, creador del realismo socialista, aunque es más conocido como escritor, fue un destacado revolucionario comunista. En 1899 se unió a los activistas revolucionarios marxistas. Apoyó la Revolución Rusa de 1917. Dejó su país en 1922, y vivió seis años en Sorrento (Italia). A su vuelta a la Unión Soviética fue recibido con honores oficiales. Se supone que su muerte repentina, ocurrida el 18 de junio de 1936, fue ordenada por Stalin.

GUTCHKOV, ALEXANDER IVÁNOVICH (1862-1936). Representante de la gran burguesía comercial e industrial de Rusia, durante la Primera Guerra Mundial (1914-1918) fue presidente del Comité Industrial de Guerra Central. En agosto de 1917 participó en la organización de la rebelión de Kornílov. Después de la Revolución de Octubre luchó contra el poder soviético.

HILFERDING, RUDOLF (1877-1941). Dirigente de la socialdemocracia alemana antes de la Primera Guerra Mundial, es autor del libro *El capital financiero*. Pacifista durante la guerra, dirigió el Partido Socialdemócrata Independiente (USPD), centrista, pero luego volvió a la socialdemocracia y ocupó el cargo de ministro de finanzas en el gabinete de Stresemann (1923) y el mismo cargo en el gabinete de Mueller (1928-1930). Huyó a Francia cuando los nazis tomaron el poder, pero el régimen de Petain lo entregó a la Gestapo en 1940 y murió en una prisión alemana.

HITLER, ADOLFO (1889-1945). Encabezó el Partido Nacionalsocialista de los Trabajadores (nazis), canciller del Estado alemán en 1933, organizó fuerzas fascistas para destruir el movimiento obrero y más tarde llevar a cabo la campaña de exterminación contra los judíos.

JOUHAUX, LEÓN (1879-1954). Encabezó la Confederación General de Trabajo en Francia 1909-1940 y 1945-1947.

KÁMENEV, LIEV B. (1883-1936). Veterano dirigente del Partido Bolchevique, participó en una fracción que en la víspera de la Revolución de Octubre de 1917 se opuso a la toma del poder; se unió a Stalin en bloque contra Trotski, 1923-1925; se unió a Trotski y a Zinóviev en la oposición unida, 1926-1927; se retractó en 1928; fue ejecutado durante los procesos de Moscú.

KAUTSKY, KARL (1854-1938). Dirigente del Partido Socialdemócrata de Alemania, autor de muchas obras de historia y de teoría marxista, fue uno de los principales apologistas de los líderes de la II Internacional que adoptaron una posición pro guerra durante la Primera Guerra Mundial. Se opuso a la Revolución de Octubre de 1917.

KERENSKI, ALEXANDR (1881-1970). Fue el primer ministro del Gobierno Provisional capitalista ruso de julio de 1917 hasta la toma del poder por los sóviets en octubre.

KUUSINEN, OTTO (1881-1954). Miembro del Gobierno soviético de Finlandia, 1918, miembro fundador del Partido Comunista de Finlandia, figura importante del Cominternn bajo Stalin, fue nombrado jefe del «Gobierno» finés creado por la URSS en 1939. Presidente de la República Soviética Finlandesa Careliana, 1940-1956.

LENIN, VLADIMIR ILICH (1870-1924). Fundador del Partido Bolchevique, fue el presidente del Consejo de Comisarios del Pueblo (Gobierno soviético), 1917-1924, y dirigente central de la Internacional Comunista.

LIEBKNECHT, CARLOS (1871-1919). Único miembro socialdemócrata del parlamento alemán que en 1914 votó contra la aprobación de fondos para la Primera Guerra Mundial, se le encarceló por sus actividades contra la guerra, 1916-1918. Dirigente fundador del Partido Comunista de Alemania, fue asesinado por oficiales del ejército instigados por el Gobierno socialdemócrata.

LUXEMBURGO, ROSA (1871-1919). Líder del ala revolucionaria del Partido Socialdemócrata de Alemania, se le encarceló en 1915 por oponerse a la Primera Guerra Mundial. Fundadora de la Liga Espartaco y del Partido Comunista de Alemania, fue asesinada por oficiales del ejército instigados por el Gobierno socialdemócrata.

MANUILSKI, DMITRI (1883-1952). Secretario del Cominternn desde 1931 hasta su disolución en 1943. Igual que Trotski, había pertenecido a una organización marxista independiente, al Grupo Interdistrital, que se unió al Partido Bolchevique en 1917. A principios de la década del veinte ingresó a la fracción de Stalin.

MÁRTOV, LEÓN (JULIUS) (1873-1923). Dirigente central de los mencheviques rusos, se opuso a la Revolución de Octubre. Emigró en 1920.

MARX, CARLOS (1818-1883). Fundó junto con Federico Engels el movimiento obrero comunista moderno.

MENDELÉYEV, DMITRI IVÁNOVICH (1834-1907). Químico ruso conocido sobre todo por haber elaborado la tabla periódica de los elementos químicos. En 1907-1917, siendo diputado de la Tercera y Cuarta Duma, intentó democratizar la monarquía. Aun después de la Revolución de marzo (1917) se opuso a la abolición total del zarismo. Durante varios años dirigió en París un influyente periódico ruso, *Posliednie Novosti* (*Últimas Noticias*).

MÓLOTOV (VIACHESLAV MIJÁILOVICH SKRIABIN) (1890-1986). Revolucionario ruso y uno de los dirigentes soviéticos más destacados durante el Gobierno de Stalin, con quien en 1912 fundó el diario bolchevique *Pravda* y se convirtió en su editor. Con posterioridad fue exiliado en Siberia, pero logró escapar y regresó a comienzos de 1917 a San Petersburgo, donde desempeñó un importante papel en la Revolución Rusa. Después de que los bolcheviques conquistaran el poder, Mólotov ascendió rápidamente en el seno del Partido Comunista, donde apoyó incondicionalmente a Stalin.

MUSSOLINI, BENITO (1883-1945). Miembro del Partido Socialista Italiano, expulsado en 1914 por apoyar la Primera Guerra Mundial, fundó el movimiento fascista en 1919; dictador de Italia, 1922-1943.

PARVUS, ALEXANDER (seudónimo de Aleksandr Izrail Lazarévich Helphand) (1869-1924). Fue un socialista revolucionario. Tras haber abrazado el marxismo, se trasladó a Alemania uniéndose al Partido Socialdemócrata, donde mantuvo una estrecha colaboración con Rosa Luxemburgo. En 1900, Parvus se encontraría en Munich con Vladimir I. Lenin por primera vez. La relación personal entre ambos fue amistosa. Parvus le sugeriría la publicación de su panfleto revolucionario *Iskra*.

PLEJÁNOV, GUEORGUI (1856-1918). Fundador del movimiento socialdemócrata ruso en 1883, autor de numerosas obras en defensa del marxismo, menchevique después de 1903. Se opuso a la Revolución de Octubre de 1917.

RÁDEK, KARL (1885-1939). Dirigente del Partido Comunista ruso después de la Revolución de Octubre de 1917, fue miembro de la oposición de izquierda, 1923-1929. Capituló ante Stalin en 1929, se le arrestó durante los procesos de Moscú y murió en prisión.

REMMELE, ADAM (1877-1951). Fue un político de la socialdemocracia alemana en Baden. Además sirvió al Reichstag. Fue el editor de *La Voz del Pueblo Socialista* (*Socialist People's Voice*).

RIZZI, BRUNO (BRUNO R.) (1901-1977). Exmiembro del Partido Comunista italiano, colaboró brevemente con la IV Internacional; es autor de un libro en que analiza a la Unión Soviética como colectivismo burocrático.

ROBESPIERRE, MAXIMILIANO (1758-1794). Líder de los jacobinos en la Revolución Francesa, encabezó el Gobierno revolucionario, 1793-1794.

ROOSEVELT, FRANKLIN D. (1882-1945). Presidente de Estados Unidos por el Partido Demócrata, 1933-1945. Apoyado como progresista por los estalinistas, los socialdemócratas y la mayoría de los funcionarios sindicales.

RYZHKOV, NIKOLÁI (1929). Dirigente soviético. Fue presidente del Consejo de Ministros de la URSS entre 1985 y 1991, durante la época de la Glasnost y la Perestroika de Mijaíl Gorbachov.

SEMARD, PIERRE (1887-1942). Secretario general del PC Francés de 1924 a 1929. Los nazis lo ejecutaron durante la Segunda Guerra Mundial.

SHACHTMAN, MAX (1904-1972). Dirigente del Partido Comunista en los años veinte, fue expulsado en 1929 con Cannon y Abern por apoyar a la oposición bolchevique-leninista. Se desempeñó como dirigente fundador de la Liga Comunista de Estados Unidos, y director de las publicaciones *Socialist Appeal* (*Llamado socialista*) y *New International* (*Nueva Internacional*), 1938-1939. Encabezó la fracción minoritaria que se escindió del PST en 1940. Organizó el Partido Obrero (Workers Party) que más tarde se convirtió en la Liga Socialista Internacional (Internacional Socialist League); se unió al Partido Socialista en 1958, más tarde se convirtió en socialdemócrata de derecha.

SHLIÁPNIKOV, ALEXANDER (1885-1937). Biógrafo de la clase bolchevique trabajadora y miembro activo del movimiento de oposición, sufrió la purga del partido y fue ejecutado por sus actividades. Entre 1904 y 1907 estuvo en prisión. Participó en partidos políticos de corte bolchevique y ayudó a organizar los sindicatos. Escribió para periódicos y revistas acerca del trabajo en la industria y la organización sindical. Durante la Primera Guerra Mundial fue jefe del enlace entre el comité central bolchevique en el exterior y los bolcheviques de Rusia.

STALIN, IÓSIV (1879-1953). Secretario general del Partido Comunista de la URSS, presidió la degeneración burocrática del Estado obrero soviético y de la Cominternn, así como su rechazo del rumbo internacionalista proletario. Organizó procesos basados en cargos falsos durante los años treinta y el asesinato de la mayoría de los líderes bolcheviques de la época de Lenin.

THAELMANN, ERNST (1886-1944). Político alemán, miembro del Partido Socialdemócrata desde 1903. En 1919 se unió a la Liga Espartaco y en 1923 dirigió la fracasada insurrección de Hamburgo. Elegido secretario general del Partido Comunista alemán, en 1933 fue arrestado por los nazis y deportado al campo de concentración de Buchenwald, donde fue ejecutado.

THALHEIMER, AUGUST (1884-1948). Fue un político y teórico marxista alemán. En 1918, fundó el Partido Comunista alemán con Rosa Luxemburgo, Carlos Liebknecht y otros radicales. Luego fue expulsado del partido por los miembros de la Internacional Comunista en 1929.

TOMSKI, MIJAÍL (1880-1936). Sindicalista y revolucionario bolchevique, máximo dirigente del Consejo Central de Sindicatos de Rusia entre 1917 y 1929. Tomski intentó formar un sindicato en su fábrica de San Petersburgo por lo que fue despedido. Sus actividades sindicales le radicalizaron políticamente; se convirtió en un socialista e ingresó en el Partido Obrero Socialdemócrata Ruso en 1904, donde se unió a su corriente bolchevique.

TSERETELI, I.G. (1881-1959). Político georgiano, uno de los líderes del Partido Laborista Socialdemócrata ruso y de los mencheviques georgianos. Fue deportado a Siberia cuando era estudiante y tras su liberación, se unió al Partido Laborista Socialdemócrata ruso. Durante la Revolución de 1905 retornó a Rusia y fue electo a la segunda Duma, donde se convirtió en un líder menchevique. Al disolverse la Duma, fue sentenciado a cinco años de prisión y después deportado en 1913 a Irkutsk, donde se convirtió en líder de un grupo de internacionalistas moderados (los llamados zimmerwaldistas siberianos).

URBAHNS, HUGO (1890-1946). Dirigente del Partido Comunista de Alemania. Expulsado en 1926, organizó un grupo afiliado a la oposición internacional de izquierda hasta 1930.

WITTE, SERGIUS (1849-1915). Fue ministro de Hacienda de Rusia en el régimen del zar Alejandro III desde 1893, defensor del desarrollo industrial y económico y de los empréstitos extranjeros. Tras la paz con Japón en 1905 y haber sido primer ministro interino de Nicolás II , fue destituido por este después de la instauración de las Dumas.

ZENZÍNOV, VLADIMIR (1880-1953). Estudió en universidades en Alemania y en la década del veinte se unió a los socialistas revolucionarios. Regresó a Rusia en 1904 y fue arrestado un año más tarde durante el «domingo sangriento» de 1905. En 1917 fue electo miembro de la Asamblea Constituyente del Partido Socialista Revolucionario y como los bolcheviques disolvieron la asamblea se unió a la Asamblea Constituyente del Gobierno en Samara, en 1918. Más tarde fue deportado a Siberia.

ZHDÁNOV, ANDRÉI (1896-1948). En 1915 se unió a la fracción bolchevique del Partido Obrero Socialdemócrata de Rusia. Fue ascendiendo entre las filas de la organización hasta llegar a liderar su rama de Petrogrado luego del asesinato de Serguei Kírov en 1934.

ZINÓVIEV, GRÍGORI (1883-1936). Veterano líder bolchevique, participó en la fracción que en la víspera de la Revolución de Octubre de 1917 se opuso a la toma del poder dirigida por los bolcheviques. Presidente de la Internacional Comunista, 1919-1926. Se unió a Stalin en bloque contra Trotski, 1923-1925. Se unió a Trotski y a Kámenev en la oposición unida, 1926-1927. Se retractó en 1928; fue ejecutado durante los procesos de Moscú.

Índice temático

A
Anarcosindicalismo 263
Anarquismo 68, 75, 142, 263, 268, 289, 393, 446
Austromarxismo 227

B
Blanquistas 75, 263, 266
Bolchevismo 3, 6, 7, 10, 14, 18, 19, 90, 91, 93, 97, 100, 105, 116, 117, 118, 119, 120, 121, 124, 127, 129, 132, 133, 135, 136, 137, 141, 165, 169, 170, 171, 181, 204, 227, 235, 243, 244, 264, 267, 269, 278, 279, 289, 295, 298, 316, 337, 340, 344, 365, 375, 382, 401, 406, 420, 428, 435, 440, 441, 447, 450, 451, 452, 453
Burguesía 6, 8, 9, 11, 13, 29, 33, 34, 35, 36, 37, 38, 39, 40, 41, 42, 44, 45, 46, 47, 48, 49, 51, 52, 54, 56, 57, 59, 67, 71, 72, 79, 83, 86, 87, 88, 89, 91, 94, 95, 98, 99, 100, 101, 102, 103, 104, 105, 106, 110, 112, 115, 118, 124, 131, 134, 135, 136, 137, 145, 162, 174, 176, 185, 189, 190, 191, 192, 193, 194, 197, 198, 204, 206, 210, 215, 219, 220, 221, 222, 224, 225, 227, 230, 231, 233, 234, 236, 239, 240, 244, 250, 251, 252, 264, 266, 270, 272, 289, 300, 301, 305, 306, 313, 319, 322, 339, 340, 341, 343, 366, 367, 372, 376, 377, 380, 389, 391, 393, 405, 410, 411, 412, 416, 417, 421, 428, 438, 441, 448
– alemana 39, 46, 219
Burocracia 13, 88, 108, 109, 177, 220, 221, 222, 223, 229, 237, 238, 241, 244, 245, 247, 253, 262, 265, 267, 268, 269, 270, 271, 273, 274, 275, 276, 277, 278, 279, 280, 281, 282, 286, 292, 301, 305, 308, 309, 310, 312, 319, 320, 326, 328, 329, 330, 331, 332, 336, 337, 340, 341, 343, 344, 345, 346, 349, 350, 351, 353, 355, 357, 361, 362, 363, 365, 366, 367, 368, 371, 372, 377, 378, 379, 380, 381, 382, 383, 384, 386, 387, 388, 389, 390, 391, 394, 396, 397, 399, 400, 401, 402, 403, 404, 405, 407, 408, 409, 416, 417, 419, 421, 426, 429, 438, 441
– autocrática 400
– fascista 386, 390, 391
– soviética 109, 267, 268, 269, 270, 278, 312, 340, 344, 363, 379, 380, 382, 383, 386, 389, 391, 394, 402, 416, 426

C
Capitalismo 4, 7, 8, 9, 10, 11, 12, 15, 27, 33, 45, 54, 62, 63, 64, 65, 66, 69, 70, 77, 80, 82, 83, 84, 89, 91, 94, 98, 99, 100, 101, 107, 113, 114, 115, 164, 187, 190, 192, 193, 195, 196, 205, 206, 207, 208, 215, 216, 219, 220, 222, 226, 229, 230, 236, 253, 288, 302, 303, 317, 319, 321, 322, 334, 335, 339, 342, 343, 344, 351, 358, 376, 377, 378, 379, 382, 383, 384, 388, 390, 391, 393, 394, 395, 419, 421, 428, 437, 444, 447
– agonizante 220
– alemán 219, 222, 253
– de Estado 377, 378, 379, 383, 390
– ruso 7, 9, 11, 91, 115, 219
Capital monopolista 378, 391, 405

Centrismo 255, 256, 262, 265, 266, 267, 269, 270, 271, 282, 311
Clase obrera 10, 11, 34, 40, 43, 45, 46, 48, 52, 60, 72, 81, 84, 88, 89, 90, 92, 93, 94, 111, 143, 144, 157, 161, 166, 170, 177, 179, 190, 191, 192, 206, 217, 220, 221, 226, 228, 234, 238, 239, 241, 242, 244, 245, 251, 254, 256, 258, 260, 261, 262, 268, 288, 291, 292, 295, 296, 300, 304, 305, 306, 308, 324, 340, 355, 416, 422, 427
Colectivismo burocrático 390, 391, 392, 396, 410, 411, 440, 451
Comunismo 6, 37, 170, 171, 187, 222, 232, 233, 240, 244, 246, 249, 253, 255, 257, 261, 264, 275, 286, 287, 305, 309, 310, 312, 315, 316, 333, 334, 335, 339, 341, 342, 348, 373, 410, 437, 439, 445
— militar 149, 150, 153, 436
Conflicto franco-alemán 88
Congreso de Basilea 293
Congreso de Leipzig 229
III Congreso 188, 292
IV Congreso Mundial 188, 190, 204
VI Congreso de la IC 232
X Congreso 172, 200, 207, 437
XI Congreso 157, 160, 163, 381, 436
XII Congreso 144, 163, 175, 176, 181
XIII Congreso 1, 165, 166, 179, 182, 436
Constitución de Weimar 236, 259, 285, 438

D
Democracia
— burguesa 12, 33, 38, 42, 58, 91, 92, 93, 94, 95, 111, 130, 230, 234
— proletaria 14, 21, 221, 234, 235, 236, 310, 312
Dictadura
— burocrática 236, 237, 274, 305, 306, 381
— del proletariado 9, 50, 51, 54, 57, 63, 64, 74, 77, 79, 91, 93, 107, 108, 113, 115, 131, 135, 137, 144, 146, 191, 211, 228, 267, 272, 303, 311, 320, 337, 338, 342, 343, 345, 380, 411
— estalinista 399

E
Economía planificada 175, 176, 280, 358, 381, 382, 384, 388, 391, 392, 402

Edad Media 24, 25, 32, 35, 102
Entente 121, 124, 125, 200, 244, 416
Estado
— burgués 54, 229, 234, 339, 340, 377, 406
— corporativo 378
— fascista 378
— obrero 78, 162, 170, 186, 190, 191, 194, 217, 228, 267, 268, 269, 278, 280, 297, 312, 331, 334, 337, 338, 340, 354, 371, 385, 386, 387, 389, 394, 396, 400, 403, 404, 405, 406, 407, 409, 413, 414, 416, 418, 420, 421, 430, 437, 452
— proletario 196, 214, 217, 278, 379
— soviético 159, 191, 270, 271, 280, 336, 338, 339, 341, 343, 371, 385, 386, 388, 390, 394, 399, 411, 420
Estajanovista 346, 355, 356, 357, 365, 374
Estalinismo 13, 21, 98, 106, 108, 116, 222, 223, 225, 229, 230, 237, 238, 240, 241, 244, 245, 250, 253, 261, 262, 269, 270, 271, 273, 275, 276, 277, 278, 279, 281, 282, 286, 301, 306, 308, 309, 311, 389, 390, 391, 392, 394, 399, 408, 430, 437, 438, 441

F
Fascismo 1, 221, 222, 224, 225, 230, 231, 232, 233, 234, 235, 236, 238, 240, 242, 248, 250, 251, 253, 254, 255, 266, 279, 283, 284, 285, 292, 294, 304, 305, 306, 309, 311, 312, 313, 314, 343, 379, 386, 388, 391, 392, 398, 410, 411, 429, 430, 431, 438, 440, 441, 444

G
Guerra
— franco-prusiana 86, 87
— ruso-japonesa 29, 87, 88

I
Imperialismo 14, 112, 171, 188, 205, 206, 209, 390, 405, 406, 407, 409, 416, 419, 420, 444
II Internacional 95, 139, 234, 416, 421, 441, 449
III Internacional 440, 441
IV Internacional 21, 391, 393, 396, 401, 403, 408, 409, 410, 413, 415, 416, 421, 440, 441, 451

Internacional Comunista 19, 20, 21, 188, 204, 229, 239, 241, 243, 245, 283, 286, 311, 312, 325, 345, 346, 399, 419, 428, 437, 440, 441, 444, 447, 449, 452, 453

L
Legión de Honor 26
Leninismo 170, 171, 205, 206, 211, 267
Levantamiento
— de Antónov 199
— del Volga 199
— de Siberia 199
— en los Urales 199
Lumpenproletariado 220, 231, 266

M
Marxismo 1, 5, 9, 10, 14, 15, 21, 23, 30, 46, 47, 49, 61, 65, 70, 95, 96, 97, 98, 103, 106, 107, 108, 112, 114, 171, 209, 213, 225, 241, 250, 262, 265, 266, 270, 333, 334, 402, 403, 410, 412, 421, 423, 435, 444, 445, 450
Marxistas vulgares 392
Menchevismo 3, 6, 8, 9, 17, 19, 90, 93, 94, 100, 105, 114, 115, 116, 121, 134, 141, 142, 166, 171, 223, 264, 270, 406, 436, 450, 452
Monarquía zarista 405
Moratoria Hoover 220

N
Nacionalsocialismo 227, 289, 391
NEP (Nueva Política Económica) 12, 19, 187, 188, 189, 192, 198, 199, 200, 201, 202, 204, 209, 275, 317, 326, 352, 433, 437, 439

O
Oligarquía bonapartista 394
Oposición 14, 20, 21, 26, 34, 44, 57, 80, 104, 106, 117, 120, 135, 183, 185, 189, 193, 198, 199, 202, 217, 218, 240, 241, 268, 271, 273, 278, 279, 280, 281, 282, 283, 286, 287, 293, 298, 308, 309, 311, 313, 318, 320, 321, 322, 323, 324, 325, 326, 328, 330, 341, 344, 358, 361, 366, 370, 398, 417, 429, 437, 440, 443, 447, 448, 450, 451, 452, 453

P
Parasitismo social 380
Plan Dawes 220
Plan Young 220
Proletariado 6, 7, 8, 9, 11, 33, 35, 38, 40-61, 63, 64, 66, 67, 70-82, 84, 86-96, 98-105, 107-116, 118, 119, 124, 131, 134, 135, 136, 137, 140, 144, 145, 146, 180, 190, 191, 193, 194, 195, 197, 198, 199, 202, 203, 207-212, 214-217, 220, 221, 222, 223, 226, 227, 228, 231, 232, 234, 235, 238-241, 245, 249-253, 256, 257-260, 262, 264-269, 271, 272, 276, 277, 278, 288-292, 294, 297, 299-304, 306, 307, 309, 311-314, 316, 320, 324, 334, 336, 337, 338, 342, 343, 345, 354, 357, 365, 366, 376, 379, 380, 381, 382, 383, 388, 389, 390, 392, 393, 395, 396, 398, 400, 408, 410-413, 415, 419, 434, 437, 438, 441
Propiedad
— estatal 154, 158, 396, 397, 399, 402
— estatalizada 353, 369, 371, 378, 381
— privada 57, 58, 79, 80, 149, 359, 360, 370, 371, 378, 381, 383, 392, 396
Putschismo 263, 264, 282

R
Reformismo 220, 221, 242, 246, 247, 256, 265, 270, 280, 281, 293, 295, 301, 302, 305, 307, 312, 314, 391, 434, 438
Régimen totalitario 389, 392, 394
Reichstag 71, 251, 309, 451
Revolución
— burguesa 5, 6, 7, 9, 49, 50, 52, 60, 78, 90, 92, 95, 98, 100, 105, 113, 114, 263
— china 20, 239, 404
— cultural 12, 13
— de 1848 64, 199, 222
— de 1905 8, 11, 15, 94, 97, 111, 432, 433, 452
— de febrero 18, 91, 100, 121, 128, 142, 258
— de Octubre 4, 19, 94, 108, 192, 200, 201, 205, 206, 207, 213, 264, 267, 269, 271, 273, 289, 306, 311, 318, 322, 323, 330, 343, 382, 391, 394, 395, 396, 417, 418, 419, 432, 434, 436, 439, 440, 447, 448, 449, 450, 453
— española 263, 389, 404

- francesa 33, 36, 37, 38, 112, 199, 434, 451
- mundial 5, 13, 128, 201, 202, 278, 324, 382, 388, 389, 395, 396, 398, 400, 420, 421, 430
- permanente 5, 6, 7, 9, 10, 18, 20, 92, 97, 98, 108, 111, 112, 115, 116, 198, 218, 430, 433, 434, 444
- proletaria 6, 7, 61, 65, 84, 95, 108, 116, 188, 200, 201, 204, 249, 260, 279, 286, 290, 304, 311, 337, 341, 343, 379, 380, 389, 395, 402, 406, 420
- rusa 1, 5, 6, 7, 9, 21, 29, 43, 45, 53, 81, 82, 84, 85, 89, 90, 91, 92, 93, 94, 95, 96, 97, 99, 100, 103, 106, 110, 112, 115, 116, 126, 128, 141, 143, 197, 263, 278, 403, 432, 434, 436, 444, 445, 448, 450
- social 95, 99, 316, 334, 377, 379, 382, 384, 395, 417

Revuelta de Kronstadt 199

S

Segunda Guerra Mundial 14, 18, 389, 451
Sindicalismo 263
Socialfascismo 222, 233, 250, 277, 312
Socialismo 7, 8, 9, 11, 12, 13, 14, 15, 43, 59, 61, 62, 63, 64, 65, 66, 67, 69, 70, 71, 74, 75, 76, 77, 89, 98, 99, 100, 106, 108, 114, 115, 116, 119, 131, 138, 139, 174, 175, 188, 189, 190, 192, 193, 194, 195, 196, 202, 204, 205, 206, 207, 208, 209, 210, 211, 212, 213, 214, 215, 216, 217, 229, 249, 250, 272, 273, 302, 303, 304, 312, 314, 315, 318, 319, 323, 325, 332, 333, 334, 335, 336, 341, 343, 344, 345, 346, 347, 351, 356, 358, 368, 370, 373, 374, 376, 379, 383, 384, 388, 390, 395, 401, 408, 410, 411, 422, 427, 428, 430, 431, 433, 437, 438, 439, 442, 444, 446

T

Tratado de paz de Brest-Litovsk 201, 406
Tratado de Versalles 311, 312, 392

U

Ultimatismo 229, 238, 242, 243, 244, 245, 246, 262, 305, 309, 312
Ultraizquierdismo 263, 264, 270, 282, 305, 439, 446

Índice de nombres

A
Abisinia 420, 442
Afganistán 405
África 87
Alejandro, zar 28, 452
Alemania 1, 5, 38, 41, 43, 48, 69, 72, 73, 74,
    82, 84, 85, 86, 89, 96, 109, 122, 125, 126,
    142, 200, 219, 220, 221, 223, 226, 227,
    228, 229, 233, 235, 236, 238, 245, 246,
    248, 249, 251, 253, 257, 258, 259, 260,
    277, 279, 281, 288, 289, 290, 291, 292,
    294, 295, 296, 297, 300, 301, 302, 303,
    304, 305, 306, 308, 311, 314, 316, 324,
    378, 390, 396, 397, 406, 408, 414, 438,
    439, 444, 446, 447, 449, 450, 452, 453
América 47, 48, 68, 339, 342, 351, 436
Amsterdam 34, 186, 195, 269
Andréyev, Leonid 328, 370
Arbeiter Politik 284, 447
Asia 86, 87, 102, 282
Atlanticus 69, 70, 71, 435
Australia 111
Austria 38, 41, 42, 85, 86, 87, 90, 126, 219, 278
Axelrod, Robert 100, 125

B
Babeuf 39, 68
Bach 350
Baievski 436
Bakú 179
Bakunin, Mijaíl Alexándrovich 141, 446
Balcanes 18, 405
Baldwin 186, 342
Bandera Roja 85
Barbusse 279
Barnaul 280
Baslow 283
Bauer, Otto 190, 192, 193, 194, 204, 278,
    312, 446
Bebel, Augusto 293
Bela Kun 270
Bélgica 34, 73, 415
Bellers, John 68, 69, 435
Berlín 18, 34, 43, 85, 223, 262, 288, 296,
    406, 434
Bernstein, Edward 220, 446
Bielorrusia 400
Bismarck, Otto von 44, 86, 222, 342
Blanquistas 75, 263, 266
Blumkin 280
Blum, León 378, 421, 446
Bogdánov, Alexánder 141, 243, 446
Bolshevik 197, 212
Bonaparte, Napoleón 53, 399
Borbones 71
Bourgeois 38
Brahma 386
Brandler, Heinrich 240, 254, 280, 281, 282,
    283, 284, 285, 286, 296, 298, 447
Braunschweig 307
Breitscheid 235, 248, 259
Brest-Litovsk 19, 201, 406, 420, 441, 459
Briand 38
Bruchsal 295, 296
Brüning, Heinrich 219, 221, 222, 223, 224,
    225, 226, 227, 228, 232, 235, 236, 237,
    238, 248, 249, 251, 254, 260, 288, 292,
    295, 297, 302, 306, 312, 438, 439

Bruno R. 391, 392, 394, 395, 396, 397, 403, 440, 441, 451
Buchanan 142
Bujarin, Nikolai 12, 14, 167, 168, 172, 174, 188, 212, 213, 239, 253, 283, 319, 321, 325, 326, 427, 428, 433, 439, 447
Bulgaria 209, 270
Bülow 71
Buonarotti 39
Burnham, James 413, 420, 421, 442, 447
Bútov 280

C
Cabet 39
Cachin 281
Cantón 308, 439
Catalina II 34
Cáucaso 105, 106, 416
Cereteli 94
CGT (Confederación General del Trabajo) 421
Chamberlain, Arthur Neville 397, 441, 447
Chernov 94
Chiang Kai-shek 240, 270, 282, 439, 441
China 20, 83, 102, 206, 239, 264, 281, 308, 404, 438, 439, 441
Citrine 366
Clemenceau 38
Comintern 20, 187, 188, 192, 386, 398, 400, 402, 407, 437, 440
Constantinopla 223
Corea 240
Cormenin 39
Coulondre 411, 412
Crimea 3, 25, 432

D
Daladier 441
Dan, Fiódor Ilich 94, 123, 447
Das Freie Wort 224
Daszinski 85
Der Rote Aufbau 248, 292
Deutscher, Isaac 426, 427, 429
Die Internationale 234
Dinamarca 21, 414
Dingelstedt 118, 123, 280
Dniéper 321
Dühring, Karl Eugen 338
Durnovo 434

Düsseldorf 246, 288
Dzvelegov 44

E
Ebert, Friedrich 112, 259, 269
Ejército Rojo 19, 191, 349, 398, 399, 401, 407, 409, 416, 418
Eliava 133
Eltzin 280
Engels, Federico 8, 11, 12, 206, 220, 222, 336, 337, 338, 339, 425, 434, 442, 444, 445, 447, 450
Ercoli 232, 233
Escandinavia 414, 418
Esopo 311
España 18, 408, 415, 420, 438, 441, 442
Estados Unidos 1, 18, 46, 47, 48, 87, 240, 282, 312, 332, 347, 368, 378, 384, 402, 412, 421, 430, 451
Estocolmo 102, 124, 125
Estonia 270, 419, 441
Etiopía 442
Europa 5, 6, 18, 25, 26, 29, 32, 34, 37, 43, 61, 82, 84, 85, 87, 88, 90, 92, 95, 101, 102, 125, 189, 200, 208, 214, 215, 216, 219, 220, 240, 312, 316, 342, 343, 351, 412, 414, 436, 441

F
Feroci 378
Finlandia 18, 127, 128, 140, 413, 414, 415, 416, 417, 418, 419, 420, 421, 434, 442, 449
Ford 229, 342
Fourier, Charles 68, 69, 71, 447
France Soir 411
Francfort 246
Francia 7, 18, 21, 25, 29, 34, 37, 44, 62, 63, 86, 88, 89, 122, 126, 219, 233, 263, 281, 378, 397, 406, 410, 412, 413, 415, 418, 435, 442, 444, 446, 448
Francisco José 84
Frick 235
Frossard 270

G
Galitzia 84, 85
Gandhi, Mahatma 266, 448
Georgia 188, 319, 416
Ginebra 109, 137

Goldenberg 141
Gorki, Máximo (Alexéi Maxímovich Pechkov) 130, 142, 279, 448
GPU 21, 360, 363, 439
Gran Bretaña 406
Green 366
Grimm, Robert 415
Groener 235
Grünstein, Karl 280
Guilbraux 126
Guillermo II 38, 71, 84
Gúlov, G. 203
Gutchkov, A.I. 126, 134, 138, 448

H
Haase 259
Habsburgo, los 42, 84
Halle-Mersenburg 260
Hauptman 221
Heilmann, E. 437
Heine 39, 262, 434
Helsinki 417
Hilferding 225, 226, 228, 243, 259, 304, 312, 448
Hirsch, Werner 234, 235, 306
Hitler, Adolf (Führer) 21, 224, 226, 227, 228, 229, 235, 236, 237, 238, 248, 249, 251, 252, 253, 254, 255, 284, 285, 295, 305, 306, 342, 378, 386, 390, 392, 397, 399, 400, 401, 407, 408, 410, 411, 412, 413, 414, 418, 420, 421, 429, 441, 447, 448
Hohenzollern 71, 84, 109, 126, 200, 219, 302, 303, 420
Hoover 220, 229
Hoppe y Cía., banqueros 34
Howard, Roy 281, 347, 439
Hungría 42, 43
Huysmans 421

I
India 240, 281, 409, 438, 448
Indochina 240
Inglaterra 24, 25, 46, 72, 74, 86, 87, 89, 122, 124, 186, 206, 234, 240, 245, 246, 264, 308, 393, 397, 410, 412, 413, 415, 418, 435, 441
Irlanda 442
Italia 5, 43, 72, 234, 252, 294, 378, 379, 390, 448, 450
Izvestia 203, 226, 350

J
Japón 3, 206, 240, 453
Járkov 356
Jordania 104, 105, 106
Jouhaux, Leon 263, 366, 421, 448

K
Kámenev, Liev Borísovich Rosenfeld 20, 119, 120, 121, 122, 124, 125, 127, 130, 132, 136, 137, 138, 175, 184, 320, 321, 433, 437, 448, 453
Kaspárova 280
Kautsky 33, 48, 49, 81, 82, 85, 86, 94, 95, 96, 122, 187, 192, 195, 204, 206, 220, 312, 434, 435, 449
Kerenski, Alexandr Fiódorovich 94, 124, 126, 142, 232, 249, 449
Kienthal 135, 139
Klassenkampf 260
Klingental 295, 296
Koba (Ver Stalin) 106, 436
Kornílov, Lavr Gueórguievich 232, 294, 448
Kosarev 354
Krásikov 135, 137, 243
Krasnov 249
Kremlin 96, 360, 362, 366, 392, 397, 399, 400, 401, 405, 406, 407, 408, 417, 418, 422
Krestinski 135
Krúpskaya, N.K. 124, 125
Krzhizhanovski, Gleb 436
Kshesínskaya 129, 130
Kuomintang 239, 240, 269, 270, 441
Kuusinen, Otto 417, 449

L
Lafollette 240
Langner 254
Lassalle, Ferdinand 42, 43, 222, 434, 435
Lébedev 142
Ledebour, George 279
Legión de Honor 26
Leipart 249, 292, 293, 303
Leningrado 320, 350, 410, 414, 417
Lenin (Vladímir Ilich Uliánov) 4, 5, 6, 7, 8, 9, 10, 11, 12, 14, 15, 17, 19, 20, 97, 99, 100, 101, 102, 103, 104, 105, 106, 107, 108, 115, 116, 117, 120, 122, 123, 124, 125, 126, 127, 128, 129, 130, 131, 132, 133, 136, 137, 138, 139, 140, 141, 142, 143, 172, 188, 197, 198, 199, 200, 201,

202, 203, 205, 206, 207, 208, 209, 210,
214, 216, 243, 244, 245, 247, 249, 250,
262, 265, 268, 271, 272, 277, 279, 290,
301, 311, 312, 315, 317, 325, 336, 337,
338, 339, 340, 341, 342, 346, 351, 381,
391, 425, 427, 428, 430, 432, 433, 434,
436, 440, 442, 444, 447, 449, 450, 452
Lernberg 85
Les Cahiers du bolchevisme 235, 438
Letonia 418, 441
Levy, Paul 126
Líber 133
Liebknecht, Carlos 128, 139, 140, 449, 452
Lincoln, Abraham 342
Lituania 25, 418, 441
Londres 17, 18, 34, 117
Longuet 122
Loriot 126
Lozovski 287, 290
Luis XVI 37
Lusnia 85
Luxemburgo, Rosa 94, 265, 293, 427, 432,
442, 447, 449, 450, 452
Lvov 138

M
Mac Donald, Ramsay 122, 195, 439
Manifiesto del Partido Comunista 64, 65,
240, 341
Manuilski, Dmitri 233, 238, 250, 290, 311,
449
Marat 39
Marruecos 88
Mártov, León (Julius) 18, 94, 104, 125, 449
Marx, Carlos 5, 6, 10, 11, 12, 13, 42, 46, 47,
61, 62, 64, 65, 69, 77, 96, 108, 111, 206,
220, 222, 311, 334, 335, 336, 337, 338,
339, 340, 341, 342, 345, 351, 371, 410,
411, 425, 428, 434, 442, 446, 447, 450
Mendeléyev, D.I. 28, 434, 450
Mijailovski 31
Mikoyán, Anastas 350, 351
Miliúkov, P.N. 25, 26, 31, 32, 104, 126, 134,
141, 433, 434
Millerand 38
Moiseyenko 199, 201
Mólotov (Viacheslav Mijáilovich Skriabin)
118, 135, 233, 321, 327, 330, 355, 367,
421, 450

Moscú 1, 3, 4, 24, 31, 32, 115, 119, 123, 168,
175, 179, 182, 189, 212, 226, 245, 279,
286, 320, 328, 351, 352, 373, 386, 399,
400, 403, 405, 407, 410, 417, 420, 426,
430, 433, 434, 435, 436, 440, 441, 444,
447, 448, 450, 453
Mosse 253
Müller 223
Münzenberg 248, 253, 307
Muralov 280
Muránov 122
Mussolini, Benito (Duce) 378, 379, 392,
420, 441, 450

N
Nábokov 126, 142
Nachalo 17, 111
Nashe Slovo 94
Negus 420, 442
Neumann 242, 257, 283
New International 451
Noguin 135
Noruega 21, 414, 415
Noske 248, 269
Novgorod 24
Nueva York 18, 279, 442, 447

O
Occidente 6, 9, 25, 26, 27, 28, 35, 81, 82, 84,
108, 110, 111, 114, 115, 138, 145, 198,
244, 245, 273, 316, 342, 343, 366, 368,
440, 441
Ossietzsky 279

P
Pablo, zar 34
Palmerston 342
París 21, 33, 34, 43, 44, 46, 391, 436, 450
Parvus, Alexander 17, 18, 109, 110, 111,
434, 450
Pedro I 30
Persia 405, 406
Petrogrado 6, 17, 19, 100, 117, 118, 119,
122, 123, 124, 125, 127, 130, 132, 133,
136, 143, 243, 249, 289, 294, 298, 432,
436, 453
Platón 371
Plejánov, Gueorgui 9, 98, 99, 100, 102, 103,
106, 114, 450

Pokrovski 436
Polonia 19, 25, 84, 85, 86, 87, 88, 95, 233, 399, 400, 401, 405, 406, 407, 408, 412, 413, 414, 417, 419, 429, 441
Popolo d'Italia 378
Posen 84
Posnanski 280
Pravda 18, 119, 121, 122, 123, 124, 127, 136, 137, 138, 139, 143, 192, 203, 326, 344, 374, 375, 432, 433, 447, 450
Príncipe de Mónaco 229
Prinkipo 21, 223
Prusia 90, 101
Purcell 186, 240, 270
Putschismo 263, 264, 282

Q
Que Faire 397

R
Rádek, Karl 226, 281, 283, 345, 450
Raditch 240, 270
Rakovski 279, 280, 367, 440
Raskólnikov 127, 131
Rasputín, Grígori Yefímovich 227
Remmele, Adam 225, 235, 238, 240, 241, 242, 245, 250, 251, 252, 253, 257, 270, 271, 281, 282, 286, 451
Riech 138
Robespierre, Maximiliano 38, 39, 407, 451
Roosevelt, Franklin Delano 342, 378, 391, 420, 451
Rosenfeld 255
Rote Fahne 233, 240, 241, 247, 260, 270, 284, 287, 288, 293
Rozkov, N. 61, 62, 63, 64, 65, 435
Rumania 406
Rusia 1, 4, 5, 6, 7, 8, 9, 12, 13, 17, 18, 23, 24, 25, 26, 27, 28, 30, 31, 32, 33, 34, 44, 45, 47, 48, 49, 50, 61, 72, 73, 77, 81, 82, 84, 85, 86, 87, 90, 92, 93, 94, 95, 98, 99, 100, 101, 102, 103, 106, 107, 108, 109, 110, 111, 113, 114, 115, 120, 122, 124, 125, 126, 127, 133, 136, 137, 138, 139, 143, 144, 145, 148, 192, 193, 200, 204, 205, 206, 207, 211, 244, 258, 267, 281, 288, 300, 301, 310, 316, 323, 335, 342, 343, 392, 393, 394, 417, 434, 436, 437, 440, 448, 451, 452, 453

Russell, Bertrand 392
Russkoye Slovo 111
Ryzhkov, Nikolái 184, 208, 321, 324, 325, 451

S
Sajonia 90
San Petersburgo 3, 4, 6, 99, 104, 109, 111, 433, 434, 435, 450, 452
SAP (Partido Obrero Socialista) 238, 254, 255, 285, 286, 287, 295, 307, 314, 438, 439
Sarátov 119, 135
Schatman 413, 421, 442
Scheidemann 259
Sedova, Natalia Ivánovna 422, 423
Semard, Pierre 270, 281, 451
Sermus 280
Severing 249
Seydewitz 238, 255
Shao-Ly-Dsy 270
Shaw, Bernard 279
Shliápnikov, Alexander 118, 119, 122, 136, 451
Shúmskaya 280
Siberia 17, 18, 122, 123, 199, 324, 434, 450, 452, 453, 457
Skóbelev 141
Skripnik 135
Smith, Adam 24
Solntzev 280
Spartakusbund 261
Stalin (Iósiv Visariónovich Dzhugachvilli, Koba) 14, 15, 18, 20, 21, 97, 98, 99, 105, 106, 108, 109, 120, 121, 122, 124, 125, 132, 133, 134, 135, 136, 137, 138, 139, 192, 197, 205, 206, 210, 211, 216, 233, 234, 235, 238, 239, 240, 243, 244, 245, 253, 254, 265, 267, 270, 271, 272, 276, 277, 278, 279, 280, 281, 282, 308, 319, 320, 321, 322, 323, 324, 325, 327, 338, 341, 343, 344, 346, 347, 352, 355, 357, 367, 372, 394, 395, 397, 398, 401, 407, 408, 410, 411, 413, 414, 417, 418, 419, 420, 421, 422, 425, 426, 427, 428, 429, 430, 431, 432, 433, 436, 437, 439, 442, 445, 448, 449, 450, 452, 453
Stankiévich 120, 140

Stiéklov 134, 135, 136, 138
Stolipin, ministro 4, 53, 435
Stopalov 280
Suecia 25
Suiza 18, 124, 125, 126, 415
Sujánov 117, 120, 121, 127, 128, 129, 130, 131, 141, 142, 206

T
Tarnow 227, 229, 303
Tcheidse 124, 127, 128, 129, 136, 138
Thaelmann, E. 235, 238, 240, 241, 242, 243, 245, 250, 253, 257, 270, 271, 281, 282, 283, 313, 452
Thalheimer 225, 240, 270, 278, 279, 280, 281, 282, 283, 284, 285, 286, 298, 452
Thiers 44
Thomas, Norman 186, 437
Thorez 281
Tiflis 104, 179
Tomski, Mijaíl 321, 325, 452
Torchors 246
Trotski, León 1, 4, 5, 6, 7, 8, 10, 11, 17, 21, 23, 96, 104, 111, 116, 143, 164, 165, 182, 193, 202, 203, 204, 205, 215, 218, 223, 225, 226, 253, 270, 279, 314, 332, 347, 368, 384, 402, 403, 411, 412, 418, 421, 422, 423, 424, 426, 429, 430, 431, 432, 433, 434, 436, 437, 440, 441, 442, 443, 444, 446, 448, 449, 453
Tsereteli, I.G. 135, 136, 139, 452
Tugan-Baranovski 63
Turquía 21, 87

U
Ucrania 17, 199, 280, 350, 400, 406, 408, 441
Ullstein 253
Urbahns, Hugo 255, 262, 278, 279, 296, 309, 390, 395, 452
URSS 1, 2, 14, 21, 108, 212, 244, 245, 261, 272, 275, 279, 280, 281, 286, 296, 308, 312, 314, 315, 316, 323, 331, 332, 333, 335, 338, 342, 343, 344, 345, 346, 349, 351, 354, 356, 363, 367, 368, 369, 373, 376, 379, 380, 382, 384, 385, 386, 389, 390, 391, 394, 395, 396, 397, 398, 399, 400, 401, 402, 403, 404, 406, 407, 408, 409, 410, 411, 412, 414, 415, 416, 417, 418, 419, 420, 421, 425, 428, 429, 430, 431, 440, 441, 442, 449, 451, 452

V
Varsovia 84, 406
Vasíliev 135
Venecia 61, 435
VI Congreso de la IC 232
Viena 18, 41, 42, 43, 85
Voitinski 133, 135
Volga, río 199, 457
Vollmar 50
Vorwaerts 255, 284, 285

W
Walcher-Froelich 286
Wan-TinWei 240
Webb 323, 335, 363, 439
Weimar 236, 259, 285, 438, 456
Wels 243, 255, 259, 260, 269, 303
Witte, Sergius 34, 53, 434, 435, 452

Y
Yákovlev 320, 324, 327
Yaroslavski 277

Z
Zalechski 143
Zalutski 118
Zbaraz 85
Zenzínov 141, 142, 453
Zhdánov, Andrei 350, 453
Zichon 142
Zimmerwald 18, 135, 139
Zinóviev, Grígori Yevséievich Radómislski 20, 124, 132, 253, 283, 320, 321, 433, 437, 441, 448, 453
Zinzadze 280
Zoergiebel 248
Zurich 124, 125

LEÓN TROTSKI, seudónimo de LEV DAVÍDOVICH BRONSTEIN, nació en Yanovka, Ucrania, el 7 de noviembre de 1879. Es uno de los más grandes políticos revolucionarios de la historia. Resultó clave en la organización de la Revolución de Octubre, que permitió a los bolcheviques tomar el poder en noviembre de 1917 en Rusia. Antes, había desempeñado un papel trascendental en la revolución de 1905, como presidente del sóviet de San Petersburgo.

Negoció la retirada de Rusia de la Primera Guerra Mundial mediante la Paz de Brest-Litovsk. Tuvo a su cargo la creación del Ejército Rojo que consolidaría definitivamente los logros revolucionarios al vencer a catorce ejércitos extranjeros y a los ejércitos blancos contrarrevolucionarios durante la guerra civil rusa. Posteriormente, se enfrentó política e ideológicamente a José Stalin, y se convirtió en líder de la oposición de izquierda. A causa de ello, sufrió exilio y persecución.

Devino líder de un movimiento internacional de izquierda revolucionaria identificado con el nombre de «trotskismo», que se caracterizó en el ámbito global por la idea de la «revolución permanente», y, en relación con la Unión Soviética, por la crítica de la degeneración burocrática del proceso soviético y del carácter «monolítico» del partido guiado de modo «infalible» por Stalin. Murió en Coyoacán, Ciudad de México, el 21 de agosto de 1940, asesinado por un agente español al servicio de la policía secreta soviética.

Seven Stories Press
Dan Gilbert
140 Watts Street
US-NY, 10013
US
https://www.sevenstories.com
info@sevenstories.com
10-306-6987

The authorized representative in the EU for product safety and compliance is

Easy Access System Europe
Teemu Kontttinen
Mustamäe tee 50
EZ, 10621
E
https://easproject.com
gsr.requests@easproject.com
+8 40 500 3575

ISBN: 9781921438899
Release ID: 153688514

www.ingramcontent.com/pod-product-compliance
Lightning Source LLC
Chambersburg PA
CBHW022132300426
44115CB00006B/152